27

25,-

Zur Praxis des Deutschunterrichts 7

Zur Praxis des Deutschunterrichts 7

Didaktik der Trivialliteratur

Herausgegeben von
Peter Nusser

J. B. Metzler

Die Ziffern in eckigen Klammern [ ] verweisen auf die Anmerkungen am Ende des jeweiligen Beitrags.

ISBN 3 476 30045 5

Satz: Bauer & Bökeler oHG, Denkendorf
Druck: Gulde-Druck Tübingen

Inhaltsverzeichnis

Vorwort

Die Behandlung von Trivialliteratur bzw. Massenliteratur gewinnt seit einigen Jahren einen immer festeren Platz im Deutschunterricht aller Schularten und nimmt auch einen immer größeren Stellenwert im Studiengang der künftigen Deutschlehrer ein. Deswegen ist eine Sammlung wichtiger didaktischer Aufsätze zu diesem Thema sowohl für den akademischen Unterricht als auch für die Unterrichtsvorbereitung der Lehrer nützlich, insbesondere wohl derjenigen, die während ihres Studiums mit Trivialliteratur nicht oder nur flüchtig in Berührung gekommen sind und sich nun aus Interesse oder aufgrund neuer Rahmenrichtlinien oder Grundprogramme für den Deutschunterricht in ein für sie neues Stoffgebiet und die didaktische Diskussion darum einarbeiten möchten, ohne doch die Zeit zu haben, sich informative Literatur auf mühsame Weise selbständig zu suchen.

Die vorliegende Aufsatzsammlung erscheint zu einem günstigen Zeitpunkt. Nicht nur in der literaturwissenschaftlichen Erforschung der Trivialliteratur ist schon seit einiger Zeit ein Konsensus über die Zweckmäßigkeit literatursoziologischer und rezeptionsästhetischer Fragestellungen gegenüber einer vorwiegend ästhetisch-genretypologischen Betrachtung festzustellen; auch in der literaturdidaktischen Diskussion ist es zu einer gewissen Konsolidierung der Meinungen und einem weit verbreiteten Bewußtsein über die in der Schule vordringlich zu bewältigenden Aufgaben gekommen. Insofern vermag dieser Reader auch auf engem Raum ein repräsentatives Bild des gegenwärtigen didaktischen Diskussionsstandes zum Problem der Trivialliteratur zu geben. In der Auswahl der Aufsätze werden jedoch nicht nur Gemeinsamkeiten in der Intention, sondern deutliche Unterschiede in der Begründung und Festsetzung einzelner Lernziele sowie in der Akzentuierung von Problemen erkennbar. Gerade diese Gegenüberstellungen ermöglichen dem einzelnen Leser, den eigenen Standort kritisch zu erwägen.

Nach einer Einleitung, die der Übersicht des Lesers dient, enthält der Band in seinem ersten Teil Beiträge zur didaktischen Grundsatzdiskussion über Trivialliteratur, in seinem zweiten Teil – unter Fortführung dieser Diskussion – Entwürfe von Unterrichtsmodellen und Erörterungen unterrichtsmethodischer Fragen im engeren Sinn. Dabei beziehen sich die Arbeiten auf die gegenwärtige Heftromanliteratur, die im Vordergrund des Leseinteresses der Schüler steht. Lediglich der letzte Aufsatz behandelt – gleichsam als Ausblick auf weitere Aufgaben – den ›Unterrichtsgegenstand Fernsehen‹. das Thema ›Comics im Unterricht‹ wurde ausgeklammert, da es hierzu bereits eine leicht zugängliche Aufsatzsammlung gibt. Den Abschluß des Bandes bildet eine systematisch geordnete Bibliographie, die sowohl literaturwissenschaftliche als auch literaturdidaktische Arbeiten zur Trivialliteratur verzeichnet.

P. N.

Einleitung des Herausgebers

Das Interesse an der Trivialliteratur ist seit dem Beginn der 60er Jahre sprunghaft angestiegen. Als Reaktion auf die vielen immanenten Werkinterpretationen der Nachkriegszeit mehren sich die Bemühungen um soziologische Aspekte der Literatur, um ihre Produktions- und Wirkungsbedingungen, kommt es unter Einbeziehung leserorientierter Fragestellungen zu einer neuen Diskussion der Wertungsproblematik. Die Folge ist nicht nur ein erweiterter Literaturbegriff, der unter anderem zu einer Reihe von Darstellungen bestimmter trivialliterarischer Genres führt, sondern vor allem eine Erweiterung des methodischen Instrumentariums und des Erkenntnisinteresses, das sich stärker als bisher auf die gesellschaftlichen Funktionen der Literatur richtet. Unterstützt, vielfach sogar motiviert wird die Literaturwissenschaft hierbei von einer Literaturdidaktik, welche die Ergebnisse der Erziehungswissenschaften (insbesondere der pädagogischen Anthropologie und der Lernpsychologie) ernsthaft zur Kenntnis nimmt und bei der Erstellung von Lernzielen weniger an die unreflektierte Tradierung von Bildungswerten als an die Schulung der Eigenverantwortlichkeit und Selbstbestimmung des Schülers denkt, der seine eigene Rolle auch in literarischen Vermittlungsprozessen rational einschätzen lernen und möglicherweise verändern soll.

Welchen Fragestellungen die Literaturwissenschaft in den letzten Jahren unter diesen Voraussetzungen bei der Behandlung der Trivialliteratur gefolgt ist, wird in übersichtlicher Form im ersten Teil des hier abgedruckten Aufsatzes von *W. Schemme* dargestellt. Wer vor allen didaktischen Erwägungen den Stand der literaturwissenschaftlichen Diskussion kennenlernen möchte, sei daher nachdrücklich auf die Seiten 110–136 dieses Buches verwiesen.

Der gemeinsame Ausgangspunkt aller didaktischen Anstrengungen zum Thema Trivialliteratur ist das tatsächliche Leseverhalten der Schüler. Die große Popularität der Illustrierten, der Comics, der Heftromane unter den 10- bis 16jährigen fordert nicht nur zur kritischen Behandlung dieser Lesestoffe heraus, sondern stellt auch ganz bestimmte didaktische und unterrichtsmethodische Probleme.

Der Aufsatz von *H. Fischer*, der zu Beginn dieser Sammlung steht, vermittelt auf der Grundlage sozialstatistischer Daten ein Bild von den außerschulischen Lesegewohnheiten der Schüler einer »großstadtnahen Hauptschule«

und zeigt Zahlenverhältnisse, die wohl manchem Leser vorher nicht gegenwärtig waren. Untersucht werden das häusliche Angebot und die Rezeption von Büchern, Heften, Zeitungen und Zeitschriften, wobei vor allem alters- und geschlechtsspezifische Unterschiede sichtbar werden. In den 26 Tabellen wird mit präzisen Bezeichnungen operiert, so daß sich detaillierte Informationen gewinnen lassen. Die 1972 publizierten Ergebnisse dürften auch heute noch aktuell sein, doch fragt es sich, inwieweit sie, da sie an einer einzigen Hauptschule gewonnen wurden, im einzelnen übertragbar sind. Ganz sicher belegen sie eine allgemeine Tendenz. Im übrigen vermögen Fischers Befragungen Leser dieses Bandes vielleicht dazu anzuregen, eigene Untersuchungen an Schulen durchzuführen.

Auf die tatsächlichen Lesegewohnheiten der Schüler hat schon 1971 *M. Dahrendorf* in einem programmatischen Aufsatz reagiert (»Trivialliteratur als Herausforderung für eine literaturdidaktische Konzeption«). Die hier geäußerten Gedanken bilden eine Diskussionsgrundlage für alle später erschienenen didaktischen Arbeiten zur Trivialliteratur. Dahrendorfs Herausforderung der herkömmlichen Literaturdidaktik, die sich als Ziel die Hinführung zu etwas Wertvollem, noch nicht Gelesenem setzt, liegt in dem Postulat, etwas ohnehin von den Schülern Konsumiertes, nämlich die Trivialliteratur, auch noch zum Gegenstand des Unterrichts zu machen. Dahrendorf begründet dies mit der Notwendigkeit, die ideologischen Implikationen dieser Literatur, die aufgrund ihrer immensen Verbreitung von so großer politischer Tragweite sind, Schülern durchschaubar zu machen und diese aus dem Zwang manipulativer Mechanismen zu befreien. Dies ist ein pädagogisches Anliegen, das sich aber auf die Neuansätze einer Literaturwissenschaft stützen kann, die Rezeptions- und Wirkungsprobleme zu einem ihrer wichtigen Aufgabenbereiche zählt. In der Tat verbindet Dahrendorf mit der Forderung nach kritischer Behandlung trivialer Texte die Forderung nach der funktionalen (gesellschaftsbezogenen) Betrachtung auch qualitätshöherer Literatur, weil auch sie in einer Wechselbeziehung zu den Bedürfnissen ihrer Rezipienten steht.

Bei der Behandlung trivialer Texte im Deutschunterricht entsteht ein von Dahrendorf dargestellter »didaktischer Konflikt«, um dessen Beilegung sich letzten Endes alle der hier abgedruckten Arbeiten bemühen. Er besteht darin, daß Trivialliteratur als Antwort auf spezifische, zum wesentlichen Teil schichtenspezifische Leserbedürfnisse verstanden werden muß und deswegen – will man Ursache und Wirkung nicht verwechseln – nicht von vornherein diffamiert werden kann, ja sogar um des Rechts auf Erholung und Entspannung willen anerkannt werden muß; daß zugleich aber dem Deutschunterricht daran gelegen sein muß, im Schüler gegenüber dieser Literatur eine Haltung kritischer Distanz zu erzeugen, schon damit die eigene – bedürftige – Rolle im Umgang mit Trivialliteratur richtig eingeschätzt werden kann. Die Lösung, die Dahrendorf für dieses Problem anbietet, lautet: »Durch Bildung und Erziehung müßte erreichbar sein, daß das Lesen von Trivialliteratur nicht mehr sozial determiniert ist, sondern situations- und rollenbedingt vorgenommen wird, daß man lernt, auf die unterschiedlichen Beanspruchungen auch unterschiedlich als Leser zu reagieren.« Die Schulung eines rollenbewußten Leseverhaltens erhält für Dahrendorf einen politischen Sinn dann, wenn sie »mit einer Bewußtmachung der eigenen sozialen Rolle der Kinder und ihrer Interessen in der Gesellschaft einhergeht.«

Auf Dahrendorfs Zielvorstellung eines rollen- und situationsbewußten Leseverhaltens hat neben anderen *C. Stumpf* geantwortet. In ihrem Aufsatz »Wozu Trivialität?«, der einen kritischen Überblick über die Einschätzung und Behandlung der Trivialliteratur im Deutschunterricht seit 1945 gibt, stimmt sie der Forderung zu, die gesellschaftlich bedingte Bedürfnisstruktur der Schüler in den Unterricht über Trivialliteratur einzubeziehen, setzt dann aber andere Akzente als Dahrendorf. Dessen Modell von Persönlichkeit, das diese aus verschiedenen Rollen zusammengesetzt begreift, und dessen Gedanke eines rollenflexiblen Lesens scheint ihr eine »generelle Kritik an gesellschaftlich sanktionierter Herrschaft und Ungleichheit« zu verbauen und zum »folgenlosen Zeitvertreib« zu führen. Statt dessen müßte eine emanzipatorische Didaktik daran interessiert sein, daß in der Auseinandersetzung mit Trivialliteratur die verdrängten Bedürfnisse ihrer Leser ins Bewußtsein zurückgeholt werden, so daß sie der allgemeinen Verständigung zugänglich werden. In einer Art »therapeutischer Analyse«, zu der die Verfasserin einige unterrichtsmethodische Hinweise gibt, soll im Unterricht der Zusammenhang von Ersatzbefriedigung mit realen Frustrationen an den konkreten Lebensbedingungen der Schüler festgemacht werden, wobei »die systematische Verbindung von scheinbar persönlich-subjektiven Äußerungen zu ihren gesellschaftlich-objektiven Bedingungen« angestrebt werden muß, »indem namentlich der Warenbegriff als Schlüssel der gesellschaftlichen Organisation zentrale Erklärungskraft bekommt«. Diese Analyse ist für C. Stumpf die »Vorbedingung für kommunikative Praxis im politischen Engagement außerhalb des Unterrichts«.

Wer für eine derartige Analyse Anregungen benötigt, dem sei der Aufsatz »Methodische Vorüberlegungen zum Umgang mit nicht anerkannter Literatur« von *G. Giesenfeld* empfohlen. Dieser Aufsatz ist in diese Sammlung aufgenommen, obwohl er keine ausgesprochen didaktische Programmatik entfaltet. Aber Giesenfeld leistet eine Vorarbeit für das, was C. Stumpf und auch Dahrendorf prinzipiell fordern: Er erarbeitet Zusammenhänge zwischen der Massenliteraturproduktion und der allgemeinen Bedürfnisstruktur der Konsumenten, wobei diese sehr geradlinig aus den Widersprüchen des kapitalistischen Gesellschaftssystems abgeleitet wird. Arbeitsteilung und Warentausch lösen im einzelnen dargelegte Abhängigkeiten und Zwänge aus, die man sich nach Ansicht des Verfassers vergegenwärtigen muß, wenn man die gesellschaftliche Funktion der Trivialliteratur richtig einschätzen will. Die Angemessenheit der Argumentation Giesenfelds zu beurteilen und über die Möglichkeiten der Weitergabe dieser relativ schwierigen theoretischen Zusammenhänge an die Schüler nachzudenken, bleibt dem Leser überlassen. Der Wert dieser Arbeit im Kontext dieses Readers liegt darin, daß deutlich exemplifiziert wird, welche weitausgreifenden Überlegungen nötig sind, wenn die in der didaktischen Grundsatzdiskussion gestellten Forderungen erfüllt werden sollen.

An dieser Grundsatzdiskussion beteiligt sich *O. Hoppe* in seinem Aufsatz »Triviale Lektüre. Publizistische und sozialpsychologische Überlegungen zur Didaktik der Trivialliteratur« unter Einbeziehung der Rezeptionsforschung. Er erläutert zunächst den Begriff der Adäquanz, der in der Publizistikwissenschaft die »Übereinstimmung von Aussagestrukturen und themenbezogenen Prädispositionen beim Rezipienten« bezeichnet. Trivialliteratur erreicht einen hohen Grad der Adäquanz, d.h. sie wird den Dispositionen der Leser weitgehend gerecht. Hoppe unterzieht nun dasjenige methodische Verfahren, das die Leserdispositionen von der Beschreibung der Textmerkmale her in den Griff zu bekommen versucht, einer eingehenden Kritik, unter anderem weil es von einer weitgehenden Homogenität des Publikums ausgehe, während doch die Leseerwartungen und Leseerfahrungen (das, was dem Text entnommen wird), »beim einzelnen Leser je nach Situation kategorial divergieren«. Da sich die trivialen Texte – wie Publikumsforschungen aus den USA belegt haben – durchaus nach den Leseinteressen und -erwartungen der Rezipienten richten und sich mit diesen ändern, kommt es seines Erachtens darauf an, den Ansatzpunkt für die Einschätzung der Trivialliteratur bei der Motivationsstruktur der einzelnen Leser, bei der »trivialen Lektüre« zu wählen. Nur von diesem Blickpunkt her ergeben sich für Hoppe überhaupt didaktische Möglichkeiten. Der Deutschunterricht kann nicht erwarten, daß Schüler durch kritische Einsicht in die Übereinstimmung von Textmerkmalen und generalisierten Leserrollen zur Emanzipation aus der eigenen Abhängigkeit von Trivialliteratur geführt werden können, wie Hoppe überhaupt alle didaktischen Versuche, triviales Lesen mit Hilfe rein intellektueller Anstrengungen zu verändern, für verfehlt hält. Vielmehr kann sich der Deutschunterricht bei der Behandlung von Trivialliteratur nur Erfolg versprechen, wenn er die Motivationsstruktur der jeweiligen Schüler zu verändern trachtet. (Inwieweit die Motivationsstruktur auch von der dauernden Lektüre trivialer und anderer massenhaft verbreiteter Texte geprägt wird, bleibt unerörtert.) Bei diesem Ansatz muß Hoppe dem von Dahrendorf propagierten rollenflexiblen Lesen skeptisch gegenüberstehen, da es sich hierbei letztlich immer um unterschiedliche Formen der Anpassung an Texte handelt. Auf der anderen Seite zeigt sich Hoppe bei der Darstellung, wie sich die Motivationsstrukturen der Schüler denn verändern lassen, äußerst zurückhaltend (und durch die strikte Verwendung der Terminologie Lorenzers, dessen sozialpsychologisches Erklärungsmodell er für seine didaktischen Schlußfolgerungen benutzt, nicht gerade leicht verständlich). »Die tatsächlichen Handlungen und Entscheidungen der Kinder« – so formuliert er – »sind unabhängig von der Lektüre und theoretischen Idealen zunächst zu explizieren, sie müssen dann den Bezugspunkt für die literarischen und theoretischen Muster bilden.« Hier scheinen sich Berührungspunkte mit den Gedanken C. Stumpfs zu zeigen. Während diese jedoch die »therapeutische Analyse« in Richtung auf eine Systemkritik kapitalistischer Gesellschaft (wie sie etwa Giesenfeld vorführt) weiterführen will, scheint Hoppe sich auf diejenigen Aspekte des Themas, etwa dem der »handlungsbezogene[n] Identifikation«, beschränken zu wollen, die ganz im Erfahrungsbereich, auch dem affektiven, der Schüler liegen und von diesen immer auch unter Berufung auf ihre Erfahrungen beurteilt werden können. Den Wunsch nach einer Konkretisierung des an dieser Stelle Gemeinten innerhalb eines so interessanten Ansatzes werden manche Leser mit dem Herausgeber teilen.

Am Schluß dieses ersten Teils steht der schon erwähnte Aufsatz von *W. Schemme,* der nach einer Analyse der gegenwärtigen literaturwissenschaftlichen Forschungslage zur Trivialliteratur auch literaturdidaktische Konsequenzen zieht. Schemme, der sich besonders der rezeptionsästhetisch orientierten Literaturwissenschaft verbunden weiß, fordert als übergeordnetes Lernziel der Arbeit mit Trivialliteratur im Deutschunterricht, daß der Schüler die Fähigkeit zu einer angemessenen »Textverarbeitung« der Trivialliteratur gewinnen soll. Dieser sehr allgemeingültige Satz wird dann durch einen Katalog einzeln aufgeführter und erläuterter Teillernziele erweitert und präzisiert. Nicht nur soll die Arbeit an der Trivialliteratur als Ausgangspunkt einer politisch relevanten Gesellschaftsanalyse dienen, sondern die Schüler auch zur Selbstreflexion und Selbstaufklärung über die Ursachen der eigenen Faszination an der Lektüre führen, schließlich zum Bemühen um Freiheit von jenen manipulativen Mechanismen, die sie durchschaut haben. Insofern bestätigt Schemme, ohne die von Hoppe angeschnittene Problematik aufzugreifen, unausgesprochen die Positionen Dahrendorfs, Stumpfs und Giesenfelds, macht sie freilich an einigen Stellen durchsichtiger und praktikabler. Für den in Zeitnot stehenden Leser erweist sich Schemmes Aufsatz in seinen beiden Teilen als vorzügliche Orientierungshilfe.

Der *zweite Teil des Readers* enthält Arbeiten, die gezielter auf die unmittelbaren Probleme des Unterrichts eingehen. Es handelt sich um Entwürfe von Unterrichtseinheiten und um die praxisbezogene Erörterung unterrichtsmethodischer Möglichkeiten, die sich im Zusammenhang mit der Arbeit an Trivialliteratur ergeben. Dabei versteht es sich fast von selbst, daß diese Arbeiten von der oben skizzierten Grundsatzdiskussion beeinflußt sind oder diese sogar weiterführen. Die Aufsätze – mit Ausnahme des ersten und letzten – sind so ausgewählt, daß diejenigen Heftromangenres berücksichtigt werden, die bei den Schülern besonders beliebt sind: Arztromane, Zukunftsromane, Horrorromane, Kriminalromane. Die ›Sachanalyse‹ dieser Genres erhält in den einzelnen Unterrichtseinheiten unterschiedliches Gewicht, vermittelt aber in jedem Fall dem Leser genügend Informationen für die Besprechung der Texte.

Zu Beginn entwirft *G. Wolff* das »Modell einer Unterrichtsreihe zur Trivialliteratur«, welches den Gesamtkomplex ›Trivialliteratur‹ zu erfassen sucht. Sorgfältig werden in den didaktischen und methodischen Vorüberlegungen die Funktionsziele dieser Unterrichtsreihe dargelegt und begründet. Mit Entschiedenheit bekennt sich Wolff dabei zu der in der literaturdidaktischen Diskussion geforderten Erweiterung des Literaturunterrichts, die der Erweiterung literaturwissenschaftlicher Fragestellungen entspricht. Ausgehend von der für die Kommunikationsforschung entwickelten Formel ›Wer sagt was zu wem mit welcher Wirkung‹, werden vor allem der Warencharakter, der Werkcharakter und der Wirkungscharakter der Trivialliteratur in ihrer wechselseitigen Bedingtheit herausgestellt. Wolff muß dafür bei den Schülern Grundkenntnisse hermeneutischer Betrachtungsweisen von Literatur, zeichen- und kommunikationstheoretischer Überlegungen, linguistischer und soziolingistischer Grundbegriffe und inhaltsanalytischer Techniken voraussetzen. Deswegen läßt sich diese Einheit – so wie sie beschrieben wird – auch nur in den letzten Klassen der gymnasialen Oberstufe durchführen. Die detaillierten Stundenbeschreibungen und der Materialienteil im Anhang bieten dem Leser eine Fülle von Anregungen. Es ist aufschlußreich, daß sich der von Dahrendorf beschriebene, oben skizzierte ›didaktische Konflikt‹ für Wolff nicht gestellt zu haben scheint, was mit dem Alter, den Leseerwartungen und den größeren Distanzierungsmöglichkeiten von Schülern der gymnasialen Oberstufe erklärt werden könnte.

Der nächste, von *J. Grützmacher* eigens für diesen Band verfaßte Aufsatz über den trivialen Arztroman (»Der triviale Arztroman im Deutschunterricht der Sekundarstufe I. [Planung einer Unterrichtseinheit]«) bezieht sich auf den Deutschunterricht in der 9. Klasse einer Haupt- oder Realschule. Die Verfasserin knüpft in der Begründung ihrer literaturdidaktischen Konzeption ausdrücklich bei Dahrendorf an, setzt bei der Erörterung der grundsätzlichen didaktischen Problematik, die sich im Zusammenhang mit der Behandlung von Trivialliteratur ergibt, aber einen etwas anderen Schwerpunkt als dieser. Nach ihren Erfahrungen opponieren die Haupt- und Realschüler gegen die Behandlung von Trivialliteratur nicht, weil sie fürchten, die Freude an der Heftromanliteratur solle ihnen verdorben werden, sondern weil sie fürchten, sie selber, ihre Eltern, Geschwister und Freunde könnten verächtlich gemacht werden. Diese Furcht kann der Unterricht am ehesten durch literatursoziologische Überlegungen reduzieren, welche die kompensierende Funktion der Trivialliteratur verständlich machen. Dies bedeutet jedoch nicht den Verzicht auf ihre Kritik. Die Verfasserin warnt vor der wertneutralen Betrachtung der Trivialliteratur, die auch von den Schülern keineswegs gewünscht werde. Gerade den Hauptschülern wird in diesem Aufsatz nicht nur ein Wertsensorium bescheinigt (vgl. als Beleg die Sammlung von Schüleräußerungen am Schluß des Aufsatzes), sondern auch der ausgeprägte Wunsch, die eigene Kritikfähigkeit auszubilden. Damit aber wird auch die analytische Arbeit am Text wieder stärker in ihr Recht gesetzt. Der dann fol-

gende Unterrichtsentwurf enthält nicht nur eine kurze Beschreibung der Textsorte ›Arztroman‹, sondern auch einen Lernzielkatalog und eine detaillierte Unterrichtsplanung, in der die drei Arbeitsbögen für den Praktiker sicherlich von besonderem Wert sind.

Welchen Problemen ein Unterricht gegenübersteht, der die negative Bewertung von Trivialliteratur von vornherein und bewußt in das Gespräch hineinträgt, zeigt die folgende Arbeit von *W. Reuße* mit dem Titel »Science-fiction in Gruppenarbeit in Klasse 10«. Sie ist deswegen so lehrreich, als hier einmal offen auch über Mißerfolge des Unterrichts gesprochen wird, die trotz ausgesprochen sozialer Arbeitsformen eingetreten sind. Reuße, der Science Fiction und Perry-Rhodan-Zukunftsromane in der Sekundarstufe I des Gymnasiums vornehmlich unter ideologiekritischen Gesichtspunkten behandelt hat, beschreibt die Entstehung und Eskalation eines Konflikts zwischen Anhängern und Gegnern dieser Literatur unter den Schülern. Seine Austragung hat die sachliche Arbeit weitgehend behindert und persönliche Vorurteile vertieft. Auch so läßt sich die Notwendigkeit verdeutlichen, mit Schülern »die gesellschaftlich vermittelte Natur ihres Bedürfnisses nach Tagtraum-Literatur« zu besprechen und es aus der »Frustration im Schulsystem«, der »psychosoziale[n] Bedingtheit der häuslichen Konflikte«, dem »Profitstreben der Industrie, welches die Gesellschaft durch Konsum- und Leistungsdruck neurotisiert«, zu erklären, obwohl Reuße hier die Gefahr einer Identitätskrise bei den von Science Fiction begeisterten Schülern nicht ausschließen will. Es ist von Interesse, daß die Schüler in einer abschließenden Einschätzung der Unterrichtseinheit sowohl die Konfliktbildung in der Klasse als auch die offene Parteinahme des Lehrers gegen Science Fiction negativ beurteilt haben. Nichtsdestoweniger kann dieser Aufsatz bei seinen Lesern vielleicht zu Überlegungen führen, wie sich offen zutage tretende Konflikte in der Klasse nicht nur vermeiden oder neutralisieren, sondern möglicherweise gerade für die Aufklärung der Schüler ausnutzen ließen.

Der folgende Aufsatz von *W. Freund* behandelt die »Horrorliteratur als didaktische Aufgabe«. Damit tritt ein Genre der Heftromane ins Blickfeld, das sich gerade erst seinen Markt erobert und dessen Popularität besonders unter den Jugendlichen immer weiter zu steigen scheint. Freund zeigt in einem historischen Überblick, an welche literarischen Traditionen hier angeknüpft wird, sucht dann aber vor allem Gründe für den gegenwärtigen Erfolg der Horrorromane zu nennen. In einem breit angelegten Abschnitt über ›Trivialität und Angst‹ erklärt er den Horrorroman als den marktwirtschaftlich ausgenutzten Kompensationsversuch von Todes- und Sozialisierungsängsten, wobei insbesondere auch der Zusammenhang zwischen der Schreckensliteratur und der tabuierten Sexualsphäre erläutert wird. Diese gesellschaftlichen Implikationen der Textsorte darzulegen, ist für Freund zugleich das zentrale Lernziel. In einer sich auf die Klassen 9 und 10 aller Schularten beziehenden Modellskizze zeigt er eine Möglichkeit, wie Schüler im Unterricht an der Horrorliteratur arbeiten können.

Auch der Aufsatz des *Herausgebers* über »Kriminalromane zur Überwindung von Literaturbarrieren« geht davon aus, daß im Unterricht die Beziehungen zwischen Trivialliteratur und den psychologisch und soziologisch erklärbaren Bedürfnissen ihrer Rezipienten soweit wie möglich erarbeitet werden sollten. Sowohl die inhaltlichen Konventionen von Detektivroman und Thriller, den beiden wichtigsten und verbreitetsten Ausprägungen des Kriminalromans, als auch deren strukturelle Muster werden deswegen auf unterschiedliche Unterhaltungsbedürfnisse der Leser bezogen. Gleichzeitig wird in diesem Aufsatz jedoch der Erfolg eines Unterrichts bezweifelt, der die Schüler einseitig durch die Erklärung ihrer Unterhaltungsbedürfnisse in die Enge treibt und ihre Wünsche nach Identifikation, Bestätigung, Spannung durch eine Erkenntnisleistung aus der Welt schaffen zu können glaubt. Der Unterricht muß deshalb nach Ansicht des Verfassers gleichzeitig oder ergänzend eine Lektüre anbieten, die einerseits – vornehmlich durch ihren Spannungsaufbau – am Erwartungshorizont der Schüler anknüpft, diesen jedoch andererseits durch ihre aufklärerischen Impulse erweitert. Die didaktische Zielsetzung liegt also darin, Schüler in die gesellschaftskritische Reflexion hineinzuführen, ohne ihnen die Freude an der Unterhaltung zu verderben. Deswegen wird eine Reihe von Kriminalromanen vorgestellt, die – ohne die Gesetzmäßigkeiten der Gattung zu mißachten – gesellschaftskritische Aspekte entfalten, wobei sie entweder beim ›Täter‹, beim ›Opfer‹ oder beim ›Detektiv‹ ansetzen. Letzten Endes vertraut auch diese Zielsetzung freilich darauf, daß durch Lektüre und ihre Besprechung Wirkungen auf Einstellungen und Verhaltensweisen der Schüler erzielt werden können.

An den Schluß dieser Sammlung ist mit Absicht ein Aufsatz gestellt worden, der weniger die Zielsetzung als vielmehr den Gegenstand der Betrachtung auf verschiedene Weise erweitert. *K. Hickethier, W. D. Lützen, R. Schwarz* umreißen den »Unterrichtsgegenstand Fernsehen«, der schon deswegen im Zusammenhang mit der Behandlung trivialer Texte steht, als viele Unterhaltungsserien des Fernsehens als Derivate der Trivialliteratur anzusehen sind. Ihre besonderen, an das Medium gebundenen semiotischen Konventionen sichern ihnen allerdings auch ganz besondere Wirkungen, die hier am Beispiel einer Wildwestserie herausgestellt werden. Den Verfassern geht es freilich um mehr. Indem sie neben die Analyse einer Wildwestserie die Analyse der ›Tagesschau‹ stellen, versuchen sie auf Tendenzen der Manipulation hinzuweisen, die den Unterhaltungssendungen und der Nachrichtenvermittlung gemeinsam sind. Die Ursache für die verkürzte bzw. einseitige Darstellung der Wirklichkeit sehen sie in den Interessen der priviligierten Gruppen, die das Fernsehen kontrollieren. Deswegen fordern sie im Sinne eines politisch orientierten und emanzipativ gerichteten Deutschunterrichts, der offen Partei für die unterpriviligierte Mehrheit der Bevölkerung nimmt, die Abkehr von der bloßen Betrachtung der Kommunikate und erläutern am Beispiel das Konzept einer Medienerziehung, das Massenkommunikation in den gesellschaftlichen Bezugsrahmen stellt. Daß der Unter-

richt sich nicht nur analytisch mit den Medien beschäftigen, sondern daneben auch eine handlungsstrategische Komponente enthalten sollte, wird in diesem Aufsatz zwar verlangt, aber nicht näher erläutert.

Überblickt man die für diesen Reader ausgewählten Aufsätze zur Didaktik der Trivialliteratur, so wird ersichtlich, daß alle Autoren die Trivialliteratur in ihrer gesellschaftlichen Funktion betrachtet sehen wollen und den Schülern im Unterricht auch deren eigene Rolle als Konsumenten dieser Literatur begreiflich zu machen wünschen. Meinungsverschiedenheiten gibt es vor allem darüber, inwieweit allein durch Reflexionsprozesse eine tatsächliche Änderung des Leseverhaltens bewirkt werden kann und auf welche Weise der rein intellektuelle Zugriff modifiziert oder ergänzt werden könnte.

I. Überlegungen zu einer Didaktik der Trivialliteratur

Helmut Fischer

Das außerschulische Leseverhalten von Hauptschülern

Materialien, Analysen, Konsequenzen*

Die Neuorientierung der gegenwärtigen Literaturdidaktik

Die Diskussion der letzten Jahre um den Deutschunterricht bezog in einem nicht unerheblichen Maße die literarische Erziehung mit ein. Fragen der Grundlegung und der Ziele, der Gegenstände und Methoden rückten in den Vordergrund und fanden in zahlreichen didaktischen Veröffentlichungen ihren Niederschlag. [1] Die Überarbeitung der Richtlinien und Bildungspläne versuchte die ersten Ansätze nutzbar zu machen und ihnen Eingang in Schulen und Unterricht zu verschaffen. [2] Nicht zuletzt wurde mit der Neugestaltung der Lesebücher [3] und dem Erscheinen neuartiger Texte in Supplementbänden [4] der Literaturunterricht auf die geänderten Voraussetzungen eingestellt, ohne jedoch von diesen in vollem Maße die erwünschte Unterstützung zu erfahren. [5] Alles in allem demonstrieren die bisherigen Ergebnisse dieser Überlegungen und Unternehmungen, daß der Standort der überkommenen literarischen Betrachtung im Rahmen der Schule kaum noch als gesichert angesehen werden kann. Damit verliert der Deutschunterricht sein vorzüglich poetisch-literarisches Selbstverständnis, das sich nach dem überlieferten bürgerlichen Bildungsbegriff vornehmlich an der Dichtung orientierte, die Entwicklung einer individuellen ästhetischen Sensibilität erstrebte und im Sinne von »Lebenshilfe« die Normen einer überzeitlichen einfachen Sittlichkeit zu vermitteln suchte. [6] Nicht minder bedeutsam ist in diesem Zusammenhang die Lösung von einer allein auf das Wortkunstwerk gerichteten Germanistik, in deren Schatten die Literaturpädagogik keine eigene, von den spezifischen Bedingungen des Unterrichts bestimmte Fragestellung zu entwickeln wagte. [7]

Unter diesen Voraussetzungen und im Spannungsfeld der Kommunikation hieße die Beschränkung des Rezipienten bloß auf Dichtung eine unzulässige und pädagogisch nicht zu rechtfertigende Einengung der Sozialisierungsmöglichkeiten anstreben. Infolgedessen gehören die Massenmedien in ihrer vielfältigen Gestalt und mit ihren mannigfaltigen Textformen in den Deutschunterricht hinein, dessen poetische Isolierung auf diese Weise aufgebrochen

* Zuerst in: Jochen Vogt (Hrsg.), Literaturdidaktik, Aussichten und Aufgaben. Düsseldorf 1972, S. 207–231. – Nachdruck mit freundlicher Genehmigung des Westdeutschen Verlags, Wiesbaden.

wird.[8] Darüber hinaus stellt sich dann auch die Frage nach dem sozialdeterminativen Gewicht einer jeglichen medial verstandenen Literatur. Zahlreiche Untersuchungen zum schichtenspezifischen Sprachverhalten und dessen unterschiedlichen Abhängigkeiten und Wirkungen liegen ebenso vor wie Folgerungen für eine kompensatorische Sprachförderung.[9] Es fehlen hingegen noch weitgehend empirisch gewonnene Ergebnisse zum schichtenbezogenen Leseverhalten, die in ihrer literaturpädagogischen Bedeutung gesehen werden. Im wesentlichen befaßte sich die Forschung mit einzelnen Bevölkerungsgruppen, vorzüglich der Jugend[10], den alten Menschen in der Stadt[11] und den Angehörigen verschiedener Berufsgruppen[12], mit bestimmten Bucharten[13] und äußeren Merkmalen von Druckwerken.[14] Häufig ging es dabei um Käuferanalysen unter durchaus kommerziellen Aspekten.[15] Da eine recht verstandene Literaturdidaktik sowohl auf die gesamten literarischen Erzeugnisse blickt, die für den potentiellen Leser von Belang sind, als auch den außerschulischen Bereich und das private Leseverhalten ebensowenig vernachlässigen darf, wird sie die soziokulturellen Bedingungen in ihre Betrachtungen miteinzuschließen haben.[16] Aus diesem Gesichtswinkel überwinden die didaktischen Reflexionen den Raum der einzig spekulativen Begründung literarischer Wertigkeit und gelangen zu Schlüssen, die auf der Grundlage empirisch erhobener Daten erfolgen können, ohne daß eine ausschließliche Anpassung an die literarische Alltagswirklichkeit erfolgen müßte.

Die soziale Determination des Lesens

Die Lesegewohnheiten der Jugendlichen haben sich in den letzten Jahrzehnten in bedeutendem Maße gewandelt. Einmal ist die Zahl der Leser umfangreicher geworden. Wachsende Freizeit, die größere Lesefertigkeit und die Steigerung des Einkommens ermöglichen es auch der arbeitenden Bevölkerung, am kulturellen Konsum teilzuhaben.[17] Zum anderen steuert das vermehrte Angebot publizistischer Erzeugnisse die Nachfrage. Bücher und Hefte, Zeitungen und Zeitschriften verlocken, unterstützt von Film, Funk und Fernsehen dazu, Information und Unterhaltung zu rezipieren.[18] Während die Schule meist die persönlichen Leseneigungen aus mangelnden didaktischen Einsichten und mit verfehlten methodischen Verfahren nicht im erstrebenswerten Sinne fördert, vollzieht sich das private Lesen weithin in Abhängigkeit von den gruppenspezifischen Bedingungen des Kulturmilieus, unter denen der junge Mensch heranwächst. Neben dem psychischen Entwicklungsstand, den motivationalen Haltungen und individuellen Strebungen und der Geschlechtsrolle sind es also vor allem die soziokulturellen Determinanten, die in einem weiteren Verstande kulturelle Kontrollmuster vermitteln und das Leseverhalten bestimmen.[19] Da sich die Verhaltensstile der Jugendlichen weitgehend an den Erwachsenen orientieren, liegt eine unmittelbare Beeinflussung der Lesegewohnheiten durch die erwachsene Umwelt auf der Hand. [20] So lassen neuere Untersuchungen einen direkten Zusammenhang zwischen der Lektüre und dem Sprachverhalten der Eltern einerseits und den Lesegewohnheiten im Elternhaus und der kognitiven Entwicklung der Kinder andererseits vermuten. [21] Diese Beobachtung erhält besonderes Gewicht, wenn man bedenkt, daß Angehörige der Unterschicht weniger lesen als Angehörige der Mittel- und Oberschicht. Im Hinblick auf den Lesestoff zeigt sich unter anderem, daß in der Unterschicht mehr Boulevardblätter gelesen werden, während in der Mittelschicht vorwiegend seriöse Tageszeitungen gehalten werden. [22] Inwieweit die jeweils gelesenen publizistischen Mittel auf den Sprachgebrauch einwirken, läßt sich nicht mit Deutlichkeit feststellen. Denn die Kaufzeitungen zum Beispiel bedienen sich nicht unbedingt des für die Unterschicht typischen restringierten Kodes, vielmehr tendiert ihre Sprache eher zum elaborierten Kode. [23] Daß die Jugendlichen in weitem Umfange Zeitungen und Zeitschriften lesen, unterliegt allerdings keinem Zweifel. [24]

Die sozialstatistischen Daten

Während die Arbeiten, die sich bisher mit den Leseinteressen und Lesegewohnheiten von Jugendlichen befassen, durchweg ihr Material in verschiedenen Schultypen und unterschiedlichen Altersgruppen gewinnen [25], geht die vorliegende Untersuchung von der Befragung der Schüler und Schülerinnen einer einzigen Hauptschule aus. Das Unternehmen wandte sich an 275 zehn- bis sechzehnjährige Jungen und Mädchen des fünften bis zehnten Schuljahres. Die Angaben wurden im Jahre 1971 mit Hilfe eines Fragebogens erhoben, der von vorformulierten Feststellungen absah und ein bloßes Ankreuzen vermied. Die Fragen waren so gestellt, daß die Schüler zum Nachdenken angeregt wurden und durchaus individuelle Aussagen machen konnten. Eingestreute Kontrollfragen dienten der Überprüfung. Auf diese Weise ließen sich zum Teil wesentliche Hintergrundinformationen herauslösen. [26] Während die Schüler der jüngeren Jahrgänge ohne weiteres bereit waren, ihren Namen anzugeben, wurde etwa vom 8. Schuljahr an die Anonymität in Einzelfällen vorgezogen. Den Schülern stand für die Beantwortung eine Schulstunde zur Verfügung. Zuvor war ihnen das Anliegen der Untersuchung dargestellt worden. Niemand verweigerte die Auskunft.

Da Lesemotivation, Lesegewohnheiten und Lesestoff von der Schichtenzugehörigkeit und den dort üblichen kulturellen Verhaltensmustern abhängig sind, war es notwendig, die sozio-ökonomischen Verhältnisse zu erfahren. Bei der Ermittlung der Sozialdaten, die man mit unterschiedlicher Gewichtung den einzelnen Modellen der soziologischen Schichtenzuweisung zugrunde legt, wie Beruf, monatliches Einkommen und Schulbildung des Haushaltungsvorstandes, war lediglich Auskunft über den Beruf des Vaters zu erlangen.[27] Im allgemeinen wird jedoch der Berufsposition als dem Kriterium für die Zuweisung zu einer sozialen Schicht eine hinreichende Aussagefähigkeit beigemessen.[28] Die Angaben wurden den Klassenlisten entnommen. Die wenigen anonymen Belege ließen aus der Handschrift den Beantworter ermitteln, so daß auch in diesen Fällen das konstituierende Merkmal gewonnen werden konnte. Präzisierende Auskünfte erteilten die Lehrer. Danach stellte sich im vorliegenden Sample die Schichtensituation folgendermaßen dar:

Tabelle 1: Schichtenzugehörigkeit der Haushaltungsvorstände (N=275)

Untere Unterschicht (UU)		
(ungelernte, angelernte Arbeiter, Sozialunterstützungsempfänger, alleinstehende Hausfrauen u. a.)	**88 Schüler**	**(32 %)**
Obere Unterschicht (OU)		
(Facharbeiter, Handwerker im Arbeitsverhältnis, untere Angestellte, niedere Beamte u. a.)	105 Schüler	(38,19 %)
Unterschicht insgesamt	193 Schüler	(70,19 %)
Untere Mittelschicht (UM)		
(selbständige Handwerker und Kaufleute, kaufmännische Angestellte, Beamte des mittleren Dienstes u. a.)	57 Schüler	(20,73 %)
Obere Mittelschicht (OM)		
(Kaufleute, höhere Angestellte, Beamte des gehobenen Dienstes u. a.)	15 Schüler	(5,45 %)
Mittelschicht insgesamt	72 Schüler	(26,18 %)
Oberschicht (O)		
(Kaufleute, höhere Angestellte, Beamte des höheren Dienstes, Ärzte u. a.)	10 Schüler	(3,63 %)

Die Aufstellung ergibt für das besondere Beispiel dieser großstadtnahen Hauptschule, daß 70% der Schüler aus einer Unterschichtenfamilie kommen, während 26% der Mittelschicht und lediglich etwas mehr als 3% der Oberschicht zuzurechnen sind. Bedenkt man, daß im Einzugsbereich der Schule, der als durchaus verstädtert anzusehen ist, viele Beamte und Angestellte von Regierung, Behörden und Verbänden wohnen und das Angebot an weiterführenden Schulen wie Realschulen und Gymnasien groß ist, so wird der minimale Anteil der Oberschichtenkinder verständlich.[29] Die Analyse des familiären Leseangebots wird daher die schichtenspezifische Abhängigkeit in der Relation zum tatsächlichen Leseverhalten der Schüler zu beachten haben. Eine Bezugsgrundlage bildet die Übersicht über die altersmäßige Zuordnung der Schüler zu den Statuszonen.

Tabelle 2: Schichtenzugehörigkeit der Schüler nach Altersgruppen (N=275)

Alter	UU	OU	UM	OM	O	Gesamtzahl
10 – 12 Jahre	41	40	23	7	2	113
12 – 14 Jahre	30	43	22	6	4	105
14 – 16 Jahre	17	22	12	2	4	57
	88	105	57	15	10	275

Das häusliche Angebot an Büchern und Heften

Da das Lesen ohne Zweifel nicht nur eine Frage der persönlichen Motivation ist, sondern auch von der sozialen Umgebung entscheidend beeinflußt wird, richtet sich die Aufmerksamkeit zunächst auf die diesbezüglichen gruppenspezifischen Stimulationsmuster. Sie lassen sich erkennen an dem literarischen Angebot, das den Jugendlichen ohne eigene direkte Anregung erreicht. Es handelt sich dabei vor allem um Buchgeschenke und Zeitungen und Zeitschriften, die in den Haushaltungen gehalten werden und regelmäßig zur Verfügung stehen. Bücher werden meist anläßlich persönlicher Festlichkeiten oder Gedenktage wie Geburts- und Namenstag, Kommunion und Konfirmation oder an sozialoffiziellen Geschenktagen wie dem Nikolausfest oder Weihnachten offeriert. Im einzelnen ist jedoch zwischen dem durch Umfang und Ausstattung typisierten Buch und dem einfachen Heft nicht zu unterscheiden, weil den Schülern bei der Beantwortung der betreffenden Fragen die formale Differenz nicht klar war. Das geht auch aus den Titelnennungen hervor, die in verschiedenen Fragenkomplexen Bücher und Hefte vermischen. Aus diesem Grunde bleiben Bücher und Hefte in den folgenden Übersichten zusammengefaßt.

Von 275 Schülern erhalten 253 (91,99%) Bücher und Hefte geschenkt. Auf die Schichtenzugehörigkeit (*Tabelle 1 und 2*) bezogen, ergibt sich: Von 193 Unterschichtenkindern erhalten 177 (91,71%) Buch- und Heftgeschenke, von 72 Mittelschichtenkindern 66 (91,67%) und alle Oberschichtenkinder (100%). Daraus geht hervor, daß soziologisch-statistisch kein gravieren-

Tabelle 3: Buch- und Heftgeschenke in den sozialen Schichten und Altersgruppen (N=275)

Alter	UU	OU	UM	OM	O	Gesamtzahl
10 – 12 Jahre	38	37	20	5	2	102 (von 113)
12 – 14 Jahre	29	39	22	6	4	100 (von 105)
14 – 16 Jahre	15	19	11	2	4	51 (von 57)
	82	95	53	13	10	253 (91,99 %)
	177		66			

der Unterschied zwischen den Schichten besteht. Diese Tatsache läßt den Schluß zu, daß das Lesen aus der Sicht der Schenker als ein statusindifferenter Wert zu gelten hat. Die Notwendigkeit, ein passendes Geschenk für Kinder und Jugendliche zu finden, mag allerdings auch zum Kauf von literarischen Produkten in Buch- und Heftform veranlassen.

Welche literarischen Gattungen werden nun geschenkt? Schwierigkeiten bereitet in diesem Zusammenhang die Einordnung der Bücher und Hefte in eine inhalts- und gattungsspezifische Systematik. Um Mehrfachzählungen zu vermeiden, werden die Belege nur jeweils einer Gruppierung zugewiesen.

Da nicht alle Schüler die Frage exakt beantworteten, sind lediglich signifikante Tendenzen zu erkennen. Aus diesem Grunde kann ebenso keine be-

Tabelle 4: Literarische Gattungen als Buch- und Heftgeschenke

	Jungen			Mädchen		
	10–12 J.	12–14 J.	14–16 J.	10–12 J.	12–14 J.	14–16 J.
Mädchenliteratur	–	–	–	23	32	10
Abenteuerliteratur	24	30	5	11	16	7
Karl May	6	13	–	–	5	–
Kriminalliteratur	1	–	–		–	2
Wildwestliteratur	17	2	–	1	2	–
Utopische Literatur	1	–	–	–	–	–
Illusionäre Unterhaltungsliteratur	–	–	–	–	–	1
Wissenschaftlich-technische Literatur	1	–	7	–	2	1
Tierliteratur	4	2	–	3	7	4
Märchen, Sagen	4	1	–	3	5	–
Bildhefte	8	1	–	–	1	–

weisbare Beziehung zur Schichtenzugehörigkeit der schenkenden Personen hergestellt werden. Allgemein wird deutlich, daß Abenteuerliteratur sich aus der Sicht der Erwachsenen der größten Beliebtheit erfreut. Besonders ist auf die Bedeutung der Karl-May-Erzählungen hinzuweisen, wo gewiß eigene Jugenderinnerungen der Schenker einwirken. Nicht außer acht zu lassen ist auch die sonstige Wildwestliteratur. Rechnet man sie der abenteuerlichen Literatur hinzu, so verstärkt sich deren Gewicht noch mehr. Demgegenüber fallen Tiergeschichten, Märchen und Sagen und die wissenschaftlich-technische Literatur weit ab. Erstaunlich ist, daß utopische und Kriminalromane sowie die illusionäre Unterhaltungsliteratur kaum genannt werden. Dabei spielt sicher ein pädagogisches Moment eine Rolle, das vor einer mutmaßlichen Schädigung bewahren will, wohingegen Wildwestgeschichten und Bildhefte wieder stärker vertreten sind. Unterschiede ergeben sich außerdem bei einer geschlechtsspezifischen Betrachtung. Während die Mädchen vor allem typische Mädchenbücher geschenkt bekommen, stehen bei den Jungen Abenteuer- und Wildwestliteratur im Vordergrund. Auffallend ist weiterhin, daß mit zunehmendem Alter weniger Mädchen-, Abenteuer- und Wildwestliteratur geschenkt werden, dagegen steigt der Anteil der wissenschaftlich-technischen Werke.

Darüber hinaus ist von Interesse, welche Personengruppen als Schenker in Erscheinung treten.

Tabelle 5: Personengruppen, die Bücher und Hefte schenken (N=255)

	10 – 12	12 – 14	14 – 16 J.	Gesamtzahl
Verwandte	85	87	47	219
Bekannte	16	16	4	36

Offenkundig bestimmen in weitestem Maße enge persönliche Beziehungen zum Adressaten die Buchgeschenke. Infolgedessen dürften Schenkende und Beschenkte weitgehend derselben Schicht angehören. Die Verwandten, meistens werden die Eltern, dann Großeltern, Onkel und Tanten genannt, lösen die familiären »Geschenkprobleme« auf diese Weise. Bekannte, oft Freunde und Freundinnen, vereinzelt die Nachbarn, haben einen wesentlich geringeren Anteil. Vielfach dürften Kommunion und Konfirmation, also einmalige Anlässe, für diesen Personenkreis als Gelegenheit in Frage kommen.

Das häusliche Angebot an Zeitungen und Zeitschriften

Stärker als von geschenkten Büchern und Heften wird das literarische Klima, in dem die jungen Leser heranwachsen, von Zeitungen und Zeitschriften bestimmt. Während jene meist aus besonderen Anlässen wie Fest und Feier den Jugendlichen erreichen, stehen diese durchweg regelmäßig und in neuesten, aktuellen Ausgaben zur Verfügung. Entweder gelangen sie über ein festes Abonnement täglich oder wöchentlich in die Haushalte, oder sie werden im Zeitungs- und Zeitschriftenhandel am Kiosk oder in einem Geschäft erworben. Das letztere trifft vor allen Dingen auf die sogenannten Boulevardblätter zu. Die folgende Übersicht gibt Auskunft über die Zahl der Schüler, denen in den elterlichen Haushaltungen Zeitungen und Zeitschriften regelmäßig zugänglich sind.

Tabelle 6: Schüler, denen im Elternhaus regelmäßig Zeitungen und Zeitschriften zur Verfügung stehen (N=275)

Untere Unterschicht	84	181 (65,82 %)
Obere Unterschicht	97	
Untere Mittelschicht	53	66 (24 %)
Obere Mittelschicht	13	
Oberschicht	9	9 (3,27 %)
		256 (93,09 %)

Von den befragten Schülern haben fast alle diese Publikationsmittel zu Hause zur Verfügung. Der prozentuale Vergleich mit den Anteilen an der Sozialschichtung entspricht ungefähr diesem Verhältnis (*Tabelle 1*). Über die tatsächliche Lesefrequenz sagt die Darstellung nichts aus.

Weitere Klarheit über das familiäre Leseangebot vermittelt eine Analyse der Zeitungen und Zeitschriften nach Gattungen und Titeln.

Auf den ersten Blick wird deutlich, daß das publizistische Angebot in den Familien überaus reich ist. Der Anteil der Tagespresse verteilt sich fast je zur Hälfte auf Boulevardblätter und regionale Tageszeitungen, während überregionale Zeitungen mit einem Titel nur dreimal vertreten sind. Von 181 Schülern aus der Unterschicht, in deren Elternhäusern regelmäßig Zeitungen und Zeitschriften ausliegen, finden 69 (32,6%) zumindest ein Boulevardblatt vor, und zwar vor allem die Bild-Zeitung, und 44 (24,75%) eine regionale Tageszeitung. Das Verhältnis beträgt bei 66 Mittelschichtenkindern 17 (25,76%) Boulevardblätter und 36 (54,55%) Tageszeitungen, während 9 Oberschichtenkinder 1 (11,11%) Boulevardblatt bzw. 4 (44,44%) Tageszeitungen zur Verfügung haben. Ähnliches gilt von den Zeitschriften. Neben

Tabelle 7: Titel der regelmäßig im Elternhaus vorhandenen Zeitungen und Zeitschriften mit einer Schichtenzuweisung

		UU	OU	UM	OM	O	Gesamt
Tageszeitungen							
Boulevardblätter	1. Bild-Zeitung	22	20	9	3	1	55
	2. Express	14	13	4	1	–	32
Abonnement-zeitungen	1. General-Anzeiger f. Bonn u. Umgebung	17	9	17	3	1	47
	2. Rhein-Sieg-Rundschau, Bonner Rundschau	3	7	9	1	2	22
	3. Kölner Stadt-Anzeiger	4	4	4	1	–	13
	4. Die Welt	–	–	1	1	1	3
Zeitschriften							
Wochenend-zeitungen	1. Wochenend	5	6	5	1	–	17
	2. Neue Welt	1	4	2	–	–	7
	3. Neue Post	3	2	2	2	–	9
	4. Neues Blatt	–	–	1	1	–	2
Wochenzeitungen	1. Kicker	1	2	–	–	–	3
	2. Sport-Magazin	–	1	–	–	–	1
	3. St. Pauli-Nachrichten	1	–	–	–	–	1
Illustrierte	1. Hör Zu	28	45	17	9	3	100
	2. Stern	10	14	10	1	1	36
	3. TV/Hören u. Sehen	8	15	5	1	2	31
	4. Quick	7	9	6	2	1	25
	5. Neue Revue	8	6	5	2	1	22
	6. Funkuhr	10	3	3	1	1	18
	7. Bunte Illustrierte	7	5	4	1	–	17
	8. Bravo	4	6	4	–	–	14
	9. Gong	3	3	3	2	1	12
	10. Brigitte	3	4	1	2	–	10
	11. Bild und Funk	2	4	1	2	–	9
	12. Jasmin	1	4	1	1	–	7
	13. Praline	1	4	2	–	–	7
	14. Frau im Spiegel	1	2	1	1	–	5
	15. Petra	1	2	1	1	–	5
	16. Eltern	1	1	–	2	–	4
	17. Sexy	2	–	1	–	–	3
	18. Freundin	1	–	–	–	–	1
	19. Für Sie	1	–	–	–	–	1
	20. Ich	–	–	1	–	–	1

	UU	OU	UM	OM	O	Gesamt
21. Konkret	1	–	–	–	–	1
22. Musikexpress	1	–	–	–	–	1
23. Pop Foto	1	–	–	–	–	1
24. Schalt ein	1	–	–	–	–	1
25. Hobby	–	–	–	1	–	1
26. Spiegel	–	–	–	1	–	1

den typischen Wochenendzeitungen, die ihres Inhalts und ihrer Aufmachung wegen einen bestimmten Leserkreis ansprechen, spielen Wochenzeitungen keine Rolle. Hingegen finden sich Illustrierte in den meisten Familien. An der Spitze stehen die illustrierten Programmzeitschriften, gefolgt von den aktuellen Illustrierten. Oft bezieht ein einziger Haushalt mehrere Exemplare der verschiedenen Zeitschriften zugleich. Dadurch erhöht sich der prozentuale Anteil, so daß auf einen Schüler statistisch im Durchschnitt mehr als eine Ausgabe kommt. Auf 181 Unterschichtenkinder entfallen 228 Exemplare (126,52 %). Ähnlich ist es bei den Mittelschichtenkindern, wo 66 Schüler 97 Exemplare (145,15 %), und bei Oberschichtenkindern, wo 9 Schüler 10 Exemplare (111,11 %) zur Hand haben.

Die Rezeption von Büchern und Heften

Nachdem das literarische Milieu aufgrund der statistischen Analyse umrissen ist, stellt sich die Frage nach den rezeptiven Aktivitäten der Schüler. Diese ergeben sich aus der Feststellung der Lektüre von Büchern und Heften und von Zeitungen und Zeitschriften. Für Bücher und Hefte entsteht folgendes Bild:

Tabelle 8: Lektüre von Büchern und Heften (N=275)

	10 – 12 J.	12 – 14 J.	14 – 16 J.	Gesamt
Jungen	47	44	19	110
Mädchen	36	50	23	109
	83	94	42	219

Von 275 Schülern lesen demnach 219 (79,64 %) Bücher und Hefte. Bei den einzelnen Altersgruppen und Geschlechtsgruppen verteilen sich Leser und Nichtleser wie folgt:

Tabelle 9: Leser und Nichtleser im Jahrgangsverhältnis (N=275)

	10 – 12 J.		12 – 14 J.		14 – 16 J.		Gesamt
	Leser	Nichtleser	Leser	Nichtleser	Leser	Nichtleser	
Jungen	47 (82,46%)	10 (17,54%)	44 (95,65%)	2 (4,35%)	19 (75 %)	5 (20,83 %)	127
Mädchen	36 (64,28%)	20 (35,72%)	50 (83,33%)	10 (16,67%)	23 (71,87%)	9 (28,13 %)	148

Danach nimmt bei den Jungen mit zunehmendem Alter die Zahl der Nichtleser von Büchern und Heften zu, während bei den Mädchen der umgekehrte Vorgang zu beobachten ist.

Von besonderem Interesse sind die alters- und geschlechtsspezifischen thematischen Schwerpunkte der Leseneigungen, die einem Wandel unterliegen.

Tabelle 10: Literarische Vorlieben

	Jungen			Mädchen		
	10-12 J.	12-14 J.	14-16 J.	10-12 J.	12-14 J.	14-16 J.
Mädchenliteratur	–	–	–	14	9	2
Abenteuerliteratur	44	28	20	22	28	13
Karl May	17	23	7	1	1	5
Kriminalliteratur	14	18	12	2	13	6
Wildwestliteratur	29	13	4	7	12	3
Utopische Literatur	3	1	1	–	1	–
Illusionäre Unterhaltungsliteratur	1	1	3	4	14	16
Wissenschaftlich-technische Literatur	1	–	8	–	1	2
Tierliteratur	3	2	–	5	8	5
Märchen, Sagen	12	10	3	16	14	5
Landser-, Kriegsliteratur	–	4	5	–	1	–
Bildhefte	65	37	11	36	32	7

Bei den Jungen zeigt sich, daß mit dem Alter der Anteil der Abenteuerliteratur, die man als eigentliche Spannungsliteratur bezeichnen kann, ständig geringer wird. Darauf weisen auch die separat gezählten Nennungen von Karl-May-Büchern hin, ebenso die Wildwestliteratur. Im ganzen ist sie jedoch von großer Bedeutung. Abgesehen von der Thematisierung, die den Jugendlichen dieser Altersstufen besonders anspricht, wird sie außerdem durch den geringen Preis der Hefte und ihre Eignung zum Tauschen gefördert. Ähnliches gilt für Kriminalromane und Kriminalgeschichten. Die Tatsache, daß die utopische Literatur kaum in Erscheinung tritt, mag mit den besonderen sozialen Voraussetzungen zusammenhängen. Demgegenüber gewinnt die wissenschaftlich-technische Literatur bei den Vierzehn- bis Sechzehnjährigen an Gewicht. Das Bedürfnis nach faßlicher physikalisch-technischer und populärer sozialwissenschaftlicher Information wird in diesem Zusammenhang weitgehend durch moderne Sachbücher befriedigt. Auf der anderen Seite wächst wiederum das Interesse an Liebes- und Schicksalsromanen der illusionären Unterhaltungsliteratur, deren klischeehafte Wirklichkeitsdarstellung und oberschichtliche Fabelklitterung nicht erkannt werden. Schließlich verlieren Tierliteratur und Märchen und Sagen an Interesse, während Landser- und Kriegserzählungen mit ihrer zweifelhaften Illustration von Kampf und Heldentum an Beliebtheit gewinnen. Mit fallender Tendenz, aber insgesamt sehr bevorzugt, erscheinen Bildhefte, in deren rascher Konsumierbarkeit ein Grund für ihre Beliebtheit zu sehen sein mag.

Die Leseinteressen der Mädchen sind zweifellos an die sozial oktroyierten weiblichen Gefühlsbedürfnisse gebunden. Darauf weist die Bevorzugung der sogenannten Jungmädchenbücher hin, deren Abnahme durch die wachsende Vorliebe für Werke der illusionären Unterhaltungsliteratur ausgeglichen wird. Aber auch die Themenbereiche von Abenteuer-, Wildwest- und Kriminalliteratur erweisen sich als durchaus wichtig. Auffallend ist, daß der Höhepunkt im Alter zwischen zwölf und vierzehn Jahren liegt. Utopische und wissenschaftlich-technische Literatur scheint zum großen Teil außerhalb des Blickwinkels der Mädchen zu liegen. Von etwa gleichbleibender Bedeutung ist dagegen die Tierliteratur, während Märchen und Sagen mit höherem Alter an Aufforderungscharakter einbüßen. Die Bildhefte verschiedener Provenienz erfreuen sich wie bei den Jungen abnehmenden, aber immer noch bemerkenswerten Interesses.

Einen aufschlußreichen Einblick in den Komplex der Leseinteressen bietet die Darstellung der Beliebtheit von Bildheften. Gerade hier werden zum Teil starke retardierende Momente deutlich, die kindliche Lesehast mit übergroßem und leicht erreichbarem Angebot, Spannungsreiz und optischer Vielfalt verbinden.

Die Jungen und Mädchen lesen folgende Bildhefte (s. Tabelle 11):

An der Spitze stehen bei Jungen und Mädchen die Micky-Maus-Hefte. Vor allem wird deutlich, daß die Jungen mehr Hefte konsumieren als die Mädchen. Die Gründe für die Bevorzugung bestimmter Serien bedürfen einer besonderen Untersuchung, die in diesem Zusammenhang nicht durchzuführen ist.

Die persönlichen Leseaktivitäten sind zu einem großen Teil vom eigenen Buchbesitz abhängig, der wohl weitgehend aus geschenkten Büchern und Heften besteht. Kleinere Bestände scheinen von Eltern und Verwandten übernommen zu sein.

Tabelle 11: Bevorzugte Hefttitel

	Jungen			Mädchen		
	10-12 J.	12-14 J.	14-16 J.	10-12 J.	12-14 J.	14-16 J.
1. Micky Maus	63	37	11	35	32	5
2. Donald Duck	23	15	–	15	11	1
3. Bessy	23	17	2	14	5	–
4. Fix und Foxi	18	7	4	17	18	4
5. Tarzan	11	5	–	2	–	–
6. Felix	8	4	2	4	9	–
7. Wastl	6	1	–	–	3	–
8. Superman	1	6	1	1	4	1
9. Tom Berry	3	3	–	–	2	–
10. Lasso	4	1	–	–	–	–
11. Silberpfeil	5	–	–	–	–	–
12. Batman	2	1	–	–	3	–
13. Tom und Jerry	3	–	–	–	–	–
14. Asterix	1	–	1	–	3	–
15. Roy Tiger	1	–	–	1	–	–
16. Sigurd	–	–	1	–	–	–
17. Tibor	1	–	–	–	–	–

Tabelle 12: Buch- und Heftbesitz der Schüler

	Jungen			Mädchen		
	10-12 J.	12-14 J.	14-16 J.	10-12 J.	12-14 J.	14-16 J.
bis 10 Bücher	10	4	–	10	4	–
10 – 20	16	7	3	11	8	4
20 – 30	6	10	7	8	13	1
über 30	24	25	14	12	19	21
Buchbesitz überhaupt	56 (98,25%)	46 (100%)	24 (100%)	41 (73,21%)	44 (73,33%)	26 (81,25%)

Während die Jungen alle als Buch- und Heftbesitzer anzusprechen sind, haben etwa ein Viertel der Mädchen keine eigenen Bücher oder Hefte. Bemerkenswert ist darüber hinaus, daß der überwiegende Teil der Jungen und Mädchen über 30 Exemplare angibt. Im einzelnen besitzt ein zwölfjähriger Schüler ungefähr 50 Wildwest- und Kriminalromane, ein anderer wiederum nur drei Winnetou-Bände, ein Vierzehnjähriger etwa 200 und ein Elfjähriger sogar 500 Hefte. Außerdem zeigt die Aufstellung, daß der Buch- und Heftbesitz mit dem Alter zunimmt und insgesamt recht umfangreich ist.

Von wesentlicher Bedeutung für das jugendliche Leseverhalten ist die Frage nach dem selbständigen Erwerb der Lektüre. Da die Schüler ohne Anleitung kaum eine Buchhandlung und deren Beratung in Anspruch nehmen, dient als Quelle vor allem das Sortiment der Kioske und Schreibwarengeschäfte sowie der Selbstbedienungsläden und Supermärkte.

Tabelle 13: Selbständiger Erwerb von Büchern und Heften

	10 – 12 J.	12 – 14 J.	14 – 16 J.
Jungen	30 (52,63 %)	27 (58,69 %)	13 (54,17 %)
Mädchen	9 (16,07 %)	24 (40 %)	13 (40,63 %)

Während mehr als die Hälfte der Jungen den Bedarf durch eigene Käufe befriedigt, ist die Aktivität der Mädchen wesentlich geringer, wenn sie auch mit dem Alter ansteigt. Das Bild wird noch klarer, wenn man die Gattungsnennungen berücksichtigt. Dabei können anhand der Titel die Bildhefte besonders unterschieden werden.

Tabelle 14: Gattungen der gekauften Bücher und Hefte

	Jungen			Mädchen		
	10-12 J.	12-14 J.	14-16 J.	10-12 J.	12-14 J.	14-16 J.
Mädchenliteratur	–	–	–	5	8	6
Abenteuerliteratur	11	16	2	1	6	2
Karl May	3	3	2	–	1	–
Kriminalliteratur	2	3	–	–	2	2
Wildwestliteratur	4	4	–	–	1	–
Utopische Literatur	–	–	–	–	–	–
Illusionäre Unterhaltungsliteratur	–	–	–	–	–	2
Wissenschaftlich-technische Literatur	–	–	6	–	–	–
Tierliteratur	–	3	–	–	4	1
Märchen, Sagen	–	–	–	–	–	–
Landser-, Kriegsliteratur	–	4	3	–	1	–

Tabelle 15: Bevorzugt gekaufte Bildhefte

	Jungen			Mädchen		
	10-12 J.	12-14 J.	14-16 J.	10-12 J.	12-14 J.	14-16 J.
Micky Maus	10	5	–	1	2	–
Bessy	5	1	–	–	–	–
Fix und Foxi	–	–	–	–	2	–
Asterix	–	1	–	–	–	–

Neben den selbstgekauften Büchern und Romanheften spielen die Bildhefte eine besondere Rolle.

Diese Aufstellung gibt sicher kein genaues Bild über den tatsächlichen Kauf von Bildheften. Immerhin geht so viel daraus hervor, daß vor allem Micky-Maus-Hefte erworben werden und daß die Vierzehn- bis Sechzehnjährigen nicht mehr solche Art von Literatur kaufen. Über den wirklichen Konsum sagt die Tabelle nichts aus.

Neben dem persönlichen Besitz und Erwerb steht die Ausleihe von Büchern und Heften. Entliehen werden kann aus den öffentlichen Leihbüchereien, darüber hinaus ist jedoch der Tausch- und Leihverkehr unter den Schülern selbst von erheblicher Bedeutung.

Etwa 40% der Jungen und Mädchen befriedigen einen Teil ihres Lesebedarfs an Büchern aus Büchereien verschiedener Art. An der Spitze stehen die Pfarr- oder Borromäusbüchereien, gefolgt von den Schul- und Gemeindebüchereien. Dagegen spielen die privaten Leihbüchereien keine Rolle.

Auf der anderen Seite funktioniert auch der Leih- und Tauschverkehr unter den Schülern.

Tabelle 16: Buchentleihungen aus Büchereien

	Jungen			Mädchen		
	10-12 J.	12-14 J.	14-16 J.	10-12 J.	12-14 J.	14-16 J.
Gemeinde-, Stadtbücherei	6	2	3	3	5	4
Schulbücherei	6	3	–	10	3	1
Pfarrbücherei	10	13	6	4	17	8
Private Leihbücherei	3	1	–	5	2	–
	25 (43,86%)	19 (41,3%)	9 (37,5%)	22 (39,29%)	27 (45%)	13 (40,63%)

Tabelle 17: Tausch von Büchern und Heften unter den Schülern

	10 – 12 J.	12 – 14 J.	14 – 16 J.
Jungen	28 (49,12 %)	19 (41,3 %)	12 (50 %)
Mädchen	24 (42,86 %)	32 (53,33 %)	20 (62,5 %)

Etwa die Hälfte der Jungen leiht und tauscht regelmäßig mit den Kameraden. Bei den Mädchen steigt der Anteil mit dem Alter sogar noch an. Ein großer Teil der außerschulischen Lektüre wird also durch Kauf, Leihe und Tausch ermöglicht.

Die Häufigkeit des Lesens von Büchern und Heften in einem bestimmten Zeitraum rundet das Bild ab. Allerdings macht die geringe Zahl der Antworten nur Tendenzen sichtbar.

Tabelle 18: Häufigkeit der Buch- und Heftlektüre im letzten Monat

	Jungen			Mädchen		
	10-12 J.	12-14 J.	14-16 J.	10-12 J.	12-14 J.	14-16 J.
bis 5	16	14	5	19	11	7
5 – 10	6	4	2	1	10	–
über 10	3	1	–	1	4	–

Nach dieser Übersicht lesen die meisten Jungen und Mädchen nicht mehr als fünf Bücher und Hefte im Monat.

Die Rezeption von Zeitungen und Zeitschriften

Ein umfangreicher Teil der Leseinteressen der Schüler richtet sich auf die Rezeption von Zeitungen und Zeitschriften. Da das häusliche Angebot das an Büchern übersteigt, lassen sich hier am ehesten die Einflüsse der publizistischen Medien erkennen.

Tabelle 19: Lektüre der Tagespresse

	10 – 12 J.		12 – 14 J.		14 – 16 J.	
	Leser	Nichtleser	Leser	Nichtleser	Leser	Nichtleser
Jungen	31 (54,38%)	26 (45,62%)	43 (93,45)	3 (6,55%)	23 (95,84%)	1 (4,16%)
Mädchen	19 (33,93%)	37 (66,07%)	33 (55%)	27 (45%)	25 (78,13%)	7 (21,87%)

Die Zahl der Leser steigt mit dem Alter an. Dabei überwiegen die Jungen.

Als Nächstes stellt sich die Frage, welche Tageszeitungen die Schüler lesen.

Tabelle 20: Tageszeitungen, die gelesen werden

		Jungen	Mädchen
Boulevardblätter	1. Bild-Zeitung	38	29
	2. Express	15	19
Tageszeitungen	1. Generalanzeiger	30	29
	2. Rundschau	18	12
	3. Kölner Stadt-Anzeiger	3	3
	4. Welt	3	–
	5. Frankfurter Allgemeine	2	–

Dieser Aufstellung zufolge ist das Interesse an den tagespublizistischen Mitteln bei Jungen und Mädchen groß. Es wird jedoch auch klar, daß ein nicht geringer Teil sich der in ihrem informatorischen Gehalt wertlosen Straßenpresse bedient. Darüber hinaus ist noch das Verhältnis der Schüler zu den Zeitschriften zu analysieren.

Tabelle 21: Lektüre von Zeitschriften

	10 – 12 J.		12 – 14 J.		14 – 16 J.	
	Leser	Nichtleser	Leser	Nichtleser	Leser	Nichtleser
Jungen	49 (87,72%)	8 (12,28%)	41 (89,13%)	5 (10,87%)	24 (100 %)	–
Mädchen	37 (66,07%)	19 (33,93%)	46 (76,66%)	14 (23,34%)	27 (84,38%)	5 (15,62%)

Die Übersicht zeigt eine ständige Zunahme bei Jungen und Mädchen, wobei die ersteren im ganzen von Anfang an ein intensiveres Verhältnis zur Zeitschriftenlektüre haben. Damit bestätigt sich die Tendenz, die schon im Zusammenhang mit der Zeitungslektüre sichtbar wurde. Im Vergleich mit der Tagespresse ist das Interesse an Zeitschriften sogar um einiges größer.

Welche Zeitschriften werden nun von den Schülern gelesen?

Die Zeitschriftenlektüre wird weitgehend vom häuslichen Angebot reguliert. Im Vordergrund stehen bei den Illustrierten die direkten Programmzeitschriften, so daß sich eine Beziehung zum Fernsehen herstellen läßt. Kaum weniger begehrt ist jedoch die »Jugendzeitschrift« Bravo, vor allen Dingen bei den Mädchen, die außerdem auch eine größere Vorliebe für nor-

Tabelle 22: Zeitschriften, die gelesen werden

		Jungen	Mädchen
Wochenendzeitungen	1. Wochenend	4	3
	2. Neue Welt	3	2
	3. Neue Post	–	8
	4. Neues Blatt	–	2
Wochenzeitungen	1. Kicker	9	–
	2. Sport-Magazin	3	–
	3. St. Pauli-Nachrichten	4	–
Illustrierte	1. Hör Zu	49	42
	2. Stern	18	8
	3. TV/Hören und Sehen	12	17
	4. Quick	7	8
	5. Neue Revue	6	13
	6. Funkuhr	6	6
	7. Bunte Illustrierte	9	8
	8. Bravo	24	49
	9. Gong	7	3
	10. Brigitte	2	9
	11. Bild und Funk	4	5
	12. Jasmin	1	2
	13. Praline	1	1
	14. Frau im Spiegel	1	1
	15. Petra	–	–
	16. Eltern	–	1
	17. Sexy	1	1
	18. Freundin	–	2
	19. Für Sie	–	2
	20. Ich	–	1
	21. Konkret	–	–
	22. Musikexpreß	1	1
	23. Pop Foto	4	7
	24. Schalt ein	1	–
	25. Hobby	2	–
	26. Spiegel	1	1
	27. Pop Zeitung	3	2

male Illustrierte und die Sensationsblätter der Wochenendpresse aufweisen. Hingegen richtet sich das Jungeninteresse bei den Wochenzeitungen besonders auf Sportfach- und Sexblätter.

Von entscheidender Bedeutung ist die Frage nach den Zeitungen und Zeitschriften, die von den Schülern selbst gekauft werden. Es scheint ein Bedürfnis nach der Lektüre und dem selbständigen Erwerb zu bestehen, sofern es nicht zu Hause befriedigt werden kann. Außerdem müssen die Schüler über die notwendigen Geldmittel verfügen.

Tabelle 23: Schüler, die selbst Zeitungen und Zeitschriften kaufen

	10 – 12 J.	12 – 14 J.	14 – 16 J.
Jungen	16 (28,07 %)	26 (56,52 %)	13 (54,17 %)
Mädchen	16 (28,57 %)	29 (48,33 %)	17 (53,13 %)

Schon mehr als ein Viertel der zehn- bis zwölfjährigen Jungen und Mädchen beschaffen sich ihre alltägliche Zeitungs- und Zeitschriftenlektüre aus eigenem Entschluß. Mit zunehmendem Informationsbedürfnis steigt die Zahl auf mehr als die Hälfte an. Damit erscheinen die Schüler als eine höchst aktive Konsumentengruppe von weitverbreiteten Publikationsorganen. Eine genauere Kenntnis vermittelt die Aufstellung über die vorzüglich selbstgekauften Zeitungen und Zeitschriften.

Tabelle 24: Selbstgekaufte Zeitungen und Zeitschriften

		Jungen	Mädchen
Tagespresse			
Boulevardblätter	**1. Bild-Zeitung**	3	1
	2. Express	3	1
Tageszeitungen		–	–
Zeitschriften			
Wochenendzeitungen	**1. Wochenend**	2	–
Wochenzeitungen	**1. Kicker**	9	–
	2. Sport-Magazin	3	–
	3. St. Pauli-Nachrichten	3	–
Illustrierte	**4. Quick**	–	1
	8. Bravo	20	48
	10. Brigitte	–	2
	12. Jasmin	–	1
	14. Frau im Spiegel	–	1
	17. Sexy	1	–
	22. Musik-Expreß	1	1
	23. Pop Foto	4	7
	25. Hobby	2	–
	27. Pop Zeitung	3	2

Nicht minder interessant ist das Problem der Lesegewohnheiten, das sich zunächst in der Frage nach der Häufigkeit der Zeitungs- und Zeitschriftenlektüre darstellt, und zwar in den Prozentanteilen bezogen auf die Stärke der jeweiligen Altersgruppe.

Tabelle 25: Häufigkeit der Zeitungs- und Zeitschriftenlektüre

	Jungen			Mädchen		
	10-12 J.	12-14 J.	14-16 J.	10-12 J.	12-14 J.	14-16 J.
täglich	11 (19,29%)	15 (32,61%)	9 (37,5%)	8 (14,29%)	13 (21,66%)	12 (37,5%)
1 – 3 mal in der Woche	10 (17,54%)	9 (19,56%)	4 (16,66%)	12 (21,43%)	9 (15%)	4 (12,5%)
4 – 5 mal in der Woche	2 (3,51%)	7 (15,22%)	4 (16,66%)	2 (3,57%)	7 (11,66%)	6 (18,75%)

Ein großer Prozentsatz der Jungen und Mädchen, der mit dem Alter wächst, gehört demnach zu den regelmäßigen Lesern von Zeitungen und Zeitschriften. Verschiebungen im Vergleich mit den Tabellen 19 und 21 ergeben sich aus der Tatsache, daß nicht alle Schüler die Frage gleichmäßig beantworten.

Das Gesamtbild des jugendlichen Verhältnisses zu den publizistischen Medien wird abgerundet durch die Frage nach den bevorzugt gelesenen Inhalten.

Tabelle 26: Bevorzugt gelesene Inhalte von Zeitungen und Zeitschriften

	Jungen			Mädchen		
	10-12 J.	12-14 J.	14-16 J.	10-12 J.	12-14 J.	14-16 J.
Witze	22	11	6	17	7	5
Rätsel	–	2	–	–	3	1
Romane	5	2	1	4	12	7
Horoskope	–	–	–	1	–	5
Politik	1	6	7	1	1	5
Verbrechen	3	6	3	4	3	2
Unglücks-, Unfallberichte	7	5	2	5	13	4
Sport	7	8	6	–	1	2
Aufklärungs-, Intim-, Starberichte	–	9	–	–	9	15
Autotests	–	4	–	–	–	–

Während bei den zehn- bis zwölfjährigen Jungen und Mädchen die Witze an der Spitze stehen, ändert sich dieses Verhältnis mit zunehmendem Alter. In den Mittelpunkt tritt vor allem die Politik. Beliebt sind auch aktuelle Berichte über Unglücke und Verbrechen. Geschlechtsbedingte Unterschiede zeigen sich im Interesse der Mädchen für Romane, Horoskope und Aufklärungs-, Intim- und Starberichte. Die Jungen ziehen den Sport vor.

Die Konsequenzen für eine progressive Literaturdidaktik

Die Begegnung mit literarischen Erzeugnissen findet heute überall statt. Aus diesem Grunde erscheint der Literaturunterricht in der Schule weitgehend verwandelt und relativiert, denn gerade die außerschulische Privatlektüre ist von größter Bedeutung geworden. Aufs ganze gesehen bestätigt die Frequenzanalyse die These, daß die Zeiten vorbei sind, in denen die *Schule allein* Literatur vermittelte. Die technisch-sozialen Veränderungen und bestimmte Entwicklungen in der deutschen Literatur der Gegenwart sind über die herkömmlichen Bildungs- und Kulturvorstellungen hinweggegangen. [30] Vor allen Dingen schieben sich die soziokulturellen Determinanten des literarischen Verhaltens mehr und mehr in den Blickwinkel. Sie werden vor dem Hintergrund ökonomischer und sozialer Konflikte in den schichtenbezogenen literarischen Interessen sichtbar und fordern die Abkehr von der selbstgefälligen Ignoranz gegenüber den »primitiven« Leseneigungen der »breiten Masse«.

Die ausgebreiteten Materialien bestätigen für die Hauptschüler und ihren typischen sozialen Status, daß das Lesen nach wie vor einen weiten Raum in der Freizeitgestaltung einnimmt. Eine signifikante Beeinträchtigung durch das Fernsehen kann, im Gegensatz zu anderen Behauptungen, nicht festgestellt werden. [31] Die soziale Relevanz des literarischen Klimas ergibt sich zunächst aus der Frage nach der Herkunft der Lektüre. Es zeigt sich, daß Bücher und Hefte, die zu besonderen Anlässen von Verwandten und Bekannten geschenkt werden, in weiten Teilen durchaus dem konventionellen, von den Schenkern akzeptierten Literaturgut angehören. Das aber heißt, daß die jugendlichen Leser eine äußerst schmale und variantenlose Motivationsbasis zur Verfügung haben. Dieser an sich konservativen Umgebung steht ein ungemein vielfältiger massenpublizistischer häuslicher Anregungsraum gegenüber. Eine Vielzahl von Zeitungen und Zeitschriften in zum Teil aufreizender Aufmachung lockt schon die Zehnjährigen zum Lesen.

Auf der anderen Seite entfalten die Schüler auch selbst eine beträchtliche Aktivität, die über das häusliche Angebot hinausgeht. Der Zugang zu Buch und Heft wird erweitert durch den eigenen Erwerb und durch Ausleihe und Tausch. Während als Kauforte kaum Buchhandlungen, sondern vornehmlich Kioske und Geschäfte mit ihrer begrenzten Auswahl und Beratung in Frage kommen, erstreckt sich die Ausleihe auf die verschiedenen Bibliotheken und insbesondere auf Freunde und Kameraden. [32] Nicht zu übersehen ist die umfängliche Zeitungs- und Zeitschriftenlektüre, die den jugendlichen Informationshunger allzu deutlich macht und die Schüler zum selbständigen Kauf veranlaßt. Alles in allem ist der Einfluß der Milieufaktoren auf Leseneigungen und Lesebereitschaft auch innerhalb der persönlichen Aktivitäten der Schüler evident.

Da es einer progressiven Literaturdidaktik, die sich als eine pädagogische Disziplin zu verstehen und politische Funktionen einzuschließen hat, nicht allein um den Text gehen kann, sie vielmehr den Rezipienten ins Auge fassen muß, wird gerade bei der Frage nach dem Verhältnis von Literatur und Leser die entscheidende Nahtstelle aller literaturrelevanten Bemühungen sichtbar. Ihr Beitrag zur gesellschaftlichen Entwicklung setzt ein mit der Aufnahme des außerschulischen Leseverhaltens in die fachdidaktischen Überlegungen. Damit ändern sich jedoch die Lernziele, die nicht mehr aus der Immanenz des Unterrichtsteilfaches Literatur gewonnen, sondern im Hinblick auf die Gesellschaft bestimmt werden.[33] Umwelt, Familie und soziale Gruppe, Schichtenzugehörigkeit, Anspruchsniveau und Motivation, der gesamte gesellschaftliche Kontext der Medien gelten als maßgebliche, auf das Lesen einwirkende Faktoren. Sie formulieren sozialtypische Normen, die die literarische Sozialisation des Lesers ausrichten und unterschiedliche Verhaltensweisen des Lesens hervorbringen.[34] Unter einer solchen Voraussetzung werden die trivialen Literatursorten in entsprechender medialer Verkleidung vorzüglich dem Unterschichtenpublikum zugewiesen. Die literarischen Konsumgüter, die bestimmten, meist emotionalen Bedürfnissen folgen und konkrete Erwartungen erfüllen und stabilisieren, transponieren umfassende Wertkonzepte ideologischer Begriffssysteme.[35] Sie verbinden sich mit Vorbildern und Leitbildern, aus denen der jugendliche Leser für sich Werte und Wertvorstellungen ableitet. Diese führen zur Identifikation mit geschilderten Figuren und können Entscheidungen, Handlungen und Verhaltensweisen beeinflussen.[36]

Die vielfältigen Formen marktkonformer Verbrauchsliteratur in Gestalt von Büchern und Heften, Zeitungen und Zeitschriften haben zwar im intimen Sozialraum entscheidende Wirkungen und bestimmen weithin die Gegenstände der personalen Kommunikation, sie haben jedoch kaum Einlaß in die Schule gefunden. Die noch weithin herrschende bildungstheoretische Fundamentierung der Lehr- und Lernprozesse akzeptiert lediglich solche literarischen Produkte, denen ein sittlich-ästhetischer Bildungswert innewohnt und die der Entfaltung der persönlichen Eigengestalt dienen.[38] *In diesem Sinne vermittelt die Schule durchweg nur das Wertsystem der oberen Mittelschicht und der Oberschicht.* Das Unterschichtenkind wird dagegen in einen Konflikt gezwungen, der ihm die Anpassung an die Verhaltens- und Wertnormen dieser Schichten abfordert. Die Folgen sind fehlende Motivation, Versagen und Diskriminierung und also Stabilisierung der sozialen Schichtung.

Der literarische Unterricht sollte darum die nicht anerkannte ästhetische und pragmatische Literatur zur Diskussion bringen. Sie bedarf keiner kenntnisreichen Kanonisierung in der hergebrachten Weise, sondern wird exemplarisch dem aktuellen Angebot nach Maßgabe der unterrichtlichen Intentionen entnommen.[39] Von entscheidender Bedeutung ist dabei, daß den Schülern aus der Unterschicht die familiale literarische Umgebung der eigenen Klasse nicht negativ erscheint und sie nicht durch unterrichtliche Sanktionen zu einer resignierenden Haltung gegenüber dem Lesen und der Literatur gedrängt werden. [40] Außerdem dürfte die Gefahr *zweier* Lesehaltungen ausgeschaltet werden, deren eine den Forderungen der Schule nachzukommen sucht, während die andere den eindringlichen schichtenspezifischen Lesegewohnheiten gehorcht. Die literarische Erziehung wird vielmehr im Sinne eines »kritischen Lesens« anhand von Texten jeglicher Art den Schülern das eigene Verhalten und die eigene gesellschaftliche Situation durchsichtig machen und ihre Rezeptionstechnik im Hinblick auf die Analyse ideologischer Absichten und Gehalte entwickeln. [41] Die Dringlichkeit der Aufgabe in der Hauptschule ergibt sich aus der Tatsache, daß gerade die Zehn- bis Sechzehnjährigen im weiterführenden Lesen innerhalb und außerhalb der Schule einen entscheidenden Lernprozeß durchlaufen. [42] Dieser Zusammenhang erhält ein weit größeres Gewicht, wenn man die negative Korrelation der tatsächlichen Lesegewandtheit mit der niederen sozialen Schichtenzugehörigkeit der Familien in Rechnung stellt. [43] Daraus folgt wiederum der Auftrag an die Schule, die Lesefertigkeit ständig zu trainieren, um auf diese Weise überhaupt erst den depravierten Schülern die Teilnahme an einem emanzipatorischen Literaturunterricht zu ermöglichen.

Nun bewirkt die alleinige Hereinnahme der schichtenspezifischen Literatursorten in den Unterricht von vornherein keineswegs einen Fortschritt im kompensatorischen Sinne. Die Schüler aus der Unterschicht werden im Gegenteil von wesentlichen Erkenntnissen und Deutungspotenzen am Beispiel der »schönen Literatur« ausgeschlossen. Das kann aber nicht Ziel einer prospektiven literarischen Erziehung sein. [44] Hinzu kommt, daß die Schüler im institutionalisierten Unterricht die Beschäftigung mit der privaten Lektüre, den Comics und Kriminalromanen, den Kaufzeitungen und Illustrierten, mit den vielfältigen trivialen Literaturerzeugnissen nicht erwarten. Für den Lehrer gilt es daher, das Mißtrauen zu überwinden und mit Sachverstand und Geschick solche Gegenstände in den Reflexionshorizont zu rücken. Sein berufliches Selbstverständnis, das sich meist an Vorstellungen der Mittelschicht orientiert und noch von hergebrachten pädagogischen Ideologien überformt ist, wird die Autorität des personbezogenen »Kulturträgers« ablegen. [45] Er wird darum nicht ignorieren, was und wie seine Schüler außerhalb des Unterrichts lesen, sondern gesellschaftliches Bewußtsein entwickeln und seine didaktischen Entscheidungen im Hinblick auf die unterschiedlichen Bedürfnisse und Motivationen treffen. Insbesondere sollte der literarischen Erziehung ein größerer Anteil an der Unterrichtszeit eingeräumt werden, steht doch ihr kompensatorischer Wert dem des weit umfänglicheren Sprach- und Rechtschreibunterrichts in nichts nach. Unter diesem Aspekt tritt der kommunikative Charakter der publizistischen Medien in den Vordergrund, die inzwischen auch die spezielle Jugendliteratur in ihren technologischen Griff genommen haben. [46] Daß die Massenmedien allerdings den Deutschunterricht als solchen unbedingt beeinträchtigen, bleibt zumindest bis zur exakten Klärung der Probleme eine unbewiesene Behauptung. [47]

Insgesamt mögen die ausgebreiteten Materialien die literaturdidaktische

Aufmerksamkeit auf die Korrelation von schichtenbedingtem außerschulischem Leseverhalten und literarischer Erziehung in der Schule lenken. Konkrete Folgerungen, die über diese exemplarische Analyse hinausgehen, dürften ähnliche Untersuchungen erbringen. Sie können in empirischen Erhebungen bestehen, die den Katalog der Feststellungen erweitern und präzisieren und Schul- und Unterrichtsversuche unter wissenschaftlicher Kontrolle umfassen, die gangbare Wege methodischer Verallgemeinerung aufweisen.

Anmerkungen

1 Vgl. *Alfred Clemens Baumgärtner/Malte Dahrendorf* (Hrsg.): Wozu Literatur in der Schule? Beiträge zum literarischen Unterricht, Braunschweig 1970.

2 Etwa: Grundsätze, Richtlinien, Lehrpläne für die Hauptschule in Nordrhein-Westfalen, Wuppertal (1968).

3 Vgl. *Hermann Helmers* (Hrsg.): Die Diskussion um das deutsche Lesebuch, Darmstadt 1969.

4 Vgl. u. a. *Anna Krüger* (Hrsg.): Texte für den Deutschunterricht, 2. Schuljahr ff., Frankfurt o. J.

5 Vgl. *Peter Braun* (Hrsg.): Neue Lesebücher – Analyse und Kritik. Düsseldorf 1971.

6 *Hubert Ivo:* Kritischer Deutschunterricht, Frankfurt 1969, S. 27 ff. – *Malte Dahrendorf:* Leseerziehung oder literarästhetische Bildung? In: Westermanns Pädagogische Beiträge 21 (1969), S. 265 ff.

7 *Klaus Gerth:* Literaturunterricht heute, in: Die Deutsche Schule 63 (1971), S. 450–458.

8 *Walter Israel:* Literaturpädagogik heute, in: *Wilhelm L. Höffe* (Hrsg.): Sprachpädagogik – Literaturpädagogik. Festschrift für Hans Schorer, Frankfurt 1969, S. 102 ff.

9 *Wulf Niepold:* Sprache und soziale Schicht. Darstellung und Kritik der Forschungsliteratur seit Bernstein, Berlin 1970. – *Mathias Hartig/Ursula Kurz:* Sprache als soziale Kontrolle. Neue Ansätze zur Soziolinguistik, Frankfurt 1971.

10 *Jutta Nellen-Piské:* Die Privatlektüre vierzehnjähriger Volksschülerinnen, in: Beiträge zur Arbeit mit dem Kinder- und Jugendbuch, Bonn 1963, S. 63 – 93; *Armin Beeg:* Lese-Interessen der Berufsschüler, München/Basel 1963; *Ludwig Muth:* Der Buchhandel und die jungen Leser. Porträt einer Käuferschicht, Freiburg 1964; *Ilse Lichtenstein-Rother* (Hrsg.): Jugend und Buch in Europa. Untersuchungen und Berichte aus fünf Ländern, Gütersloh 1967.

11 *Joachim Scharioth:* Das Lesen alter Menschen. Eine empirische Untersuchung über das Bücherlesen in Hamburg, Hamburg 1969.

12 *Josef Müller:* Bauer und Buch, in: Börsenblatt für den Deutschen Buchhandel, Frankfurter Ausgabe 7 (1951), S. 257 – 259; *Heinz Eckardt:* Was die Belegschaftsmitglieder bei Mannesmann lesen, in: Bertelsmann Briefe 56 (1968), S. 30 – 49.

13 *Ludwig Muth:* Bibellesen in Deutschland, in: Börsenblatt für den Deutschen Buchhandel, Frankfurter Ausgabe 22 (1966), S. 1637 – 1639; Der Lexikon-Besitz in verschiedenen Altersgruppen, Emnid-Befragung März 1966, in: Bertelsmann Briefe 48 (1966), S. 7 – 15.

14 Wer liest Romanhefte? Eine Leserschaft von 14 Millionen zum ersten Mal demoskopisch durchleuchtet. Leseranalyse des Instituts für Demoskopie Allensbach im Auftrag des Bastei-Verlages (1964); *Hans Platte:* Soziologie des Taschenbuchs.

Bemerkungen zur Taschenbuchproduktion in der BRD von 1948 – 62, in: Bertelsmann Briefe 15 (1962), S. 1 – 28.

15 Vgl. Buch und Leser in Deutschland. Eine Untersuchung des DIVO-Instituts Frankfurt a. M., Gütersloh 1965; *Heinz Steinberg:* Dem Leser auf der Spur? In: *Werner Adrian, Franz Hinze, Peter Meyer-Dohm* und *Christian Uhlig* (Hrsg.): Das Buch in der dynamischen Gesellschaft. Festschrift für Wolfgang Strauß zum 60. Geburtstag, Trier 1970, S. 107 – 119.

16 *Rolf Geißler:* Prolegomena zu einer Theorie der Literaturdidaktik. Bestandsaufnahme – Kritik – Neuansatz, Hannover 1970, S. 13 ff.

17 *Erich Weber:* Die Freizeitgesellschaft und das Buch. Literaturpädagogische Aufgaben der Schule, München 1967; *Emil Küng:* Arbeit und Freizeit in der nachindustriellen Gesellschaft, Tübingen 1971.

18 *Otto Walter Haseloff:* Das Buch im Erleben unserer Jugendlichen, in: *Lichtenstein-Rother:* Buch und Jugend in Europa, S. 35 ff.

19 *Gerhard Maletzke:* Psychologie der Massenkommunikation, Hamburg 1963, S. 82 ff.

20 *Friedhelm Neidhardt:* Schichtenbedingte Elterneinflüsse im Erziehungs- und Bildungsprozeß der heranwachsenden Generation, (Bad Godesberg) 1967, S. 13 ff.; *Helmut Fend:* Sozialisierung und Erziehung, 4. Aufl., Weinheim 1971, S. 44 ff.

21 *Jörg Aufermann/Hans Bohrmann:* Massenkommunikationsmittel, in: *Carl-Ludwig Furck, Dietrich Goldschmidt, Ingeborg Röbbelen* (Hrsg.): Gesellschaft und Erziehung, Teil X, Heidelberg 1968, S. 110; *Peter-Martin Roeder:* Sprache, Sozialstatus und Schulerfolg, in: *Hermann Helmers* (Hrsg.): Zur Sprache des Kindes, Darmstadt 1969, S. 497 ff.; *Ulrich Oevermann:* Sprache und soziale Herkunft. Ein Beitrag zur Analyse schichtenspezifischer Sozialisationsprozesse und ihrer Bedeutung für den Schulerfolg, Berlin 1970, S. 71 f.

22 *Rolf Fröhner:* Das Buch in der Gegenwart, Gütersloh 1961, S. 123; *Gerhard Schmidtchen:* Lesekultur in Deutschland. Ergebnisse repräsentativer Buchmarktstudien für den Börsenverein des Deutschen Buchhandels, in: Archiv für Soziologie und Wirtschaftsfragen des Buchhandels V, Beilage zum Börsenblatt für den Deutschen Buchhandel, Frankfurter Ausgabe 24 (1968), S. 2037; *Heiner Schäfer:* Schichtenspezifische Manipulation in der Massenpresse, in: *Peter Brokmeier* (Hrsg.): Kapitalismus und Pressefreiheit, Frankfurt 1969, S. 61 ff.

23 *Peter-Martin Roeder*, S. 497 f.; *Helmut Hartwig:* Was kann man mit Basil Bernsteins Ergebnissen anfangen? In: Diskussion Deutsch 1 (1970), S. 126 f.

24 *Wilhelm Roeßler:* Jugend im Erziehungsfeld, Düsseldorf 1957, S. 360 ff.

25 Zum Beispiel: *Marianne Felsche:* Freizeitlesestoff von Schülern. Empirische Untersuchung in Haupt- und Realschul-Abschlußklassen, in: Hessische Lehrerzeitung 22 (1969), H. 2, S. 32 – 35; *Bernd Lehmann:* Leseinteressen und Lesegewohnheiten 13- bis 15jähriger Schüler, in: Zeitnahe Schularbeit 22 (1969), H. 4/5, S. 107 – 126; *Gerhild Ries:* Lesehäufigkeit und Verbreitung der Schundlektüre bei Landkindern, in: Schule und Psychologie 17 (1970), S. 321 – 332.

26 Vgl. *Heinz Eckardt:* Die Technik der schriftlichen Umfrage, 2. Aufl., Hamburg 1969; *Ludwig Muth:* Der befragte Leser, Buch und Demoskopie, Freiburg 1968; *Werner A. Kleye:* Die Lesegewohnheiten der Kinder und Jugendlichen. Methoden zu ihrer Untersuchung, in: Buch und Bibliothek 23 (1971), S. 105 – 113.

27 Vgl. *Morris Janowitz:* Soziale Schichtung und Mobilität in Westdeutschland, in: Kölner Zeitschrift für Soziologie und Sozialpsychologie 10 (1958) 1, S. 1 – 38; *Karl Martin Bolte, Dieter Kappe, Friedhelm Neidhardt:* Soziale Schichtung, Opladen 1966; *Erwin E. Scheuch:* Sozialprestige und soziale Schichtung, in: *David V. Glass und René König* (Hrsg.): Soziale Schichtung und soziale Mobilität (Kölner Zeitschrift für Soziologie und Sozialpsychologie. Sonderheft 5), 4. Aufl., Köln und Opladen 1970, S. 65 – 103.

28 So *Hans-G. Rolff:* Sozialisation und Auslese durch die Schule, 4. Aufl., Heidelberg 1971, S. 10 f.; *Hedwig Ortmann:* Arbeiterfamilie und sozialer Aufstieg, München 1971, S. 34 f.

29 Vgl. *Heinz Giesen, Manfred Ullrich, Lothar Tent:* Elternberuf, Leistungspotential und Bildungschance, in: Psychologische Beiträge 10 (1967 – 68), S. 541 – 564; *Susanne Grimm:* Bildungsbewußtsein und Bildungsengagement der verschiedenen sozialen Schichten, in: Frankfurter Hefte 23 (1968), S. 403 – 408.

30 *Alfred Clemens Baumgärtner:* Literarischer Unterricht heute. Versuch eines Umrisses, in: *Baumgärtner/Dahrendorf* (Hrsg.): Wozu Literatur in der Schule? S. 24.

31 So *Heinrich Pleticha:* Wege zur literar-pädagogischen Führung, in: Bertelsmann Briefe 29 (1964), S. 10; *Ludwig Muth,* Mehr Bücher – weniger Leser, in: Börsenblatt für den Deutschen Buchhandel, Frankfurter Ausgabe 20 (1964), S. 49 ff.; *Georg Ramsegger:* Buchhandel und Fernsehen. Referat bei der Tagung der Evang. Akademie Loccum vom 12.–14. Januar 1967. Ebd. 23 (1967), S. 424. – Vgl. dagegen Buch und Leser in Deutschland.

32 *Rolf Fröhner* S. 21.

33 *Jürgen Gidion:* Überlegungen zum Literatur-Unterricht, in: Neue Sammlung 10 (1970), S. 471.

34 Vgl. *Hans E. Giehrl:* Der junge Leser. Einführung in die Grundfragen der Jungleserkunde und der literarischen Erziehung, Donauwörth 1968; *Walter Völke:* Die Bedeutung des Lesens. Äußerungen Jugendlicher (Beihefte zur Zeitschrift Schule und Psychologie 59), München/Basel 1971.

35 Vgl. *Rolf Oerter:* Die Entwicklung von Werthaltungen während der Reifezeit. (Beiheft zur Zeitschrift Schule und Psychologie 42), München/Basel 1966.

36 *Hans Thomae:* Vorbilder und Leitbilder der Jugend, München 1965; *Gérard Lutte, F. Mönks, S. Sarti, H. Preun:* Leitbilder und Ideale der europäischen Jugend. Untersuchung in sieben europäischen Ländern, Ratingen 1970.

37 *Hans K. Platte:* Soziologie der Massenkommunikationsmittel, München/Basel 1965, S. 48. *Ralf Zoll/Eike Hennig:* Massenmedien und Meinungsbilder. Angebot, Reichweite, Nutzung und Inhalt der Medien in der BRD, München 1970, S. 117 f.

38 *Theodor Wilhelm:* Theorie der Schule. Hauptschule und Gymnasium im Zeitalter der Wissenschaften, Stuttgart 1967, S. 359.

39 *Malte Dahrendorf:* Trivialliteratur als Herausforderung für eine literaturdidaktische Konzeption, in: Diskussion Deutsch 2 (1971), S. 309 f.; *Ulrich Hain/Jörg Schilling:* Trivialliteratur als Forschungs- und Unterrichtsgegenstand, in: Die Deutsche Schule 64 (1972), S. 26 – 34.

40 *M. Rainer Lepsius:* Ungleichheit zwischen Menschen und soziale Schichtung, in: *David V. Glass/René König:* Soziale Schichtung und Mobilität, S. 55.

41 *Klaus Ehlert, Helmut Hoffacker, Heinz Ide:* Thesen über Erziehung zum kritischen Lesen, in: Diskussion Deutsch 2 (1971), S. 101 ff.

42 Vgl. *Peter Braun:* Das weiterführende Lesen. Eine Didaktik für die Sekundarstufe I, Düsseldorf 1971.

43 *Martin Whitemann/Bert R. Brown/Martin Deutsch:* Some Effects of Social Class and Race on Children's Language and Intellectual Abilities, Revision of Paper read at the Biennial Meeting of the Society for Research in Children Development, Minneapolis/Minn. 1965.

44 *Klaus Goehrke:* Probleme bei der Lernzielplanung für den Deutschunterricht, in: betrifft: erziehung H. 11, 1971, S. 21.

45 Vgl. *Klaus W. Döring:* Lehrerverhalten und Lehrerberuf, 2. Aufl., Weinheim 1971.

46 Vgl. *Adolf A. Steiner:* Massenpresse, in: A. S. (Hrsg.): Massenmedien in Unterricht und Erziehung. Grundlegung und Unterrichtsbeispiele zu Presse, Film, Funk, Fernsehen, Frankfurt 1969, S. 5 ff.; *Wolfgang R. Langenbucher:* Neue Medien –

auch der Jugendliteratur? Materialien zu einer unbefangen gestellten Frage, in: Buch und Bibliothek 23 (1971), S. 562 ff.

47 So *Robert Ulshöfer:* Anleitung der Schüler zum Gebrauch der Massenmedien. Eine Aufgabe des Deutschunterrichts, in: Der Deutschunterricht 21 (1969). J! 1, S. 5 ff.

Malte Dahrendorf

Trivialliteratur als Herausforderung für eine literaturdidaktische Konzeption*

Indem ich das Thema dieses Aufsatzes formuliere, setze ich zwei verschiedene Bereiche, einen literarischen und einen didaktischen, in eine Beziehung zueinander, und zwar in die Beziehung einer Herausforderung. Unausgesprochen enthält die Formulierung die Voraussetzung, daß eine solche Herausforderung bisher entweder nicht bestanden hat oder nicht empfunden worden ist. Bevor ich jedoch die Art der Beziehung und ihre Gründe sowie die Folgerungen, die daraus zu ziehen sind, erörtere, zwingt das Thema mich zu einigen Vorbemerkungen im Hinblick auf die Schwierigkeiten, die es enthält. Obwohl seit einigen Jahren Forschung und Kritik auf dem Gebiet der Trivialliteratur intensiviert worden sind[1], und zwar sowohl von literaturwissenschaftlicher als auch von soziologischer, volkskundlicher und zeitungswissenschaftlicher Seite (um nur die Namen H. Bausinger und W. R. Langenbucher zu nennen), muß man auch heute noch konstatieren, daß es sich bei der Trivialliteratur um ein verhältnismäßig unerforschtes Gebiet handelt – eine Tatsache, die beispielsweise zu terminologischen Schwierigkeiten führt, ja den Begriff der Trivialliteratur selber berührt und einen wenig differenzierten Pauschalcharakter bedingt.[2] Jahrzehntelang blieb das Gebiet unerforscht durch eine Literaturwissenschaft, die sich fast ausschließlich mit der Hochliteratur – oder derjenigen Literatur, die man jeweils dafür hielt – beschäftigte. Viele literaturwissenschaftliche Studiengänge (z. B. derjenige des Verfassers) kamen daher mit dem Problem überhaupt nicht in Berührung. Nach dem letzten Kriege waren es besonders die Kayser-Schule und die Methode der werkimmanenten Interpretation, die eine Auseinandersetzung mit der Trivialliteratur verhinderten. Das geschah mit der Begründung, daß Trivialliteratur stärker als andere Literaturbereiche über sich hinausweise auf gesellschaftliche Zustände und auf den Zusammenhang von Literaturproduktion, Literaturvertrieb und Publikum, Literaturwissenschaft es aber mit einer Literatur zu tun habe, die »für sich« spreche und »für sich« Bestand habe und einer sekundären Rechtfertigung durch einen wie auch immer gearteten Publikumsbezug nicht bedürfe. Die Folge war nicht nur eine weitgehende Abstinenz, sondern auch eine Pauschalbehandlung des Bereichs, dem lediglich ein die Hochliteratur erhellender Kontrastwert zugesprochen wurde

* Zuerst in: Diskussion Deutsch Heft 6, 1971, S. 302–313.

und die – nicht zuletzt – auch den Begriff »Trivialliteratur« mit prägen half. Er drückt Abwehr zwecks Rechtfertigung eines ausschließlichen Umgangs mit der Hochliteratur aus, eine Abwehr, hinter der im Grunde eine Verdrängung der Tatsache erkennbar ist, daß alle Literatur gesellschaftliche Relevanz hat, also auch die von der Literaturwissenschaft bevorzugte »hohe«. So kann es nicht erstaunen, daß der Begriff Trivialliteratur wenig zur Deskription des Bereiches selber leistet, wenn er nicht bewußt als Hilfsbegriff Verwendung findet und die sich dahinter verbergenden Tatbestände exakt beschrieben werden, wie etwa bei Dorothee Bayer, Kl. Gerth, W. Höllerer, H. Bausinger in der von Schmidt-Henkel herausgegebenen Sammlung »Trivialliteratur« und in W. Nutz' Untersuchung »Der Trivialroman«. Aber auch dann bleiben noch einige Fragen offen, die das Instrumentarium der Analyse betreffen. Diesem Dilemma ist m. E. auch Kl. Gerth nicht entgangen, der in seinem Vortrag »Trivialliteratur in Vergangenheit und Gegenwart« [3] (auf der Loccumer Jugendbuchtagung 1968) zwar betont, daß man dem Bereich mit ausschließlich ästhetischen Kriterien nicht gerecht werde, und vorschlägt, den Begriff »Dichtung« nicht mehr wertend, sondern deskriptiv und ontologisch zur Bezeichnung der literarischen Fiktion überhaupt zu verwenden (etwa im Sinne K. Hamburgers in »Logik der Dichtung«), dann aber doch mit literaturwissenschaftlicher Methodik wertet (vgl. S. 10). Man kann demnach heute feststellen, daß zwar die Notwendigkeit der Beschäftigung mit dem Trivialbereich verbreitet gesehen wird, es aber infolge der Versäumnisse und Vorurteile der Vergangenheit sowohl an brauchbaren, eigenständigen, den Gesellschaftsbezug der Literatur reflektierenden Methoden als auch an einer wertungsfreien Terminologie innerhalb des Bereiches fehlt.

Die Gründe für die Entwicklung seien kurz angeführt, weil sie auch von didaktischer Bedeutung sind. Trivialliteratur hat etwas mit Öffentlichkeit, Gesellschaft und Publikum zu tun, sie ist u. a. ein soziales Phänomen und anders kaum verständlich und interpretierbar. In der Abstinenz von dem Bereich durch Wissenschaft und Kritik drückt sich die Aversion des Bildungssystems und seiner Apologeten gegen Gesellschaft aus, gegen intervenierende Faktoren, die »Bildung« und speziell »literarische Bildung« behindern, zugleich aber gegen »Masse«, »Massenkultur«, die Interessen der Vielen, der Ungesicherten, Abhängigen, Ungebildeten – d. h. auch gegen die Gleichheitstendenzen in unserer Gesellschaft. Hofstätter hat darüber in seiner »Gruppendynamik« [4] bedenkenswerte Ausführungen gemacht. Gegen die Demokratisierungsbewegung unseres Zeitalters trat ein am traditionellen elitären Bildungsbegriff festhaltender Kulturpessimismus auf den Plan, der beispielsweise noch in der Kritischen Gesellschaftstheorie eines Habermas [5] und eines Adorno wirksam ist, ein Bildungsbegriff, der nicht unwesentlich zur sozialen Differenzierung beiträgt, die zu überwinden eine der wichtigsten Aufgaben von Gesellschaft und Erziehung heute darstellt. Neben dem Effekt der sozialen Differenzierung führt ein humanistischer Bildungsidealismus unter anderem auch zu einer Abwendung von alledem, was ihn nicht konstituieren helfen kann, und zu einer Konzentration auf das im humanistischen Sinne »Bildungswirksame«. Th. Wilhelm hat mit dieser historisch gewachsenen, besonders in der deutschen Geistesgeschichte verwurzelten Ideologie überzeugend abgerechnet[6], ebenso wie W. Strzelewicz in seiner Einleitung zu der von ihm gemeinsam mit Raapke und Schulenberg herausgegebenen Untersuchung »Bildung und gesellschaftliches Bewußtsein«.[7]

In der Literaturwissenschaft und in der literaturwissenschaftlich orientierten Didaktik schlägt sich der Bildungsidealismus nieder in einer Beschränkung des Interesses auf eine Literatur, deren »Inkommensurabilität« immer neue Interpretationsbemühungen erforderlich macht, auf das sog. »Unausschöpfbare« mit zeitübergreifender Wertigkeit. Einerseits stilisiert man Hochliteratur auf einen Rang hinauf, der Zeit- und Gesellschaftsunabhängigkeit suggeriert, und mißt erst dieser einen wahrhaft bildenden Wert zu, andererseits übergeht man die stärker oder eindeutig sozial determinierten übrigen Bereiche der Literatur, spricht ihnen jeden Bildungswert ab oder beläßt ihnen höchstens einige Funktionen (Kayser: Unterhaltung, Erbauung, Zeitkritik).[8]

Analysiert man die Polarisation von Trivial- und Hochliteratur ideologiekritisch, so werden diskriminierende Wertungen vollends fragwürdig. Denn: beide spiegeln das Sozialsystem auf ihre Weise, sie sind sozusagen Kehrseiten einer Medaille. Verachtung der Trivialliteratur durch eine literaturwissenschaftliche Bildungs-Apologie ist daher unwahrhaftig und vorurteilsverdächtig und offenbart eine mangelnde Reflexion des eigenen sozialen Standorts – man drückt darin soziale Vorurteile, soziale Verachtung aus zur Rechtfertigung der eigenen sozialen Position. Man kann die gesellschaftliche Funktion eines Literatursystems darin sehen, daß es – als Überbau-Phänomen – das Sozialsystem spiegelt und erhält, und das bewirken sogenannte Hochliteratur und sogenannte Trivialliteratur auf gleiche Weise. Für sich genommen hat »Hochliteratur« die gesellschaftliche Funktion, die herrschende Rolle der Mittelschichten beim Mittelschichten-Publikum zu bestätigen, die »Trivialliteratur« aber die Funktion, dasselbe beim Unterschichtenpublikum zu bewirken. (Insofern ist die Alternativfrage, ob Literatur das Sozialsystem spiegele oder es kontrolliere, falsch: denn sie bewirkt das eine durch das andere.[9]

An dieser Scheidung ist ferner zweierlei bedenklich: Es wird unterstellt, es könne überhaupt ein Laien-Lesen ohne mehr oder weniger bewußtes Suchen nach funktioneller Wirkung geben, und ferner wird sorgfältig unterschieden in eine Literatur, die nicht funktionell, und eine Literatur, die ausschließlich funktionell gelesen wird, und damit auch in ein entsprechend differenziertes Publikum. Bereits vom Kreis der Aufnehmenden her ist die säuberliche Einteilung fragwürdig. L. Giesz hat das im Kitschverhalten der Menschen, das er als eine anthropologische Grundmöglichkeit herausstellt, deutlich gemacht.[10] Entsprechend könnte man Trivialität als eine Art des Lesens (nämlich: naiv, undistanziert, genießend, sich identifizierend, funktionell) bezeichnen, müßte aber hinzufügen, daß literarischer Gegenstand und subjektives Verhalten zwar einander entsprechen können, aber durchaus nicht müssen.

Als Ergebnis stellen wir heraus, daß die bildungsidealistisch orientierte Literaturwissenschaft zum einen das Kriterium literarästhetischer Selbstgenügsamkeit postuliert, das so nicht haltbar ist, zum anderen ihm bewußt das Kriterium der Minderwertigkeit gegenüberstellt, das die entsprechende Literatur disqualifiziert und die wissenschaftliche Beschäftigung mit ihr zum außenseiterischen Hobby macht.

Diese Operation ist in Frage zu stellen. Dafür bieten sich zwei Wege an: 1. Man akzeptiert die Polarisation in literarische Selbstgenügsamkeit und literarische Funktionalität, muß dann aber nach eigenständigen Kriterien auch für die funktionelle Literatur suchen, weil hier Unvergleichbares kontrastiert wird; 2. man zieht so etwas wie literarische Selbstgenügsamkeit grundsätzlich in Zweifel und schafft durch das Postulat einer gesellschaftlichen Relevanz aller Literaturen eine gemeinsame Basis, die eine Bearbeitung mit gleichen Kriterien wieder möglich macht – nur dürfen sie dann nicht einseitig an der Hochliteratur gewonnen, keine rein »binnenästhetischen« Kriterien sein.

Der zweite Weg hätte für sich, daß er das Dichotomisierte wieder vereinigte und v. a. dem Effekt der sozialen Differenzierung entgegenwirkte. (Kl. Ziegler sprach von der »sozialen Selbstisolierung« der Kunst-Literatur.)[11] Aber weder dieser noch der erste Weg ist bisher methodisch beschritten worden, so daß man auf wissenschaftlich einwandfreie Kriterien zurückgreifen könnte. Weiter hilft im Augenblick nur eine soziologisch und didaktisch orientierte Literaturwissenschaft, wie sie beispielsweise Conrady noch 1966 verworfen hat[12], wie sie aber neuerdings immer stärker gefordert wird, so z. B. von Lämmert in seinem Beitrag zu ›Ansichten einer künftigen Germanistik‹ oder von literaturdidaktischer Seite durch R. Sanner in seinem Aufsatz ›Literarische Bildung im Spannungsfeld von Fachwissenschaft und Fachdidaktik‹.[13] So werden auch die Forderungen nach einer von der Literaturwissenschaft emanzipierten Didaktik verständlich, wie sie – in dem Band ›Sprachpädagogik – Literaturpädagogik‹ – W. Israel und Anton J. Gail unmißverständlich erhoben haben.[14]

Die Forderung nach einer Neuorientierung der Literaturwissenschaft wird durch einige neue Untersuchungen von literaturwissenschaftlicher Seite selbst unterstützt. Dort wird etwa so argumentiert: Wenn die Literatursoziologie der Literaturwissenschaft die Trivialliteratur mit ihren sozialen und gesellschaftlichen Bezügen abnehme, so gestatte sie damit der Literaturwissenschaft, weiterhin gesellschaftliche Bezüge auszuklammern und sich auf eine vermeintlich gesellschaftslose, zeitenthobene Hochliteratur zu spezialisieren.[15] Den wohl interessantesten Beitrag zu der Diskussion hat Kreuzer geliefert.[16] Er wendet sich nicht nur scharf gegen jedes Verfahren, das auf Pauschalisierung, Kollektivierung und Gettisierung der Trivialliteratur hinausläuft (das tun zum Beispiel Bausinger und Gerth auch), sondern er fordert eine grundsätzliche Eliminierung literaturpolitischer Kampfbegriffe wie »Trivialliteratur«, »Schund« aus der Literaturbetrachtung. Erst wenn man statt dessen von einer kategorialen Gleichheit der Gattungen und Arten ausgehe und konsequent anstelle der horizontalen eine vertikale Ordnung einführe, seien wertende Differenzierungen sinnvoll und auch möglich. Er empfiehlt daher, den Begriff der Trivialliteratur im Sinne Schückings[17] zu historisieren: sie sei »als Bezeichnung des Literaturkomplexes, den die dominierenden Geschmacksträger einer Zeitgenossenschaft diskriminieren«, zu verwenden. »Trivialliteratur« wird dann zu einem historischen Operationsbegriff umfunktionalisiert, der sich auf die tonangebende Geschmacksträgerschaft bezieht bzw. von ihr geprägt wird. Diskriminierung würde dann nicht mehr mit der Geste einer absoluten Bewertung auftreten, sondern es würden ihre historischen Voraussetzungen mitbedacht. Aus dieser Position könnten dann einige der bisher oft wiederholten, aber ungeprüften Prämissen in Frage gestellt werden: so als habe nur Trivialliteratur Waren-Charakter und als habe die Spannung zwischen »autonomer« und »angepaßter (Publikums-)Literatur« bereits ästhetische Relevanz.

Nach Kreuzer ist für Trivialliteratur eine Wissenschaft zuständig, die sich nicht länger scheut, die »subjektive« und die »gesellschaftliche« Seite der Literatur (Rezeption, Bezug auf ein Publikum, Wirkung) in ihr Kalkül mit aufzunehmen. Ob es diese Literaturwissenschaft bereits gibt, mag im Moment offenbleiben; sie müßte ein erweitertes Problembewußtsein entwickeln und beispielsweise darüber reflektieren, daß ihre Methoden immer politische Konsequenz haben, die dadurch noch verstärkt wird, daß die Methoden und die sich dahinter verbergenden Interessen der Literaturwissenschaft die in den Schulen praktizierte Didaktik präjudizieren. Sie müßte deshalb publizistikspezifische und kommunikationssoziologische Fragestellungen und Forschungsmethoden integrieren und ihr kritisches Instrumentarium entsprechend erweitern.

Wenn wir im folgenden kurz versuchen, die bisher an der Trivialliteratur herausgearbeiteten Phänomene herauszustellen, müssen wir das tun im Bewußtsein der fragwürdigen Intentionen und Methoden, mit denen das geschah. Es versteht sich von selber, daß das hier nur in stark verkürzender Vereinfachung möglich ist. Die Merkmale sind: eine durch sprachliche und inhaltliche Klischees bedingte leichte Zugänglichkeit der Literatur, die ihren Unterhaltungswert ausmacht, ihr Charakter als eine marktkonforme Verbrauchsliteratur, die einfachen formalen Strukturen wie Linearität der Handlungsführung, ein verdeutlichendes Verfahren, ein Realismus, der Zweifel über die Tatsächlichkeit und Objektivität der Dinge nicht aufkommen läßt und den Menschen als »Helden«, d. h. als erfolgreich in und mit den Dingen Handelnden zeigt, ferner eine Erzählhaltung, welche – so Foltin in seinem Beitrag zu dem von Burger herausgegebenen Sammelband ›Studien zur Trivialliteratur‹[18] – die Fiktion als Wahrheit ausgibt und deren Wesensmerkmal die Konstruiertheit des literarischen Gebäudes ist, mithin eine mehr oder weniger geschickt verschleierte Abhängigkeit der literarischen Fiktion von den Intentionen des Verfassers, dessen Welt kein eigenständiges Leben gewinnt. Jedoch ist wie beim Kitsch die Beschreibung der literarischen Trivialität ohne Einbeziehung des Leserverhaltens schwierig. Wir vollziehen daher mit Giesz die Wendung ins Psychologische und stellen die Distanzlosigkeit zur dargestellten literarischen Welt heraus, die somit eine Weise des Erzählens wie der Aufnahme bei den Lesern wäre; die Allgemeinheit und Stereotypik entspricht den Erwartungen des Publikums, dessen Wünsche und Vorstellungskreise hier bestätigt werden und das mindestens eines in der Lektüre finden kann: Vergessen, Traumerfüllung – eine Lektüre, die »keine Erschütterung und Verwirrung des genormten Gedankenhaushalts oder des Phantasievermögens« verursacht.[19]

Den mehrfach unternommenen Versuch einer Differenzierung zwischen Unterhaltungs- und Trivialliteratur möchte ich mir an dieser Stelle ersparen; sie trüge zu unserem Thema nichts Wesentliches bei.

Die kurze Beschreibung kann immerhin verdeutlichen, wie unangemessen die einseitig wertend-vergleichende Untersuchung der Trivialliteratur ist, da es im Hinblick auf ihre Absichten durchaus »gute« Trivialliteratur geben kann. Aber vor allem: Betrachtet man Trivialliteratur funktional, so liegt die Vermutung nahe, daß der »Gebildete« in »seiner« Literatur genauso wie der Ungebildete in der seinen Genüsse und Befriedigungen sucht, nur auf anderer literarischer Stufe, daß er mithin gerade auch diejenige Erfahrung an seiner Literatur macht, die er den unteren Schichten und deren Art des Literaturgebrauchs übernimmt: die Erfahrung der Bestätigung und Integration. Das bestätigt unsere obige Bemerkung, Kunst- und Trivialliteratur seien nur als Kehrseiten derselben Medaille zu verstehen und benötigten einander zur gegenseitigen Erhellung und Definition. Schulte-Sasse hat den Sachverhalt neuerdings am Verhältnis Kunst und Kitsch im Zusammenhang mit dem Wertungs-Problem aufgrund eines Rückgriffs auf die historischen Bedingungen literarischer Wertkriterien erläutert.[19a]

So erweist sich Trivialliteratur als das, was die Bedingungen der Kunst im (historischen) Verständnis der klassisch-normativen Ästhetik nicht erfüllt, überspitzt: die Auffassung, was Kunst sei, lebt vom Kontrast der Nichterfüllung bestimmter, keineswegs zeitloser, sondern historisch gewachsener und von der Sozialstruktur abhängender ästhetischer Bedingungen, wozu auch Gesellschafts- und Publikumsbezug oder dessen behauptete Nicht-Relevanz gehören.

Man kann nun fragen, wieso eine Literatur, die sich ums Gelesenwerden keine Sorgen zu machen braucht, eine Herausforderung für die literarische Erziehung darstellt. Wenn wir oben sagten, daß man nur deshalb von einer Herausforderung sprechen kann, weil sie bisher nicht bestanden hat oder wahrgenommen worden ist, so bin ich jetzt eine Erklärung darüber schuldig, worin die Herausforderung eigentlich liegt und welches Maß an Umdenken bei einer planmäßigen Einbeziehung der Trivialliteratur in die literarische

Erziehung erforderlich ist. Die Herausforderung liegt in der konservativen Grundhaltung und in den ideologischen Implikationen der Trivialliteratur, die das Ergebnis ihrer leserbezogenen Marktkonformität und insofern von unübersehbarer politischer Tragweite sind. Die Ideologiefracht des Literaturbereichs ist nicht zufälliger und daher vielleicht zur Not eliminierbarer Natur, sie ist zudem sprachgebunden, also auch nicht als Inhalt von der Form abtrennbar. Nur das kann Trivialliteratur sein, was sich innerhalb des Umkreises verbreiteter Vorstellungen, Meinungen, Vorurteile und Stereotypien bewegt (daher der Begriff »trivial« im Sinne von »banal«, was auf der Straße liegt, Meinung und Auffassung von jedermann) und damit sie bestätigt. Darin liegt ihre sozialpsychologische Bedeutung, ihr Wert als Kommunikationsfaktor – sie drückt aus, was alle (oder viele Gruppen) miteinander verbindet. Darin liegen natürlich auch ihre Gefahren: Verfestigung von Vorurteilen, in- und outgroup-Klischees. Das begründet zugleich ihre Funktion als erholsame Unterhaltung, die Erfahrung einer Art Selbsterhöhung des Lesers, der auf Trivialliteratur unbewußt reagiert wie auf den Zuruf: Du brauchst dich nicht zu ändern. Man darf sich so, wie man nun einmal ist, selber genießen. (Aber man ist natürlich nicht »von Natur aus« so, sondern erst durch Sozialisation so geworden, wie man ist. Trivialliteratur unterstützt und bestätigt damit die in der Gesellschaft üblichen Sozialisationsweisen.) Gerade der – wenn man so will – »unpädagogische« Charakter der Trivialliteratur, den sie mit vielen Angeboten der Massenmedien gemeinsam hat (insofern läßt sich vieles von dem hier Gesagten auf die Massenmedien übertragen), sollte als Herausforderung für die Pädagogik erfahren werden, deren Wahlspruch im Gegensatz zu dem unausgesprochenen der Trivialliteratur ja gerade der Satz ist, daß man sich zu ändern habe.

Das erwähnte notwendige Umdenken der Literaturdidaktik liegt nun darin, daß etwas ohnehin Gelesenes und Konsumiertes noch einmal Gegenstand des Unterrichts und der Erziehung sein soll – während sich die Literaturdidaktik bisher vornehmlich so verstand, daß sie die Hinführung zu etwas noch nicht Gelesenem und noch nicht Erreichtem plante. Mit anderen Worten impliziert die Annahme der Trivialliteratur als Herausforderung der Literaturdidaktik ein anderes Verhältnis der Didaktik zur Literatur überhaupt. Hier sind auch die größten Widerstände des Bildungssystems gegen eine solche Erweiterung des literarischen Schul-Angebots zu erwarten. Die didaktische Tätigkeit beschränkte sich im Literaturbereich im wesentlichen auf die Frage: was soll ausgewählt, angeboten werden, welches Literaturgut ist bildungsrelevant, sei es nun aus der literarischen Tradition, sei es aus der Gegenwartsliteratur. Es läßt sich leicht zeigen, daß die in den letzten Jahren intensivierten Bemühungen, besonders seit Gerths ›Lesebuch 65‹, im Grunde noch der Bildungsideologie verhaftet sind. Sie konzentrierten sich auf die Auswahl von Literatur, die nach Auffassung literarisch Gebildeter heute literarische Bildung konstituiert, binden »Bildung« demnach an ein »Was«. Die so gefundene und exemplarisch ausgewählte Literatur soll dem Schüler angeboten werden als »beispielhaft« und vorbildlich und legt ein ganz bestimmtes Verhältnis zu ihr nahe: das der bedingungslosen Annahme und Unterwerfung. Hochgebildete, kenntnisreiche Gremien haben für ihn ausgewählt, haben sein Urteil somit vorweggenommen. Hinter dem Verfahren verbirgt sich – unschwer erkennbar – eine hierarchisch-autoritäre Schulstruktur, die ihre adäquate Theorie in einer gesellschaftslosen »pädagogischen Autonomie« findet. Th. Wilhelm hat breit ausgeführt, warum diese Schulstruktur unserer Gesellschaftsentwicklung nicht mehr entspricht. Aber an dieser Stelle wird das notwendige Maß an Umdenken besonders deutlich. Bei Wilhelm heißt es lapidar: ». . . vom umfriedeten Kanon zur offenen Enzyklopädie«.[20] Die Offenheit der gesellschaftlichen Situation ist von grundlegender Bedeutung für »Mobilität« und Überwindung der Sozialbarrieren, die allgemeine Zugänglichkeit aller Medien und Informationsquellen, die Überständigkeit jeder Art von Abschirm- und Behütungspädagogik, der Abschied von jeder schwammigen Wert-Pädagogik, hinter der sich ideologisch verbrämte Herrschafts-Interessen verbergen: all das führt dazu, daß die Schule sich heute weniger als Vermittler des sog. »Wertvollen«, von sog. »Bildungsgütern« versteht bzw. verstehen sollte denn als Vermittler derjenigen Verhaltensweisen und Lernprozesse, die zur Existenzsicherung des einzelnen in unserer Gesellschaft und zur Sicherung ihres Fortschreitens im Sinne einer Demokratisierung notwendig sind. Was sie bisher an – aufgrund Klafkis didaktischer Bildungs-Kriterien identifizierten – Bildungsgütern anbot, galt es zu verstehen und anzunehmen. Eine Verwerfung durch die Schüler war nicht eingeplant, sie konnte nur gegen die Intentionen der Schule vollzogen werden. Das erzog entweder zur Anpassung oder zur Heuchelei. Die Wendung besteht darin, herauszufinden, was ein vorhandener und wirkender Gegenstand, den sozusagen nicht die Schule, sondern die Gesellschaft ausgewählt hat, an Fähigkeiten und Leistungen verlangt, damit er erkannt und durchschaut werde. Hier auch kommen Einsichten der lernpsychologischen Didaktik (etwa P. Heimann, W. Schulz) zum Tragen. Die Schule bietet einen Text nicht mehr an, damit er lediglich »verstanden«, auf- und angenommen werde als die Gabe einer unangreifbaren und undurchschaubaren Autorität, sondern damit er durchschaut werde in seinen Intentionen, in der Relation der verwendeten sprachlichen Mittel zu seinen Absichten, in seinem möglichen Gegensatz und Widerspruch von erklärter und tatsächlicher Meinung. Es geht in dieser Situation nicht um die Literatur und ihre möglichst unverkürzte Annahme, sondern um die Herstellung der Freiheit gegen die manipulativen Mechanismen der Literatur, die zweifellos nicht nur in der Trivialliteratur anzutreffen sind. Nur dann ist zwischen literarischer und politischer Erziehung ein Bezug herstellbar und überschreitet literarische Bildung die Einengung auf eine individualistisch-private Geistigkeit.

Die Wendung bedeutet jedoch nicht nur eine Erweiterung des Angebots und der Bearbeitungsmethoden. Es liegt auf der Hand, daß das bereits vielfach praktizierte Verfahren, Triviales wie Schlager, Comics und Heft-Roman zu Kontrastzwecken und zum Zwecke der Abwertung und damit der Aufwertung des »Guten« anzubieten [21], genauestens jener literaturwissenschaftlichen Methode entspricht, die zum unbefriedigenden Pauschalbegriff »Trivialliteratur« geführt hat; es diskriminiert nur zur Bestätigung bestehender Herrschaftsinteressen. Zum anderen übersieht es die grundsätzliche Berechtigung der Trivialliteratur, deren mindere Qualität das eine, deren zu erhellende eigenartige Funktion ein anderes ist. Gäbe es die Literatur nicht, so müßte man sie wahrscheinlich erfinden oder sich nach einem Ersatz umsehen. Darum darf man die »Herausforderung«, von der unser Thema spricht, nicht so mißverstehen, als gelte es, dieser Literatur – wie es oft so schön heißt – den »Garaus« zu erklären oder die Kinder durch Vermittlung von Einsichten in ihre Minderwertigkeit über sie »hinauszuführen«. Fanatischer Eifer zahlt sich hier nicht aus, verrät totalitäres Denken und offenbart ein unterentwickeltes Bewußtsein von der Überbau-Funktion der Literatur im Verhältnis zur Gesellschaft. Denn schließlich verbringen die Menschen ihre Freizeit so, wie Sozialisation es ihnen nahelegt. Die Bedürfnisse, die mit ihr befriedigt werden, sind keine willkürlich gewählten; nur ein unpolitischer Kopf kann sie als Intransigenz interpretieren. Indem der Mensch Trivialliteratur genießt, reagiert er auf Gesellschaft, sie ermöglicht ihm Unterhaltung, Entspannung, Ausgleich, zeitweiliges Abschalten, Erholung am »ganz anderen«, am schön Unwirklichen (eine 15jährige Hauptschülerin schreibt: »in diesem Buch gibt es viele Dinge, die es in Wirklichkeit gar nicht gibt, das gefällt mir«, eine Elfjährige: »Das Buch finde ich lügenhaft und schön.«). Vielleicht darf man in diesem Zusammenhang auf jene »sanften Narkotika« verweisen, die – nach S. Freuds ›Unbehagen in der Kultur‹ – der Mensch zum Ausgleich seiner unausbleiblichen Versagungen nun einmal braucht. Entsprechend wird man den bekannten Ausspruch »Wieviel Kitsch braucht der Mensch?« abwandeln können zu »Wieviel Trivialität braucht der Mensch?«, um anzudeuten, daß man nicht ständig »in der Wahrheit wandeln« und sich auf den Höhen des Geistes bewegen kann, daß man den Druck der Wirklichkeit nicht ständig aushält und die Erholung von sich selber und der Wirklichkeit braucht, um hernach sich gestärkt wieder der Realität zuzuwenden. Aber selbst in dieser Rechtfertigung zeigt sich ein Pferdefuß. Könnte es nicht sein, daß sowohl die Verachtung trivialer Bedürfnisse (als Eskapismus) als auch ihre Rechtfertigung (als Ausgleich und Regeneration) insofern parteiisch und heuchlerisch sind, als die Realität, der sich der Genießende entweder lieber oder doch wenigstens hernach zuwenden soll, die Realität der bestehenden gesellschaftlichen Verhältnisse ist? Man gestattet nicht gern einen Ausbruch aus einer Realität, die einem selber Vorteile bringt, und die durch Trivialliteratur stimulierten Träume von einer »besseren Welt« könnten die bestehende infragestellen.

Wir möchten aber im folgenden von der grundsätzlichen Berechtigung narkotisierender Träume ausgehen, da wir uns keine – noch so reformierte – Gesellschaft vorzustellen vermögen, in der alles Träumen sich erübrigt, weil alle Konflikte und Widersprüche ein für allemal gelöst sind (eine solche Welt entwirft Marcuse in »Der eindimensionale Mensch«).[22]

Der »didaktische« Konflikt besteht in der Spannung zwischen einer Anerkennung des Rechts auf Erholung, eines Wandels in den »Niederungen der Trivialität« und der unabdingbaren Aufgabe einer Erziehung zur Kritik und zur Distanz. Dem Konflikt, der bis in den Schulalltag hineinwirkt, könnte man nur unter den Bedingungen einer Bildungspädagogik entgehen, allerdings auf Kosten einer zeitentsprechenden, gesellschaftlich orientierten Bildung.

An dieser Stelle ist es Zeit, die Anregungen der Soziolinguistik Bernsteins und seiner deutschen Apologeten Oevermann, Roeder, Rolff u. a. über den unterschiedlichen Sprachgebrauch und die unterschiedliche, sprachbedingte Sozialisation in den Sozialschichten in den Gang unserer Erörterung einzubeziehen. Das ist deshalb wichtig, weil sie einen weiteren Anstoß zum Umdenken der Schule geben könnten. Neuere Untersuchungen zum Sitzenbleiber- und Ausleseproblem haben deutlich gemacht, daß es einige Faktoren gibt, die eine gerechte, Intelligenz und Leistungsfähigkeit objektiv berücksichtigende Behandlung der Kinder in unserer Gesellschaft bisher verhindert haben. Das hängt wahrscheinlich und mindestens unter anderem mit dem Charakter unserer Schule als einer Institution der bürgerlichen Mittelschicht zusammen, deren Normen und Werte sie repräsentiert. Bei Schmidtchen u. a. kann man nachlesen, daß diese Normen sich auch auf das Lesen und Leseverhalten beziehen.[23] Die Schule hat offenbar bisher jedoch kaum begonnen, über diesen ihren Charakter und seine Auswirkungen auf die Lebenschancen der ihr anvertrauten Kinder zu reflektieren. Solange sie das nicht tut, bemerkt sie auch nicht die unterschiedliche Lage der Unter- und Mittelschichtkinder in der Schule, indem jene einem verunsichernden, der Leistungsmotivation entgegenwirkenden Normenkonflikt ausgesetzt sind, während diese sich bestätigt und damit in besonderem Maße gefördert fühlen können und – unabhängig von ihrer Intelligenz – für ihren sozialen Aufstieg gesorgt wird.

Welchen Beitrag leistet dieser Tatbestand für unseren Zusammenhang? Angesichts unserer Sozialstruktur kann man annehmen, daß das Lektüresystem unserer Gesellschaft ein Abbild der literarischen und medialen Interessen der Sozialschichten darstellt, hinter dem Sozialkonflikte und ökonomische Bedingungen stehen. Ein enger, bildungsidealistischer Literaturbegriff bestätigt damit die Kinder, die aus Sozialschichten stammen, welche diesen Begriff teilen oder gar bewußt zu Prestigezwecken und zur Distanzierung von der »Menge« kultivieren. Er frustriert die Kinder aus der Unterschicht, für die er keine soziale Bedeutung hat – weder im Augenblick noch später. Schon aus diesem Grunde ist ein Ernstnehmen jeglicher Literatur durch die Schule eine Notwendigkeit.

Zum Schluß möchte ich aus dem Gesagten einige Folgerungen für eine Literaturdidaktik ziehen, die sich insofern als »politisch« versteht, als sie das ihre zum gesellschaftlichen Prozeß beitragen möchte.

Die Möglichkeit einer objektiven literarästhetischen Wertung soll zwar nicht grundsätzlich angezweifelt werden; es ist jedoch zu fragen, welche pädagogische Bedeutung sie im Angesicht der erwähnten Tatbestände haben kann. Ein »gut an sich« besagt noch nichts über ein »gut für«. Das gilt sowohl im Hinblick auf Funktionen, ohne die das Lesen überhaupt sinnlos wäre, als auch im Hinblick auf das, was erreichbar ist und was sozial bestätigt wird. Von hier aus ist die Forderung nach einer Erweiterung des literarischen Angebots, nach Individualisierungen und differenzierenden Formen des Angebots und der methodischen Arbeit zu erheben. Bildungswirksam ist nicht nur das »Inkommensurable«, sondern alles, was an Lektüre im Sozialbereich Bedeutung hat. »Bildung« darf nicht in der Weise verdinglicht werden, daß sie von der Aufnahmefähigkeit für ganz bestimmte Gegenstände abhängig gemacht wird. Ein autoritäres Angebot ist ideologieverdächtig und verbirgt Herrschaftsinteressen. Die Beschränkung auf die Vermittlung von Verstehensfähigkeiten ist zu ergänzen durch ein verstärktes Bemühen um Motivation und Förderung der im gesellschaftlichen Raum notwendigen Fähigkeit zum Durchschauen von bewußtseins- und meinungsbeeinflussenden Textintentionen, das heißt zur Kritik. Der Literaturunterricht richtet sich in Auswahl und Methode nach gesellschaftlichen Erfordernissen und öffnet sich dem literarischen Leben »draußen« in seiner Breite. Das bedeutet, daß die Schule Trivialliteratur nicht nur resignativ toleriert, sondern daß sie ernsthaft mit ihr umgehen lehrt. Sie kann dabei ausgehen von ihrer sozialpsychologischen und sozialhygienischen Berechtigung. Das Ziel müßte es sein, die in den unterschiedlichen literarischen Interessen und Verhaltensweisen sich ausdrükkende soziale Differenzierung abzulösen durch allgemein anerkannte situations- und rollenbedingte Verhaltensweisen. Bislang entwickelt der Gebildete bei seinen auch bei ihm vorkommenden trivialen Vergnügungen unnötigerweise ein schlechtes Gewissen, das sogar bei den Unterschichtlesern oft noch anzutreffen ist, da sie zwar die Normen, nicht aber die Verhaltensweisen der Mittelschicht übernehmen. Die unterschiedlichen Verhaltensweisen der Sozialschichten der Schriftkultur gegenüber sind ein Spiegel der Unvollkommenheit der Sozialstruktur. Durch Bildung und Erziehung müßte erreichbar sein, daß das Lesen von Trivialliteratur nicht mehr sozial determiniert ist, sondern situations- und rollenbedingt vorgenommen wird, daß man lernt, auf die unterschiedlichen Beanspruchungen auch unterschiedlich als Leser zu reagieren. Freilich wäre es eine Illusion, allein von Bildung und Erziehung eine solche Verhaltensänderung zu erwarten; sie haben in eine Wechselbeziehung zum Gesellschaftsprozeß zu treten, die Hentig in das Bild vom »Regelkreis« gefaßt hat.[24] In der Schule ist es uns jedoch möglich, durch unbefangenen, von falschen Tabus entlasteten Umgang mit Literatur jeglicher Art etwas von dieser Zukunft vorwegzunehmen. Sie braucht die verschiedenen Literaturen dann nicht mehr gegeneinander auszuspielen und die eine mit der anderen zu bekämpfen und kann auch ganz verschiedenartige Verhaltensweisen ihnen gegenüber respektieren, die entsprechend dem Rollenspektrum, in dem der heutige Mensch lebt, einander ergänzen. Einen politischen Sinn entfaltet diese Arbeit jedoch erst dann, wenn sie mit einer Bewußtmachung der eigenen sozialen Rolle der Kinder und ihrer Interessen in der Gesellschaft einhergeht. Literaturunterricht von politischen und von Funktionen überhaupt ausnehmen, um den Gegenstand Literatur und dessen »Wesen« nicht zu verfehlen[25], würde ihn zu einem Instrument der gesellschaftlichen Stabilisierung machen und hätte einen, von vielen wahrscheinlich gar nicht gewollten negativen politischen Effekt.

Auf die Konsequenz, daß in einer Gesellschaft sozialer Widersprüche dann auch der gesellschaftliche »Sinn« der »Hochliteratur« (Differenzierung des Publikums und Bestätigung von Herrschaft) vermittelt werden müßte, kann ich hier nicht mehr eingehen. Insofern darf eine Neueinstellung auf Trivialliteratur nicht isoliert werden von einer Neueinstellung der Didaktik auf Literatur überhaupt. Die methodischen Folgerungen daraus zu ziehen, ist hier nicht möglich. Es soll auch nicht verkannt werden, daß das Aufnehmen der Herausforderung nicht auf Anhieb möglich ist, sondern ein schwieriger Bewußtseinsprozeß, in dessen Verlauf so manche liebgewordene Vorstellung aufgegeben werden muß. Mir scheint jedoch, als bliebe uns keine andere Wahl, wenn wir es wirklich ernst meinen mit unserer Kritik an gesellschaftlichen Verhältnissen, die sich vermittels eines adäquaten Bildungssystems und daraus folgender kultureller Polarisation endlos reproduzieren.

Anmerkungen

1 Vgl. *H. O. Burger,* Studien zur Trivialliteratur. Frankfurt/M. 1968; *D. Wellershoff,* Literatur und Veränderung. Versuche zu einer Metakritik der Literatur. Köln, Berlin [2]1969 = pocket 1. *J. Kolbe* (Hrsg.), Ansichten einer künftigen Germanistik. München 1969 = Reihe Hanser.
2 Vgl. *H. Bausinger,* Wege zur Erforschung der trivialen Literatur. In: *H. O. Burger,* a.a.O.
3 Abgedruckt in: Triviale Jugendliteratur? Das Jugendbuch als Unterhaltungslektüre. Mainau 1969.
4 *Peter Hofstätter,* Gruppendynamik. Hamburg 1957 = rowohlts deutsche enzyklopädie 38. Vgl. auch *Glotz/Langenbucher,* Der mißachtete Leser. Zur Kritik der deutschen Presse. Köln, Berlin 1969, S. 86 f.
5 Vgl. *Jürgen Habermas,* Strukturwandel der Öffentlichkeit. Neuwied 1962.
6 *Theodor Wilhelm,* Theorie der Schule, Stuttgart 1967.
7 Bildung und gesellschaftliches Bewußtsein. Stuttgart 1966.
8 *Wolfgang Kayser,* Das literarische Leben der Gegenwart. In: Deutsche Literatur in unserer Zeit. Göttingen [4]1966 = Kl. Vandenhoeck Reihe 73 – 74a.
9 Vgl. *Ruth A. Inglis,* Das Verhältnis von Literatur und Gesellschaft in objektiver Betrachtung. In: *N. Fügen* (Hrsg.), Wege der Literatursoziologie. Neuwied, Berlin 1968 = Soziologische Texte 46, S. 163 – 176, hier: S. 165 u. a.
10 *Ludwig Giesz,* Phänomenologie des Kitsches. Heidelberg 1960.

11 *Klaus Ziegler,* Vom Recht und Unrecht der Unterhaltungs- und Schundliteratur. In: Die Sammlung 2 (1947).
12 *Karl Otto Conrady,* Einführung in die neuere deutsche Literaturwissenschaft. Reinbek 1966 = rowohlts deutsche enzyklopädie 252/253, S. 81.
13 In dem von *W. L. Höffe* hrsg. Band »Sprachpädagogik – Literaturpädagogik«. Frankfurt/M. 1969, S. 133 – 142.
14 Ebd., S. 101 – 112, bzw. 26 – 37.
15 *Jost Hermand,* Synthetisches Interpretieren. Zur Methodik der Literaturwissenschaft. München ^{2}1969 = Sammlung Dialog 27, S. 149; *Manon Maren-Grisebach,* Methoden der Literaturwissenschaft. Bern 1970 = Dalp-Tb. 397, S. 81; *Marie Luise Gansberg* und *P. G. Völker,* Methodenkritik der Germanistik. Stuttgart 1970 = Texte Metzler 16, S. 29.
16 *Helmut Kreuzer,* Trivialliteratur als Forschungsproblem. Zur Kritik des deutschen Trivialromans seit der Aufklärung. In: DVS 41 (1967), H. 2, S. 173 – 191.
17 Soziologie der literarischen Geschmacksbildung. Bern u. München ^{3}1961 = Dalp-Tb. 354.
18 *Foltin,* Die Erforschung der Unterhaltungs- und Trivialliteratur, insbesondere im Bereich des Romans. In: Studien zur Trivialliteratur, hrsg. v. *H. O. Burger.* Frankfurt/M. 1968, S. 265.
19 *W. Höllerer,* Über Ergebnisse des Arbeitskreises »Untersuchungen zur Trivialliteratur« an der Technischen Universität Berlin. Ebd., S. 41.
19a *J. Schulte-Sasse,* Literarische Wertung. Stuttgart 1971 = Sammlung Metzler 98.
20 *Theodor Wilhelm,* Theorie der Schule, S. 210.
21 Vgl. z. B. *B. Feldhaus, H. Böhmer,* G-Man Jerry Cotton. Untersuchung eines Kriminalromans durch eine Schulklasse. In: Der Deutschunterricht 20 (1968), H. 1, S. 107 – 112; *J. Nellen-Piské,* Erziehung zum Lesen im Unterricht. Hamburg 1966; *Spieler/Thamm,* Literaturunterricht im 5. – 11. Schuljahr. Esslingen 1968.
22 *H. Marcuse,* Der eindimensionale Mensch. Studien zur Ideologie der fortgeschrittenen Industriegesellschaft. Neuwied, Berlin 1967 = Soziologische Texte 40. Marcuse macht einen veränderten Gebrauch von Texten von einer revolutionären Veränderung der Gesellschaft abhängig.
23 *Schmidtchen,* Lesekultur in Deutschland. Frankfurt/M. 1968; vgl. *Rosenmayr, Köckeis, Kreutz,* Kulturelle Interessen von Jugendlichen. Wien, München 1966.
24 *Hartmut von Hentig,* Die Schule im Regelkreis. Stuttgart 1965.
25 Vgl. *H. Helmers,* Herstellung und Analyse von Lehrplänen für das Fach Deutsche Sprache und Literatur. In: Der Deutschunterricht 22 (1970), H. 2, S. 33 – 58, hier: S. 33.

Christl Stumpf

Wozu Trivialität?

Zur gesellschaftlichen Funktion »nicht anerkannter Literatur« im Deutschunterricht*

Wenn Malte Dahrendorf seinen programmatischen Aufsatz »Trivialliteratur als Herausforderung für eine literaturdidaktische Konzeption« [1] mit der Behauptung einleitet, »daß eine solche Herausforderung bisher entweder nicht bestanden hat oder nicht empfunden worden ist« [2], so erscheint dies, angesichts einer recht beachtlichen Fülle von pädagogischen und didaktischen Äußerungen zu diesem Thema seit der Neukonstituierung des Deutschunterrichts im Jahr 1945, zunächst als ein erstaunlicher Befund. Dem Literaturunterricht konnte, welche expliziten und impliziten Ziele er sich auch immer setzte, die außerschulische Rezeption von Literatur durch die Schüler zu keiner Zeit gleichgültig sein. Zeugnis für dieses Interesse legt nicht erst eine seit Ende der sechziger Jahre anlaufende regelrechte Publikationswelle zur Trivialliteratur als Unterrichtsgegenstand ab; auch schon in den vorangegangenen Jahrzehnten befaßten sich Fachzeitschriften sowie soziologische und pädagogische Publikationen ausführlich mit diesem Phänomen.

Man muß Dahrendorf allerdings recht geben, wenn seine Formulierung das Fehlen eines expliziten theoretisch-didaktischen Begründungszusammenhangs für die Einbeziehung der Trivialliteratur in den Deutschunterricht beanstandet. Zwar liegen die Beurteilungen des Leseverhaltens der Jugendlichen sowie den daraus abgeleiteten didaktischen Forderungen durchaus Normensysteme zugrunde; deren gesellschaftliche Funktion ist jedoch den Autoren meist selbst verborgen, so daß es Aufgabe einer ideologiekritischen Analyse bleibt, an Aufbau, Methoden und beiläufig formulierten Zielsetzungen der Modelle und Unterrichtshilfen den Funktionswandel der Behandlung von Trivialität im Literaturunterricht im Rahmen des sich wandelnden Stellenwerts des Bildungssystems allgemein auszumachen. [3]

Hinter Äußerungen solcher Art, daß angesichts des Verhaltens der Schüler »kein anderer Weg [bleibe], als die Comics zum Gegenstand des Deutschunterrichts zu machen« [4], oder daß man »in einer Zeit, in der es erfahrungsgemäß immer schwerer wird, das Interesse der Schüler [...] zu wecken« [5], am besten »an einem Gegenstand [anknüpft], der nichts vom – Geruch des zu erarbeitenden ›Bildungsgutes‹ an sich hat und der ihnen Spaß macht« [5a],

* Zuerst in: Diskussion Deutsch Heft 14, 1973, S. 368–379.

entlarven nicht nur den desolaten Zustand der theoretischen Reflexion der Deutschlehrer und Fachdidaktiker über ihr eigenes Tun, sondern sind auch aussagekräftig über die Situation der Höheren Schule im Spannungsfeld von Motivationslage und Primärsozialisation der Schüler, überkommenem Selbstverständnis der Lehrer und gesellschaftlichen Forderungen an die Qualifikationsinstitutionen. Die Aufdeckung des Funktionswandels, dem Trivialliteratur in diesem Kontext unterliegt – dessen unterschiedliche historische Positionen überdies in der aktuellen Unterrichtswirklichkeit durchaus nebeneinander herlaufen – ist nötig, um die diffuse »Herausforderung«, die Trivialliteratur gerade für sich progressiv verstehende Deutschlehrer darstellt, einer rationalen didaktischen Reflexion zugänglich zu machen. Auf dem Hintergrund dieser Analyse werden die Bedingungen beschreibbar, unter denen die Behandlung von Trivialliteratur für einen noch näher zu definierenden emanzipatorischen Literaturunterricht fruchtbar gemacht werden kann.[6]

1. Bekämpfung der Schundliteratur – Deutschunterricht als bürgerliche Sozialisationsinstanz

In der Phase der Neukonsolidierung von Höherer Schule und Deutschunterricht nach 1945 waren auf lange Sicht einziger Gegenstand des Literaturunterrichts die Werke des klassischen Kanons der »Hohen« Literatur. Gerade diejenigen unter den Deutschlehrern, die sich auf die »Kultur« des Faschismus nicht eingelassen hatten und die nun für die Erstellung neuer Lehrpläne maßgebend wurden, erhofften sich von der schulischen Beschäftigung mit der humanistischen Tradition eine erzieherische Wirkung, die die Jugend vor dem Rückfall in die Barbarei für immer bewahren sollte. Dabei fehlte jedoch die Reflexion der historisch-gesellschaftlichen Funktion dieser bürgerlichen Literatur. Die Umdeutung der klassenspezifischen Normen dieser Dichtung zu allgemein-menschlichen, die Prinzipien der Selektion, denen die literarische Tradition unterworfen wurde, halfen gerade politische Unmündigkeit und Stabilisierung des Bestehenden befördern. Hier ist auf die Arbeiten zur Bestandsaufnahme dieses Literaturunterrichts zu verweisen, die dessen ideologische Implikationen aufdecken.[7]

In der pädagogischen Literatur wurde jedoch bald die Befürchtung laut, daß der Anteil der kulturell sanktionierten Literatur an der außerschulischen Lektüre der Jugendlichen immer mehr von »Schundliteratur«, Heftchen und Comics zurückgedrängt werde. Mit dem Leseverhalten der Jugendlichen befaßt sich alsbald eine Flut von Schriften von medizinischer, pädagogischer, kulturkritischer Seite, deren Befürchtungen Baumgärtner[8] zusammenfaßt als »Beeinträchtigung der Lesefähigkeit«, »Gefährdung der geistigen Kontinuität« durch ein Zurückgehen der Buchkultur, »innere Verarmung des Menschen und damit eine Verödung seiner Welt«.[9] Die dieser Kritik zugrundeliegenden Normvorstellungen sind die der bürgerlichen Rezeptionsweise von Literatur, deren Verankerung in Geschichte und Lebensbedingungen dieser Klasse nicht gesehen wird. Der Buchkultur als adäquater Rezeptionsweise der Literatur des bürgerlichen Zeitalters braucht ihr historisch begrenzter Charakter als fortschrittliches Medium der bürgerlichen Emanzipation nicht bestritten zu werden. Wenn sie jedoch zur allgemein gültigen und einzig legitimen Erscheinungsform von literarischer Öffentlichkeit erhoben wird, taugt sie nur noch als Rechtfertigungsinstrument für Beharrung gegenüber der für den eigenen Status als bedrohlich empfundenen subkulturellen Verhaltensweisen der Unterschichten. Die berechtigte Bestürzung über die Manipulation der Jugendlichen durch den Trivialliteraturmarkt kann nicht in wirksame pädagogische Strategien zu ihrer Bekämpfung umgesetzt werden, wenn die Reflexion über die sozialpsychologischen Voraussetzungen und die gesellschaftlich bedingte Bedürfnisstruktur der Abnehmer ausbleibt.

Die Deutschlehrer des Gymnasiums als mittelständische Sozialisationsagenten, die nun den Versuch unternehmen, die Schüler gegen den Einfluß der Trivialliteratur zu »immunisieren«, verstehen ihren Rettungsversuch der eigenen klassenspezifischen Rezeptionsweise von Literatur als Kampf auf fast schon verlorenem Posten. »Die Schule kommt gegen die Comics nicht auf«, heißt es bei Ulshöfer [10], dessen Unterrichtsmodell »Bekämpfung der Comics« hinsichtlich Zielformulierung, Durchführung und impliziten lernpsychologischen Annahmen für diese erste Phase einer Didaktik der Trivialliteratur als exemplarisch gelten kann. Indem die Faszination, die Comics auf Kinder ausüben, durch eine nicht weiter ableitbare entwicklungspsychologische Konstante erklärt wird (»Das Kind zwischen 10 und 13 Jahren will noch nicht über einen Text grübeln, nicht nachdenken – es will sich fesseln lassen«) [11], begibt der Autor sich von vornherein der Möglichkeit, den konkreten Sozialisationsbedingungen nachzufragen, aus denen dieser »Hunger« nach trivialem Lesestoff zu begreifen wäre. Der Tauschwert der Ware Trivialliteratur kann sich nur realisieren, wenn ihre Konsumenten sich vom Kauf der Ware die Befriedigung eines wie auch immer verformten Bedürfnisses erwarten. Aus der Analyse von typischen Verfahrensweisen und Inhalten dieser Literatur wären so in erster Linie Aufschlüsse zu gewinnen über die konkreten Versagungen und Verzichtleistungen, die Kindern in ihrer schicht- und gesellschaftsspezifischen Familien- und Schulsituation abverlangt werden und die Basis für das Phänomen der Ersatzbefriedigung durch fiktionale Erzeugnisse darstellen. Die Anstrengungen, die seitens der Produzenten von Trivialliteratur unternommen werden, um die genauen Bedürfnisstrukturen der Kunden zu ermitteln, werden von Ulshöfer jedoch nicht aus dem Warencharakter dieser Literatur begriffen. Vielmehr versucht er, die Schüler gegen die Verfasser der Comics persönlich aufzubringen, indem er deren Verfahrensweisen ihrer individuellen Unfähigkeit anlastet, »besser« zu schreiben: »Der Verfasser des Heftchens, der sich nicht zu nennen wagt, rechnet mit der Gedankenlosigkeit der Leser; die Widersprüche in der Geschichte zeigen, daß er selbst nicht denken kann.« [12] In einer solchermaßen personalisierenden und moralisierenden Kritik wird Schülern die Chance genommen, ihre Rolle als von anonymen Marktbedingungen gesteuerte Konsumenten rational zu durchschauen. An die Stelle von Erkenntnis tritt der Appell an das »Geltungsbedürfnis und Selbstbewußtsein des jungen Lesers [...], wenn er von Verhalten und Absicht des Heftchenautors hört.« [13] Die Mobilisierung dieser psychischen Faktoren, die selbst schon Ergebnisse einer das Individuum isolierenden und zur rigiden Abwehr des Andersartigen erziehenden Sozialisation sind, verhindert gerade eine rationale Durcharbeitung der psychischen Abläufe. Pädagogische Aufgabe wäre vielmehr, die Organisation eines Selbstreflexionsprozesses der Schüler zu bewerkstelligen, in dessen Verlauf ihnen die gesellschaftliche Vermitteltheit der eigenen Bedürfnissstruktur am Beispiel ihrer Einstellungen und Reaktionen gegenüber Trivialliteratur einsichtig würde.

Was aber in den beschriebenen Beispielen zur Unterrichtspraxis geschieht, ist der Versuch, Schüler zur Identifikation mit den ästhetischen und moralischen Normen bürgerlicher Literatur zu veranlassen, wobei deren gesellschaftliche Funktion Lehrern und Schülern wiederum unbewußt bleibt. Wenn Comics und Westernserien wegen Übertreibungen in der Personendarstellung und Unwahrscheinlichkeiten in der Handlungsführung als »minderwertig« bezeichnet werden, so werden ästhetische Kriterien des bürgerlichen Realismus zu absoluten Normen erklärt, ein Verfahren, das nicht einmal von einem literaturimmanenten methodischen Anspruch her gerechtfertigt ist. Wenn außerdem die erfundenen Handlungen der dargestellten Personen nach moralischen Gesichtspunkten der Beurteilung realer Handlungen gewertet werden, so wird damit dem fiktionalen Charakter von Literatur, die immer in einem komplexen Spannungsverhältnis zur Realität steht, nicht Genüge getan. In solchen methodischen Verfehlungen zeigt sich, daß es nicht um die wissenschaftlich stichhaltige Herleitung von Kriterien »unvoreingenommener Untersuchung« geht, sondern um die Indoktrination der Schüler mit gewünschten Verhaltensnormen.

Indem die Begriffe Heldentum und Spannung als zentrale Leitkategorien des literarischen Erlebnisses nicht in Frage gestellt werden, sondern nur dem »primitiven« Heldenideal der Heftchenliteratur das in beglaubigten Lehrplanwerken gestaltete »wahre« Heldentum, der äußerlichen Spannung die innere eines »echten« Kampfes auf Leben und Tod gegenübergestellt wird, begibt sich solcher Unterricht selbst der Legitimation, zu Kritikfähigkeit und zum »Nachdenken« zu erziehen. Die psychischen Mechanismen von Projektion und Identifikation, die durch die Darstellung spannender, um eine überragende Mittelpunktsfigur zentrierter Aktionen ausgelöst werden, können nicht durch eine bloße Veränderung und Verfeinerung des Heldenbildes und des Spannungsaufbaus durchschaubar gemacht werden. Hinter der Glorifizierung »innerer« Werte verbirgt sich so nur der Versuch, die Abhängigkeit von der Bedürfnismanipulation durch den Trivialliteraturmarkt zu ersetzen durch die subtilere Fremdbestimmung durch internalisierte bürgerliche Normen.

An die Stelle des moralischen Verdammungsurteils über Trivialliteratur, das in den besprochenen Modellen für die Unterstufe des Gymnasiums gefällt wird, tritt in der Folgezeit die Tendenz, das Unterwertige vom Wertvollen ausschließlich mit formalästhetischen Verfahrensweisen zu scheiden. Dies geschieht im Zuge des allmählichen Eindringens der werkimmanenten Methode in den Deutschunterricht.[14] Indem das Kunstwerk nur noch aus sich selbst erklärt und an sich selbst gemessen werden soll[15], wird »ignoriert, daß ästhetische Formung als Transformation von Wirklichkeit nur im Verhältnis zu dieser begriffen werden kann«.[16] Dieser Rückzug entspricht dem politischen Selbstverständnis des Bildungsbürgers:

»Er kann sich von allen politischen Tagesfragen, die sein soziales Engagement herausfordern, auf sein inneres Menschentum zurückziehen. In der Dimension der Individualität gewinnt dieser ›Gebildete‹ das Bewußtsein, daß er seine Persönlichkeit unabhängig von äußeren Einflüssen entwickeln kann.«[17]

Im Rekurs auf scheinbar intersubjektiv gültige Formalbefunde als Grundlage der Textbewertung hat man nicht etwa die Willkür inhaltlicher Normensysteme umgangen. Vielmehr sind »die gebräuchlichen Wertungskategorien [...] fest bezogen auf die Werte, den Bildungsstandard und die Moralvorstellungen einer bürgerlichen Gesellschaft, deren Spätphase, die durch die Aufgabe der eigenen liberalen Tradition gekennzeichnet ist, sie befestigen sollen«.[18] Die Absage an eine lebenskundliche Orientierung des Deutschunterrichts und der Versuch, ihn vom Sprachlich-Formalen her neu zu zentrieren[19], stellt nur eine Kontinuität der Ideologie unter dem Schein der Objektivierung der Methoden dar.[20]

Die von Moritz 1964 herausgegebene und kommentierte Beispielsammlung zum »Wertenden Lesen«[21] repräsentiert diese Entwicklung. Schon die Methode der Gegenüberstellung »thematisch gleicher, in ihrer literarischen Qualität jedoch recht unterschiedlicher Texte«[22], unter denen sich auch Stellen aus trivialen Romanen befinden, hypostasiert die Verlagerung des literarischen Wertes in die Form. »Eine knappe literargeschichtliche Einbettung« der Texte wird denn auch nur »ausnahmsweise« angestrebt.[23] Die Kriterien des Vergleichs sind die Kayserschen der Stimmigkeit, der Differenziertheit und Ökonomie der darstellerischen Mittel.[24] Der Nachweis des geringeren formalen Wertes der Trivialliteratur kann mit Hilfe dieser Kriterien jedoch nicht gelingen; »fatalerweise lassen sich gerade diejenigen Attribute, welche von der Stimmigkeitslehre der höchsten Kunst vorbehalten werden, Ordnung, Rundheit, Harmonie, mit dem gleichen Recht auch dem Kitsch zusprechen«.[25] Ein Bewertungsverfahren, das nur die Angemessenheit formaler Mittel bezüglich angestrebter Wirkungen beurteilt, kann über den Wert dieser Wirkungen selbst nichts aussagen. Es kann allenfalls dazu dienen, »gute« Trivialliteratur, die ihren selbst gesetzten Zweck erfüllt, von schlechter zu unterscheiden, nicht jedoch kann es Literatur aus dem Stellenwert, den sie im Leben der Individuen einer konkreten Gesellschaft einnimmt, wertend erfassen.

Aus diesen Aporien der formalästhetischen werkimmanenten Wertung wird deutlich, daß die Ausrichtung des Urteils nach der »Hohen« Literatur als der der eigenen literarischen Sozialisation zugehörigen vorgängig erfolgt ist. Die »Schulung des literarischen Geschmacks- und Qualitätsempfindens«[26] der Jugendlichen soll auch diese zu gebildeten Literaturkonsumenten erziehen, die im feinfühligen Genießen formaler Nuancen sich von der Masse der geschmacklich ungebildeten Trivialliteraturkonsumenten abgrenzen. So wird denn auch mit dem Finger auf den »primitiven« Leser gedeutet, »der in seiner unkritischen Lesehaltung dem Schreiber das Einlullen erleichtert«[27] – die Sozialisationsbedingungen solcher Lesehaltung sind dabei auf das persönliche Versäumnis des »primitiven« Lesers verkürzt, wodurch man sich die eigene Differenziertheit als persönliches Verdienst anrechnen kann.

An der Rezeption der Trivialliteratur durch die Schulgermanistik ist also die Funktion des Literaturunterrichts im Gymnasium ablesbar: mit seiner Hilfe soll einer privilegierten bürgerlichen Schicht über die Vermittlung »höherer« Bildung die Identifikation mit der eigenen Klasse und die elitäre Abgrenzung gegen die Masse der Ungebildeten erleichtert werden, was die Perpetuierung von Klassenschranken zur Folge hat. Trivialliteratur dient als Negativfolie, vor der sich die ästhetischen und ethischen Werte der bürgerlichen Kultur abheben; indem die Schüler auf die Ablehnung trivialen Lesestoffs verpflichtet werden, fügen sie sich in den Zusammenhang überkommener klassenspezifischer Normen ein.

2. Trivialliteratur anstelle von Bildungsgütern – der Deutschunterricht vor Motivationsschwierigkeiten

Allmählich wird sichtbar, daß eben diese klassenspezifische Bildung trotz ihres erwünschten Stabilisierungseffekts angesichts des gesteigerten Bedarfs an qualifizierten Arbeitskräften dysfunktional wird, indem sie die Ausschöpfung von »Begabungsreserven« aus den Unterschichten blockiert. Aus der diagnostizierten Bildungskatastrophe resultiert der Versuch einer Bildungsreform, deren Ziel es ist, Wissenschaft und Ausbildung direkter als je zuvor bestimmten ökonomischen Interessen anzupassen und in den Dienst der unmittelbaren Steigerung der Produktivität (des Profits) und des qualifizierten Angebots auf dem Arbeitskräftemarkt zu stellen. Die Notwendigkeit, Kinder aus unterprivilegierten Schichten zu qualifizierten Ausbildungsgängen zuzulassen, zwingt zu einer verstärkten Diskussion von Motivierungsstrategien; die Untersuchung von schichtenspezifischen Sozialisationsweisen ist Voraussetzung der Organisation effektiverer und ökonomischerer Lernprozesse.

Heftchen- und Illustriertenromane, Comics, Science-fiction, Fernsehunterhaltung und Kino können nun nicht mehr einfach mit hochmütiger Geste abqualifiziert werden, – die »Herausforderung« wird notgedrungen empfunden und aufgenommen. Unterstützt wird dieser Aufwertungsprozeß durch die verstärkte Beschäftigung der Hochschulgermanistik mit Trivialliteratur seit etwa 1968. Vor der Forderung linker Germanistikstudenten, Literatur als gesellschaftliches Phänomen des Überbaus in seiner Abhängigkeit von der ökonomischen Basis zu betrachten [28], schwindet die Barriere zwischen hoher und niederer Literatur, die nur die klassenspezifischen Ausprägungen fiktiver Erzeugnisse im Spannungsfeld zwischen ideologisch-verschleiernder und utopisch-befreiender Funktion darstellen.

Für die Deutschlehrer manifestiert sich die Veränderung spürbar in der alltäglichen Unterrichtspraxis: die schwindende Tragfähigkeit der bürgerlichen Kultur schlägt sich nieder im mangelnden Engagement der Schüler für die traditionellen Lehrplanstoffe. Die lernpsychologische Kategorie der Motivation gerät so immer mehr in die Diskussion. Die vorgeschlagenen Motivierungsstrategien laufen darauf hinaus, in der Anknüpfung an vermutete außerschulische Interessen der Schüler ihnen vorgegebene Lerninhalte schmackhaft zu machen. Indem ein solcher Unterricht den Schein der Befriedigung vorhandener Bedürfnisse benützt, um andere Zwecke zu erreichen, nähert er sich der suggestiven Verfahrensweise der Werbung an. Wenn aber Schüler nur als Objekte eines fremdgesteuerten Lernprozesses aufgefaßt werden, verkürzt sich der pädagogische Prozeß um die entscheidende emanzipatorische Dimension, die darin bestünde, die Rekonstruktion der echten unter den gesteuerten Bedürfnissen im Selbstreflexionsprozeß zu ermöglichen. [29]

Wenn Tabbert [30] den Western »High noon« benützen will, um dadurch »in das Verständnis des Dramatischen einzuführen«, so bedient er sich einer nicht nach ihren Gründen befragten Vorliebe der Schüler, um ihnen traditionellen Bildungsstoff einzuflößen, dem sie sonst, in dem berechtigten Gefühl, daß er für die Bewältigung ihrer Lebenssituation nichts erbringt, vielleicht Widerstand entgegengesetzt hätten. »Das klassische Drama, das die erste Stelle einem zeitgemäßeren Genre überläßt, kann dabei an zweiter oder dritter Stelle vielleicht jenes Verständnis finden, das ihm sonst gar nicht oder nur widerwillig entgegengebracht wird.« [31]

Die Aufwertung des Trivialen aus Gründen der besseren Motivierung ist so aus der Situation der Deutschlehrer zu verstehen, denen das Disfunktionalwerden der überkommenen Bildungseinrichtungen zunächst als vergrößerte Schwierigkeiten der Unterrichtspraxis entgegentritt, auf die sie mit einer Verfeinerung suggestiver Lehrmethoden zu reagieren versuchen, ohne daß damit eine Neukonzeption der Literaturdidaktik intendiert wäre.

3. Trivialliteratur unter kommunikationstheoretischem Aspekt – der Deutschunterricht in der technokratischen Schulreform

Im Zuge der technokratischen Reform der Qualifikationsinstitutionen wird jedoch bald eine tiefer greifende Veränderung des Deutschunterrichts angestrebt. Im Vorwort der Herausgeber der 1971 erschienenen »Texte zur Trivialliteratur«, einer Sammlung von Unterrichtsmaterialien[32], wird diese didaktische Position deutlich. Wenn nicht mehr die Einübung normenkonformen bürgerlichen Verhaltens, sondern »Einblick in gesamtgesellschaftliche Kommunikationsvorgänge als ein zentrales Lernziel des Deutschunterrichts« angesehen wird, »dann ist die Reduzierung auf die sogenannte hohe Literatur (Dichtung) eine unzulässige Verkürzung«.[33] Trivialliteratur wird als wertvolles Objekt erkannt, an welchem Schüler soziologische und kommunikationstheoretische Fragestellungen und Methoden kennenlernen können. In der Vermittlung transferibler und generell verwertbarer Fertigkeiten wird der Deutschunterricht dem ökonomischen Anspruch nach instrumenteller Qualifikation der Auszubildenden dienstbar gemacht, die damit größere Flexibilität und Mobilität im Arbeitsprozeß erhalten. Damit wird gleichzeitig der Identifikationsaspekt des Deutschunterrichts überflüssig:

»Mit Hilfe der Verabsolutierung des Prinzips technischer Rationalität, zweckrationalen Handelns, gelingt es technokratischer Reform bzw. Innovation [...], ein Höchstmaß von Qualifikation bei den zu verwertenden Individuen und gleichzeitig deren Identifikation mit der vorgegebenen Sozialordnung zu erreichen.«[34]

An der Selbstverständlichkeit, mit der sich als modern verstehenden Deutschlehrern die Anpassung an den Trend der Formalisierung und Instrumentalisierung des Literaturunterrichts gelingt, ist die identifikationsbildende Kraft der technokratischen Reform ablesbar. Für eine emanzipatorische Behandlung von Trivialliteratur käme es darauf an, den kommunikationssoziologischen Fragen- und Methodenkomplex sich nicht verselbständigen zu lassen, vielmehr die gesellschaftlichen Bedingungen, unter denen Kommunikation in der Klassengesellschaft abläuft, der kritischen Analyse zugänglich zu machen.

4. Die Literatur des »Möglichkeitssinns« – Deutschunterricht als Einübung affirmativen Freizeitverhaltens

Die Identifikation mit dem technologischen Apparat beschränkt sich nicht auf die Zeit, die die Individuen im Produktionsprozeß verbringen. »Auch das Freizeitverhalten selber wird von den Bedürfnissen der Berufssphäre bestimmt.«[35] Die Faszination, die Weltraumliteratur und Science-fiction von der Perry-Rhodan-Serie bis zu stilistisch sehr anspruchsvollen Erzeugnissen der Gattung auf Leute mit Schulbildung ausüben, erklärt sich aus der ideologischen Überhöhung, die die Technik hier erfährt. Indem die »fiktiven Bilder möglicher Welten« [36], die Science-fiction entwirft, gerade nicht den Boden technologischer Rationalität verlassen, bestätigen sie das Vorhandene im Schein des Andersartigen. Wenn die »äußerst variable ›Erschaffung‹ von sozialen Systemen« [37] nicht aus den konkreten Widersprüchen des bestehenden entwickelt wird, bleibt ein solches literarisches »Planungstraining« [38] bestenfalls eine unverbindliche Spielerei und kann keinesfalls den Enthusiasmus rechtfertigen, mit dem diese Literatur des »Möglichkeitssinns« für die Ausbildung »kreativer Sensibilität« [39] in Anspruch genommen wird. Der Blochsche Begriff von Utopie mit seiner Dialektik zwischen Eskapismus und Ersatzbefriedigung einerseits und revolutionärem Impuls zur Veränderung andererseits wird in der Glorifizierung technologischer Utopien auf seine erste systemstabilisierende Komponente verkürzt. Wenn es Aufgabe des Deutschunterrichts sein sollte – wie es der Abdruck des Aufsatzes von Gutsch in »Diskussion Deutsch« nahelegt –, Schüler zu einem solcherart unkritischen Genuß von Science-fiction-Literatur zu stimulieren, so begibt er sich damit seines ideologiekritischen und bewußtseinsverändernden Anspruchs, der nur in der Aufdeckung der beschriebenen Zusammenhänge solcher fiktionaler Erzeugnisse mit der technokratischen Gesellschaftsorganisation erfüllt werden könnte.

5. *»Literaturbarrieren« – Deutschunterricht und kompensatorische Erziehung*

Eine neu zu konzipierende Didaktik der Trivialliteratur unter emanzipatorischem Anspruch, die den Literaturunterricht weder als Instanz zur Vermittlung bürgerlicher Normen noch als Einübung eines technologiekonformen Arbeits- und Freizeitverhaltens versteht, kann auf Ansätze zurückgreifen, denen sich die Tatsache der schichtenspezifischen Rezeption von Literatur als Problem stellt. So geht Dahrendorf in seinem eingangs zitierten Aufsatz [40] davon aus, daß Trivial- wie Hochliteratur »das Sozialsystem auf ihre Weise [spiegeln], sie [...] sozusagen Kehrseiten einer Medaille [sind].« [41] Damit würde »die Diskriminierung der massenhaft verbreiteten Literatur durch eine Abqualifizierung des damit verbundenen Leseverhaltens eine Diskriminierung der Kinder aus sozial niederen Schichten bedeuten«. [42] Die Vorrangstellung der hohen Literatur verbietet sich überdies von der Bestimmung ihrer sozialpsychologischen Funktion aus: Es »liegt die Vermutung nahe, daß der ›Gebildete‹ in ›seiner‹ Literatur genauso wie der Ungebildete in der seinen Genüsse und Befriedigungen sucht, nur auf anderer literarischer Stufe, daß er mithin auch gerade diejenige Erfahrung an seiner Literatur macht, die er den unteren Schichten und deren Art des Literaturgebrauchs übelnimmt: die Erfahrung der Bestätigung und Integration.« [43] Zwar darf die Möglichkeit, bewußtseinsverändernd zu wirken, die »Hohe« Literatur von trivialer der Intention und den Inhalten nach unterscheiden kann, nicht verkannt werden. In der Annahme des potentiellen Bestätigungscharakters jeder Literatur wird nicht nur die Position eines bürgerlich-affirmativen Literaturunterrichts überwunden; vielmehr verbietet sich von hier aus gleichzeitig eine unkritische Verherrlichung der Massenliteratur. Dahrendorf versucht, ihrer »eigenartigen Funktion« gerecht zu werden, indem er diese dialektisch beschreibt: Der fiktionale Ausgleich zur unbefriedigenden Realität wirkt stabilisierend für das schichtenspezifische Selbstverständnis der Angehörigen der Unterschicht, verhindert so »die Überwindung der Sozialbarrieren«[44], kann jedoch den Individuen gerade wegen der Versagungen, die ihre unterprivilegierte Stellung in der Gesellschaft mit sich bringt, nicht einfach genommen werden. Sowohl die einseitige Verachtung als auch die einseitige Rechtfertigung trivialer Bedürfnisse verkennt ihre doppelte Abhängigkeit von der gesellschaftlichen Organisation: da sie unbefriedigend ist, braucht sie Ersatz, dessen Genuß gleichzeitig die Aufhebung der Mißstände verhindert. Daraus ergibt sich als didaktischer Konflikt die »Spannung zwischen einer Anerkennung des Rechts auf Erholung, eines Wandelns in den ›Niederungen der Trivialität‹ und der unabdingbaren Aufgabe einer Erziehung zur Kritik und Distanz«.[45]

Indem aber der unbefriedigende Charakter der Realität zu den im Wesen jeder Kultur liegenden »unausbleiblichen Versagungen«[46] gerechnet wird, »da wir uns keine – noch so reformierte – Gesellschaft vorzustellen vermögen, in der alles Träumen sich erübrigt, weil alle Konflikte und Widersprüche ein für allemal gelöst sind«[47], wird der entwickelte dialektische Zusammenhang zwischen Kunst und Gesellschaft in seiner Stoßkraft entschärft: die Teilung der Gesellschaft, die sich in der Literatur spiegelt, soll nicht grundsätzlich aufgehoben werden; vielmehr soll »Mobilität« und »Überwindung der Sozialbarrieren« den einzelnen Individuen innerhalb des gegebenen sozio-ökonomischen Rahmens ermöglicht werden. Schule soll »Vermittler derjenigen Verhaltensweisen und Lernprozesse [sein], die zur Existenzsicherung des einzelnen in unserer Gesellschaft und zur Sicherung ihres Fortschreitens im Sinne einer Demokratisierung notwendig sind».[48]

Damit reiht sich dieses Konzept in den allgemeinen Kontext der Bemühungen um kompensatorische Erziehung ein, die den primären Bedingungen gesellschaftlicher Ungleichheit von sekundären Strategien auf dem Bildungssektor her beizukommen versucht. Zwar ist die Kritik an der kompensatorischen Spracherziehung mit ihrer Anpassung der Unterschichtenkinder an den mittelständischen Code[49] nicht ohne weiteres auf Dahrendorfs Position übertragbar, der ja die versuchte Anpassung an den mittelständischen Literaturgebrauch gerade als herrschaftsstabilisierend entlarvt. Die Anerkennung der Unterschichtenliteratur als »gesellschaftsfähig«, die in ihrem Charakter als Ersatzbefriedigung die entfremdeten Arbeitsbedingungen und Bewußtseinsstrukturen der Unterprivilegierten spiegelt, kann reale Entfremdung jedoch nicht aufheben. Indem der Abbau der »Literaturbarrieren« die Identifizierung der einzelnen mit ihrer Gesellschaftsschicht lockern soll, wird eine Flexibilität der Einstellungen und des Verhaltens erstrebt, die zwar die sozialen Aufstiegschancen des einzelnen vergrößern hilft; eine generelle Kritik an gesellschaftlich sanktionierter Herrschaft und Ungleichheit wird so jedoch verhindert. Die erwünschte Fähigkeit des reibungslosen Wechsels zwischen trivialem und kritischem Leseverhalten entspricht einem Modell von Persönlichkeit, das diese aus verschiedenen Rollen zusammengesetzt begreift, wobei Rollenflexibilität Bedingung des Funktionierens einer hochkomplexen Gesellschaft darstellt. Wenn die Rolle des Kritikers mit der des Konsumenten aber einfach vertauschbar werden soll, so wird Kritik zum folgenlosen Zeitvertreib.

6. Trivialliteratur und Bewußtseinsveränderung – Thesen zu einer emanzipatorischen Literaturdidaktik

(1) Soll die Rede vom emanzipatorischen Unterricht nicht unverbindliches Schlagwort bleiben, so muß sie angeben, welche Stellung sie den Individuen innerhalb der Gesellschaft zuweisen möchte; dabei müssen die einzelnen in ihrer Stellung innerhalb allgemeiner Interaktionsstrukturen begriffen werden, die wünschenswerten Verbesserungen ihrer Situation müssen im Rahmen gesamtgesellschaftlicher Organisation angegeben sowie die Hindernisse benannt werden, die die bestehende gesellschaftliche Organisation den Veränderungschancen entgegenstellt. So nehmen etwa in bürgerlicher Ideologie befangene Deutschlehrer das Modewort Emanzipation nur auf, um ihre Intentionen auf elitäre Bildung damit zu verbrämen, Emanzipation bedeutet hier gerade nicht Abbau von Herrschaft, sondern individuelle Förderung von bereits Privilegierten.[50] So bedeutet Emanzipation in Dahrendorfs Modell der mobilen Gesellschaft größtmögliche Rollenflexibilität und Aufstiegschancen für die Angehörigen der niederen Schichten, ohne daß die festen Herrschaftsstrukturen einer solchermaßen »offenen Gesellschaft« noch in Frage gestellt würden.

(2) Will man jedoch, daß die Vergesellschaftung der Individuen nicht hinter ihrem Rücken vor sich geht, so daß sie Objekt gleichsam schicksalhafter Prozesse sind, sondern daß alle Mitglieder einer Gesellschaft die Form ihres Zusammenlebens als bewußte Subjekte selbst bestimmen und gestalten, so kann Emanzipation nur heißen: Schaffung solcher bewußtseinsmäßiger und sprachlich-kommunikativer Voraussetzungen, daß Selbstbestimmung auf dem Weg gesamtgesellschaftlicher Verständigungsprozesse möglich wird.

(3) In einem Gesellschaftssystem wie dem unsrigen, in dem die Befriedigung der Bedürfnisse ihrer Mitglieder nicht primäres Ziel der Herstellung von Gebrauchsgütern ist, sondern sich allenfalls als Begleiterscheinung eines auf größtmöglichen Profit ausgerichteten Produktionsprozesses ergibt, wer-

den Bedürfnisse nicht frei entfaltet, sondern gesteuert, d. h. auf gewinnbringende Ersatzbefriedigung umgebogen. Durch Bedürfnissteuerung wird darüber hinaus erreicht, daß die Individuen ihre verfälschten Bedürfnisse für ihre echten halten. Ursprüngliche, gesellschaftlich nicht legitimierte Triebansprüche werden so verdrängt, sind damit dem Kommunikationszusammenhang entzogen, werden aus dem Selbstreflexionsprozeß der vergesellschafteten Individuen ausgeklammert. Was Habermas [51] für das neurotische Individuum konstatiert, kann gesamtgesellschaftlich gewendet werden: verdrängte Wünsche sind als solche nicht mehr erkennbar, melden vielmehr ihre Ansprüche in entstellten, nicht mehr verständlichen Symptomen an. Die intersubjektive Verständigung über sie als Voraussetzung für ihre rationale Bewältigung ist so nicht mehr leistbar, »der Flexibilitätsspielraum der Rede und des kommunikativen Handelns« [52] ist eingeschränkt. So heißt Emanzipation zunächst Rückholung der verdrängten Bedürfnisse ins Bewußtsein, so daß sie der allgemeinen Verständigung wieder zugänglich sind.

(4) Eine emanzipatorische Didaktik der Trivialliteratur muß Strategien entwickeln, die Bewußtseinserweiterung im angegebenen Sinn ermöglichen. Trivialliteratur muß als Ausdruck der Entfremdung in nicht herrschaftsfreier Gesellschaft begreifbar werden; die Gewährung fiktiver Kompensation für reale Versagungen ist in ihrem bewußtseinsverengenden Charakter aufzudecken, ohne daß die Entwicklung trivialer Bedürfnisse dem einzelnen angelastet werden darf.

(5) Bewußtseinsverändernde Prozesse im Umgang mit Trivialliteratur im Unterricht müßten demnach folgende Stadien durchlaufen: Schüler artikulieren ihre Verhaltensweisen, Reaktionen, Einstellungen hinsichtlich Trivialliteratur. An diesen Daten wird sodann eine Art therapeutischer Analyse versucht, indem Deutungsvorschläge angeboten werden, die sie in ihrer Abhängigkeit von der gesamtgesellschaftlichen Organisation durchschaubar machen (Warencharakter, schichtenspezifische Rezeption, Ersatzbefriedigung). Die durch eine solche Problematisierung erzielte Verunsicherung des Bewußtseins mobilisiert psychischen Widerstand, der nur überwunden werden kann, wenn es gelingt, die Aufdeckung des Zusammenhangs von Ersatzbefriedigungen mit realen Frustrationen an den konkreten Lebensbedingungen der Schüler festzumachen.

(6) Unterrichtsmethoden, die diesen therapeutischen Selbstreflexionsprozeß auslösen können, seien hier kurz angedeutet. Die genaue Ausarbeitung entsprechender Verfahrensweisen bleibt Aufgabe eines interdisziplinären Forschungsprojekts unter Einbeziehung von Psychologen und Soziologen. Als Möglichkeiten der Artikulation von Bewußtseinsinhalten sind denkbar: Fragebögen, gegenseitige Interviews, denen Interviews mit anderen Personenkreisen gegenübergestellt werden können, Podiumsdiskussionen, die auf Tonband aufgezeichnet und in Auszügen abgetippt werden. Die Analyse dieser Materialien im Gruppengespräch muß die systematische Verbindung von scheinbar persönlich-subjektiven Äußerungen zu ihren gesell-

schaftlich-objektiven Bedingungen anstreben, indem namentlich der Warenbegriff als Schlüssel der gesellschaftlichen Organisation zentrale Erklärungskraft bekommt. Die Analyse der trivialen Textbeispiele erfolgt vom Begriff der Ersatzbefriedigung aus; Handlungsstrukturen, Identifikationsangebote werden bezogen auf die realen Versagungen, die sie ausgleichen sollen. Dabei ist wiederum darauf hinzusteuern, daß Schüler ihre konkrete Situation, etwa in Elternhaus und Schule, artikulieren.

So wären Voraussetzungen von emanzipatorisch-kommunikativem Handeln, zunächst innerhalb der Schule, zu schaffen; diese sind jedoch Vorbedingung für kommunikative Praxis im politischen Engagement außerhalb des Unterrichts.

Anmerkungen

1 In: DD 6, 1971, S. 302 ff. [Vgl. in diesem Band S. 40–52].
2 Ebd., S. 302 [in diesem Band S. 40].
3 Vgl. dazu *F. Huisken*, Zur Kritik bürgerlicher Didaktik und Bildungsökonomie. München 1972 = List Taschenbücher der Wissenschaft 1163, und *E. Becker, G. Jungblut*, Strategien der Bildungsproduktion. Frankfurt 1972 = edition suhrkamp.
4 *C. Siefer,* Der Jargon der Sportreportage. In: DU 1970, Heft 1, S. 104.
5 *H.-D. Heistrüvers,* Jürgen von Mangers »Ruhrdeutsch«. In: DU 1970, Heft 1, S 89.
5a Ebd.
6 S. u. meine »Thesen zu einer emanzipatorischen Literaturdidaktik« (S. 63 ff.)
7 Bestandsaufnahme Deutschunterricht, hrsg. v. *H. Ide*. Stuttgart 1970.
8 *A. C. Baumgärtner*, Die Welt der Comics. Bochum [4]1965.
9 Ebd. S. 97 ff.
10 DU 1961, Heft 6, S. 31 ff.
11 Ebd., S. 35.
12 *K. E. Maier,* Gute und schlechte Abenteuergeschichten. In: DU 1961, Heft 6, S. 5 ff.
13 Ebd., S. 6.
14 Zur Kritik der werkimmanenten Methode s. *N. Mecklenburg,* Kritisches Interpretieren. Untersuchungen zur Theorie der Literaturkritik. München 1972, S. 89 ff.
15 Vgl. *W. Kayser,* Literarische Wertung und Interpretation. In: DU 1952, Heft 4, S. 13 ff.
16 *Mecklenburg,* a.a.O., S. 89.
17 *W. Dahle,* Neutrale Sprachbetrachtung? In: Das Argument 1968, 6, S. 461.
18 *P. G. Völker,* Zur Methodengeschichte der Germanistik. In: Das Argument 1968, 6, S. 432.
19 *E. Essen,* Methodik des Deutschunterrichts. Heidelberg [1]1956.
20 *W. Dahle,* a.a.O.
21 *K. Moritz,* Wertendes Lesen. Einführung in die literarische Wertung. Frankfurt 1964.
22 Ebd., S. V.
23 Ebd., S. X.
24 *Kayser,* a.a.O.
25 *Mecklenburg,* a.a.O., S. 77.
26 *Moritz,* a.a.O., S. IX.

27 Ebd., S. 23.
28 *H. Lethen,* Kritische Literaturwissenschaft, Trivialliteratur und Manipulationstheorie – Etappen der »linken Germanistik« 1967 – 1970. In: Von der kritischen zur historisch-materialistischen Literaturwissenschaft. Berlin 1972, S. 7 ff.
29 In Analogie zu *J. Habermas,* Erkenntnis und Interesse. Frankfurt 1968, S. 262 (»Selbstreflexion als Wissenschaft«).
30 *R. Tabbert,* Der Western als erstes Drama. In: DU 1971, Heft 5, S. 114 ff.
31 Ebd., S. 115.
32 Texte zur Trivialliteratur. Über Wert und Wirkung von Massenware, hrsg. v. *E. Mittelberg, K. Peter, D. Seiffert.* Stuttgart 1971.
33 Ebd., S. 3.
34 *E. Bauer, J. Weber, P. Werbik,* Technokratische Tendenzen in der Curriculumrevision des Faches Deutsch. In: Gesellschaft und Schule 1971, Heft 3/4, S. 62.
35 *J. Habermas,* Soziologische Notizen zum Verhältnis von Arbeit und Freizeit. In: *ders.,* Arbeit, Erkenntnis, Fortschritt. Amsterdam 1970, S.58.
36 *J. Gutsch,* Literarische Systeme für den Möglichkeitssinn. Einige Aspekte der Science-Fiction-Literatur. In: DD 6, S. 340.
37 Ebd., S. 343.
38 Ebd.
39 Ebd., S. 345.
40 S. Anm. 1.
41 Ebd. S. 304 [in diesem Band S. 42].
42 Texte zur Trivialliteratur, S. 3.
43 *Dahrendorf*. a.a.O., S. 308 [in diesem Band S. 45].
44 Ebd., S. 309 [in diesem Band S. 47].
45 Ebd., S. 311 [in diesem Band Seite 49].
46 Ebd.
47 Ebd.
48 Ebd., S. 309 [in diesem Band S. 47].
49 *Berliner Didaktik-Kollektiv,* Kompensatorische Erziehung. In: DD 2, 1970. S. 87.
50 Vgl. *Tabbert,* a.a.O., S. 115.
51 Vgl. *J. Habermas,* Erkenntnis und Interesse. Frankfurt 1968, S. 262 ff.
52 Ebd., S. 278.

Günter Giesenfeld

Methodische Vorüberlegungen zum Umgang mit nicht anerkannter Literatur*

Wenn das Folgende als »Vorüberlegungen« bezeichnet wird, so soll damit angedeutet werden, daß es sich um theoretische Vorklärungen allgemeiner Art handelt, die zum Gegenstand der Trivialliteratur [1], zwar hinführen, ihn selbst aber nur ganz generell oder ganz punktuell berühren, und daß die eigentlichen Überlegungen dann zu folgen haben.

Die Vorüberlegungen haben sich mit der gesellschaftlichen Funktion der Literatur zu beschäftigen – nirgends in den Kunstwissenschaften ist dies notwendiger als bei der Behandlung der massenhaft erzeugten Kunst und Literatur. Für einen Lernprozeß der Germanistik wäre es denkbar, daß sie von hier aus leichter diese Gesichtspunkte auch für die anderen Bereiche einzubeziehen übt. Die weitgehend ästhetischen Wertmaßstäbe, nach denen entgegen anderslautenden Versicherungen immer noch die Massenliteratur behandelt und dementsprechend abgewertet wird [2], erlauben weiterhin die Verdrängung der Zentralforderung an diese Wissenschaft, ihre gesellschaftliche Funktion und die ihrer Objekte zu reflektieren. Auch das seltsame Beharren, wenn schon Trivialliteratur zu behandeln ist, die Betrachtung auf halbtriviale Produkte, die wenigstens noch in Buchform erscheinen, zu beschränken, und die weitaus massenhafter verbreiteten Erzeugnisse in Heftform als einer Behandlung nicht würdig zu erachten [3], ist eine verschleierte Manifestation derselben Haltung. Denn gerade diese Zwitterwesen zwischen hoher Literatur und solcher, die gar nicht mehr den Anspruch erhebt, »Literatur« zu sein, treten noch nach den Gesetzen der Literatur an, bieten sich der literarisch-ästhetischen Wertung, weil sie deren Kriterien zu erfüllen suchen, also mit der hohen Literatur in Konkurrenz stehen.

Bei den Heftromanen ist das ästhetische Element längst zur reinen Verpackung geworden. Davon zeugen sowohl die goldfarbenen, mit Blumengirlanden kostbar bedruckten Umschläge als auch die fast völlig funktionslosen eingestreuten Naturschilderungen, die durch ihre alleinige Existenz das vage Gefühl vermitteln sollen, man habe es hier mit Literatur zu tun, und denjenigen Lesern, die dafür ein Bedürfnis haben, ein klein wenig Prestige zu empfinden erlauben. Für die Handlung, deren Nacherleben den Hauptgebrauchswert dieser Hefte ausmacht, sind sie völlig überflüssig. Dem wird

* Zuerst in: Diskussion Deutsch Heft 6, 1971, S. 314–334.

auch in der drucktechnischen Anordnung Rechnung getragen, so daß man solche Absätze leicht übergehen und auf die nächsten Gänsefüßchen direkter Rede springen kann.

Die Literaturwissenschaft wertet mit der Nichtachtung dieser banalen Literatur auch den Gesichtspunkt als banal ab[4], der für diese Erzeugnisse der wichtigste ist und der auch wichtig für jede andere Art der Literatur ist: ihren Warencharakter. Indem die Beachtung dieses Gesichtspunktes den ästhetischen seines Monopols zu berauben droht, wird auch der ideologische Zusammenhang der Verachtung deutlich, die der Trivialliteratur entgegengebracht wird.

In diesen »Vorüberlegungen« soll demgegenüber der Versuch gemacht werden, Trivialliteratur aus ihrer gesellschaftlichen Funktion heraus zu erklären, wobei ihr Warencharakter das Ausgangselement der Betrachtung ist.

I

Für die vorwiegend aus kommerziellem Interesse hergestellte und massenhaft verbreitete Literatur gilt zunächst, daß sie nicht ohne Reflexion auf die Bedingungen ihrer Produktion ins Auge gefaßt werden kann; die Bedingungen dieser Produktion sind die einer industriell organisierten Herstellung. Der einzige nicht-maschinelle Faktor im Verlauf dieser Produktion, der Autor, wird sich dabei den Erfordernissen des Produktions- und Vertriebs-Apparates unterzuordnen haben. Die Rentabilitätserfordernisse eines solchen Betriebs verlangen regelmäßige Produktion, geplanten Absatz, garantierten Marktanteil, genaue Klassifizierung und konstante Qualität der Produkte. Normierung und Standardisierung von Form und Inhalt der Hefte sind also nötig, so z. B. die wöchentliche Erscheinungsform, der Umfang (immer 64 Seiten, d. h. 21 500 bis 25 000 Anschläge), Prinzipien der Handlungsführung und Figurenkonstellation. Eine genaue Beobachtung, laufende Kontrolle der Leserzuschriften und ständige Befragungsaktionen müssen die Bedürfnisse verfolgen und auf die kleinen Verschiebungen und Verlagerungen sofort reagieren – bei den Heftromanen meist durch Herausgabe neuer, auf speziellere Bedürfnisse gerichteter Serien, z. B. Arzt-, Berg-, Fürstenromane statt einfacher Frauen-, Liebes-, Schicksalsromane – oder Fehlschläge rechtzeitig verhindern.

Nicht zu unterschätzen ist dabei aber vor allem die bedürfnisschaffende und -stabilisierende Wirkung, die die Existenz der Ware selbst hervorruft. Diese Tatsache kommt der industriellen Ausbeutung von Bedürfnissen zur Profiterzeugung entgegen, sie entspricht ihrer Tendenz, möglichst lange Zeit auf sicheren Märkten ausbaufähigen Absatz zu erzielen. Es bilden sich also für jedes Produkt Funktionskreise von Bedürfnis, Produktion und Distribution heraus, die in sich die Tendenz haben, sich zu stabilisieren, wobei das Bedürfnis immer der potentiell sich verändernde Faktor ist. Die Produktion kann dafür einen provozierenden Effekt haben. Der Antrieb für das Funktionieren dieses Kreises ist nicht die Befriedigung des Bedürfnisses, sondern die Produktion entwickelt und organisiert sich aus Profitinteresse, das die Bedürfnisse nur ausbeutet, ohne ihre Herkunft und ihren wahren Grund zu untersuchen. In dieser zunächst neutralen, rein ökonomischen Form ist die kommerziell *frei* produzierte Literatur schon mit dem System der privaten Produktion und Konkurrenz verbunden. Ihre ideologische Funktion läßt sich aber nur in Verbindung mit dem zweiten Aspekt erklären, mit der Abhängigkeit der Bedürfnisse ihrerseits in Art und Inhalt von eben diesem System. Denn wenn es richtig ist, daß die Bedürfnisse, aufgrund deren sich die Massenliteraturproduktion entwickelt, mit den Widersprüchen des kapitalistischen Gesellschaftssystems zusammenhängen [5], so tritt der eben erläuterte Funktionskreis in ein ganz anderes Licht. Er ist nicht mehr rein ökonomisch charakteristisch für die privatwirtschaftliche Produktion, sondern jetzt funktionieren deren Gesetze auch als stabilisierende Elemente des Systems im Sinne der ideologischen Fixierung des Bestehenden. Der Produktionsprozeß selber ist also in seiner Organisation bereits systemerhaltend, indem er durch das Angebot von Harmonisierungsmöglichkeiten in der Fiktion die Widersprüche der Realität verschleiert und aus ihnen entstehende Bedürfnisse nach Veränderung in Konsumbedürfnisse ummünzt. Damit die Massenliteratur so funktionieren kann, ist also keine politisch-ideologische Planung notwendig. [6]

Um diese Zusammenhänge und ihr Funktionieren soll es bei dem nun folgenden Versuch gehen, die allgemeine Bedürfnisstruktur, die durch die kommerzielle Massenliteratur ausgebeutet wird, aus der Analyse einiger Züge des Systems zu entwickeln. Auf der Grundlage dieser theoretischen Vorüberlegungen wird an einzelnen paradigmatischen Beispielen aufzuzeigen sein [7], auf welche Weise die Trivialliteratur auf die Harmonisierung von gesellschaftlichen Widersprüchen hinwirkt, wo also ihr Gebrauchswert für die Konsumenten liegt.

II

Nicht nur unsere, sondern schon sehr frühe Gesellschaften waren in der Form, wie sie ihr Leben organisierten, auf Arbeitsteilung und Warentausch angewiesen. Die Arbeitsteilung erforderte automatisch den Warentausch; sie ist dann gegeben, wenn die einzelnen Menschen nicht mehr nur für sich allein alles zur Erhaltung des Lebens Notwendige produzieren, sondern sich je auf bestimmte Güter spezialisieren. Dann tritt ein Zustand ein, in dem jeder von einem bestimmten Gut mehr produziert, als er selbst davon verbrauchen kann. Den Überfluß gibt er anderen und tauscht dabei von den anderen diejenigen Güter ein, die ihm zur Aufrechterhaltung seines Lebens noch fehlen. Jeder produziert also nicht mehr nur für seinen Gebrauch, sondern vor allem für den Tausch mit anderen. Dabei tauscht er Güter, die *er* im Überfluß produziert und die die *anderen* brauchen, gegen Güter, die die *anderen* im Überfluß produzieren und die *er* braucht. In dieser Gesellschaft kann also theoretisch keiner mehr allein existieren, alle Mitglieder sind lebensnotwendig an den Tausch gebunden. Den Ort, an dem dieser Tausch stattfindet, nennt man Markt, das Mittel, mit dem man bestimmt, was eine Ware im Vergleich zur anderen wert ist, nennt man Geld.

Mit der Einführung des Geldes als Tauschmittel und Meßwert wird der ursprüngliche Warenaustausch in zwei Tauschvorgänge zerlegt. Beim ersten Tausch wird die Ware, die man selbst hergestellt hat, gegen Geld getauscht, beim zweiten, der zeitlich vom ersten nun beliebig entfernt sein kann, wird das Geld wieder gegen Ware eingetauscht. Das Geld selbst wird dabei auch zu einer Ware. Jedes Mitglied einer so organisierten Gesellschaft kommt immer wieder in die Lage, beide Arten des Tausches zu vollziehen. Es muß produzieren und das Produzierte verkaufen, und es muß die Mittel zur Erhaltung seines Lebens kaufen. Dabei wird derjenige, der eine Ware produziert hat, ein Interesse daran haben, möglichst viel Geld dafür zu bekommen. Er muß also demjenigen gegenüber, der die Ware kaufen soll, diese Ware möglichst loben und so gut erscheinen lassen, wie es dessen Mißtrauen zuläßt. Der Tauschpartner hat aber ein Interesse daran, daß er die Ware, die er kaufen will, so billig wie möglich bekommt, er wird also nach Mängeln suchen und den Wert möglichst gering erscheinen lassen. Jeder muß sich also dem anderen gegenüber verstellen. Der Verkäufer muß so tun, als sei er nicht sehr daran interessiert, zu verkaufen – aber er muß es –, und der Käufer darf sein Interesse, zu kaufen, ebenfalls nicht zu deutlich zeigen. Beide sind von der Durchführung des Geschäftes abhängig, dürfen dies jedoch nicht deutlich zeigen.

Aus diesem ökonomischen Grundverhältnis haben sich in den Gesellschaften, die noch immer auf der Grundlage des Privateigentums (jeder arbeitet grundsätzlich zunächst einmal in die eigene Tasche) organisiert sind, ganz spezifische Haltungen herausgebildet, die das Verhalten der Menschen zueinander und in der Gesellschaft prägen. Ihr wichtigstes Element ist dieser soeben aus der spezifischen Tauschsituation abgeleitete Zwang zur Verstellung in all den menschlichen Beziehungen, die eine mehr oder weniger ökonomische Basis haben. Ein solches Verhalten erscheint dort – und bald auch überall anders – als normal; wer sich diesem Zwang nicht beugt, gilt bestenfalls als Idealist, Sonderling, naiv, hat manchmal Glück, wird aber, je ökonomischer die Verhältnisse, die er eingeht, sind, um so sicherer scheitern.

Der Markt, der der anonyme oder reale Ort dieser ganzen Beziehungen ist, erscheint dadurch mehr und mehr als ein Ort der Intrigen, des Kampfes jedes gegen jeden, an dem man *sein Glück machen kann,* der aber auch den Untergang bedeuten kann. Je mehr alle menschlichen Beziehungen die Form von Tauschbeziehungen annehmen, desto stärker wird die Sphäre des Marktes, wie sie oben beschrieben wurde, im Bewußtsein der Menschen mit dem Leben schlechthin identisch werden. Dinge und Benennungen wie *Arbeitsmarkt* und *Heiratsmarkt* deuten an, wie sehr die Rede vom *Ernst des Lebens* Zeichen ist eines Bewußtseins, das das Leben selbst als einen Markt und damit als ein Feld des Kampfes, der Ungewißheit und der Macht des Zufalls empfindet. Dem einzelnen ist es in dieser spezifischen Weise der Ort des Abenteuers, an dem er sein *Glück schmieden* oder ehrenvoll untergehen kann. [8]

Die modernen Märchen finden hier statt, und ihre Helden sind die, die sich am besten der Verhaltensweisen bedienen, die der Markt fordert. Solche Abenteurer sind heute jedoch nur noch die wenigsten. Es sind vor allem diejenigen, die noch wirklich das verkaufen, was sie selber produzieren, das heißt die alle Mittel, die heute nötig sind, um etwas zu produzieren, in ihrer Hand haben und die Produktion durch ihre eigene Arbeit in Gang halten. Hierzu kann man heute eigentlich nur die Kleinbauern rechnen, obwohl auch bei ihnen die Notwendigkeit besteht, wenn sie konkurrenzfähig bleiben wollen, fremde Arbeitskraft für sich arbeiten zu lassen. Eine völlige Einheit von Arbeit und Eigentum ist also anachronistisch zu nennen und unrentabel selbst da, wo es, wie zum Beispiel in der Produktion von Luxusgütern, gerade darauf ankommt, aus Werbegründen den Anschein der Exklusivität der privaten Kleinproduktion aufrechtzuerhalten. Diese Einheit von Arbeit und Eigentum, wie sie frühere Privatproduzenten in ihrer Person vereinigten, ist heute aufgelöst in zwei dadurch wesentlich voneinander unterscheidbare Gruppen von Menschen, Eigentümer und Arbeiter [9]. Auch sie stehen in einem Tauschverhältnis zueinander, das sich jedoch nur formal mit dem früheren vergleichen läßt, in dem die vielen kleinen Produzenten zueinander standen. Der Arbeiter verkauft jetzt nicht mehr selbstproduzierte Ware, sondern seine Arbeitskraft, und deckt mit dem Geld, das er dafür bekommt, seine Lebensbedürfnisse. Seine Arbeit nimmt dabei die Form einer Ware an. Der grundlegende Unterschied zwischen dieser Form des Tauschverhältnisses und dem einfachen Warentausch ist die verschiedene Bemessung des Wertes der Ware Arbeit, die für die kapitalistische Wirtschaftsordnung typisch ist. Denn hier werden für die Bemessung des Wertes zwei verschiedene Kriterien angelegt, die natürlich ihrerseits von der Arbeitsmarktlage abhängen. Der Wert, den der Arbeiter in Form von Lohn oder Gehalt als Gegenleistung erhält, wird danach bemessen, wieviel dieser Arbeiter braucht, um leben zu können, was er an Geld braucht, um essen, sich kleiden, wohnen, seine Familie ernähren und einige andere Bedürfnisse befriedigen zu können, das heißt abstrakt formuliert, wieviel er braucht, damit er immer wieder von neuem seine Arbeit anbieten kann, damit seine Arbeitskraft erhalten bleibt.

Für denjenigen aber, der die Arbeit kauft, bemißt sich ihr Wert danach, welchen Wert diese Arbeit für ihn hat, d. h. welchen Wert sie in Verbindung mit den Produktionsmitteln (Maschinen, Rohstoffe etc.) schafft in der Zeit, in der der Arbeiter in der Fabrik ist. Das ganze System beruht auf dem Grundsatz, daß dieser Wert unter allen Umständen größer sein muß als der Lohn, der dafür ausgezahlt wird. Denn dieser Überschuß ist ja die Quelle, aus der die Produktionsmittel amortisiert und ein Profit erzielt werden müssen. Ohne diesen Profit würde kein Unternehmer das Risiko auf sich nehmen, überhaupt einen Betrieb in Gang zu halten. Jeder, der seine Arbeit verkaufen muß, jeder Lohnabhängige oder Gehaltsempfänger, sieht sich also einem doppelten Zwang ausgesetzt. Einmal sieht er sich als Verkäufer seiner Ware Arbeit einem Markt gegenüber, dessen Gesetze ihm als undurchsichtig erscheinen und es tatsächlich auch sind. Er ist gezwungen, mit ihm unbekannten und gleichgültigen Leuten oder Institutionen in ein ökonomisches Verhältnis zu treten, in dem seine menschlichen Bedürfnisse gar keine Rolle spielen dürfen. Denn er kann nur damit rechnen, auch eine einigermaßen angenehme Arbeit zu finden in einem ihm angenehmen Betrieb (hier ist nicht das Betriebsklima gemeint, sondern viel elementarere Dinge: Entfernung von der Wohnung, Art der Arbeit usw.), wenn er *Glück hat.* Und dieses *Glück* hängt auch wieder vom Markt ab.

Einige der am wenigsten zumutbaren materiellen Risiken einer solchen Abhängigkeit sind mittlerweile durch bestimmte Regelungen, wie Krankenversicherungen und soziale Arbeitsschutzbestimmungen, zum Teil ausgeschaltet. Bestehen bleibt aber in jedem Fall das Mißverhältnis zwischen dem Zwang, eine Verbindung einzugehen und der fehlenden inneren Bindung an den Partner, der zumeist völlig anonym ist.

Der andere Zwang ist darin begründet, daß dieser Tausch (Verkauf der Arbeitskraft gegen Geld) keine einzelne, vielleicht wiederholbare Aktion von doch momentanem Charakter ist. Denn in dem Verhältnis, das der Lohnabhängige mit dem *Unternehmer* eingehen muß, verkauft der Arbeiter ja nicht seine Arbeit in bestimmten, genau definierten Portionen, so zum Beispiel für eine bestimmte, vorher bekannte Leistung zu einem bestimmten, vorher bekannten Preis, sondern er stellt seine Arbeitskraft dem Käufer für eine bestimmte Zeit zur Verfügung, in der dieser mit ihr verfahren kann nach seinem Gutdünken und ihm nicht einmal Rechenschaft darüber schuldig ist. Genau gesagt, verkauft der Lohnabhängige nicht nur seine Arbeitskraft, sondern auch die Verfügung darüber, er begibt sich durch diesen Verkauf in eine Abhängigkeit, die anders ist und weit wichtigere Auswirkungen für ihn hat, als die Abhängigkeit vom Markt beim Tausch der Ware Arbeit gegen Geld. In dieser Abhängigkeit wird er zum Teil eines Apparates, den er nicht beeinflussen kann, einer Organisation, die er nicht kennt, mit deren Zielen er sich aber identifizieren und die er praktisch am Funktionieren erhalten muß. Seine Arbeit ist allein durch das Motiv des Geldverdienens bestimmt und nicht durch die Freude daran, etwas herzustellen oder zu leisten, oder die Einsicht in die Notwendigkeit der Sache. Ein solches Verhältnis kommt nur in Ausnahmefällen zustande[10] oder aber in bestimmten, nur von einer Minderheit erreichbaren Positionen, solange es übergeordneten Profitinteressen oder Konkurrenzkämpfen nicht entgegensteht.

In dieser Organisation der Arbeitswelt kann also im allgemeinen weder eine persönliche Kommunikation und Bindung zwischen den *Sozialpartnern* entstehen – es sei denn, sie entwickle sich trotz dieser Situation, könnte dann aber gefährlich werden –, noch kann ein persönliches, emotional positives Verhältnis zur Arbeit entstehen – es sei denn, trotz dieser Organisation der Arbeit, was dann ebenfalls gefährlich werden kann.[11] Wenn solche Ideale und Forderungen trotzdem propagiert werden, so haben sie eine ideologische Funktion, sind sie Teil der Werbung, die den Tausch begleitet. Das erkennt man daran, daß diese Prinzipien sofort ihre Gültigkeit verlieren, wenn die höhergestellten Interessen des Profits und der Konkurrenzsituation bestimmte Maßnahmen wie Entlassungen, Kurzarbeit u. ä. erfordern.

III

Beide Aspekte dieser Ausgeliefertheit des Menschen an unmenschliche Prinzipien[12] der sozialen Ordnung drücken sich im Verhalten der Menschen in bestimmter Weise aus. Der eine Aspekt, die Situation dessen, der auf einem Markt eine Ware, seine Arbeit, verkaufen muß, bringt sehr schnell die Erfahrung der Konkurrenz mit sich. Diese Konkurrenzsituation hat nicht nur zur Folge, daß der Warenanbieter Angst haben muß, seine Ware nicht mehr absetzen zu können, also arbeitslos zu werden, sondern in ihm entsteht auch das Bedürfnis, seine Ware so teuer wie möglich zu verkaufen. Dieses Bedürfnis ist entweder konkret aus der persönlichen Situation erklärbar (Halten oder Steigern des Lebensstandards, Bezahlen von Anschaffungen, Prestigeanspruch) oder aber ein Ausfluß des Bedürfnisses nach Selbstbestätigung.

Dies kann, auf dem normalen Warenmarkt, wenn nicht gerade Überbeschäftigung herrscht[13], durch Methoden der Werbung und Anpreisung erreicht werden, die aber hier besondere Formen annehmen. Dazu gehört zum Beispiel, zugleich den Eindruck der Arbeitswilligkeit mit dem der Bereitschaft zur Unterwerfung zu erwecken. Allgemein gesagt, wird derjenige Arbeiter leichter eingestellt werden und aufsteigen, der sich neben fachlicher Qualifikation durch die besondere Bereitschaft, sich widerspruchslos in das System einzufügen, ausgezeichnet[14], derjenige also, der *Dynamik* und *Kooperationsbereitschaft* am besten miteinander verbindet. Also wird derjenige, der sich in einen Konkurrenzkampf auf dem Arbeitsmarkt gedrängt sieht, die Tendenz haben, sich anzupassen, zumal er ja sowieso von der Organisation im Betrieb ausgeschlossen ist.[15] Er wird dazu neigen, seine Werkzeugrolle zu akzeptieren, er wird es schließlich selbstverständlich finden, seine Selbstbestätigung nicht im Bereich der Arbeit zu erleben, seine Erfolgserlebnisse stets im Zusammenhang mit Machtausübung zu finden, im Kampf gegen die anderen um die Aufstiegschancen. So wird sich, bei notwendiger Zusammenarbeit mit den Kollegen, im Bewußtsein jedes einzelnen zwischen seinem Verhalten und seinen wahren Interessen ein Widerspruch bilden. Sein Verhalten wird nicht seinen wirklichen Zielen entsprechen, die er nur in Momenten der Ungeschicklichkeit verrät, wenn er das tatsächlich

Eingetretene nicht mehr als Folge *natürlicher, sachbedingter* Verhältnisse erscheinen lassen kann. Positive Ideale wie Freundschaft, Kollegialität und Zusammenarbeit spielen eine große Rolle in dieser Auseinandersetzung. Sie werden ausgestellt, veröffentlicht, dürfen auch eine Weile Geltung haben, dienen zur Verdeckung einer schwachen Position, sind aber eigentlich zum psychologischen Element des Krieges degradiert.[16]

Das zweite Element dieser Abhängigkeit betrifft das Verhältnis zur Arbeit. Auch hier ergeben sich aus der ökonomischen Situation Tendenzen zu bestimmten Verhaltensweisen, weil nur sie im System funktional sind, also zum Erfolg führen. Wir gehen wieder von der Tauschsituation aus und stellen fest, daß auch der Käufer der Arbeit (der »Arbeitgeber«) an den Arbeitsmarkt gebunden ist. Selten muß er darum fürchten, keine Arbeiter zu bekommen, vielmehr ist sein Problem, viele qualifizierte Arbeiter zu bekommen, und das zu einem günstigen Preis. Dadurch ist auch er zu gewissen Werbemaßnahmen gezwungen in der Form von Zugeständnissen, die meist im Versprechen des Aufstiegs (und damit einer relativen Selbständigkeit der Arbeitsorganisation) oder in Lohnversprechen bestehen. Ein solcher Aufstieg hat aber dort für jeden Nichtbesitzer von Produktionsmitteln seine Grenze, wo die Entscheidungsbefugnis und der Profit des *Unternehmers* in Gefahr geraten würden. So wird den Lohnabhängigen niemals weder die individuelle noch die kollektive Selbstorganisation der Arbeit zugestanden werden können, weil dann der Kapitalist selber zu leicht als überflüssig sich herausstellen würde und sein Eigentum nicht mehr faktisch sein Eigentum wäre.[17] Für jeden Lohnabhängigen oder *Unselbständigen* ergibt sich daraus die Erfahrung, grundsätzlich niemals selbst bestimmen zu können über die Zeit, in der er arbeitet, und das ist der größte Teil seiner Zeit überhaupt. Die Arbeit erscheint dann als Last, als notwendiges Übel den in der Freizeit erbrachten Leistungen gegenüber (z. B. die Beschäftigung mit einem Hobby wie etwa Gartenarbeit), die, auch wenn sie faktisch schwerer sind, nicht als Arbeit empfunden werden. Die Arbeitszeit ist keine sinnerfüllte, sondern leere Zeit, die man so schnell und reibungslos wie möglich hinter sich bringt, um dann erst richtig anzufangen zu *leben*. Eine besonders gefüllte Lohntüte nach einer besonders hohen Akkordleistung etwa bringt nur ein indirektes, mit der Arbeit selbst nicht verbundenes Erfolgserlebnis, das sich in der Regel nur in erhöhten Konsum verwandelt, nicht aber der Bereicherung der Person dient. Vor allem in den unteren Bereichen der Arbeitsorganisation entsteht daraus eine Tendenz zur absoluten Gleichgültigkeit der Arbeit gegenüber. Positive Ideale wie Berufung, Arbeitsfreude, Leistungsstolz treten auch hier wieder tendenziell in Widerspruch zu den eigentlichen Motiven, die die Gesellschaftsordnung allein zuläßt, nämlich Geldverdienen, Aufstiegsstreben, Machtausübung. Wenn der Widerspruch erkannt wird, führt er im allgemeinen zur Resignation vor *den Verhältnissen*.

Zusammenfassend läßt sich sagen, daß die Entfremdungssituation während der Arbeitszeit zu ganz bestimmten, die Denk- und Verhaltensweisen des einzelnen determinierenden Grunderfahrungen führt. Einige dieser Grunderfahrungen sollen noch einmal thesenartig zusammengefaßt werden, denn sie rufen die Bedürfnisse hervor, die indirekt den Konsum von Erzeugnissen der Kulturindustrie stimulieren:

1. Grunderfahrung jedes Lohnabhängigen ist es, daß er in seinem Beruf nicht selbst bestimmen kann, wie, wieviel, wie lange er arbeitet; daß er außerdem kaum einen Einfluß darauf hat, was er im Rahmen der Aufgaben seiner Stellung im Betrieb arbeiten muß; und daß er schließlich kaum die Möglichkeit hat, die Ergebnisse seiner Arbeit genau zu verfolgen, oder die Selbstbestätigung zu genießen, die individuell oder kollektiv die Herstellung eines Produkts oder die Lösung eines Problems bringt. Jegliche Organisation oder Rationalisierung wird immer als von oben kommend und unwiderruflich erfahren, sei sie auch von der Sache her gerechtfertigt. Daraus entsteht die Erfahrung des Ausgeliefertseins an Vorgesetzte oder an einen maschinellen oder bürokratischen Apparat.

2. Grunderfahrung jedes *Arbeitnehmers* ist es weiterhin, daß der Konkurrenzkampf unter den Arbeitskollegen um den Aufstieg in höhere Positionen ihn zu Taktiken der Verstellung zwingt, die bewirken, daß er selten seine wirklichen Motive für bestimmte Handlungen zugibt, sondern geneigt ist, seine Motive und Handlungen ideologisch zu rechtfertigen, sie auf gängige und anerkannte Wertvorstellungen hin zu stilisieren. [18]

3. Aufgrund der Kenntnis des eigenen Verhaltens wird er sich dazu anhalten müssen, die Versicherung *edler Motive* anderer mißtrauisch zu prüfen. [19] Immer wieder wird er sich in dem Konflikt sehen, entscheiden zu müssen, ob er dem Gesagten trauen darf oder ob er dadurch nicht einen groben Fehler begeht, der ihm selbst großen Schaden bringen kann. Die daraus entstehende Vorstellung, daß die *Welt,* die *Menschen* im Grund schlecht seien [20], führt zu einem dauernden Schwanken zwischen der Resignation, die diese Erkenntnis hervorruft, und dem Bedürfnis zu glauben, daß es *eigentlich* nicht so ist, also der Sehnsucht nach der Erfahrung einer heilen Welt – in der Realität oder, ersatzweise, in der Fiktion. Im gesellschaftlichen Verhalten entsteht also die Tendenz, alle Erlebnisse, die auf eine letztlich *heile* Ordnung und Organisation der Gesellschaft nach anerkannten Werten hindeuten, wie z. B. gelegentliche Erfahrung vertrauensvoller Zusammenarbeit oder Solidarität, zu verallgemeinern, und alle *negativen* Erfahrungen zu individualisieren und damit zu verdrängen. Diese widersprüchlichen Verhaltensweisen sind die natürliche Folge des Bedürfnisses, sich in der Gesellschaft zu verwirklichen und der Erfahrung der Grenzen, die die kapitalistische Ordnung diesem Bedürfnis entgegensetzt. Im Verhältnis zu den Partnern und Kollegen im Arbeitsbereich führt diese Haltung auf jeden Fall ständig zu Taktiken der Verstellung und Intrige. Jede gesellschaftliche Kommunikation ist dadurch belastet, daß der andere immer der potentielle Feind (Konkurrent) ist und daß gerade dann Vorsicht geboten ist, wenn der andere sich besonders offen und vertrauensvoll zeigt. Allzu oft schlägt solche scheinbare Offenheit des Gleichgestellten für *menschliche* Kommunikation dann in offene Gegnerschaft um, wenn dem anderen, vielleicht aufgrund dieses Verhaltens, der Aufstieg in eine höhere Position gelungen ist. [21] Unterdrückung, Vereinzelung und Mißtrauen beherrschen also weitgehend die Erfahrungen der Arbeitswelt. [22] Dazu in direktem Widerspruch stehen die ideologischen Schlagwörter, mit denen diese Realität nur mangelhaft verdeckt werden kann: Teamwork, Kollegialität, Betriebsklima. Sie werden zu den *Idealen,* zu denen sich jeder bekennen muß, der durch Konformismus und Verdecken der realen Motive Taktiken des Ausschaltens von Konkurrenten anwenden will. [23]

4. Das Entrinnen aus dieser Situation stellt sich für den Lohnabhängigen nur im sozialen Aufstieg als Möglichkeit dar. Er übersieht dabei natürlich zunächst, daß er in der höheren Position ähnlichen Zwängen ausgesetzt sein wird, ja, daß der Konkurrenz-

kampf dort infolge der nach oben hin weniger werdenden Plätze noch heftiger ist. Aber es bietet sich in einer höheren Stellung für ihn immerhin die Möglichkeit, den Druck nach unten weiterzugeben. Das Unterdrücken anderer wird für ihn eine notwendige, dann mehr und mehr natürliche, durch die Zustände gerechtfertigte Verhaltensform.

5. Durch alle diese Erfahrungen, die nicht weiter reflektiert werden, gewinnt die Gesellschaft, oder besser der Bereich der Arbeitswelt, der Produktion, für denjenigen, der ihre Gesetze erleidend oder sie selbst zu seinem Vorteil anwendend erfährt, den Charakter eines fremden, von dunklen Mächten regierten Bereichs, der den Idealen nicht entspricht, die er als allgemeingültig anzusehen angehalten wird. *Leben, Gesellschaft, Arbeit* sind für ihn feindliche Räume, in denen er ständig gefährdet und deshalb gezwungen ist, konform, egoistisch und mißtrauisch zu sein.

IV

»Die Frage, wie nun unter den sachnotwendigen Bedingungen der technisch-wissenschaftlichen Zivilisation und Produktion menschliche Freiheit noch möglich ist, führt dann zu dem Schluß, daß Freiheit nur noch als subjektives Bewußtsein und als personales Verhalten nicht in, sondern nur noch gegenüber den Strukturen der wissenschaftlich-technisch bestimmten Gesellschaft und Produktion möglich sei.« [24] Auch in diesen Worten ist der Konflikt zwischen realer gesellschaftlicher Organisation und Ordnung nach Wertsystemen des Bürgertums, der das Bewußtsein der dem Produktionsprozeß angehörigen Mitglieder unserer Gesellschaft bestimmt, angesprochen. Helmut Schelsky geht sogar noch einen Schritt weiter, wenn er sagt, »daß zur moralischen Beherrschung der industriell-technischen Gesetzlichkeiten unseres Daseins nur ein in den Fundamenten gegenläufiges Handlungs- und Wertsystem imstande sein wird«. [25]

Bei der Feststellung der einfachen Tatsachen der Entfremdung gegenüber der Arbeitswelt werden aber in diesen beiden Zitaten falsche Fronten aufgebaut und infolgedessen nur kläglich-vage Lösungsmöglichkeiten angesprochen. Nach Schelsky müßte zur Überwindung der Auswirkungen des technischen Fortschritts ein ihm »in den Fundamenten gegenläufiges Handlungs- und Wertsystem« zur Anwendung kommen, oder, nach Schwerdtfeger [26], müßte sich eine Freiheits- und Glücksvorstellung auf »menschlicher« Ebene »gegenüber den« (d. h. eigentlich: gegen die) Strukturen der wissenschaftlich-technisch bestimmten Gesellschaft durchsetzen. Solche Bestrebungen dürften sehr bald an den realen Machtverhältnissen scheitern. Die Gefährlichkeit solcher Sätze liegt nicht in einer eventuellen, sicher nicht intendierten Verwirklichung der in ihnen enthaltenen Forderungen, sondern in der das gegenwärtige System, d. h. die gegenwärtigen Machtverhältnisse in unserer Gesellschaft legitimierenden Funktion. Sie ist vor allem begründet in der falschen Ausgangsanalyse, in der die auftretenden sozialen Konflikte mit der Entwicklung der Produktivkräfte erklärt werden und so als nicht vermeidbare, nur zu mildernde Begleitumstände des technisch-wissenschaftlichen Fortschritts erscheinen. Damit sind die eigentlichen Ursachen der beschriebenen – und auch von den affirmativen Theoretikern des Systems nicht in Abrede gestellten – Widersprüche, nämlich die mit den Eigentumsverhältnissen verbundenen gesellschaftlichen Machtverhältnisse, ausgeklammert.

Ohne die eigene Funktion bei der Aufrechterhaltung dieser Verhältnisse reflektieren zu müssen, kann dann z. B. ein Programmdirektor beim Rundfunk aufgrund dieser verschleierten Analyse feststellen, viele Berufstätige hätten »den Eindruck, in ihrer Berufstätigkeit nur halbe Menschen zu sein« und erlebten »nie das Gefühl der allseits harmonischen Ausformung ihrer Persönlichkeit«.[27]

Bei der Suche nach Abhilfe für diesen mißlichen Zustand richtet sich das Interesse ganz natürlich auf die *Freizeit*.

> »Der arbeitende Mensch vermag nun in seiner Freizeit die Talente und Fähigkeiten weiterzuentwickeln, die er bisher vernachlässigen mußte. Er kann nun die rudimentär und unvollkommen gebliebene Berufspersönlichkeit zu der ihm erreichbaren Gesamtpersönlichkeit vervollkommnen, in der alle seine Begabungen und Persönlichkeitsmerkmale ausgebildet werden.«[28]

Nur in Verkennung der tatsächlichen Funktionen der Freizeit unter privatwirtschaftlichen Produktionsverhältnissen kann die Vorstellung einer solchen utopischen Konstruktion entstehen. Alle die ökonomische Reproduktion dieser Gesellschaft bestimmenden Gesetze und die daraus entstehenden Verhaltensmöglichkeiten stehen einem solchen Ideal entgegen. Schon der Begriff »Berufspersönlichkeit« ist allenfalls sinnvoll in bezug auf Angehörige »freier Berufe« oder leitende Angestellte. Der Rest, das heißt die große Masse der Arbeiter und kleineren Angestellten, hat keine Möglichkeit, eine Berufs*persönlichkeit* zu entwickeln.[29]

Daher muß auch die Vorstellung von der Funktion der Freizeit als Möglichkeit, die *Berufspersönlichkeit* zur *Gesamtpersönlichkeit*[30] auszuweiten, Illusion bleiben.

Denn die Funktionen, die der Freizeit in der Organisation unserer Gesellschaft zunächst einmal zukommen, stehen bereits der Verwirklichung solcher Ideale entgegen. Trotzdem erscheint sie dem Bewußtsein der Lohnabhängigen als der Lebensbereich, den zu genießen man als eigentlichen Inhalt des Lebens empfindet. Die Freizeit erscheint als von der Arbeits- und Berufstätigkeit völlig getrennter Bereich der Freiheit und Selbstbestimmung, alle emotionalen Bindungen sind auf ihn bezogen, und alle Glückserwartungen konzentrieren sich auf ihn. Die Reserve allem gegenüber, was mit der Produktion zu tun hat, mit Arbeit und Beruf, und die Konzentration der Lebensintensität auf die Freizeit, den privaten Bereich, führen zu einer dualistischen Einteilung der Lebensbereiche und damit zu einer Ablehnung oder Reserve auch gegenüber allen Dingen, die mit Öffentlichkeit, Gesellschaft oder Politik zusammenhängen. Vorstellungen aber, die dahin gehen, in einer richtigen Anwendung der Freizeit solcher Passivität entgegenwirken zu können[31], sind so lange unrealistisch, als sie die eigentlichen gesamtgesellschaftlich-ökonomischen Funktionen der Freizeit in dieser Klassengesellschaft außer acht lassen.[32] Sie sollen deshalb hier kurz angedeutet werden.

V

Einmal dient die Freizeit zur notwendigen Reproduktion der Arbeitskraft, indem sie die mittelbaren und unmittelbaren Bedürfnisse der Reproduktion befriedigt, zum anderen muß in der Freizeit durch den Warenkonsum der Produktionsprozeß aufrechterhalten werden. Diese beiden Aufgaben, die die Freizeit unter allen Umständen erst einmal erfüllen muß, lassen nur wenig Raum für den Prozeß der Persönlichkeitsbildung, der, ernst genommen[33], auch nicht im Interesse der Herrschenden liegen kann. Im Bewußtsein dieser Unmöglichkeit kann man es sich sogar leisten, ihn zu fordern.[34]

Zu diesen Inhalten der Freizeit, also der unmittelbaren Reproduktion der Arbeitskraft durch Essen, Kleidung und Schlaf und der unmittelbaren Reproduktion der Arbeitsbereitschaft wie Unterhaltung, Entspannung, Erfüllung von Prestigewünschen und Statusinteressen kommt noch der zweite Komplex hinzu, der sich zum Teil mit diesem deckt: die gesamtgesellschaftliche Notwendigkeit, die Produktion durch den Konsum der produzierten Waren aufrechtzuerhalten. Durch ihren Konsum müssen die Verkäufer ihrer Arbeit während der Arbeitszeit in der Freizeit durch den Kauf der Waren ein zweites Mal die Produktion in Gang halten. Dabei wird ein Teil der unmittelbaren und mittelbaren Bedürfnisse befriedigt. Wo die Produktion, deren eigentliche Aufgabe die Erzielung von Profit ist, kein Bedürfnis vorfindet, hat man genug wirksame Mittel entwickelt, ein solches zu wecken. Für diejenigen Bedürfnisse, die nicht im Konsum zu befriedigen sind, ist im System nichts vorgesehen. Sie werden nur interessant, wenn man sie zur Stimulierung und Schaffung von Konsumbedürfnissen benutzen kann.[35]

Die Möglichkeiten der Freizeitgestaltung sind also abhängig von der Organisationsform der Produktion und deren Erfordernissen. Diese aber sind nicht auf Persönlichkeitsbildung, Wissensbereicherung und Ausbildung von Talenten[36] gerichtet, sondern auf Realisierung der Waren, Sicherung von Absatzmärkten und Aufrechterhaltung der Kauflust. Alles was sich nicht diesen Zielen unterordnet, muß sich gegen den Trend der gesellschaftlichen Regelmechanismen, Verhaltensweisen und Verhaltensregeln[37] durchsetzen.

Infolgedessen nimmt nur eine verschwindend kleine Minderheit der Bevölkerung die ohnehin wenigen und wenig attraktiven Möglichkeiten wahr, sich in der Freiheit anders als konsumierend zu verhalten.[38] In höheren sozialen Schichten wird dies schon eher möglich und üblich, aber da hat es vorwiegend andere Funktionen als die der Ausbildung der Gesamtpersönlichkeit, es ist bereits Teil des sozialen Prestigebedürfnisses, das der Konkurrenzkampf um den Aufstieg hervorbringt.

Die völlige Abhängigkeit der Freizeitbeschäftigungen von den Erfordernissen des Produktionsprozesses bringt es mit sich, daß sich seine Gesetze und ihr Widerspruch zu den als allgemein und menschlich empfundenen Wertvorstellungen auch auf die Freizeit übertragen. Vor allem die Beschränkung der in ihr möglichen und leicht gemachten Aktivitäten auf den Konsum, also auf den Kauf und Neukauf von zu verbrauchenden Waren[39] bringt es mit sich, daß die gleichen Verhaltensweisen auch hier nötig sind, die wir schon für den Bereich der Arbeitswelt beschrieben haben. Der Käufer und Konsument ist jetzt einem ständigen Trommelfeuer der Werbung ausgesetzt, von dem er sehr schnell erfährt, daß es nicht dazu da ist, ihn zu umwerben, zu beraten und gut zu bedienen, sondern vor allem, den Kauf zu provozieren und den Konsum zu beschleunigen.

Das zwingt ihn dazu, auch in diesem Bereich im Partner immer zunächst den potentiellen Betrüger zu sehen und sich seiner Käuferrolle und dem Markt entsprechend zu verhalten, bzw. zu verstellen. In nicht immer ganz bewußter Weise haben sich solche Verhaltensweisen bereits in Bereichen der privatesten Kommunikation etabliert, wie der Text mancher Heiratsanzeigen andeutet.[40] Als weiterer Beleg seien einige Sätze aus einem der Protokolle von Erika Runge angeführt, die trotz aller das Gegenteil behauptenden, Gewinn bringenden Artikel in den Illustrierten noch immer typisch sind für die Einstellung der Unterschicht und großer Teile der Mittelschicht:

»Ach, meine Mutter hat mich nicht aufgeklärt [...] ich war, sagn wir mal, sehr spätreif, mit 24 war ich noch nicht besonders, eh, hatte ich nicht besonders viel erlebt: Händchenhalten und mit zu Schulfesten Gehen, und ich ging auch so weit wie'n Kuß. Aber weiter hinaus ging ich eben nicht. Da hatte mir meine Mutter allerdings gesagt, was ich vielleicht meiner Tochter auch sagen sollte, sie sagte: ›hinterher wirst du nicht mehr so geliebt.‹ und da dacht ich immer, wenn ich auf jemand irgendwie Wert legte und so: ›Um Gottes Willen, der liebt mich nicht, desto mehr ich ihm erlaube!‹«[41]

Diese Aussage zeigt deutlich die Parallelen, die zwischen dieser Art privater Kommunikation mit dem anderen Geschlecht und den Gesetzen des Tauschhandels bestehen. Das Mädchen hat als einziges Tauschobjekt seine Sexualität anzubieten, und es muß sehen, daß es den Höchstwert erzielt: eine dauerhafte Verbindung, wenn möglich, eine Ehe – für die Frau weitgehend die einzige Möglichkeit sozialen Aufstiegs. Die einzige Veränderung, die die *sexuelle Freiheit* in diesen Tausch eingebracht hat, ist die Tatsache, daß das Mädchen jetzt eher bereit ist, Vorkasse zu leisten.[42] Auch in der einmal geschlossenen Ehe ist das Glücksempfinden mit davon abhängig, ob man das Gefühl haben kann, einen vorteilhaften Handel gemacht zu haben, oder vielleicht *übers Ohr gehauen worden zu sein.* Oft macht das Gefühl der Befriedigung über den günstigen *Abschluß* erst den Weg frei zur nicht-kommerziellen Kommunikation. Gerade diese Aussicht ist ein wichtiger Grund für die Attraktivität der Ehe, aber auch für die systemstabilisierende Funktion dieser Institution.[43]

VI

Um die Anwendung und Wichtigkeit dieser Vorüberlegungen für die Trivialliteratur anzudeuten, möchte ich ihre Darstellung hier abbrechen und an einigen beispielhaften Zügen zu zeigen versuchen, wie die Funktion der Trivialliteratur in diesem Zusammenhang zu sehen wäre. Ich greife dazu zwei Elemente der Gattung »Liebesroman« heraus, die bereits in der Literatur beschrieben worden sind und deshalb hier keine ausführliche Darstellung mehr benötigen. In diesen Abhandlungen[44] wird immer wieder auf die Klischeehaftigkeit der Personendarstellung[45] und die Banalität der Handlung[46] hingewiesen. Beide Elemente, die zumeist wichtige Argumente der ästhetischen Abwertung dieser Literatur sind, sollen hier auf ihre Gebrauchswertfunktion für die Leser untersucht werden, und zwar anhand eines konkreten Beispiels, an dem Heftroman: »Das Schicksal hat drei Tage Zeit« von Viola Larsen, erschienen als Band 800 der Bastei-Florentine-Romane.[47]

Auf die Funktion der »Schwarz-Weiß-Typisierung«[48] der Personen als Anhaltspunkte für die Leser wird in den einschlägigen Kapiteln immer wieder hingewiesen. Sie sind die Orientierungshilfen, mit denen sich sofort erkennen läßt, wie die neu auftretende Person zu bewerten ist. Für geübte Leser löst sich bei der ersten Beschreibung des Äußeren einer Person bereits die Frage, wer wen am Schluß heiraten wird.

Wenn wir die Art, in der diese Signale gegeben werden, genauer untersuchen, so merken wir sehr bald, daß sie sehr genau auf ein Bedürfnis abgestimmt sind, das sich aus der Lebenserfahrung der Leser ergibt, nämlich das Bedürfnis, jedes Menschen Absichten gleich zuverlässig zu erkennen, jedem neuen Gegenüber sofort Vertrauen entgegenzubringen oder seine schlechten Absichten gleich zu durchschauen, also dem Zwang zur Verstellung und zum Mißtrauen nicht mehr unterworfen zu sein. Oft geschieht eine solche Charakterisierung in den Romanen durch das einfache Äußere, aber diese Praxis hat sich unter dem Einfluß der ästhetischen Kritik der Germanisten und Volkskundler schon geändert. Aber gerade die differenzierteren Methoden, solche Signale zu geben, sind für unsere Überlegungen noch aufschlußreicher als die Charakterisierung durch Haar- und Augenfarbe. Am Beispiel zweier weiblicher Hauptpersonen des obengenannten Romans soll dies klargemacht werden.

Melody, die Hauptfigur des Romans, wird so eingeführt:

> »Melody hatte die mit silbernen Pailletten bestickte Stola wirkungsvoll um die schönen Schultern geschlungen. Die Arme ein wenig erhoben, betrachtete sie sich aufmerksam in dem dreiteiligen Spiegel. Ihre schmale Gestalt wirkte in dem enganliegenden mitternachtsblauen Kleid rührend zart und kindhaft. [...] Mit einer unnachahmlichen Geste hob sie den Kopf, und die silberblonden Haare glitten wirkungsvoll in weichen Wellen bis auf ihre Schultern herab.«

Dann wird die Ausstattung ihres Zimmers geschildert, die einen kostbaren Rahmen für Melody abgibt. Am Ende dieser Beschreibung steht der Kommentar:

»Alles in diesem Raum war auf Wirkung bedacht.«

Später kommen noch einige Sätze, die die erste Charakteristik unterstreichen:

»Melody wandte sich nicht zu ihm um, sie widmete ihre ganze Aufmerksamkeit ihrem Gesicht; sorgfältig und gekonnt zog sie die Brauenbögen nach. [...] Es war ein Gesicht von apartem Reiz, das eine eigenartige Faszination ausstrahlte. [...] erhob mit einer wirkungsvollen Geste abwehrend beide Hände.« [49]

Man merkt deutlich die negativen Akzente in dieser Schilderung, sie werden noch unterstrichen durch einige Andeutungen darüber, daß Melody dem sie liebenden Gatten nicht die nötige Aufmerksamkeit schenkt, sich nur mit sich selbst beschäftigt und nicht mit den Dingen [50], die ihn im Innersten interessieren.

Dies wird noch deutlicher, als bald darauf die zweite weibliche Person, Barbra, des Mannes Sekretärin, als Kontrastperson auftritt, die Sven liebt und sich für seine Arbeit und seine Marotten interessiert. Auch ihre Personenbeschreibung steht in einem merklichen Gegensatz zu der Melodys; sie kann als Prototyp der Beschreibung einer eindeutig positiven weiblichen Figur gelten:

»Er hörte Barbras leichten Schritt, aber er blickte erst auf, als sie unmittelbar vor ihm stand. Sie sah frisch und ausgeruht aus. [...] Sie trug ein schlichtes blaues Leinenkleid mit weißem Schulterkragen, in dem sie sehr mädchenhaft aussah. Zu ihrem nußbraunen Haar paßten der Madonnenscheitel und der weiche Knoten im Nacken. Sie hatte braune Augen und ein frisches Gesicht, das, ohne hübsch zu sein, einen großen Liebreiz besaß, der durch die Anmut ihrer Bewegungen noch unterstrichen wurde.« [51]

Die positiven Elemente in dieser Beschreibung lassen sich leicht aufzählen: Unscheinbarkeit und Schlichtheit, Mädchenhaftigkeit, Frische, Liebreiz und Anmut, absolute Unterwerfung unter die Interessen des Mannes. Eine nähere Untersuchung der Charakteristik Melodys erweist, daß einige dieser positiven Züge auch bei ihr zu finden sind: »rührend zart und kindhaft«, »silberblonde Haare«, »aparter Reiz«. Es überwiegen aber die negativen Akzente. Sie lassen sich in dem zentralen Wort »wirkungsvoll« [52] zusammenfassen. Alle negativen Signale gehen in diese Richtung. Ihre Kleidung und ihre Umgebung sind luxuriös, auf Wirkung bedacht, ihr Äußeres ist »faszinierend« ihre Bewegungen sind »gekonnt«, ihr Interesse gilt ihrem Äußeren und nicht den Problemen ihres Mannes.

Die Kritik, die die Autorin schon in der Charakterisierung Melodys an dieser Romanfigur übt, daß sie nämlich zu sehr an sich selbst denkt und ein eigenständiges Leben führen will, wird später ausgeweitet werden in eine Kritik daran, daß sie zu emanzipiert ist, ihren Beruf zu sehr liebt und ihr Leben nicht nach den Plänen ihres Mannes einrichten will. Schon am Anfang wird dem Leser ein unübersehbares Signal für die Verkehrtheit von Melodys Verhalten gegeben: »Ihre dunklen, ein wenig mandelförmigen Augen standen in reizvollem Gegensatz zu dem silberblonden Haar.« Die erfahrene Leserin entnimmt dieser, fremdartige, (dunkel, mandelförmig), immer negativ besetzte Elemente mit positiven, heimatlichen (silberblond) verbindenden Charakteristik, daß Melody ein *gemischter* Charakter ist, der dem Ideal noch nicht entspricht (Gegensatz), aber dieses Ziel noch erreichen wird (reizvoller Gegensatz). Es ist also zu erwarten, daß Melody schließlich nach einem Läuterungsprozeß die Ehe wirklich verdient. Das Unechte an ihr wird sich als heilbar herausstellen, der Hang zu nur auf »Wirkung« bedachten Verhaltensweisen, der hier gleichzeitig als Relikt der unheilvollen [53] Vergangenheit erscheint, wird »natürlichem« Ausüben der Frauenrolle weichen, die Lüge, mit der sie sich ihre Ehe erschlichen hat [54], wird diese nicht zerstören, aber den Preis, den sie für dieses Glück zu bezahlen bisher versäumt hat, muß sie entrichten: das Opfer ihrer Emanzipationsbestrebungen.

Wichtig für unseren Zusammenhang ist vor allem die Feststellung, daß die Wertung nach Gut oder Böse in diesem Roman [55] offensichtlich eng zusammenhängt mit der Echtheit des Verhaltens. Negative Verhaltensweisen sind alle Bestrebungen, sich ins rechte Licht zu rücken, Werbung für sich selbst zu machen, sich zu verstellen. Solche Taktiken werden immer bestraft.

Als Zeichen einer negativen Figur gilt auch immer jegliches Gesetze des Tauschhandels auf die private Kommunikation übertragende Verhalten: »Irgendwann einmal, hörte Melody seine Stimme wie von weit her, irgendwann einmal werde ich wiederkommen, dann, wenn du nicht an mich denkst, und ich werde den Preis für deine Freiheit fordern!«, so hört Melody Vandenberg sprechen, und wenn er wirklich so wäre, würde ihn dies disqualifizieren. Er sieht wohl sein Unrecht ein, aber er ist und bleibt auch ohne Ehefrau. Denn »Liebe ließ sich nicht durch Verrat erkaufen. Liebe war Geschenk und Gnade.« [56]

Die Welt der Romane zeichnet sich also nicht nur dadurch aus, daß in ihr alle Personen mit Hilfe sicherer Signale sofort durchschaubar und einschätzbar sind, sondern vor allem dadurch, daß Verhaltensweisen, zu denen die Leser in der Realität immer wieder gegen ihr eigentliches Bedürfnis gezwungen sind, hier eindeutig negativ sind und negative Folgen haben – ganz im Gegensatz zur Realität. Eine Welt vorgeführt zu bekommen, in der dies so ist, oder an eine solche Welt glauben zu dürfen, oder glauben zu können, daß die Welt vielleicht eigentlich so ist, entspricht also einem Bedürfnis, das von den sozialen Zwängen dieser Gesellschaft bestimmt ist. Die Klischeehaftigkeit der Personen in den Romanen ist die Antwort auf die immer wieder in der Realität versagten Möglichkeiten der direkten und aufrichtigen Kommunikation. Der Grad, in dem ein Mitglied dieser Gesellschaft solchen Zwängen an seinem sozialen Ort ausgesetzt ist, dürfte im wesentlichen auch den Romankonsum quantitativ bestimmen, obwohl andere Faktoren des Medienverbunds hineinspielen mögen.

Was nun speziell den Frauenroman betrifft, so wird in ihm auf diese Bedürfnisse mit einem Ideal geantwortet, das einerseits im Bewußtsein der Leser bereits fest verankert ist, andererseits aber auch für die Frau in unserer Gesellschaft das einzige ist, das sie anstreben kann mit der Hoffnung, es zu erreichen: die glückliche Gattin, die in völliger Unterwerfung unter den Mann jegliches Eigeninteresse aufgegeben hat.[57]

Daß die Frage des Sich-verstellens, des Rollenverhaltens gerade in diesem Roman so deutlich im Mittelpunkt steht, liegt daran, daß die außereheliche Aktivität der Heldin hier das Schauspielen selbst war. Melody hatte als Filmschauspielerin eine Karriere ihrer Ehe mit Sven geopfert. Ihre Schuld besteht nur darin, daß sie ihrem Mann verheimlicht hat, daß sie bereits einen erfolgreichen Film gemacht hatte. Sie wird erst dann wirklich ehewürdig, wenn sie allen Ambitionen in dieser Richtung, auch für ihren Sohn, entsagt und ihrem Mann die Wahrheit enthüllt. Gestaltet ist diese *Läuterung* jedoch nicht als ein Problem möglicher Emanzipation, sondern als eine Überwindung unheilvoller, aus der Vergangenheit herreichender Verstrickungen und als die Beseitigung einer die Ehe beeinträchtigenden Lebenslüge. Die Ehe war noch nicht vollständig, solange es noch das Geheimnis gab, solange also die Kommunikation in der Ehe noch Elemente der Verstellung trug, solange die Ehe noch auf einem Vertrag beruhte, dessen Verpflichtungen ein Teil noch nicht ganz nachgekommen war.[58]

So erscheint also die Ehe hier auch als der Ort der möglichen aufrichtigen, verständnisvollen, ehrlichen Kommunikation[59], und darin liegt auch das Glück, das man sich mit den Opfern, die man für sie bringt, einhandelt. Sie erscheint als ein Ideal, das auch im Leben potentiell realisierbar ist, erlaubt also insofern die Identifikation. In der Handlungsstruktur der Frauenromane muß sie ganz stereotyp als das einzig mögliche Ziel aller Personen[60] erscheinen, wodurch auch verständlich wird, daß das eherne Gesetz des Happy-ends keine Ausnahme erlaubt, weil ein anderer Schluß nicht den Bedürfnissen der Leserinnen entsprechen könnte.

Von hierher ist die »Klischeehaftigkeit« der Handlung zu erklären. Sie ist nicht Ergebnis des poetischen Unvermögens der Autoren[61], sondern logische Folge der Einheitlichkeit der Bedürfnisse und ihrer Vereinheitlichung durch die kommerzielle Produktion. Die Einheitlichkeit der Bedürfnisse hängt außerdem ab von der Dauerhaftigkeit der Frustrationen in der Klassengesellschaft und ihrer Gleichartigkeit für alle diejenigen, die in dieser Gesellschaft in gleicher Abhängigkeit leben. Die massenhafte Produktion deutet auf die Zahl der in solcher sozialen Situation sich Befindenden. Prinzipiell unterscheidet sich aber diese Literatur in ihrer Funktion für die Massen nicht von der, die auf die anderen, differenzierteren Bedürfnisse höherer, in anderer sozialer Stellung lebenden Schichten eingeht.

Anmerkungen

1 Ich kümmere mich nicht um den Definitions- und Bezeichnungsstreit, der um dieses Phänomen immer noch im Gang ist. Aus Darlegungen, die folgen, wird klar werden, daß der in der Überschrift verwendete Ausdruck »nicht anerkannte Literatur« polemisch gemeint ist.

2 Z. B. *Helmut Kreuzer,* Trivialliteratur als Forschungsproblem. In: DVjS 41 (1967), S. 173 – 191. Kreuzer wendet sich zwar gegen die rein ästhetische Wertung, die er als »orthodox« bezeichnet, trotzdem geht es auch ihm vor allem um die »ästhetische Beurteilbarkeit« (S. 181). Vgl. meinen in der Zeitschrift »Das Argument« (Nr. 72, 1972) erschienenen Aufsatz »Zum gegenwärtigen Stand der Trivialliteraturforschung«.

3 So beschäftigen sich die Beiträge zur Trivialliteratur vor allem mit Autoren des 19. Jahrhunderts oder mit literarisch ambitionierten Autoren wie Courths-Mahler oder Agnes Günther, nie aber mit der modernen Form des Heftromans speziell und ausführlich.

4 So *Kreuzer,* a.a.O., S. 181: Selbstverständlich habe die Trivialliteratur »Warencharakter«, aber das sei eine banale Erkenntnis, sie liefere keine Kriterien »für den ästhetischen Rang des Werkes«.

5 Dafür soll in den folgenden Abschnitten der Versuch einer Beweisführung unternommen werden.

6 Was nicht heißen soll, daß nicht auch dies erfolgt. Oft erwähntes Beispiel hierfür sind die Landser-Romanserien, die wohl nicht von ungefähr zu dem Zeitpunkt lanciert wurden, als in Westdeutschland wieder eine Armee entstehen sollte. Die Kritik an der Trivialliteratur erschöpft sich oft in der Kritik an solchen Produkten, obwohl sie nur einen kleinen Teil der gesamten Produktion ausmachen.

7 Es werden Beispiele aus der Gattung sein, die zunächst am wenigsten »politisch« scheint: Frauenromane.

8 Vgl. das »Schicksal« der Familie Buddenbrook.

9 Daß dies nicht eine schematisch-theoretische Einteilung ist, läßt sich daran erkennen, daß sie im Bewußtsein der Beteiligten, vor allem der Arbeiter, durchaus konstituierend für ihr Gesellschaftsbild ist. »Alle Arbeiter . . . sehen die Gesellschaft als . . . Dichotomie, und sie beantworten die Frage nach ihrem eigenen gesellschaftlichen Ort durch ein Arbeiterbewußtsein, das es ihnen ermöglicht, sich innerhalb der Gesamtgesellschaft als Teil der Arbeiterschaft zu verstehen.« (*Popitz, Bahrdt, Jüres, Kesting,* Das Gesellschaftsbild des Arbeiters. Soziologische Untersuchungen in der Hüttenindustrie. Tübingen 1959.)

10 Ein solcher Ausnahmefall, aber auch die Grenze, an die er notwendigerweise stoßen muß, ist sehr anschaulich wiedergegeben in Form eines persönlichen Erlebnisberichtes in dem Band: Ein Baukran stürzt um. Berichte aus der Arbeitswelt, hrsg. vom Werkkreis Literatur der Arbeitswelt. München: Piper 1970 (*Heinrich Kirsch,* Die Verschließeinrichtung), S. 60 – 65. Daraus geht hervor, daß solche Frustrationserlebnisse nicht auf die monotonen Arbeiten am Fließband beschränkt sind, wie sie in *G. Wallraffs* Industriereportagen oder von *M. Herzog* in »Tintenfisch«, 4. Jahrbuch für Literatur, Berlin 1971, S. 19 – 26 beschrieben sind, sondern tatsächlich die gesamte Klasse der Lohnabhängigen betreffen.

11 Wie der in Anm. 10 angeführte Fall beweist. Die aufgrund der erfolgreichen selbständigen Arbeit errungene Stellung wurde nicht nur nachher verweigert, sondern es wurde sogar so etwas wie eine Strafversetzung vorgenommen, um das Prestige des Chefs, der Fehler gemacht hatte, nicht zu gefährden.

12 Selbst ein theoretischer Ansatz wie der von *H. Weinstock,* der jeden gesellschaftspolitischen Aspekt der Arbeit negiert (»Die Humanisierung der Arbeit . . . hat mit

politischer Mitbestimmung nichts zu tun«), geht doch offenbar davon aus, daß die moderne Arbeit inhuman sei, so daß es nötig werde, »den bisherigen Wildwuchs der Mechanisierung in eine Betriebsordnung einzuhegen, die alles Humane integriert«. (*H. Weinstock,* Arbeit und Bildung. Die Rolle der Arbeit im Prozeß um unsere Menschwerdung. Heidelberg 1944.) Seine Folgerungen sind allerdings ganz andere als die hier intendierten.

13 Was natürlich auch darauf hinweist, daß es den Käufern der Arbeit angenehmer sein muß, daß nicht allzu oft und allzu lange Voll- oder Überbeschäftigung herrscht. Methoden, dies zu vermeiden, können auch im Import von Gastarbeitern oder der Anstellung von Frauen bestehen, für die man einmal weniger »Werbung« in Form von Lohnanreiz und Sozialleistungen aufwenden muß, die man aber auch leicht und schnell wieder los wird.

14 Ganz abgesehen davon, daß diese Bereitschaft schon in den Schulen als natürliche Verhaltensweise und natürliches Ordnungsprinzip der Gesellschaft gelehrt und eingeübt wird. Vgl. *J. Muth,* Die Aufgabe der Volksschule in der modernen Arbeitswelt. Essen 1961. Es heißt dort (S. 81), daß im Begriff der Arbeit immer das »Sich-fügen des Menschen . . . entscheidendes Bestimmungsmoment« sei und daß folglich auch der Schulunterricht »immer von dem Moment der Unterordnung getragen« werde. Dies alles, wohlgemerkt, ganz naiv-affirmativ.

15 Das hat für den *Arbeitnehmer* natürlich auch seine *»positiven«* Seiten, denn er ist dadurch von der Verantwortung ausgeschlossen für das, was er innerhalb des Betriebes tut. Es entsteht dadurch auch ein Bewußtsein, dem die schizophrene Trennung von Arbeit und Verantwortung als natürlich erscheint und das deshalb mit gewissem Recht weit von sich weist, für Auswirkungen der Aktivitäten des Betriebes zur Rechenschaft gezogen zu werden. Dabei kann dieser Betrieb ein Rüstungsbetrieb, ein die Umwelt verseuchender Chemiebetrieb oder auch eine Armee sein.

16 Der Ausdruck *Krieg* mag hart, ja ungerecht erscheinen. Wenn man aber das Selbstverständnis derjenigen analysiert, die den Bereich der Arbeit organisieren, die die Macht dazu haben und durch das System dazu gezwungen werden, dann wird klar, wie sehr bereits nicht nur die Tatsache, sondern auch das Bewußtsein davon verbreitet ist, daß unser Wirtschaftsleben unter Kriegsbedingungen arbeitet. Dazu sagt einer der bekanntesten deutschen Industrieführer, *Kurt Lotz,* Vorstandsvorsitzender bei VW, folgendes: »Während des Krieges lernte ich im Generalstab systematisch Probleme zu durchdenken, Entscheidungen und systematische Lösungen zu finden. Diese Systematik ist im Grunde losgelöst von spezifischen Fachgebieten. Beim Militär beurteilt man die eigene Lage, den Feind und die eigenen Kräfte, in der Industrie die Situation der eigenen Firma, die Konkurrenz und das Potential des eigenen Produkts. Beim Militär geht es darum, dem Gegner das Gesetz des Handelns aufzuzwingen, in der Wirtschaft ist der optimale ökonomische Effekt zu erzielen.« (DIE WELT, 15. Januar 1970, Sonderbeilage »Der Weg zur Spitze«, S. 4). Sein Abgang im September 1971 wird denn auch von konservativer Seite bedauert und als Folge sozialer Experimente der Verstaatlichung erklärt. (FAZ vom 14. 9. 71, S. 1: »Kurt Lotz resigniert«.)

17 Solche »überflüssigen Kapitalisten« gibt es indessen, sie werden durch unsere Gesetze geschützt, es sind die Aktionäre. Ihre Bindung an das Eigentum ist nur noch juristisch definierbar.

18 Zur Verdeutlichung sei ein Beispiel konstruiert, das aber auch real in den Betrieben beobachtet worden ist: Wenn ein mittlerer Angestellter z. B. seinen Jahresurlaub nicht auf einmal nimmt, sondern immer nur tageweise zu Hause bleibt, so wird er als Gründe angeben, daß er zu viel Arbeit habe, die nicht so lange warten könne, oder daß er über eine längere Zeit hinweg seine Arbeit nicht missen wolle. Er wird also solche Motive äußern, die den Vorstellungen vom sich für die Firma aufop-

fernden Angestellten entsprechen. Seine Kollegen wissen jedoch besser Bescheid, – daß er nämlich in Wirklichkeit Angst hat, daß ein Vertreter sich während seines längeren Urlaubs in seinen Posten einarbeiten und ihm diesen vielleicht später streitig machen könnte.

19 »Sie war mir eine Nuance zu freundlich gewesen. Wer so freundlich ist, will einem meistens etwas schmackhaft machen, was nicht schmackhaft ist. Mit leiser Unruhe sah ich dem nächsten Tag entgegen.« (*Lisa Meinsen,* Die Rotstiftkonstruktion, in: Ein Baukran stürzt um, S. 101.) Ganz selbstverständlich wird hier ausgedrückt, wie die Bedingungen der Kommunikation in der Arbeitswelt sich umgekehrt haben: Freundlichkeit wird zum Zeichen böser Absicht.

20 Was sicherlich auch im Zusammenhang mit Einflüssen christlicher Ideologie zu sehen wäre.

21 »Viele Ausgelernte geben den Druck, die Drangsalierung ihrer eigenen Lehrzeit an die Lehrlinge weiter. Dem solls auch nicht besser gehen als mir.« So stellt diesen Vorgang ein Lehrling aus eigener Erfahrung dar. (Ein Baukran stürzt um, S. 142 f.)

22 Was von der Geschäftsleitung natürlich unterstützt wird. So wird in manchen Betrieben jeder entlassen, der mit einem Kollegen offen über sein Gehalt spricht. Oder auch das von der Photoindustrie, weil sie daran verdient, propagierte Festhalten der eigenen Umgebung im Bild beschränkt sich auf die Familie und den Urlaub. Die Möglichkeit, daß sich jemand in gleicher Weise für seinen Arbeitsplatz interessieren könnte, wird nicht nur ausgeschlossen, sondern derjenige, der es versuchen würde, seinen Arbeitsplatz zu photographieren, müßte in vielen Betrieben mit seiner Entlassung rechnen.

23 Wie solche neueren Schlagworte, die gegen den verbal abgewerteten *autoritären Stil* gesetzt werden, einzuschätzen sind, soll wieder ein Zitat eines *Industrieführers* belegen: »Entscheidend ist das Team. Kooperationsfähigkeit ist eine Voraussetzung *für den Weg zur Spitze;* nur ein Team *kann den Aufstieg tragen.*« (*Dr. Gerd Tacke,* Vorstandsvorsitzender der Siemens AG, zit. aus: DIE WELT, 15. Januar 1970, Sonderbeilage »Der Weg zur Spitze«, S. 4, Hervorhebung von mir.)

24 *Johannes Schwerdtfeger,* Arbeit, Beruf, Betrieb. Soziologische Materialien. Heidelberg 1967 = Pädagogische Forschungen. Reihe: Erziehungswissenschaftliche Studien 40, S. 30.

25 *Helmut Schelsky,* Auf der Suche nach Wirklichkeit. Gesammelte Aufsätze. Düsseldorf/Köln 1965, zit. bei Schwerdtfeger, S. 30.

26 Zwar referiert *Schwerdtfeger* hier nur eine von nach seiner Meinung drei relevanten wissenschaftstheoretischen Positionen; seiner Haltung gegenüber der dritten Position, die er »dialektisch« nennt und mit Adorno belegt, ist jedoch zu entnehmen, daß er selbst doch der ersten zuneigt (der »phänomenologischen«, S. 29). Bei Adorno würde, so kritisiert er, »nicht immer deutlich«, daß »in der Struktur der Produktivkräfte Elemente der Herrschaftsstrukturen verdinglicht enthalten« seien.

27 *Ernst Glaser* (Programmdirektor des österreichischen Rundfunks) in dem Band: Die Arbeit. Der Aufstieg der Menschheit – ein Ergebnis der Arbeit, hrsg. v. *Herbert St. Fürlinger.* Wien, München, Zürich 1963. Darin: *Ernst Glaser,* Über die Problematik der Freizeit, S. 355 – 364; das Zitat S. 356.

28 *Glaser* ebd., S. 357.

29 Die Rede von der »Berufspersönlichkeit« im Sinne von Berufung, positiven Bindungen an die Berufsarbeit trägt überdies bereits Elemente autoritärer Diffamierung der Klasse der Abhängigen in die Diskussion hinein. Vgl. *Schwerdtfeger,* a.a.O., S. 17: »Untersuchungen zeigen nun aber, daß Beruf – als Berufung behauptet, [...] vielfach zur Begründung und Legitimation eines Autoritäts-, Führungs- und Eliteanspruchs dient.«

30 Bezeichnungen von *Glaser,* a.a.O., S. 356. Die Frage, ob diese Ideale für den de-

mokratischen Fortschritt der Gesellschaft in der Form, wie sie heute aufgefaßt werden, nützlich sind, sei hier ausgeklammert.

31 »Die Beschäftigung mit den Dingen des öffentlichen Lebens ist [...] eine Beschäftigung der Staatsbürger in der Freizeit.« (*Glaser,* a.a.O., S. 364).

32 Und grenzen an Zynismus, wenn daraus auch noch ein Vorwurf gegen die Betroffenen abgeleitet wird: ». . . wenn viele Menschen trotz der Möglichkeiten, die ihnen die Freizeit eröffnet, nicht mehr Glück und Zufriedenheit gewinnen, dann liegt es wohl daran, daß sie diese neue Freiheit nicht sinnvoll nützen, ja sogar mißbrauchen« – was ein Argument dafür werden kann, sie wieder zu kürzen. (*Glaser,* a.a.O., S. 357)

33 Ernstgenommen im klassisch-idealistischen Sinn der freien, emanzipierten, Unterdrückung nicht akzeptierenden Persönlichkeit.

34 Wie Glaser es tut. Seine Ansichten sind hier deshalb so ausführlich herangezogen worden, weil sie typisch für die öffentliche Meinung der Herrschenden sind.

35 Wie das oft zitierte Beispiel der Zigarettenreklame zeigt, wo mit Freiheit, Ungebundenheit geworben wird, um Zigaretten zu verkaufen. Alle Warenästhetik trägt tendenziell diesen Widerspruch in sich.

36 Oder auch die Anschaffung von potentiellen Produktionsmitteln wie Photoapparaten, Filmkameras oder Tonbandgeräten. Vor allem die Photo- und Filmgerätewerbung ist ein Beispiel dafür, wie jegliche emanzipatorische Nutzung solcher Geräte nie auch nur angedeutet wird. Entsprechend bleiben sie auch Konsumartikel.

37 *Glaser* spricht vom »Ungewißheitserlebnis«, das die richtige Nutzung der Freiheit hemme, und reduziert auch dieses Element damit zur individuellen Schuld. (A.a.O., S. 359.)

38 Und selbst dann ist es schwer, ein rein konsumierendes Verhalten zu vermeiden, wenn es um Freizeitbeschäftigungen geht, die dies eigentlich nicht erfordern, wie Vorträge und kulturelle Veranstaltungen.

39 Und die Produzenten fördern, z. B. bei technischen Geräten, mit verschiedenen Mitteln die rasche Abnutzung oder Veraltung. Vgl. *Peter Schneider,* Die Frauen bei Bosch. In: Kursbuch 21, 1970. S. 91: ». . . der Trick, daß man die Schmalfilmkameras nicht reparieren kann, ohne ihr Gehäuse zu zerstören.«

40 Z. B. Frankfurter Rundschau vom 31. Oktober 1970: »Geschlecht: männlich; Baujahr: 1939; Länge über alles 183 cm; . . .« Die Selbstironie trifft, wie oft, die Realität.

41 *Erika Runge,* Frauen. Versuche zur Emanzipation. Frankfurt/M. 1970 = edition suhrkamp 359, S. 51.

42 Auch das Klischee vom das arme Mädchen verlassenden bösen Mann trägt Elemente dieser Auffassung: er hat nicht bezahlt. Die Entrüstung, die ihn trifft, kommt aus der richtigen Erkenntnis, daß die Frau in unserer Gesellschaft sich nur in der Abhängigkeit vom Mann verwirklichen kann. Die Schuld daran wird dann auf den einzelnen Mann übertragen.

43 Selbstverständlich kann die Ehe, in anderem Sinn verstanden und gelebt, andere, positive Funktionen haben.

44 Hier kann fast die gesamte Literatur angeführt werden. Ich nenne nur *Dorothee Bayer,* Der triviale Familien- und Liebesroman im 20. Jahrhundert. Tübingen 1963; Studien zur Trivialliteratur, hrsg. v. *Heinz Otto Burger.* Frankfurt/M. 1968; Trivialliteratur, hrsg. vom Literarischen Colloquium Berlin. Berlin 1964; *Gabriele Strecker,* Frauenträume Frauentränen. Über den deutschen Frauenroman. Weilheim/Obb. 1969.

45 ». . . die zu Typen erstarrten Menschen« (*Walter Höllerer,* in: Studien zur Trivialliteratur, a.a.O., S. 43); ». . . die chemisch reinen Schwarz-Weiß-Typen« (*Gabriele Strecker,* a.a.O., S. 162); ». . . daß sich das Wort ›Klischee‹ durch fast alle Abhand-

lungen über Trivialliteratur zieht« (*Max Lüthi,* zit. in: Studien zur Trivialliteratur, S. 8).

46 ». . . vielmehr stilisieren sie (diese trivialen Erzählungen) moderne Belanglosigkeiten aufs Archetypische.« (*Hermann Bausinger* in: Studien zur Trivialliteratur, S. 25).

47 So sehr sie die Präzision und Nachprüfbarkeit der Argumentation fördert, ist die Beschränkung auf ein Beispiel problematisch. Meine Wahl dieses Romans ist mit von meiner Leseerfahrung bestimmt und bezieht diese ein.

48 *Dorothee Bayer,* a.a.O., S. 68.

49 *Viola Larsen,* Das Schicksal hat drei Tage Zeit, Bastei-Florentine Roman Nr. 800, 1969, S. 5.

50 Z. B. mit der seltenen Rose namens »Dunkle Erde«, einem Dingsymbol für die Vergangenheit Melodys. Bezeichnenderweise vergißt Melody den Auftrag ihres Mannes, sich um die Blume zu kümmern, aber Barbra wird unaufgefordert daran denken.

51 *Viola Larsen,* a.a.O., S. 11.

52 Das Wort selbst taucht bei der ersten Personenbeschreibung Melodys dreimal auf, dazu einmal »Wirkung«, sowie sinnverwandte Worte wie »dekorativ«, »Pose«. Sie will ihren Mann auch dazu bringen, für sich etwas mehr »Publicity« zu machen. Zum Teil dienen diese Hinweise auch sicher zur Charakterisierung der Vergangenheit Melodys als Schauspielerin. Die negative Qualifikationsfunktion solcher Neigung zur Eigenwerbung wird dadurch nur deutlicher.

53 »Stille spannte sich wie ein Bogen des Unheils von Vandenberg [Melodys erstem Mann und Filmregisseur] zu Melody und von Melody zu Sven.« (*Viola Larsen,* a.a.O., S. 10.)

54 »Deine Mittelmäßigkeit war sozusagen die Brücke zu unserem Glück«, sagt Sven zu seiner Frau, die ihm verheimlicht hatte, daß sie eine erfolgreiche und keine gescheiterte Filmschauspielerin gewesen war. (*Viola Larsen,* a.a.O., S. 15.)

55 Die immer dadurch gegeben ist, daß die Guten in der Ehe enden.

56 *Viola Larsen,* S. 11 und 49.

57 Der antiemanzipatorische Charakter dieses Ideals soll hier nicht ausführlich dargelegt werden, wo es um die Vermittlung zwischen gesellschaftlich bedingtem Bedürfnis und literarischer Ersatzbefriedigung geht.

58 Insofern mag dieser Roman ein Sonderfall sein, obwohl das Schauspielermotiv sehr häufig ist und immer negative Klassifizierung bedeutet. Es bleibt jedoch für die Personenbewertung allgemein gültig, daß das Moment der Verstellung zentrale Bedeutung in dem Sinn hat, daß eine solche Verhaltensform jede Person abwertet. Deshalb wird durch Zeichen jedes Spielen, Sich-verstellen und Lügen peinlich genau signalisiert, meist durch Zusätze wie »sprach er heiser« oder »mit rauher Stimme« u. ä.

59 Die hier verwendeten Adjektive entsprechen den Vorstellungen, die in Heiratsanzeigen über die Qualitäten des gewünschten Partners artikuliert werden.

60 Die Ehe am Ende ist immer auch der letzte Bezugspunkt, nach dem Gut und Böse verteilt sind.

61 Obwohl es da natürlich Unterschiede gibt. Viola Larsen zum Beispiel ist eine der Starautorinnen des Basteiverlages. Ihre Romane können es in ihrer Geschlossenheit des Aufbaus, strengen Ökonomie der Verknüpfung und symbolischen Überhöhung mit den meisten Novellen der *hohen* Literatur aufnehmen.

Otfried Hoppe

Triviale Lektüre

Publizistische und sozialpsychologische Überlegungen zur Didaktik der Trivialliteratur*

1. Zur Situation in Forschung und Unterricht

Die literaturpädagogischen Bemühungen um die Trivialliteratur zielen im allgemeinen darauf hin, von der schlechten Lektüre zur guten zu erziehen; das didaktische Mittel ist die Einsicht in die Minderwertigkeit der Trivialliteratur. Als Methoden kommen in Frage[1]: Die Analyse von ›Schunderzeugnissen‹ auf bestimmte Merkmale hin, die Konfrontation mit wertvollen Texten[2], Informationen über die Produktion und Verbreitung von ›Schund‹, die Demonstration der Minderwertigkeit dadurch, daß die Schüler selbst solche Texte produzieren können; »so wird nicht nur das Vergnügen vollkommen, sondern auch die Anziehungskraft der Schundliteratur vollkommen zerstört sein«.[3]

Diese Hoffnung bestätigt sich empirisch nicht. Schüler sind zwar gern bereit, nach den genannten Verfahren im Unterricht an der Trivialliteratur zu arbeiten, sie bringen in der Regel auch ›echte‹ Produkte zuwege, sie sind aber auch offen genug zuzugeben[4], daß sie trotzdem solche Literatur mit demselben Vergnügen weiterlesen werden.

Die didaktische Rechnung geht also nicht auf. Zwei Bedenken müssen geltend gemacht werden:

1.1 Die allgemein im kritischen Deutschunterricht zugrunde gelegte Formel: Kritische Einsicht (in etwas) führt zur Emanzipation (von etwas), ist nicht glaubwürdig; Emanzipation kann nicht generell als kausale Folge von Reflexion oder kritischer Einsicht aufgefaßt werden.[5]

1.2 Die Abgrenzung der Trivialliteratur von der ›wertvollen‹ literatur durch eine Reihe von Merkmalen kann zur Beschreibung der Trivialliteratur dienen, sie reicht aber nicht aus, um Trivialität zu definieren.

Der zweite Einwand kann weitgehend als Ergebnis der literaturwissenschaftlichen Diskussion verstanden werden.[6] Die Merkmalsbestimmung der Trivialliteratur durch einfache Abgrenzung von der nicht trivialen Literatur ist von Hans Friedrich Foltin durch eine Dreiteilung des literarischen Bereichs ersetzt worden, die zwar der historisch orientierten Forschung entge-

---

* Zuerst in: Linguistik und Didaktik Heft 13, S. 16 – 33.

genkommt, aber keine überzeugenden Kriterien zur synchronen Analyse abgibt. Das Urteil ›gut – schlecht‹ als Summe der jeweiligen Kriterien ist von Helmut Kreuzer in doppelter Hinsicht relativiert worden:

1.3 Man könne beim »Absinken« von Literatur ins Triviale nicht (wie Bausinger) von einer Mutation vom Guten zum Schlechten, sondern nur von einer Mutation vom Besseren zum Schlechteren sprechen; [7]

1.4 wo bezogen auf einzelne Kriterien Einigkeit über ›gut‹ und ›schlecht‹ herrscht, »täuscht ein intersubjektives Phänomen, der Konsensus der Kenner, ein objektives vor«.

Daraus folgert Kreuzer, daß jedes Geschmacksniveau »seinen speziellen Perversionspunkt zwischen gut und schlecht« hat [8]; es gibt also – in der Perspektive des Trivialliteratur-Lesers – auch gute und schlechte Trivialliteratur. [9]

Kreuzer zieht aus seinen Überlegungen Konsequenzen, die primär die Literaturgeschichtsschreibung betreffen: »Dementsprechend funktionieren wir den Begriff um: aus einem unmittelbar ästhetischen zu einem unmittelbar historischen – und definieren Trivialliteratur als Bezeichnung des Literaturkomplexes, den die dominierenden Geschmacksträger einer Zeitgenossenschaft ästhetisch diskriminieren. Diese Diskriminierungen sind weder für die Wertungen der Wissenschaft noch für die jeweils späteren Epochen verbindlich. Dann würde es also nicht mehr die Trivialliteratur als Gegenstand der Stilistik oder systematischen Ästhetik geben, sondern Trivialliteraturen als historisch vorfindbare Epochenphänomene.« [10]

Die deshalb geforderte »Geschichte des literarischen Lebens« [11] kann aber ebenfalls der Literaturdidaktik nur indirekt nützen, weil sie keine zuverlässige Orientierung über die jeweils aktuelle Literatur erlaubt.

Die referierte Relativierung des Begriffs Trivialliteratur schränkt den Wert von aufgestellten Merkmalslisten von vornherein ein. Immerhin ist es möglich, über solche Listen den »Konsens der Kenner« zu ermitteln, sofern die literarischen Objekte, für die sie gelten, eindeutig zu dem Bereich gehören, der die ›untere Schicht‹ darstellt, wie Wildwest-, Berg-, Heimat-, Arzt-, Liebesroman. Für alle Merkmale gilt jedoch, daß jedes einzelne oder auch mehrere zusammen auch bei der nicht trivialen Literatur zu finden sind. [12] Dann beweist aber die Möglichkeit, solche Listen literarischer Merkmale anwenden zu können, nicht die Trivialität, sondern die Literarizität der untersuchten Texte; signifikant ist allerdings die Beobachtung, daß bei der Trivialliteratur die feststellbaren Merkmale konstant bleiben.

2. Adäquanz

Die Konstanz der Merkmale erhält ihre Bedeutung erst im Zusammenhang mit der Tatsache, daß Trivialliteratur in Massen gekauft wird; seit der

Untersuchung von Walter Nutz[13] ist belegt, daß die Konstanz der Merkmale von den Herstellern intendiert wird, weil sie die Voraussetzung für den Verkauf ist. Es besteht also weitgehend Übereinstimmung zwischen den Leseerwartungen der Käufer und dem Leseerlebnis, das der Text ermöglicht. Diese Übereinstimmung bezeichne ich mit einem Begriff aus der funktionalen Publizistik als Adäquanz. Henk Prakke definiert sie wie folgt: »Adäquanz: Übereinstimmung von Aussagestrukturen und themenbezogenen Prädispositionen beim Rezipienten«[14]; mit dem Begriff Prädisposition wird alles zusammengefaßt, was das Informationsinteresse bzw. die Informationserwartung des Lesers bestimmt wie: sein Informationsstand, seine Werte und Normen, seine Motivation, sein momentanes Informationsbedürfnis. Mit dem Begriff der Adäquanz wird der funktionale Zusammenhang zwischen Kommunikator und Rezipient allgemein beschrieben; im Gegensatz zur ›intentionalen‹ publizistik, die unter Kommunikation primär die *Wirkung* des Kommunikators bzw. des Mediums auf den Leser (Rezipienten) versteht, wird in der funktionalen Publizistik die ›Abhängigkeit‹ des Kommunikators von den ›Prädispositionen‹ festgestellt; es wird betont, »daß sich Kommunikator und Rezipient auf gleicher Ebene befinden. Konkret bedeutet das die Adäquanz inhaltlicher Strukturen der Aussagen und kommunikativer Dispositionen beim Rezipienten. Diese *Dispositionen* aktualisieren und aktivieren in der Kommunikationssituation die *Motivation der Rezipienten.* Sie entstehen aus Einstellungen, Meinungen, aus Wissen, sozialem Umraum und anderen unabhängigen Variablen. Die Aussage erfüllt ihre Funktion, wenn sie diese Motivationsstruktur absättigt«.[15] Diese Erfüllung der Funktion ist bei einem Medium, das ökonomisch vom Verkauf abhängig ist, zugleich Voraussetzung für den Verkaufserfolg; man darf also folgern, daß ein Medium wie die Trivialliteratur, die gut verkauft wird, einen hohen Adäquanzgrad erreicht, d. h. den Dispositionen der Leser weitgehend gerecht wird. Deshalb kann der Versuch unternommen werden, anhand der Trivialliteratur Aussagen über die triviale Lektüre zu machen, um so die speziellen Leserdispositionen in den Griff zu bekommen. Dabei kann von den Merkmalen, die die Literarizität der Trivialliteratur ausmachen, abgesehen werden, weil sie Lektüre überhaupt möglich machen; d. h. zugleich, daß triviale Texte nicht auf alle möglichen Merkmale hin untersucht werden müssen; entscheidend sind die Merkmale, die einer speziellen Disposition des trivialen Lesers Rechnung tragen. ›Trivialität‹ wird also letztlich verstanden als eine spezielle Disposition des Lesers; deren Beschreibung ist nicht allein mit literaturwissenschaftlichen Begriffen zu leisten.

Die Schwierigkeit einer derartigen Untersuchung ist evident; da im Verfahren vom Text auf den Leser geschlossen werden muß, im Postulat aber die Trivialität des Textes von der Leserdisposition her beschrieben werden soll, stehen die Aussagen in einem Zirkel; sie können erst dann als brauchbar akzeptiert werden, wenn sie empirisch durch unmittelbare Untersuchungen der Leserdisposition belegt sind. Das folgende kann nur mit dem Anspruch verstanden werden, für eine empirische Arbeit eine Hypothese zu liefern; deren Evidenz bleibt vorläufig darauf angewiesen, Widersprüche und didaktische Fehlurteile zu erklären bzw. auszuräumen.

3. *Illusion und Reflexion*

Der referierte funktionale Ansatz bei Prakke setzt ausdrücklich eine Aktivität des Lesers voraus: die Lektüre; sie führt von der vorgegebenen Motivationsstruktur zu deren Sättigung. Dabei ist nach Wolfgang Iser [16] der literarische Text durch einen variablen Grund von ›Unbestimmtheit‹ definiert, die von dem Leser in der Lektüre festgelegt, »normalisiert« wird. »Jede Lektüre wird daher zu einem Akt, das oszillierende Gebilde des Textes an Bedeutungen festzumachen, die in der Regel im Lesevorgang selbst erzeugt werden.« [17] Dieser Prozeß, bei dem der »Leerstellenbetrag« des Textes vom Leser abgebaut wird, kann in zwei Richtungen geschehen:

3.1 Der Leser ordnet – entsprechend seiner Disposition – in der Lektüre das Textmaterial zu einem konsistenten Gebilde, indem er Teile und Aspekte selegiert und durch ›Illusionsbildung‹ zusammenfügt. [18]

3.2 Wenn bei dem ersten Prozeß zu viele unübersehbare Leerstellen unbestimmt bleiben, so wird die Illusionierung dem Leser bewußt; er kann die Lektüre abbrechen oder er hat »die Chance, sich seine eigenen Dispositionen bewußt zu machen, indem er erfährt, daß seine Sinnprojektionen sich niemals mit den Möglichkeiten des Textes vollkommen verrechnen lassen«; dabei gewährt der Text »die Chance, daß der zur Reflexion angestoßene Leser in ein Verhältnis zu seinen Vorstellungen gelangt«. [19]

Im Hinblick auf die triviale Lektüre sind die beiden Möglichkeiten deutlicher als bei Iser in ihrem *qualitativen* Unterschied festzuhalten:

3.3 Es gibt Leerstellen, die der Leser im Nachvollzug des Erzählten füllt: Handlungsschnitte, Blenden, Parallelhandlungen usw. Für deren ›Normalisierung‹ gilt, daß sie die Illusion verstärken, denn sie bieten einen verstärkenden Anreiz, Unbestimmtheit eindeutig zu machen, was als ›Spannung‹ bezeichnet werden kann.

3.4 Es gibt Leerstellen, die sich auf die werthafte Orientierung des Lesers beziehen; diese bieten nach Iser die Chance zur Reflexion. Mit Iser ist – gegen die verbreitete Theorie der ›Verfremdung‹ – die Einschränkung ›Chance‹ zu betonen; die Reflexion selbst ist eine Leistung des Lesers, nicht eine Funktion des Textes. Denn in jedem Fall hat der Leser – einmal durch bestimmte Signale auf die Literarizität des Gebotenen aufmerksam geworden – die Illusionierung zu leisten; und es setzt eine spezielle Disposition des Aufnehmens voraus, wenn er nicht durch die Illusionierung und die damit verbundene Selektion die Chance zur Reflexion von vornherein verpassen soll.[20]

Die auf Adäquanz ausgerichtete triviale Lektüre ist demnach so zu beschreiben, daß der Text die Illusion schaffende Aktivität des Lesers stark beansprucht, d. h. auf Spannung ausgeht; daß er bei den Perspektiven der Bewertung jedoch keine Orientierungsschwierigkeiten aufkommen läßt, also nicht zur Reflexion provoziert. Allerdings muß betont werden, daß es sich bei dieser Feststellung um eine Aussage über die Lektüre handelt, auf die hin der Text disponiert wird; denn einmal kann Trivialliteratur auch reflektierend gelesen werden (wie viele kritische Untersuchungen zeigen), zum anderen gilt diese Form der Lektüre nicht nur für die Trivialliteratur; von einem Verstehen durch Illusionierung sind auch ›hohe‹ literarische Texte (sowohl die ›Klassiker‹ als auch die ›Moderne‹) nicht ausgeschlossen.

Mit dem Kriterium der Illusionsbildung ist die triviale Lektüre nur zum Teil beschrieben. Der oben referierte Begriff der Adäquanz greift über die Möglichkeit eines bestimmten Leseprozesses hinaus, indem er die zugrunde liegende Motivationsstruktur anspricht. Dazu muß das Zusammenspiel von Leseerwartung und Textdisposition zunächst weiter differenziert werden. Ich lege dabei eine These von Hans Robert Jauß zugrunde, mit der er den ästhetischen Wert von Literatur zu bestimmen sucht:

»Der ... Erwartungshorizont eines Werkes ermöglicht es, seinen Kunstcharakter an der Art und dem Grad seiner Wirkung auf ein vorausgesetztes Publikum zu bestimmen. Bezeichnet man den Abstand zwischen dem vorgegebenen Erwartungshorizont und der Erscheinung eines neuen Werkes, dessen Aufnahme durch Negierung vertrauter oder Bewußtmachung erstmalig ausgesprochener Erfahrungen einen ›Horizontwandel‹ zur Folge haben kann, als ästhetische Distanz, so läßt sich diese am Spektrum der Reaktionen des Publikums und des Urteils der Kritik (spontaner Erfolg, Ablehnung oder Schockierung; vereinzelte Zustimmung, allmähliches oder verspätetes Verständnis) historisch vergegenständlichen.

Die Art und Weise, in der ein literarisches Werk im historischen Augenblick seines Erscheinens die Erwartungen seines ersten Publikums einlöst, übertrifft, enttäuscht oder widerlegt, gibt offensichtlich ein Kriterium für die Bestimmung seines ästhetischen Wertes her. Die Distanz zwischen Erwartungshorizont und Werk, zwischen dem schon Vertrauten der bisherigen ästhetischen Erfahrung und dem mit der Aufnahme des neuen Werkes geforderten ›Horizontwandel‹ bestimmt rezeptionsästhetisch den Kunstcharakter eines literarischen Werks: In dem Maße, wie sich diese Distanz verringert, dem rezipierenden Bewußtsein keine Umwendung auf den Horizont noch unbekannter Erfahrung abverlangt wird, nähert sich das Werk dem Bereich der ›kulinarischen‹ oder Unterhaltungskunst.«[21]

Jauß berücksichtigt zur Bestimmung des literarischen Wertes nur das Kriterium der ›Adäquanz‹; die positive Bewertung der Abweichung von der

Norm der Leseerwartung läßt eine Unterscheidung zwischen Kunst und Unsinn nicht zu, weil ›Verständlichkeit‹ nicht als Kriterium auftritt. Außerdem müßte nach dieser These eine nicht mehr aktuelle Literatur denselben ästhetischen Wert haben wie eine noch nicht aktuelle; oder man setzt einen simplen Fortschrittsglauben voraus, nach dem alles, was einmal da war, prinzipiell als aufgehoben und überwunden angesehen wird, nach dem dann auch jede Abweichung von den jeweils genormten Erwartungen nur progressiv sein kann.

Bestritten werden muß vor allem die Grundannahme, von der Jauß ausgeht: Die Leseerwartungen seien zu einem Zeitpunkt weitgehend homogen, weil sie durch den historischen Prozeß bedingt seien; diese generalisierten Leseerwartungen setzen den generalisierten Leser voraus, den Jauß als »Publikum« bezeichnet. Von wenigen Beispielen einer geschlossenen Reaktion auf ein literarisches Werk abgesehen, ist dieses Publikum als konstante Größe nicht existent. Die Divergenz der Leseerwartungen ist nicht als historische Übergangsphase zu erklären, in der sich neue Leseerwartungen allmählich gegen alte durchsetzen; die Leseerwartungen divergieren vielmehr kategorial, und es scheint nicht ungewöhnlich, daß sie auch beim einzelnen Leser je nach Situation kategorial divergieren [22]: neben Erwartungen, die sich primär auf die Bestätigung von Weltanschauungselementen, auf Illusion oder auf Unterhaltung richten, gibt es – gerade in der Literaturwissenschaft und Literaturkritik – auch Erwartungen wie: Das Werk soll ›modern‹ sein, d. h. gesellschaftskritisch oder in bestimmter Weise artifiziell oder auch nur nicht-interpretierbar. Je allgemeiner und formaler die Leseerwartungen, desto schwerer hat es der Autor, ihnen nicht zu entsprechen, um ästhetisch wertvoll zu sein. Gerade wo der Autor sich negativ an einer Literaturkritik orientiert, deren Erwartungen primär auf ästhetische oder formale Merkmale gerichtet sind, sieht er sich zur Erfindung immer neuer Effekte und Techniken gezwungen, um dem Vorwurf der ›Trivialität‹ zu entgehen. Wo die Leseerwartung des Kritikers allerdings darauf reduziert ist, daß der Leser immer wieder etwas Neues erwartet, kann der Autor ihn prinzipiell nicht mehr überraschen, es sei denn, er wird bewußt trivial.

Diese Kritik ist nicht nur formale Spielerei [23]: Wenn die Rezeption zur Basis literaturwissenschaftlicher Aussagen gemacht werden soll, dann kann ein rein formal gefaßtes Kriterium der Adäquanz auf dem Hintergrund einer pauschalierten historischen Auffassung nicht ausreichen, um qualitative Aussagen über Texte zu machen; vielmehr müssen distinktive Kategorien der Rezeption (und damit der Adäquanz) aufgestellt werden, die jeweils den Konvergenzpunkt zwischen Leseerwartung und Textdisposition bestimmen.

4. Ideologie als Voraussetzung oder Wirkung?

Die geforderte kategoriale Differenzierung der Adäquanz wird verstellt, weil der Bezug zwischen Text und Leser häufig unreflektiert als Wirkung des

Textes auf den Leser verstanden wird. Die abschließende These von Jauß macht das deutlich: »Die gesellschaftliche Funktion der Literatur wird erst dort in ihrer genuinen Möglichkeit manifest, wo die literarische Erfahrung des Lesers in den Erwartungshorizont seiner Lebenspraxis eintritt, sein Weltverständnis präformiert und damit auch auf sein gesellschaftliches Verhalten zurückwirkt.« [24]

Daß die literarische Erfahrung das Weltverständnis des Lesers präformiert, ist eine nicht bewiesene Hypothese, die von Jauß als solche nicht kenntlich gemacht wird. Die von ihm postulierte Literaturgeschichte, die »im Gang der ›literarischen Evolution‹ jene im eigentlichen Sinn *gesellschaftsbildende* Funktion aufdeckt« [25], legt einen Adäquanzbegriff zugrunde, bei dem die Literatur den Leser durch Wirkung an sich anpaßt. Von der funktionellen Auffassung der Lektüre her, die zunächst im Bereich der Publizistik verifiziert ist, müßte die These von Jauß umgekehrt werden: Das Weltverständnis des Lesers präformiert die literarische Erfahrung. Daraus folgt, daß eine didaktische Einflußnahme auf diesen Prozeß beim Weltverständnis des Lesers, nicht bei der literarischen Erfahrung anzusetzen hätte.

Das ist gerade auch gegen die Untersuchungen geltend zu machen, die statt von »Weltverständnis« von »Ideologie« sprechen; sie leiten die Negativität der Trivialliteratur aus der negativen Ideologie ab und schwanken dabei zwischen der Annahme einer ideologischen Wirkung auf den Leser und einer Widerspiegelung der Ideologie des Lesers in der Literatur hin und her. Als Beispiel soll der Abschnitt über den »Western als Politikum« bei Jens-Ulrich Davids (1969) analysiert werden:

Davids geht davon aus, daß sich der Leser des Western in der Lektüre einerseits »seiner aktuellen Wirklichkeit entzieht«; andererseits: »Des Lesers erworbene Meinungen entstammen – vermittelt in der Fiktion – dem aktuellen, alltagswirklichen Bereich und können sich wieder in ihm auswirken.« [26] »Die Welt, in die der Leser flieht, sieht der, aus der er flieht, ungemein ähnlich.« [27]

Adäquanz wird hier erklärt durch Identität der Welt des Buches mit der des Lesers; dabei wird die zunächst angesprochene Funktion der Lektüre: daß der Leser aus seiner Wirklichkeit flieht, nicht erklärt; die Funktion der Ablenkung und Entspannung setzt einen qualitativen Unterschied zwischen realer Umwelt und fiktionaler Welt voraus.

Die von Davids angenommene Identität beider »Welten« wird prozessual (im ersten Zitat) erklärt als Spiegelung der Umwelt in der Literatur und meinungsbildende Wirkung der Literatur auf den Leser. Davids konkretisiert diesen ›ideologischen Zirkel‹, wenn er von der »Konformität des Western mit den Interessen der Herrschenden« spricht [28]; »nicht Kritik wird dem Leser empfohlen, sondern die Bejahung des Positiven, der ›ewigen Werte‹ Familie, bestehende Gesellschaftsordnung und Schicksal«. [29]

Die Argumentation Davids' wird zunehmend abstrakter: Wurde zunächst von der Identität der Welten gesprochen, ist am Ende nur noch von einer positiven Einstellung zur jeweils bestehenden Ordnung die Rede, die sich als Wirkung auf den Leser einstellen soll. Würde man den Anfang der Argumentation aufgreifen (die Davids an Textbeispielen belegt), so wäre zu fragen, ob man denn meint, Wildwestromanleser bevorzugten – als Wirkung dieser Lektüre – generell blondes Haar, fänden schwarze Kleidung ›böse‹, hielten das Pferd für das beste Verkehrsmittel und legten ihr Geld in Rinderherden an? Offensichtlich gehören die gerade genannten ›Versatzstücke‹ in den Bereich der ›Illusion‹; das Problem stellt sich aber in der Frage, wo die illusionierende Fiktion aufhört und die vermeintliche ideologische Widerspiegelung und Wirkung einsetzt. Die ›Bejahung des Positiven‹ kann ebensogut Teil der Illusionierung sein wie die blonden Haare oder die Colts. Wenn Davids Adornos Satz: »Nie sollte Kunst Ruhe und Ordnung garantieren« zitiert, so unterstellt er unbesehen, daß eine Literatur, in der am Ende alles in Ordnung kommt, deshalb eben auch wie eine Empfehlung der Ordnung auf den Leser wirke.

Diese ideologiekritische Argumentation ist – nicht nur bei der Trivialliteratur – verbreitet; sie soll dazu dienen, die politische Relevanz der Literatur zu erklären, und wird so gerade zum Ausgangspunkt didaktischer Überlegungen. Es scheint mir deshalb notwendig zu sein, das Verfahren prinzipiell in Frage zu stellen:

4.1 Wenn die politische Relevanz eines Textes oder einer Textsorte oder der Literatur überhaupt festgestellt werden soll, kann das nur geschehen anhand der *Lektüre,* denn politisch relevant werden kann beim Leser nur das, was er aus dem Text entnommen hat. Die Gleichsetzung einer Interpretation oder Analyse mit der generellen Wirkung auf *den* Leser verstößt gegen hermeneutische und kommunikationstheoretische Axiome.

4.2 Aufgrund der oben aufgezeigten Bedingung der ›Adäquanz‹ ist bei jeder Lektüre, die die Merkmale Verständlichkeit und Interesse aufweist, anzunehmen, daß der ›Informationsstand‹ partiell identisch (Verständlichkeit) und partiell nicht identisch (Interesse) ist – bei totaler Identität würde die subjektive Information gleich Null, d. h. es bestünde kein Interesse mehr. Man kann also generell bei jeder nicht gestörten Kommunikation voraussetzen, daß eine partielle Übereinstimmung informativer und damit zugleich ›ideologischer‹ Art zwischen Sender und Empfänger besteht. Worin die Übereinstimmung jeweils besteht, kann nicht allein durch eine Analyse des Senders bzw. des Textes oder Mediums festgestellt werden.

4.3 Diese partielle Übereinstimmung kann nicht die ›Motivationsstruktur‹ erklären, da diese als ›Interesse‹ eher in dem zu suchen ist, was nicht übereinstimmt, als solches aber genauso zur Leseerwartung gehört. Auch die Unterscheidung zwischen der Adäquanz auf der Ebene der Illusionierung und auf der Ebene der ›Wertung‹ läßt es nicht zu, Lektüre mit der einfachen Hypothese der Wirkung vom Text auf den Leser zu erklären: »Dieses von Kracauer, Adorno u. a. in die Kultursoziologie eingeführte Denkschema ist ein Analogieschluß, dem ein naiver naturwissenschaftlicher Kausalbegriff zugrunde liegt.« [30]

Die theoretisch unklare Ambivalenz von Spiegelung und Wirkung führt auch bei didaktischen Überlegungen zur Trivialliteratur zu Widersprüchen: So geht z. B. Malte Dahrendorf [31] von der Definition der Spiegelung aus: »Der Begriff ›trivial‹ im Sinne von ›banal‹, was auf der Straße liegt, Meinung und Auffassung von jedermann«; – der Leser »reagiert wie auf den Zuruf: du brauchst dich nicht zu ändern. Man darf sich so, wie man nun einmal ist, selber genießen.« [32] Andererseits kritisiert Dahrendorf die auch von ihm selbst vorgenommene Abwertung der Trivialliteratur, weil diese Diskriminierung »nur zur Bestätigung bestehender Herrschaftsinteressen« [33] führt. Er nimmt für die Trivialliteratur eine sozial notwendige Entlastungsfunktion in Anspruch, ja sogar eine gesellschaftskritische Funktion: »Die durch die Trivialliteratur stimulierten Träume von einer ›besseren Welt‹ könnten die bestehende in Frage stellen.« [34] Seine didaktische Zielsetzung bleibt meines Erachtens genauso widersprüchlich: Aufgabe des kritischen Unterrichts, der nicht »zu einem Instrument der gesellschaftlichen Stabilisierung« [35] wird, ist es, die in der Trivialliteraturlektüre sich ausdrückende soziale Differenzierung »abzulösen durch *allgemein anerkannte* situations- und rollenbedingte Verhaltensweisen«. [36]

Im Forschungsbereich Trivialliteratur ist der Ansatz, das Publikum mit einzubeziehen, bisher vor allem in den Untersuchungen zum ›Comic‹ berücksichtigt; da die Comics zum großen Teil Bestandteil der Zeitungen waren, gibt es als Material eine Reihe von Leserbefragungen aus den USA, in denen sich das Informationsinteresse der Leser unmittelbar ausspricht [37]; dabei wird deutlich, daß die Wandlungen der Comics durch die Veränderungen des Leseinteresses bedingt sind (nicht umgekehrt) und daß Veränderungen der Leseerwartungen mit historischen Veränderungen des politischen und sozialen Kontextes korrelieren. Dabei wird ein Dualismus deutlich: 1. richten sich die Leseansprüche auf einen Realismus in den Comics, der sich allerdings als Pseudorealismus entlarvt; so darf in der Zeit nach dem Zweiten Weltkrieg nicht ein Invalide als Held im Comic erscheinen. [38] 2. soll der Comic ein Wunschdenken gestalten; besonders die für Trivialliteratur allgemein typische Konzeption des ›Helden‹, der sich aufgrund seiner individuellen Fähigkeiten und Kräfte als Einzelperson durchsetzt, ist hier zu nennen; darin liegt ein deutlicher antirealistischer Zug der Leseerwartungen. Man spricht von ›Befriedigungskunst‹. der unter 1. genannte ›Wirklichkeitsbezug‹ als Merkmal der Leseerwartung postuliert also keine bloße Abbildung, sondern die Lektüre soll im ganzen eine Ergänzung der Wirklichkeit bieten. Sie hat komplementäre Funktionen.

Dieser Antirealismus ist nicht das Ergebnis einer Manipulation durch die Lektüre, sondern ›manipuliert‹ die Literatur. Es lassen sich demnach zwei Aspekte der ›trivialen‹ Adäquanz unterscheiden:

4.4 Der Bezug auf eine jeweils ›aktuelle‹ Wirklichkeit (Technik, Kriminalität, Nationalgefühl, bestimmte Verhaltensformen usw.); diesen Aspekt teilt die Trivialliteratur mit anderer aktueller Literatur – auch mit moderner Dichtung.

4.5. Der antirealistische Bezug in der Darstellung und Lösung von Problemen und Konflikten; dieses Merkmal ist im Bereich der Trivialliteratur konstant; ohne den Helden kommt die Trivialliteratur nicht aus.

Das zweite Merkmal darf also nicht fehlen, das erste ist ›ersetzbar‹: die dargestellte Welt muß nur ›glaubhaft‹ oder – im Sinne von Aristoteles' Tragödienbegriff – ›wahrscheinlich‹ sein; es ist gleichgültig, ob der Held im Wilden Westen, der pauschal historisch legitimiert und damit wahrscheinlich wird, agiert oder ob er ›aktuelle‹ Probleme der Industriespionage löst; er ist jedenfalls der ›Held‹.

Zugleich ist die Dominanz der ›Antirealismus‹ auch daran abzulesen, daß die in der Trivialliteratur dargestellte Welt niemals genau der entsprechen darf, in der der Leser lebt; die Probleme dürfen nicht so erfaßt werden, daß sie unmittelbar die des Lesers sein könnten; als Lösung kommt nichts in Frage, was auch der Leser unmittelbar leisten könnte. Die Welt muß nur real erscheinen, d. h. sie muß über die Illusionierung Spannung ermöglichen. Wie sehr die Forderung der Leser nach ›action‹ auf eine Illusionierung gerichtet ist, zeigt ein Argument, mit dem nach dem Zweiten Weltkrieg die älteren Comics kritisiert wurden: nobody shot nobody.[35]

Beide Merkmale der Leseerwartung (Pseudorealismus der dargestellten Welt, Antirealismus der dargestellten Konflikte und Lösungen) sind nicht so ›nebeneinander‹ zu sehen, daß sie zu heterogenen Funktionen der Trivialliteratur werden; einerseits die Funktion der Anpassung (erstes Merkmal) und andererseits die Funktion der kritischen Distanzierung von der Wirklichkeit (zweites Merkmal).[40] Der Prozeß der ›trivialen Lektüre‹ ist als homogen zu betrachten; er muß also theoretisch so analysiert werden, daß beide Merkmale aufeinander bezogen werden.

Das erfordert ein Modell der sozialpsychologischen Erklärung, das differenzierter ist als die gängige Vorstellung der ›Rollenübernahme‹, bei der der Rollenträger ausschließlich durch seine Rolle definiert wird; denn damit wird die Übernahme ›literarischer Rollen‹ durch den Leser letztlich wieder nur als Wirkung des Textes auf den Leser beschrieben, was dann zu genannten Widersprüchen führt. So geraten die Unterrichtsversuche zu Comics, über die Sabine Rauch[41] berichtet, in den Widerspruch zwischen pseudorealistischem und antirealistischem Anspruch: Rauch betont zu Recht, daß ein didaktisches Bemühen bei der Motivationsstruktur der Schüler ansetzen müsse; sie erhält dazu klare Aussagen von den Schülern, wie »Die Phantasie der Schüler wünscht sich solche Helden«, »die Kinder wünschen das Sensationelle; auf der Erde gibt es das nicht«.[42] Trotzdem geht Rauch dann vor allem von dem aus, was sie das »falsche Bewußtsein« nennt, und vergleicht die Welt im Comic mit historischen Analysen; sie unterrichtet an der ›Lektüre‹ der Schüler, die im Comic bewußt keine historische Realität suchen, vorbei, weil sie die politische Dimension in den Unterricht bringen möchte, und zwar mit der ideologischen Analyse des *Inhalts* eines Comics.

Die Verwendung des Rollenbegriffs scheint mir aus vielen Gründen problematisch zu sein; einige davon beziehen sich auf die Notwendigkeit, zwischen der Rolle und dem Rollenträger (Individuum) zu unterscheiden; für die literarsoziologische Frage nach der ›trivialen Lektüre‹ sind besonders Rollenübernahme und Rollenverhalten so zu differenzieren, daß die Unterschiede der Einstellung des Rollenträgers zu seiner Rolle deutlich werden; denn das ist die Voraussetzung dafür, zwischen ›Lektüre‹ und Wirklichkeit im Hinblick auf die Motivationsstruktur des Lesers zu unterscheiden und beides aufeinander zu beziehen; die aufgezeigte Ambivalenz von Pseudorealismus und Antirealismus in der Leseerwartung läßt die Hypothese zu, daß die sozialbedingte ›Rolle‹ in der Wirklichkeit dazu führt, eine ›Rolle‹ in der Lektüre zu wählen, die der ersten ›an sich‹ widerspricht, ihrer Leistung nach jedoch komplementär zu ihr steht.

Ob bei einer derartigen Differenzierung noch sinnvoll mit dem Rollenbegriff operiert werden kann, soll hier nicht diskutiert werden. Das sozialpsychologische Modell, das im folgenden nach Arbeiten von Alfred Lorenzer skizziert wird, leistet meines Erachtens die notwendigen Differenzierungen. Die Gedanken Lorenzers werden hier im Zusammenhang mit der ›trivialen Lektüre‹ ausdrücklich als *Modell der Erklärbarkeit* herangezogen; die Theorie Lorenzers ist nicht auf dieses Problem bezogen, sondern versucht, die Sprachprozesse der Psychotherapie zu beschreiben. Die Übertragung auf das Problem der trivialen Lektüre ist möglich, weil in beiden Fällen sozialbedingte sprachgebundene Vorgänge vom Individuum her beschrieben werden.[43]

5. *Klischee – Symbol*

Lorenzer differenziert den Symbolbegriff durch die Unterscheidung in Klischee, Symbol und Zeichen[44]; die Unterscheidung richtet sich nicht auf literarische Merkmale, sondern betrifft die psychische Repräsentanz von Gegenständen oder Vorgängen, die das Verhalten des einzelnen steuern. Das Symbol (im engeren Sinne) kann verstanden werden als der mittlere Punkt auf einer Linie zwischen Klischee und Zeichen.

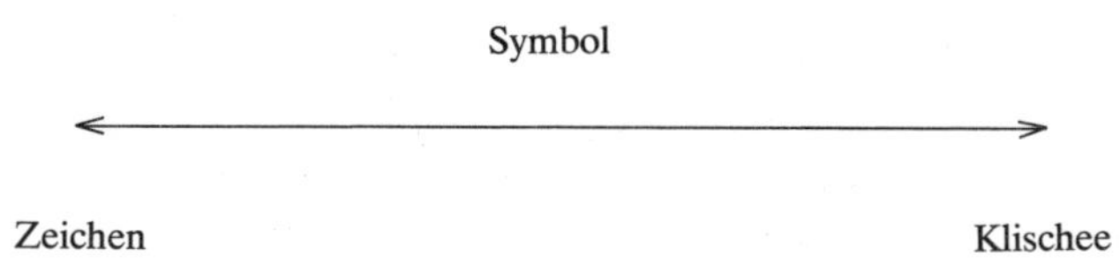

Das Symbol ist durch folgende Merkmale gekennzeichnet: Es verbindet Bildlichkeit, Vorstellbarkeit mit Rationalität: Symbole können für Gegenstände oder Vorgänge stehen, sie erlauben deshalb ein Vorausplanen, weil zwischen Symbol und Objekt im Bewußtsein getrennt werden kann; der Bezug auf das Symbol ist aber zugleich affektivisch; die Distanzierung (Symbol – Objekt) erlaubt damit zugleich eine Objektivierung und Steuerung des Affektivischen, denn Symbole können – getrennt von den Objekten – evoziert werden.

Beim ›Zeichen‹ verschiebt sich die Imago zugunsten der Rationalität unter Verzicht auf das Affektivische. Beim Klischee wird das Affektivische dominant und verdrängt die Rationalität, d. h. das Klischee kann nicht getrennt von den Objekten evoziert werden, es bleibt rational unzugänglich; das Zeichen kann ohne herstellbaren Bezug auf ein Objekt isoliert benutzt werden.

Die Bildung von Klischees und von Zeichen wird als Vorgang der Verdrängung (aus dem Bereich des Symbols) verstanden.

Lorenzer unterscheidet Klischee und Symbol durch sechs Merkmale; ich zitiere diese Aufstellung in Auszügen: [45]

1. Klischees »erfüllen dynamisch dieselbe Funktion wie Symbole, indem sie besetzt werden können.

2. Sie lassen sich in Symbole verwandeln und sind aus Symbolen verwandelt worden. . . .

3. Während Symbole, wie wir gehört haben, unabhängig von der Realsituation evoziert werden können, bedürfen die Klischees eines szenischen Arrangements zur Auslösung. Ist dieses vorhanden, so kommt ein Mechanismus in Gang – ein Ablauf, der im hysterischen Agieren besonders drastisch illustriert ist. Die Kehrseite der Abhängigkeit von der szenischen Anordnung ist ein Freibleiben, wenn es nur gelingt, die Situation sorgfältig genug zu vermeiden. Szenisches Arrangement darf übrigens nicht eingeengt auf Realvorgänge verstanden werden. Auch Phantasiesituationen können, wenn sie sich zusammenfügen, eine Auslösefunktion haben . . .

4. Während Symbole sich durch die Unterscheidung von ›Objekt‹ und ›Symbol‹ auszeichnen, fehlt eine derartige Autonomie beim Klischee . . . Mit der Möglichkeit, sich das Symbol unabhängig von jedem szenischen Zusammenhang zu vergegenwärtigen, gewinnt das Symbol seine Tauglichkeit als Vermittlungsinstrument gerade im Affekthaushalt. Weil das Symbol mit dem realen Liebesobjekt draußen identisch ist und gleichzeitig davon unterschieden werden kann, kann auch die Triebdynamik von der szenischen Anwesenheit des Objektes abgelöst werden. Die wichtigsten Konsequenzen dieses Sachverhaltes sind:

a) An die Stelle des Handelns kann ein Probehandeln mit kleinen Energiequanten treten. Es kann ›im Geist‹ erst alles durchgespielt werden, bevor die Handlung in Gang gesetzt wird.

b) Es bringt das Hantieren mit Symbolen einen Verzögerungsfaktor mit ins Spiel, und zwar jenen Verzögerungsfaktor, der für die höheren, das heißt sekundärprozeßhaften Abläuft typisch ist . . . Demgegenüber setzen sich klischeebezogene Impulse ohne Verzögerung und unabhängig vom Symbolgefüge hinter dem Rücken des Individuums durch, wobei dieses Durchsetzen sich bald in motorischen Aktionen, bald in Träumen (bzw. Tagträumen) äußert. In jedem Falle aber läuft die ›Szene‹ aus innerer, unreflektierter Zwangsläufigkeit ab. Das führt zum nächsten Merkmal.

5. . . . Klischeebezogene Triebabläufe sind strikt determiniert. Sie sind mit so strenger Folgerichtigkeit an den szenischen Auslösereiz gebunden, daß von Widerholungszwang gesprochen wird . . .

6. Ein weiteres gemeinsames Merkmal aller klischeebestimmten Prozesse ist ihre Irreversibilität. Gegen alle lerntheoretischen Erwartungen erweisen sich bekanntlich die neurotischen Klischees, die ›szenischen Muster‹, als nicht abnützbar und nicht reversibel. Im Gegenteil, wir kennen den Vorgang der Chronifizierung, bei dem es zu einem immer müheloseren Einschleifen (um diesen Ausdruck aus der Reflexlehre zu übernehmen) kommt. Diese Irreversibilität, diese Stereotypie des klischeebestimmten Verhaltens setzt ein an einer umschriebenen historischen Marke: dem Originalvorfall. An diesem Moment der Entwicklung endet auch jede flexible Anpassungsfähigkeit und Veränderlichkeit, um statt dessen einer unwandelbaren Starre Platz zu machen.«

Bei der Suche nach der Motivationsstruktur für die triviale *Lektüre* – darauf sei noch einmal hingewiesen – darf die Struktur des klischeebestimmten *Verhaltens* nicht undifferenziert übernommen werden. Denn die Lektüre stellt keine neurotische Zwangshandlung dar; Lektüre ist auch nicht gleichzusetzen mit den von Lorenzer angegebenen »Tagträumen«, die ja »unkontrolliert«, zwanghaft auftreten. Andererseits gibt es Gemeinsamkeiten: die starke affektivische Beteiligung, die Bindung an das »szenische Arrangement« (Illusionierung, pseudorealistischer Anspruch), die unlösbare Bindung der Motivation an das ›Klischee‹, d. h. die Unersetzbarkeit der trivialen Lektüre, und die Beobachtung, daß die wiederkehrenden Sujets der Trivialliteratur in der Lektüre nicht abnutzbar sind.

Eine Verbindung ist nicht zwischen Klischee und Trivialliteratur herzustellen, sondern nur über das klischeebestimmende Verhalten und die triviale Lektüre: Da Klischees Produkte von Verdrängungen (Desymbolisierungen) sind, die Literatur aber in jedem Fall eine ›Objektivierung‹ darstellt, ist die Funktion der trivialen Lektüre als quasi-therapeutisch beschreibbar; es findet ›so etwas wie eine Resymbolisierung‹ statt.

Eine echte Therapie würde (nach Lorenzer) bedeuten, daß die klischeehaften Repräsentanzen resymbolisiert werden: Sie werden bewußt und rational zugänglich, indem sie affektivisch entlastet und ›szenisch befreit‹ werden: das erfordert im psychotherapeurischen Prozeß die Rekonstruktion der originären, biographischen Situation, in der die Desymbolisierung entstand (›Historisierung‹).

Die Quasi-Therapie der trivialen Lektüre behält das szenische Arrangement bei (Romanstruktur); der Leser kann sich so durch die Identifikation mit dem Helden in einer ›Welt‹ bewegen, in der seine ›Klischees‹ Symbolwert haben; die Lektüre bewirkt aber keine Therapie, weil die Identifikation von Subjekt und Objekt durch die ›Symbolwelt‹ nicht aufgehoben, sondern nur verlagert wird zu einer Objektivierung in der Lektüre, die an die Illusion gebunden bleibt; eine Beziehung zur tatsächlichen Welt des Lesers würde die triviale Lektüre zerstören (Antirealismus), eine Historisierung (s. o.) bleibt also aus; die Quasi-Historisierung, der Anspruch auf Pseudorealität, ist aber erforderlich, um so etwas wie eine Symbolwelt aufzubauen.

Während im Bereich des Symbols (nach Lorenzer) das ›regelgeleitete Handeln‹ und die ›Kreativität‹ anzusetzen sind, bleibt die Quasi-Symbolisierung der trivialen Lektüre auf die ›Reaktion‹, den ›passiven‹ Nachvollzug beschränkt. Das unterscheidet dieses ›triviale Psychodrama‹ von dem therapeutischen, bei dem die Patienten ihre Rolle selbst finden und gestalten müssen.[46]

Andererseits ist so das ›Vergnügen‹ an der trivialen Lektüre beschreibbar: Ihre quasitherapeutische Wirkung entlastet – wenn auch nur momentan – von der Verdrängung; die in die Klischees abgedrängten Repräsentanzen können in der Form der Illusionierung ›bewußt‹ werden; die Lektüre entlastet damit zugleich vom symbolhaften, regelgeleiteten und verantwortlichen Handeln in der tatsächlichen Welt, die ja die Verdrängung bewirkt und aufrechterhält.

Eine Analyse der ›Klischees‹, die die Motivation zur trivialen Lektüre bedingen, wird kaum individuelle Verdrängungen zu berücksichtigen haben, denn die Trivialliteratur entspricht einem verbreiteten, generalisierten Bedürfnis. Greift man das auffällige Merkmal des ›Helden‹ in modernen Trivialromanen heraus, so scheint die sozialbedingte Verdrängung des Anspruchs auf das individuelle Durchsetzen der eigenen Persönlichkeit ein Klischee zu bedingen, das in der trivialen Lektüre relevant wird; damit ist zugleich die Vermutung gegeben, daß die konformistische, sich wiederholende ›Ideologie‹ in der Trivialliteratur nicht unmittelbar das Leseinteresse berührt, sondern nur so weit relevant ist, wie sie Voraussetzung für die ›individuelle‹ verwirklichung der Person ist, also zum szenischen Arrangement gehört, das Illusion ermöglicht.

6. Didaktische Überlegungen

Geht man didaktisch von der Absicht aus, die triviale Lektüre zu überwinden, so wird nun deutlich, daß eine direkte Veränderung der Lektüre nicht möglich ist, wenn nicht die Motivationsstruktur verändert wird. Die anfangs referierten Versuche, durch Einsicht in die Minderwertigkeit der Trivialliteratur Veränderungen zu bewirken, gehen, auch wenn sie mit einer Buchumtauschaktion gekoppelt sind, ins Leere, denn die zur trivialen Lektüre führende Motivation ist unverändert, sie ist nicht einmal in den Blick gerückt.[47] Ob die Motivationsstruktur überhaupt verändert werden kann (oder soll), sollte mit Vorsicht entschieden werden; denn in jedem Fall müßte dazu der Bereich des regelgeleiteten Handelns, die normenbedingte Struktur der Handlungsmöglichkeiten und Verbote verändert werden. Am Beispiel des ›Helden‹ hieße das, gerade die auf Sozialität ausgerichteten Normen zugunsten der individuellen Erfolgschancen abzubauen, also eine Einengung der politischen Motivation. Genereller gesagt: Es läßt sich vermuten, daß jede Art von Gesellschaft die einzelnen zu bestimmten Verdrängungen zwingt; die total aufgehende Rechnung der rein sozialen Motivationen dürfte kaum jemals den gesamten Bereich der Motivationen beim einzelnen determinieren. Wenn man in der trivialen Lektüre etwas sozial Minderwertiges sieht, so muß man die Ursachen in dem Bereich beseitigen, in dem sie entstehen: im Bereich des sozial geregelten Handelns; und man benötigt dann dazu nicht nur eine hübsche, sondern eine für den einzelnen praktikable Utopie[48] (dazu unten 7.).

Noch aus einem anderen Grund ist die generelle negative Bewertung der trivialen Lektüre fragwürdig. Es scheint nicht zwingend, überall ein verfestigtes Klischee, also eine abgeschlossene Verdrängung vorauszusetzen, wie wir es oben getan haben. Die Übergänge vom Symbol zum Klischee sind als fließend zu denken, der Bereich des regelgeleiteten verantwortlichen Handelns ist auch der Bereich der Probleme und Motivationskonflikte. Die Welt der Symbole funktioniert nicht reibungslos, sondern stellt ein Gefüge dar, dessen Funktionsfähigkeit immer wieder vom einzelnen durch seine Entscheidungen hergestellt werden muß. Triviale Lektüre kann auch deshalb Vergnügen bereiten, weil sie von den notwendigen partiellen Verdrängungen entlastet; sie gewährt Vergnügen durch die radikale Reduktion der Probleme und Konflikte auf ein illusorisches Gefüge, in dem die Lösung gradlinig und ›ohne Rest‹ vorgenommen werden kann. Diese Entlastungsfunktion[49] dürfte kaum suspekt sein, sie ist der natürliche Effekt einer unreflektierten Lektüre.

Wo dennoch Trivialliteratur zum Unterrichtsgegenstand gemacht wird, sollte also das Ziel nicht in einer Abnahme der trivialen Lektüre gesehen werden, sondern in einer Veränderung der Motivationsstruktur des regelgeleiteten Handelns; Motivationen, die nur noch als Klischees in der trivialen Lektüre quasi objektiviert werden können, sollten wieder zu Symbolen werden, d. h. in den Bereich möglicher und entscheidbarer Handlungsweisen zurückgeholt werden – sofern dies wünschbar ist. Ein Erfolg eines solchen Unterrichts dürfte sich dann da zeigen, wo wirklich Handlungen geplant und ausgeführt werden, nicht an der trivialen Lektüre selbst, deren Entlastungsfunktion ja auch nach Aufhebung der abgeschlossenen Verdrängung bestehen bleibt.

Bei diesem Unterricht ist es wichtig, den Charakter des Symbols zu wahren: Die wichtige Verbindung von Affekt und Rationalität zu erhalten, die eben zugleich die Verbindung von Denken und Wollen darstellt und so das regelgeleitete Handeln ermöglicht. Der Literaturunterricht ist – schon weil er seine Erfolge nicht empirisch (also außerhalb des Unterrichts) überprüft – der Gefahr ausgesetzt, rein begrifflich-theoretisch zu arbeiten, wo er Einfluß auf das Handeln nehmen möchte; er negiert dabei das Affektivische und verwechselt so – mit Lorenzers Begriffen – Symbol und Zeichen.

7. Klischee und Zeichen: Der didaktische Kurzschluß

Lorenzer beschreibt das »Zeichen« als eine »Kombination von Affektisolierung und Intellektualisierung«.[50] Die Deformation des Symbols, deren Ergebnis das »Zeichen« ist, ist also der, die zum Klischee führt, entgegengesetzt:

»Repräsentanzen haben ihren Charakter als ›symbole‹ zunehmend in den von ›Zeichen‹ umgewandelt – um die Piagetsche Unterscheidung zu benutzen. Die Feststellung einer zunehmenden Entleerung der Bedeutung ist zu verstehen als eine Entleerung von ›emotionaler Bedeutung für das Subjekt‹.

Resonanzverlust meint hier immer: Verlust an Affizierbarkeit im Subjekt durch die Objekte, wobei der Ansatz für den Beziehungsverlust an korrespondierenden Stellen steht: sowohl bei der Selbst- wie bei der Objektrepräsentanz.

Die Vorgänge bieten noch eine zweite Seite: Die Verwandlung der Symbole in Zeichen ist gleichbedeutend mit einer zunehmenden Vergegenständlichung; die Zeichen unterscheiden sich ja von den Symbolen durch eine one-to-one-Beziehung, d. h. eine Perfektion der Denotation mit Verringerung der Konnotation. Bei dieser Verwandlung wird also das Bezeichnete herausisoliert und als Gegenstand abgegrenzt. Auf die Repräsentanzen der Beziehungsobjekte übertragen, ergibt sich daraus zwingend: Die Objektrepräsentanzen verlieren mehr und mehr ihren Beziehungscharakter.

Die formale Analyse der Zeichen interpretiert mithin die psychologische Erfahrung der fehlenden Wärme und affektiven Lebendigkeit bei Intellektualisierung und Isolierung als zunehmende Auflösung des Beziehungscharakters, als Auflösung des ›gestischen Charakters‹, und ansteigende Abgrenzung von Selbst und Objekt. Wir sehen, auch das zwangsneurotische Abwehrarrangement läßt sich als eine Manipulation an der Symbolformation verstehen.«[51]

Unter Berufung auf Cassirer deutet Lorenzer diesen Prozeß als Entstehung der exakten Erkenntnis in den Wissenschaften.[52] Das Merkmal, daß im »Bereich der Zeichen den Objektrepräsentanzen der ›szenische‹ oder ›situative‹ Anteil weitgehend (oder ganz) entschwindet«[53], scheint mir auf Theoriebildung generell zuzutreffen.

Eine Konsequenz aus der Beschreibung ist, daß mit dem Verlust des affektivischen und situativen Elements ein direkter Bezug auf das regelgeleitete Handeln verlorengeht. Wie beim Klischee die nicht mehr vom Subjekt disponierbare Zwangshandlung die (neurotische) Konsequenz ist, so ist umgekehrt beim Zeichen die Disponierbarkeit so weit geworden, daß sie nicht mehr direkt auf die Entscheidung über bestimmte Handlungen bezogen ist. ›Handlungen‹ werden durch wiederholbare, austauschbare Operationen oder Aktionen ersetzt, die nicht mehr das Resultat einer Entscheidung aufgrund von Einsichten sind, sondern die Theorie belegen, dokumentieren oder demonstrieren. [54]

Das Problem der Vermittlung von Theorie und Praxis ist nicht nur »theoretisch«, sondern direkt handlungsbezogen; es stellt sich als die Divergenz von Symbol und Zeichen dar. [55]

Die Kritik an didaktischen Ansätzen der Beschäftigung mit Trivialliteratur kann so präzisiert werden: Das oben gezeichnete lineare Modell bedarf einer Korrektur, weil Klischee *und* Zeichen durch Deformation des Symbols entstehen, aber unterschieden sind durch Ab- bzw. Zunahme von Affektivität und Intellektualiserung. Ordnet man die Merkmale einem Koordinatensystem zu, so erhält man folgendes Schema:

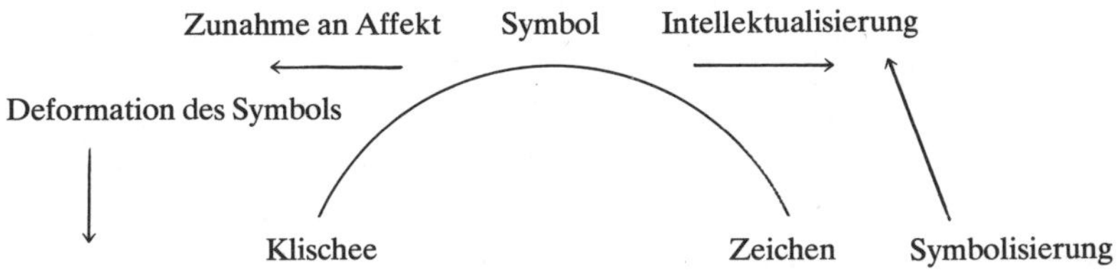

Die didaktischen Versuche, die triviale Lektüre mit Hilfe theoretischer Einsichten zu verändern, entsprechen einem direkten Bezug des Zeichens auf das Klischee; sie stellen einen ›didaktischen Kurzschluß‹ dar:

7.1 Das klischeebestimmte Verhalten der trivialen Lektüre wird für sich genommen, es wird nicht als ›historisches‹ ergebnis einer Desymbolisierung gesehen; der Bezug auf den Symbolbereich, der die Motivationsstruktur bedingt, fehlt.

7.2 Die Theorie wird aus der Psychologie, Soziologie oder der kritischen Theorie übernommen, ohne daß die Ansätze bei ihrer Anwendung auf die triviale Lektüre zurückbezogen würden auf den Bereich des regelgeleiteten Handelns; es werden Erkenntnisse und kognitive Einstellungen als solche vermittelt, eine Symbolisierung dieser Einsichten findet nicht statt, an die Stelle von Handlungen treten Aktionen – von der operationalisierten Textanalyse bis zum Buchumtausch –, die nicht in den tatsächlichen Handlungszusammenhang, das Symbolgefüge des Schülers, integriert werden. [56]

Positiv ist das didaktische Verfahren an Dahrendorfs Vorschlag zu entwikkeln, Beispiele aus Kinderbüchern so im Unterricht zu bearbeiten, daß die Schüler aufgefordert sind, zu den in der Lektüre vorgegebenen Konflikt- und Lösungsmustern Alternativen zu entwickeln. [57] Allerdings fehlt auch hier bei Dahrendorf die deutliche Unterscheidung zwischen Literatur und Wirklichkeit der Kinder; sein Verfahren läßt immer noch die Möglichkeit offen, daß die Schüler wünschbare, vom Lehrer aufgrund seiner Theorie inspiriert ›Musster‹ auf Muster der trivialen Literatur ›kritisch‹ beziehen, ohne dabei ihre eigenen Muster ins Spiel zu bringen. Die tatsächlichen Handlungen und Entscheidungen der Kinder sind unabhängig von der Lektüre und theoretischen Idealen zunächst zu explizieren, sie müssen dann den Bezugspunkt für die literarischen und die theoretischen Muster bilden. So scheint dann eine Erweiterung oder Veränderung des Symbolgefüges möglich zu werden.

Diese Kritik am ›didaktischen Kurzschluß‹ entspringt nicht einer prinzipiellen Theoriefeindlichkeit; aber wo Theorie eingesetzt wird mit dem Anspruch, Handlung zu ermöglichen oder zu verändern, muß sie *vom Schüler* symbolisiert werden. Eine didaktische Theorie, die bei allgemeinen Aussagen über die Gesellschaft, den einzelnen oder bei ähnlichen Abstraktionen anfängt und ›Handlungen‹ durch ›Aktionen im Unterricht‹ ersetzt, verliert zwangsläufig ihren prognostischen Wert, sie ist nicht verifizierbar und hat deshalb keinen Wert als Korrektiv; sie macht sich selbst überflüssig. [58] Eine didaktische Theorie, die diesen Fehler vermeiden will, muß sich primär auf den Handlungsraum der Schüler beziehen, muß deren Symbolgefüge und die Prinzipien seiner Veränderung (Erfahrungsprinzipien) als Bezugspunkte zugrunde legen. Zu diesen Erfahrungsprinzipien gehört – gerade beim Jugendlichen – die handlungsbezogene Identifikation, die – deformiert – ja auch in der trivialen Lektüre vorliegt. Der Versuch, z. B. Identifikation durch Reflexion zu ersetzen, macht die Deformation des Symbols zum Prinzip und führt zu einem Deutschunterricht, der als Surrogat für die Praxis konsumiert wird.

Literatur

Apel, Karl Otto: »Wissenschaft als Emanzipation?« in: Zeitschrift für allgemeine Wissenschaftstheorie 1 (1970) 173 – 195.

Bausinger, Hermann: »Schwierigkeiten bei der Untersuchung von Trivialliteratur« in: Wirkendes Wort 13 (1963) 204 – 215.

ders.: »Wege zur Erforschung der trivialen Literatur« in: Studien zur Trivialliteratur, hg. von *Heinz Otto Burger*, Frankfurt am Main 1968, 1 – 33.

Beer, Ulrich: Literatur und Schund, Düsseldorf 1963.

Dahrendorf, Malte: »Trivialliteratur als Herausforderung für eine literaturdidaktische Konzeption« in: Diskussion Deutsch 6 (1971 a) 302 – 313. – Jetzt in diesem Band, S. 40 – 52.

ders.: »Gesellschaftliche Probleme im Kinderbuch« in: Projekt Deutschunterricht 1, hg. von *Heinz Ide,* Stuttgart (1971 b), 1 – 25.

Davids, Jens-Ulrich: Das Wildwestromanheft in der Bundesrepublik, Tübingen 1969.

Gerth, Klaus: »Trivialliteratur in Vergangenheit und Gegenwart« in: Triviale Jugendliteratur? Das Jugendbuch als Unterhaltungslektüre, Insel Mainau 1969, 9 – 21.

Glaser, Horst Albert: »Literarischer Anarchismus bei de Sade und Burroughs. Zur Methodologie seiner Erkenntnis« in: Literaturwissenschaft und Sozialwissenschaften, Stuttgart 1971, 341 – 456.

Iser, Wolfgang: Die Appellstruktur der Texte, Konstanz 1970 (= Konstanzer Universitätsreden 28).

Jauß, Hans Robert: »Literaturgeschichte als Provokation der Literaturwissenschaft« in: *Jauß, H. R.:* Literaturgeschichte als Provokation, Frankfurt am Main 1970, 144 – 207.

Kerbs, Diethart: »Das Ritual und das Spiel« in: Ästhetik und Kommunikation 1 (1970) 40 – 47.

Kreuzer, Helmut: »Trivialliteratur als Forschungsproblem« in: Deutsche Vierteljahrsschrift für Literaturwissenschaft und Geistesgeschichte 41 (1967) 173 – 191.

Kügler, Hans: Literatur und Kommunikation, Stuttgart 1971.

Lorenzer, Alfred: Kritik des psychoanalytischen Symbolbegriffs, Frankfurt 1970.

ders.: Sprachzerstörung und Rekonstruktion, Frankfurt 1971 a.

ders.: »Symbol, Interaktion und Praxis« in: Psychoanalyse als Sozialwissenschaft, Frankfurt 1971 b, 9 – 59.

Metken, Günter: Comics, Frankfurt 1970.

Moreno, Jacob L.: Gruppenpsychotherapie und Psychodrama, Stuttgart 1959.

Nutz, Walter: Der Trivialroman, seine Formen und seine Hersteller, Köln u. Opladen ^{2}1966.

Prakke, Henk: Kommunikation der Gesellschaft, Münster 1968.

Rauch, Sabine: »Untersuchung von Comics im Unterricht« in: Diskussion Deutsch 6 (1971) 351 – 371.

Riha, Karl: »Die Blase im Kopf. Comic Strips« in: Trivialliteratur, hg. von *Gerhard Schmidt-Henkel* u. a., Berlin 1964, 176 – 190.

Schneider, Peter: »Vom Nutzen des Klischees. Betrachtungen zum Wildwestfilm« in: Sprache im technischen Zeitalter 13 (1965) 1091 – 1107.

Willenborg, Gertrud: »Adel und Autorität« in: Trivialliteratur, hg. von Gerhard Schmidt-Henkel u. a., Berlin 1964, 192 – 216.

Anmerkungen

1 Ich referiere als Beispiel *Beer,* 1963, 18 – 20.

2 Wobei dann auch der folgende Abschnitt von Pasternak als ›wertvoll‹ gilt (*Beer,* 1963, 23): »Der Frühling stieg dem Himmel zu Kopf, der sich in seinem Rausch eintrübte und mit Nebel und Wolken bedeckte. Über dem Walde zogen Schwaden niedrighängender Wolken mit zerrissenen Rändern, aus denen unvermittelt warme Regenschauer hervorbrachen, die nach Schweiß und Erde rochen und den Boden von seiner geborstenen schwärzlichen Eiskruste reinigten.«

3 *Beer,* 1963, 20.

4 Jedenfalls Praktikanten gegenüber, von denen sie nichts zu befürchten haben.

5 Vg. dazu unten bes. die Abschnitte 6. und 7.

6 Ich verweise auf die kritischen Analysen der Forschung von *Bausinger,* 1963 und 1968.

7 *Kreuzer,* 1967, 183.

8 *Kreuzer,* 1967, 183.
9 Was *Peter Schneider* 1965 am Beispiel des Wildwestfilms dargestellt hat, der gerade da zum Schlechten pervertiert, wo er versucht, nicht nur trivial zu sein.
10 *Kreuzer,* 1967, 184 f.
11 *Kreuzer,* 1967, 191.
12 *Gerth,* 1969, 19 f., nennt: »Das Weltbild von gestern, die Stilisierung auf Wunscherfüllung und Gegenwelten, märchenhafte Fügung, die Illusion der Realitätsbemeisterung, Zwangsharmonisierung und Konsequenzlosigkeit, Scheinproblematik, Kumulation, Klischierung, Banalität und Preziosität, unkritische Naivität und Ernsthaftigkeit, die Nachahmung vorgegebener Muster.« Bei ihm geht mit Attributen wie unkritisch, Schein usw. allerdings die Wertung schon immer in die Beschreibung mit ein. – Da die Merkmale – neutral betrachtet – überhaupt auf Literatur zutreffen, schlägt Gerth vor, von Trivialität zu sprechen, wenn mindestens fünf seiner Merkmale passen, von Unterhaltungsliteratur, wenn vier Kriterien zutreffen.
13 *Nutz,* 1962.
14 *Prakke,* 1968, 155.
15 *Prakke,* 1968, 92 f.
16 *Iser,* 1970, 10 ff.
17 *Iser,* 1970, 13.
18 *Iser,* 1970, 29.
19 *Iser,* 1970, 30.
20 Für die Literaturdidaktik wäre eine empirische Erforschung des Überganges von der Illusionierung zur Reflexion wichtig; sie scheint vor allem bei der Lektüre von Jugendliteratur und Zeitungen möglich.
21 *Jauß,* 1970, 177 f.
22 Ich spreche deshalb von Lese-Erwartung.
23 Die Festlegung der Leseerwartung durch die Literaturwissenschaft und den Deutschunterricht determiniert die Lesefähigkeit und damit zugleich den Literaturbetrieb; vgl. dazu *Kügler,* 1971, 83 ff.
24 *Jauß*, 1970, 199.
25 *Jauß,* 1970, 207.
26 *Davids,* 1969, 248.
27 *Davids,* 1969, 253.
28 *Davids,* 1969, 253. Er setzt damit die Meinungen des Lesers und die Interessen der Herrschenden gleich, was wenig glaubhaft ist; auch wenn die Meinungen des Lesers den Interessen der Herrschenden nicht widersprechen, sind sie doch nicht mit ihnen identisch.
29 *Davids,* 1969, 253.
30 Aus dem Kommentar der Herausgeber zum Beitrag von *Gertrud Willenborg* »Adel und Autorität« in: Trivialliteratur, 1964, 217; Willenborgs Methode ist mit der bei Davids skizzierten gleich: »Der Leser nämlich, der in einer Lektüre uneingeschränkten Genuß finden will – und das will der Leser dieser Produktionen – muß mit der Betrachtungsweise, in der diese Lektüre geschrieben ist, einverstanden sein. Nach diesem Gesichtspunkt wählt er seine Lieblingsbücher, bevorzugt den einen Schriftsteller und meidet den anderen. Ein Leser, dem die Lektüre von Courths-Mahler-Romanen Genuß bereitet, ist folglich mit der autoritären Betrachtungsweise einverstanden; das Geschilderte erscheint ihm gut und nachahmenswert.«

Die angesprochene Problematik betrifft die Literatursoziologie überhaupt; ich verweise dazu auf die Kritik und den Neuansatz in dem Band »Literaturwissenschaft und Sozialwissenschaften« (1971), besonders auf den methodenkritischen Teil des Beitrages von *H. A. Glaser,* 341 – 348.

31 *Dahrendorf,* 1971 a. – Vgl. in diesem Band S. 40 – 52. Danach zitiert.
32 *Dahrendorf,* 1971 a, 46.
33 *Dahrendorf,* 1971 a, 48.
34 *Dahrendorf,* 1971 a, 48.
35 *Dahrendorf,* 1971 a, 51.
36 *Dahrendorf,* 1971 a, 50(die Hervorhebung ist von mir).
37 Die Ergebnisse und deren Auswertung in den USA wird berücksichtigt bei *Riha,* 1964 und *Metken,* 1970.
38 *Riha,* 1964, 184.
39 Zitiert bei *Riha,* 1964, 181.
40 So *Dahrendorf,* 1971 b, 9 f.
41 *Rauch,* 1971.
42 *Rauch,* 1971, 356.
43 Dieser weitere Aspekt ist bei *Lorenzer,* 1971 a, dargestellt.
44 Das folgende nach *Lorenzer,* 1970.
45 *Lorenzer,* 1970, 96 – 99. Die Auslassungen dienen der Kürzung und der Vermeidung von Begriffen, die einer genaueren Erklärung bedürfen.
46 Vgl. dazu *Moreno,* 1959.
47 Das gilt auch für den Vorschlag bei *Dahrendorf,* 1971 a, 50, der erreichen will, »daß das Lesen von Trivialliteratur nicht mehr sozial determiniert ist, sondern situations- und rollenbedingt vorgenommen wird«; denn wenn Situation und Rolle nicht als sozialbedingt angesehen werden, so folgt daraus, daß hier lesemethodisch die Lektüre verändert werden soll, d. h. es wird an der sozialbedingten Motivation vorbeiunterrichtet.
48 Diese hält auch *Dahrendorf,* 1971 a, nicht für gegeben; vgl. auf Seite 49 seine Kritik an Marcuse.
49 Sie scheint das eigentliche Thema der Studie von *Schneider,* 1965, zu sein.
50 *Lorenzer,* 1970, 109.
51 *Lorenzer,* 1970, 109 – 110.
52 *Lorenzer,* 1970, 112.
53 *Lorenzer,* 1970, 114.
54 Man darf vermuten, daß solche Aktionen, die z. B. eine ›politische‹ Theorie demonstrieren, eine der trivialen Funktion entsprechende Funktion der Quasi-Symbolisierung und Entlastung haben. Theoriebedingte Aktionen stehen zu klischeebestimmten ›Objektivationen‹ wie das Spiel zum Ritual; vgl. dazu *Kerbs,* 1970, 47: »Das Ritual führt vielleicht aus der Apathie heraus, aber nicht in die Freiheit hinein. Das Spiel ist nur die Vorwegnahme der Freiheit – wenn man so will, auch die Einübung der Freiheit –, aber nicht die Bewerkstelligung der Befreiung.« Allerdings wird man zum Kriterium der Unterscheidung vor allem machen müssen, ob die spielerischen Aktionen tatsächlich handlungsrelevant werden – was Kerbs nicht berücksichtigt. Wo das nicht der Fall ist, werden ›Spiele‹ (auch im Unterricht) leicht zu Ritualen, die Absicherung nach außen durch innere Solidarität bewirken.
55 Deshalb kritisiert Lorenzer entschieden die Trennung von Interaktion und Arbeit bei Habermas (*Lorenzer* 1971 b, 48 ff.).
56 Vgl. Anm. 47.
57 *Dahrendorf,* 1971 b, 16 ff.
58 Zum Problem Reflexion und Emanzipation bzw. Theorie und Handlung vgl. *Apel,* 1970.

Wolfgang Schemme

Trivialliteratur als Gegenstand des Literaturunterrichts

Die gegenwärtige Forschungslage als Basis einer didaktischen Theorie*

In den letzten Jahren ist die Zahl der Arbeiten zur Trivialliteratur und, eng damit zusammenhängend, zur literarischen Wertung beträchtlich angewachsen, und zwar sowohl im Bereich der Literaturwissenschaft als auch in dem der Literaturdidaktik. Zugleich haben sich hier dieselben unterschiedlichen Forschungsrichtungen durchgesetzt, die auch in den übrigen Geistes- und Praxiswissenschaften miteinander konkurrieren oder einander ergänzen. Auf diese Weise ist die Forschungslage unübersichtlich geworden. Dies zunächst für den Schulpraktiker: Während Trivialliteratur im Schulalltag ständig an Bedeutung gewinnt, kann der Praktiker die wissenschaftliche Entwicklung aufgrund seiner Berufstätigkeit nicht so verfolgen, wie er es wünschen mag. Unübersichtlich ist die Lage vollends für den Studenten; der erst am Anfang seiner Bemühungen um Überblick über die stark differenzierte Forschungslage steht. So geht es der folgenden Arbeit nicht in erster Linie um einen neuen Ansatz der Forschung zur Trivialliteratur, sondern primär um den Versuch, das Problemfeld und die ihm zugeordneten Forschungsrichtlinien sowie die vorliegenden Ergebnisse übersehbar, verständlich und überprüfbar zu machen. Dabei erfolgt der Aufriß aus der Sicht des Fachdidaktikers, der die vielfältigen theoretischen Fragestellungen im Blick auf die gegenwärtige Schulwirklichkeit darzustellen und im vorgegebenen Rahmen zu analysieren sucht. Dabei sollten die vorhandenen Forschungsergebnisse auf eine solche Weise sichtbar werden, daß sich mögliche Ansätze einer relevanten didaktischen Theorie abzeichnen – teils als bereits vorhandene Entwürfe, teils als Desiderat künftiger literaturdidaktischer Forschung.

Trivialliteraturforschung und literarische Wertung

Es ist bezeichnend, daß die wichtigsten neuen grundlegenden Arbeiten zur Trivialliteratur eng verbunden sind mit dem Problemkomplex der literarischen Wertung.[1] Überlegungen zur Arbeit mit der Trivialliteratur lassen sich auf sinnvolle Weise nur dann anstellen, wenn jener Komplex der literarischen Wertung angemessen durchschaut wird. Denn es darf vorausgesetzt

* Zuerst in: Wirkendes Wort Heft 5, 1974, S. 291 – 310

werden, »daß Literatur als Kommunikationsmittel aktuell nur so existiert, wie sie vom jeweiligen Leser oder der jeweiligen Lesergruppe rezipiert ist, und wenn zutrifft, daß diese Rezeption immer schon wertbesetzt ist, dann gibt es Literatur konkret nur als gewertete . . .« [2] Dieser Tatbestand, der selbst bei einer kritischen Sicht der Rezeptionsästhetik kaum mehr ernsthaft angezweifelt wird [3], hat vor allem für den wissenschaftlichen wie auch schulischen Umgang mit Trivialliteratur eine große Bedeutung. Deshalb kann der Didaktiker nicht darauf verzichten, sich mit den wichtigsten Ergebnissen der neueren Forschungen zur literarischen Wertung vertraut zu machen.

Der didaktisch relevante Befund solcher Analysen kann hier nur in aller Kürze angedeutet werden. [4] Die meisten Arbeiten zur literarischen Wertung bis 1965 sind explizit oder implizit, vorbehaltlos oder mit gewissen Vorbehalten an die phänomenologische Wertlehre gebunden [5]: Sie halten den Wert eines »Textes« für eine Größe, die als unableitbare im Werk aufscheint und vom Wertgefühl des einzelnen unmittelbar erfahren wird. Der Wert selbst erscheint als eine ideale Wesenheit, die einen apriorischen qualitativen Gehalt hat, der immer schon gekannt sein muß, wenn es gilt, eine reale Gegebenheit zu erkennen.

Kritische Analysen der phänomenologischen Werttheorie konnten zeigen, daß eine solche Theorie vor allem Gefahr läuft, die Geschichtlichkeit von Werten und Wertungspositiven zu übersehen. [6] In diesem Sinne ist festzuhalten: Werte sind allererst unter geschichtlichen Bedingungen und Voraussetzungen zu Werten geworden, und sie gelten auch nur unter bestimmten Voraussetzungen zu einer bestimmten (womöglich sehr langen) Zeit für eine mehr oder weniger fest umrissene und mehr oder weniger große Gruppe von Menschen bzw. für bestimmte Gesellschaften oder Gesellschaftsschichten bzw. -Klassen. Neuere Untersuchungen zur Werttheorie richten sich demgemäß auch nicht auf den ontologischen oder metaphysischen Sinn des Wertes überhaupt, sondern etwa auf die Fragen: Unter welchen Bedingungen ist ein Wert zum Wert geworden; für wen; welche Vorurteile sind aufgrund welcher Ursachen in die gängige Wertung bestimmter Gesellschaften oder Gesellschaftsgruppen einer Zeit eingegangen, und welche Tatsachen haben dies bewirkt; und endlich: Läßt sich eine bestimmte Werthaltung vor einer je bestehenden Gesellschaft rechtfertigen? Untersuchungen im Wertungsbereich der Literatur richten sich dementsprechend weniger auf einen abstrakt vorzustellenden Wert, sondern mehr auf den Wertungsprozeß, den ein einzelner Rezipient oder eine Rezipientengruppe im Akt der literarischen Auseinandersetzung aktualisiert; und sie richtet sich auf die geschichtlich-individuell-soziologischen Bedingungen, denen ein solcher Wertungsprozeß ebenso unterliegt wie das zu bewertende Werk. Eine Theorie der literarischen Wertung erstellt also keine hierarchisch geordnete Werttabelle, sondern sie zeigt das subjektiv-geschichtlich bedingte Verhältnis des Wertendem zu seinem Objekt auf.

Eine solche unmetaphysische Sehweise bedeutet indessen keine Herabwürdigung des Aktes literarischen Wertens. Zwar konnte die Werttheorie nachweisen, daß sich und wie sich Werturteile von Seinsurteilen unterscheiden: Werturteile sind nämlich »erkenntnisillegitim«, sie sind »reflektive Bewertungs-Aussagen« [7], d. h. sie sind nicht, wie eine Seinsaussage, empirisch nachprüfbar, sie sind nicht verifizierbar oder falsifizierbar. Diese Erkenntnis impliziert eine wichtige Warnung: Es gilt zu verhindern – und dies besonders bei Werturteilen im Bereich der Trivialliteratur –, daß sich Werturteile als theoretische Sachaussagen darstellen und mit dem Anspruch absoluter Gültigkeit auftreten. Wo dies geschieht, müssen wir vermuten, daß sich im Werturteil eine Ideologie verbirgt, die sich den Schein von Wissenschaftlichkeit zuzulegen sucht. Solche Versuche begegnen allzu häufig; dies liegt nicht zuletzt daran, daß jedes Werturteil eine Forderung, ein Sollen impliziert. Einem Gegenstand, auch einem literarischen Werk Wertcharakter zuschreiben heißt: Eine Direktive für das Verhalten zu ihm geben. Werturteile, auch wenn sie nicht »erkenntnislegitim« sind, haben eine eminent hohe faktische Lebensbedeutsamkeit für alle, die ein Werturteil abgeben oder annehmen. Der Aufforderungscharakter von Werturteilen macht somit zugleich den potenziellen Handlungscharakter solcher Urteile aus; auch wo sie die Form theoretischer Aussagen haben, initiieren sie Stellungnahme und Handlung. Es ist wichtig, diese handlungsfördernde Kraft von Werturteilen zu durchschauen, weil sich Ideologien gerade auf dem Weg über solche Werturteile durchzusetzen suchen, die in der Maske von scheinbar unanfechtbaren Seinsaussagen auftreten. Dies gilt unter anderem für die Ideologie des Bildungsbürgertums, wenn dieses alle Trivialliteratur am Maßstab einer überkommenen Kunstrichtung mißt, aburteilt und damit zugleich auch den Handlungsakt des Lesens von Trivialliteratur moralisch verdächtigt. Hinter einer solchen Praxis steht eine ontologisch fixierte Werttheorie. Nicht nur unter philosophischem, sondern vor allem auch unter didaktischem Aspekt führt dagegen eine solche Theorie weiter, die sich nicht als Theorie des literarischen Werts, sondern des literarischen *Wertens* versteht und das Fällen von Werturteilen im literarischen Bereich durchschaut als eine geistige Tätigkeit, die als eine gleichrangige im Ensemble handlungsbestimmender geistiger Aktivitäten steht wie Verstehen, Erkennen, Deuten, Erleben und Sich-Entschließen.

Literarische Wertung als Analyse des literarischen Wertens richtet sich demgemäß sowohl auf den Rezipienten und die Bedingungen, unter denen sein Wertungsakt steht, als auch auf den Text, der mit bestimmten literarischen Strukturen daraufhin entworfen ist, bestimmte Nachrichten an seine Adressaten zu übermitteln, wobei im Falle von Trivialliteratur das sprachlich-literarische Zeichensystem eines Textes besonders gut durchsichtig ist im Hinblick auf das Ziel, mit Hilfe der Bedeutung bestimmter sprachlich-literarischer Zeichen bestimmte Wirkungen bei den Lesern zu erzielen. Die Wertung eines solchen Textes wird also davon abhängen, in welchem Grade der auf bestimmte Weise strukturierte Text auf bestimmte Interessen des Lesers antwortet.

So wird ein Leser den Text zunächst etwa nach seinem »Gebrauchswert« einschätzen [8], der sich nach der jeweiligen individuellen und gesellschaftlichen Bedürfnislage des jeweiligen Rezipienten und den zugeordneten Bedürfnissen richtet, die er mit ihm befriedigen will: etwa den Bedürfnissen des kulturellen und sozialen Prestiges, der Unterhaltung, der ästhetischen Befriedigung. [9] Dabei ist zu bedenken, daß solche Bedürfnisse nicht konstant sind; sie wechseln sowohl nach der sozialen Situation des Rezipienten als auch nach der je besonderen Rolle, die der einzelne in seinem sozialen Umfeld jeweils einnimmt; sie wechselt auch nach der ständig veränderten Bedürfnislage, die sogar im Laufe eines Tagesablaufs nicht konstant sein muß.

Bei der Beurteilung von Trivialliteratur spielt aber nicht nur der Gebrauchswert, sondern auch der Warenwert des literarischen Produkts eine Rolle: Wenn »künstliche Bedürfnisse geweckt und auf systemgemäße, aber individuell akklamierte, da durch das System gratifizierte Ziele ausgerichtet sind (z. B. Wohlfahrtsstaat mit hohem Konsumniveau als Möglichkeit prestigeorientierten Konsumverhaltens), haben die Mittel ihrer Befriedigung kaum noch realen Gebrauchswert, sondern vor allem abstrakten Gebrauchswertschein: Haben Wert für die Befriedigung der auf indoktrinierte und internalisierte Leitbilder, Idole, Fetische gerichteten, nicht eigenen, sondern systemvermittelten Bedürfnisse.« [10]

Neben der Bereitschaft zur Bindung an den Gebrauchswert und den Warenwert von Literatur spielt schließlich ein Interesse an Literatur überhaupt, ein spezifisches literarisches Interesse bei der Wertung von Literatur eine Rolle. Gemeint ist einerseits das allgemeine ästhetische Interesse des Rezipienten an ästhetischer Wirklichkeit überhaupt, d. h. an solchen Texten, die in ästhetischer Weise kodiert sind und deren Nachricht durch eine ästhetische Dekodierung empfangen wird. Anderseits ist jenes ästhetische Interesse gebunden an die literarische Nachricht sowie an die literarischen Wirklichkeiten und Formen, die die literarische Nachricht übermitteln. Solche literarischen Interessen hängen wiederum ab von Momenten des individuellen literarischen »Mikroklimas« als auch von Momenten des gesellschaftlichen literarischen »Makroklimas« (geographische Landschaft, Kulturkreis, soziale Schicht, Freizeitverhalten, Konsumverhalten, Sprachfähigkeit, schulische Vorbildung, Fähigkeit literarischer Dekodierung, literarisches Anspruchsniveau, Lesegewohnheiten usw.).

Derjenige, der gegenwärtig auf fundierte Weise das Phänomen Trivialliteratur unter didaktischem Aspekt zu analysieren sucht, kann nicht darauf verzichten, die hier knapp aufgerissenen Grundeinsichten zur literarischen Wertung zur Kenntnis zu nehmen, Einsichten, die Waldmann auf folgende Weise zusammenfaßt:

»Die Analyse literarischen Wertens, wie es mit jeder literarischen Rezeption immer schon vorliegt, hat zum Gegenstand eine mehr textgebundene formale und eine mehr rezipientenbestimmte materiale Seite literarischen Wertens. Beide greifen eng ineinander, so daß eine intensive Interdependenz von Text- und Rezipientenbezug gegeben ist: Ein literarischer Text ist dann für einen Rezipienten von Wert, wenn seine literarische Nachricht für ihn relevant ist. Relevant ist eine literarische Nachricht dann, wenn sie material dazu dienlich ist, Bedürfnisse des Rezipienten zu befriedigen. Eine formale Voraussetzung dafür, daß ein Text Bedürfnisse des Rezipienten zu befriedigen vermag, ist im Hinblick auf den Text das formale Erfordernis, daß die Kodierung der literarischen Nachricht adäquat sein muß. Eine materiale Voraussetzung dafür, daß der Rezipient diese adäquate Kodierung einer für ihn relevanten Nachricht aufnehmen und mit ihr Bedürfnisse befriedigen kann, ist, daß seine literarische Interessenrichtung der bestimmten Kodierungsform der literarischen Nachricht entspricht. Zur Hochwertung eines literarischen Textes ist so im allgemeinen erforderlich (1.) Relevanz des Textes (2.) für eine Bedürfnislage des Rezipienten (3.) bei adäquater Kodierung des Textes (4.) in bezug auf eine ihr entsprechende literarische Interessenrichtung des Lesers. Trifft einer dieser vier Aspekte bei einem Text nicht zu, erfolgt eine Minderwertung, es sei denn, daß ein oder mehrere Aspekte so stark ausgeprägt sind, daß sie Mängel bei anderen überspielen. Literarische Wertung in unserem Sinne als Analyse literarischen Wertens bedeutet also: Analyse der Kodierungsadäquatheit und der Relevanz des Textes, der Bedürfnislage und der literarischen Interessenrichtung des Wertenden und der Wechselverhältnisse dieser Komponenten.« [11]

Unter diesen Voraussetzungen wird deutlich, daß jede wissenschaftliche Auseinandersetzung mit Trivialliteratur eine Auseinandersetzung mit solcher Literatur ist, die Wertungsprozessen unterliegt, welche aufgrund bestimmter textlicher wie rezipientengebundener Bedingungen zur Minderwertung eben jener Literatur geführt haben. Wirkliche Hilfe für didaktische Überlegungen zum Problemkomplex der Trivialliteratur können also nur solche literaturwissenschaftlichen Forschungsrichtungen leisten, die Trivialliteratur nicht als eine ein für allemal genormte in eine vorgegebene Texthierarchie einordnen, sondern vielmehr dazu beitragen, jenen Wertungsprozeß als permanenten Kommunikationsprozeß zu beschreiben und dessen integrierende Faktoren zu analysieren.

Unter diesen Voraussetzungen sind im folgenden die wichtigsten didaktisch relevanten Ansätze der Trivialliteratur-Forschung zu betrachten.

Trivialliteratur als Gegenstand der ästhetisch-genretypologischen Forschung

Sofern die Literaturwissenschaft sich, etwa seit den dreißiger Jahren, überhaupt mit der Trivialliteratur beschäftigte, geschah dies unter ästhetisch-morphologischem Aspekt. Das vorgegebene Denkmuster brachte es mit sich, daß der Gegenstand primär als Vergleichsobjekt fungierte: Trivialliteratur wurde mit Hilfe von morphologischen und Stiluntersuchungen von der gehobenen Dichtung abgesetzt, deren Wert ihrerseits an den Normen der klassisch-romantischen Kunsttheorie festgestellt wurde. Da unter diesem ästhetischen Aspekt die untersuchten Werke der Trivialliteratur in der Regel als Kitsch bezeichnet wurden, läßt sich etwas vereinfacht auch sagen: Die Trivialliteratur-Forschung gewann zunächst ihr Zentrum in der Kitsch-Forschung, deren ästhetische Ausrichtung erst später durch phänomenologische und soziologische Untersuchungen ergänzt wurde. Es war in der Regel das Ziel, die Trivialliteratur nicht nur in ihrer künstlerischen Unzulänglichkeit, sondern ineins damit in ihrer Verlogenheit herauszustellen.[12] Selbstverständlich ist es sinnvoll, das problematische Verhältnis zu untersuchen, das die Trivialliteratur zur Realität innehat. Hierzu reicht aber die ästhetische Betrachtung und Aburteilung nicht aus. So ist die rein ästhetisch-stilistische Untersuchung von Trivialliteratur stets in der Gefahr großer Unsachlichkeit: Wo die Gestaltung als nicht gelungen herausgestellt wird, folgt allzu schnell der Schluß vom nicht Guten auf das Böse, wie es etwa bei Broch besonders deutlich wird.[13]

Vollends im Bereich der Schule wurde unter Berufung auf diese ästhetischen Forschungen die Trivialliteratur von vornherein nicht aus der Distanz des Wissenschaftlers, sondern im Engagement des Pädagogen gesehen. Sie kam grundsätzlich nur als Kontrast zur sogenannten hohen Dichtung in den Blick, und die literaturunterrichtliche Aufgabe der Arbeit mit Trivialliteratur bestand im wesentlichen darin, sie als Kitsch zu demaskieren und den Schüler dagegen zu immunisieren.[14] Der Literaturunterricht war auf diese Weise ein reines Abbild der Universitätsgermanistik. Daß die Schüler damit de facto gerade hilflos an die Trivialliteratur ausgeliefert waren, wurde übersehen, ebenso die tatsächliche »Leseschizophrenie des Schülers«, die sich auf diese Weise ergab, sofern Schul- und Privatlektüre in zwei unverbundene Lektüreblöcke auseinanderfielen.[15] Solange Trivialliteratur nur als ästhetisches Phänomen gesehen, und solange sie an den Maßstäben gemessen wurde, die die klassisch-romantische Ästhetik zur Verfügung gestellt hatte, war ein echtes Arbeiten an der Trivialliteratur nicht möglich: Ihre Aburteilung, sofern sie überhaupt zum Unterrichtsgegenstand erhoben wurde, war keine unterrichtliche Arbeit, sondern lediglich Bestätigung eines ästhetischen und gesellschaftlichen Vorurteils.

Erheblich weiter führen bereits solche Arbeiten seit den sechziger Jahren, die sich um die Typologie eines bestimmten trivialliterarischen Genres bemühen: Etwa um den Kriminalroman, um Comics, um Science-Fiction, um pornographische Literatur, um den Heimat-, Frauen- oder Illustriertenroman oder auch um den Schlager.[16] Allerdings sind diese Arbeiten zumeist nicht rein ästhetisch-stilkritisch ausgerichtet; zumeist wird dort auch der soziologische Aspekt berücksichtigt. Ziele der meisten dieser Arbeiten sind einerseits die literarische Aufwertung traditionell diskriminierter Genres wie etwa des Kriminalromans, anderseits die Infragestellung eines normativen Literaturbegriffs, mit dem vor allem jene Dichotomie von sog. Dichtung und Trivialliteratur verbunden ist. D. h. diese zuletzt genannten Arbeiten führen eigentlich bereits über die im engeren Sinne ästhetisch gebundene Trivialliteratur-Forschung hinaus. Sie untersuchen zwar in erster Linie das Werk und die je unterschiedlichen Mittel, die es konstituieren; jedoch gewinnen sie Kriterien der Beurteilung nicht mehr aus der klassisch-romantischen Kunsttheorie, sondern sie suchen gerade die ästhetische Eigengesetzlichkeit der je besonderen Genres herauszustellen, etwa die eigene Struktur eines Kriminalromans. Solche Arbeiten sind nicht nur dem Didaktiker bei der Theoriebildung, sondern auch dem Schulpraktiker bei der Unterrichtsvorbereitung hilfreich.

Neuansätze der Forschung

Seit der Mitte der sechziger Jahre konstatieren zahlreiche Forscher, daß ästhetische Urteile allein nicht ausreichen, um die soziale Realität der Trivialliteratur zu erfassen. [17] Man hat inzwischen deutlich erkannt, daß Literatur, insbesondere die Trivialliteratur, nicht zuletzt ein soziales und politisches Phänomen ist. Als grundlegend für neue Forschungsansätze dürfte vor allem Helmut Kreuzers Aufsatz gelten: Trivialliteratur als Forschungsproblem. Zur Kritik des deutschen Trivialromans seit der Aufklärung. [18] In deutlicher Absetzung von der nur ästhetisch ausgerichteten Forschung geht Kreuzer von der empirischen Wirkungsforschung und von der Geschmacksgeschichte aus und hält es für wichtig zu erforschen, »daß und wie sich in einer zeitgenössischen Geschmacksträgergruppe oder -schicht ein Konsensus über die literarische Toleranzgrenze zwischen diesen Bereichen herausbildet«. [19] Unter diesen Voraussetzungen versucht er den Begriff der bisher zumeist ästhetisch-normativ bestimmten Trivialliteratur umzufunktionieren: »Aus einem unmittelbar ästhetischen zu einem unmittelbar historischen«, und er definiert nun Trivialliteratur »als Bezeichnung des Literaturkomplexes, den die dominierenden Geschmacksträger einer Zeitgenossenschaft ästhetisch diskriminieren«. [20] Kreuzer betont dabei, daß solche zeitgebundenen Diskriminierungen nicht notwendig eine Aussage über das Wesen der Sache bedeuten müssen. Spätere Epochen mögen unter anderen Voraussetzungen völlig anders über jene Produkte der sog. Trivialliteratur urteilen. Trivialliteratur ist also für ihn ein historisches Phänomen, gebunden an je besondere Epochenvoraussetzungen. Eine Frontbildung, die sich in Orientierung an vorgegebenen Kunstnormen zu einer bestimmten Zeit gegen eine bestimmte Literatur herausbildet, ist demnach weniger ein zwingendes Wertkriterium, an dem das Werk gemessen wird, als vielmehr ein Verweis auf die Geschmacksträger einer bestimmten Zeit und auf die Normen, denen diese Geschmacksträger verpflichtet sind. Kreuzer enthält sich hier also bewußt einer Abwertung des Gegenstandes zugunsten des Verweises auf die historisch-relativen Wertungen des Gegenstandes. Damit wird die Trivialliteratur einer je besonderen Zeit nicht aus eben dieser Zeit herausgerissen und als statisches Phänomen abqualifiziert, sondern im Funktionszusammenhang eben dieser Zeit selbst gesehen als Teil des literarischen Lebens einer bestimmten Epoche.

Allerdings besteht eine gewisse Verengung der Kreuzer'schen Position darin, daß er diesen Funktionszusammenhang lediglich auf »Geschmacksträger« bezieht, also, wie es scheint, nur den ästhetischen Aspekt artikuliert. Zumindest ist zu betonen, daß die genannten dominierenden Geschmacksträger zugleich außerästhetischen Faktoren unterliegen, daß also der Geschmack ein Produkt individueller, soziologischer und politisch-ideologischer Bestimmungsgründe ist, auf die der Forscher stößt, der die Trivialliteratur einer bestimmten Zeit untersucht. Darf man, was durchaus möglich sein dürfte, Kreuzer in diesem Sinne verstehen, so bedeutet seine Einsicht den entscheidenden Impuls der Trivialliteratur-Forschung seit 1967.

Von dieser Position aus werden zwei literaturwissenschaftliche Forschungsrichtungen in der Folgezeit auch oder gar vornehmlich für die Erforschung der Trivialliteratur relevant: Einerseits die Literatursoziologie, die, in extremer Gegenstellung zur ästhetisierenden Schule, den literarischen Text vernachlässigt zugunsten des komplexen Zusammenhanges, aus dem heraus Trivialliteratur entstanden ist, entsteht und auf den sie bezogen ist. Ihr Interesse ist ausgerichtet auf »die Interaktion der an der Literatur beteiligten Personen«, also vornehmlich auf außerliterarische Faktoren.[21] Nicht eigentlich im Gegensatz, sondern eher in Ergänzung zur literatursoziologischen Forschung bemüht sich die rezeptionstheoretische und wirkungsgeschichtliche Forschung darum, nun doch wieder den Text als Forschungsgegenstand zurückzugewinnen, freilich nicht mit dem Ziel, deren innere ästhetische Stimmigkeit im Hinblick auf vorgegebene Normen aufzuweisen, sondern erkennbar zu machen, wie der bestimmte Text mit seinen je besonderen literarischen Strukturen daraufhin entworfen ist, »bestimmte Botschaften an seine Adressaten zu übermitteln: Ein bestimmtes sprachlich-literarisches Zeichensystem, ein semiotisches System« darzustellen, »das mit Hilfe der Bedeutung bestimmter sprachlich-literarischer Zeichen eine ästhetische Wirkung bei seinen Lesern« zu erzielen und durch sie ihr Bewußtsein zu induzieren sucht.[22]

Diese beiden hier nur grob und verkürzt angesprochenen Forschungsintentionen gilt es im folgenden näher zu umreißen und auf ihre didaktische Relevanz hin zu befragen.

Trivialliteratur als Gegenstand der literatursoziologischen und ideologiekritischen Analyse

Die literatursoziologisch-ideologiekritische Forschung ist darauf aus, das komplizierte, aber durchsichtige Kommunikationsverhältnis zu beschreiben und kritisch zu analysieren, das zwischen Leser, Autor und Herstellungs- sowie Vertriebsorganisation besteht, einen Kommunikationsprozeß, in dem das einzelne Werk ganz bestimmte Funktionen zu erfüllen hat. Solche Forschungen richten sich selbstverständlich nicht nur auf die sog. Trivialliteratur, sondern auf den gesamten literarischen Bereich; jedoch verdiente die Trivialliteratur von Anfang an ihr besonderes Interesse. Obwohl die Literatursoziologie den gesamten Literaturbetrieb als einen geschlossenen, wenn auch vielschichtigen Prozeß sieht, richten sich die Forschungen in der Regel jedoch auf die einzelnen Hauptfaktoren eben dieses Prozesses: Auf den Leser, den Autor, den Prozeß der Herstellung und des Vertriebs sowie auf das Werk.

Der *Leser* wird hier nicht etwa mit der Intention analysiert, ihn anzuklagen, etwa mit dem Argument, er lasse sich mit niedrigen, ästhetisch minderwertigen und inhaltlich fragwürdigen Literaturzeugnissen ein. Es gilt hier nicht, den Leser anzuklagen, sondern ihn und seine Lage zu verstehen bzw. verständlich zu machen. Ergebnisse gewinnt man in erster Linie auf empirischen Wegen, zumal durch Leserbefragungen, etwa mit dem Ziel, die Abhängigkeit der Leseinteressen von Alter, Geschlecht, Bildung, sozialem Status und bestimmten Schichten und Klassen fixieren zu können. [23] Solche Befragungen führen nicht nur zu quantitativen Ergebnissen, die Auskunft über die Zusammensetzung etwa der Leserschicht von Heftromanen geben [24]; sie führen etwa auch dazu, das Eigen-Image der Leser solcher Literatur näher zu bestimmen. [25]

Noch wichtiger freilich ist die Frage nach den Gründen für die Lektüre von Trivialliteratur, eine Frage, deren Beantwortung nicht mehr allein mit empirischen Methoden geleistet werden kann, da sie in erster Linie über ideologiekritische Schlußfolgerungen zu gewinnen ist. Wenn Wellershoff etwa feststellt: »Hintergrund der Scheinbefriedigungsindustrie ist ein ungeheueres Lebensdefizit« [26], so kann er hier zunächst gewiß noch auf Leserbefragungen zurückgreifen. Die Literatursoziologie mündet aber in dem Augenblick bereits in ideologiekritische Argumentationen, wenn sie feststellt: Daß mit jenem Lebensdefizit eine Erlösungshoffnung wachgehalten wird, die früher von der Religion befriedigt wurde, die heute dagegen nicht zuletzt durch den säkularisierten Trost erfüllt wird, den die Trivialliteratur darbietet; daß es im Vollzug dieser Lektüre allenfalls um eine Verdrängung gestauter Triebenergien oder auch angeborener Aggressivitäten geht, die im Rahmen der bestehenden Gesellschaft nicht zum Zuge kommen, weil sie »durch eine Oberflächen-Humanisierung nicht befriedet« werden können. [27] Daß solche ideologiekritischen Anmerkungen selbst ideologischen Voraussetzungen unterliegen, zeigt besonders die marxistisch orientierte literatursoziologische Forschung. Wenn sie nach den Gründen für die Begierde nach literarischen Ersatzbefriedigungen fragt, weiß sie eine eindeutige Antwort. Für den Marxisten sind solche Bedürfnisse ausschließlich »Folgen oder Auswüchse der spätkapitalistischen Produktionsweise«. [28] Und die marxistische Forschung zieht sogleich auch die entsprechende Konsequenz: »Gegenstand der Kritik kann nur die Manipulation der Bedürfnisse sein« [29], einer Manipulation, die darauf aus ist, im Rahmen des Konsumdenkens den Hunger nach realer Befriedigung ständig wachzuhalten, den Hungrigen selbst jedoch von der realen Befriedigung fernzuhalten, und zwar durch das Angebot literarischer Scheinbefriedigungen.

Wo also die Literatursoziologie ihre empirische Basis verläßt, werden ihre Ergebnisse problematisch, ist der Didaktiker zumindest aufgefordert, jene Ergebnisse kritisch zu sichten. Überdies interessieren den Didaktiker oder den Lehrer einer bestimmten Schulklasse weniger die allgemeinen schichtenspezifischen Ergebnisse als vielmehr die konkreten Tatsachen, die eine konkret abgrenzbare Leserschaft, sprich: Schulklasse, betreffen. Überdies ist festzuhalten: Der Mensch ist zwar vornehmlich durch soziale Phänomene bestimmt, aber nicht ausschließlich. Eine Leseranalyse müßte zu weiteren Erkenntnissen führen, sie müßte nicht nur zeigen, daß sich der Rezipient z. B. mit bestimmten literarischen Gestalten identifiziert, sondern auch, mit welcher Intensität und Qualität dies geschieht. Sie müßte die Fragen beantworten: Wie oft der einzelne liest, mit welcher Einstellung er dies tut, und was er außer der Trivialliteratur noch zusätzlich liest. So kann die Wirkung von Trivialliteratur in Wahrheit durch andere Einflüsse relativiert oder durch ähnliche auch potenziert werden. Es ist damit zu rechnen, daß die von der literatursoziologischen Forschung dargestellte Lage des Lesers von Trivialliteratur durch manche persönlich-individuelle Besonderheit modifiziert wird. Man sollte sich also der Tatsache bewußt sein, daß die Literatursoziologie, wenn sie den Leser von Trivialliteratur analysiert, nur allgemeine, bestenfalls idealtypische Symptome eben jenes Lesers herausstellen kann. Gerade der Schulpraktiker ist gehalten, jene allgemeinen Ergebnisse zu berichtigen oder zu differenzieren, indem er mit Hilfe besonderer Tests und Befragungsmethoden die spezifische Lesersituation zu fixieren sucht, die er in seiner je besonderen Schulklasse dann voraussetzen muß, wenn er Trivialliteratur zum Unterrichtsgegenstand macht.

Gegenstand der Literatursoziologie ist aber nicht nur der Leser, sondern auch der *Autor*. Es ist unbestritten, daß der Autor von Trivialliteratur jenes große, in Umrissen beschriebene Publikum vor Augen hat, wenn er seine Literatur herstellt. Dabei kann seine Haltung im einzelnen unterschiedlich geartet sein: Entweder kann der Autor danach streben, sich jenem ihm bekannten Publikum und seinem Geschmack sowie seinen Bedürfnissen ausschließlich anzupassen; oder er kann mit mehr oder weniger eindeutigen Zielsetzungen danach streben, jenes empfängliche und prägsame Publikum in seinen Meinungen und Vorstellungen zu bestärken oder es in einem bestimmten Sinne zu prägen und zu erziehen.

Die Grundhaltung des ersten Autorentyps ist eine vergleichsweise passive. Er kennt die genannten Bedürfnisse der potenziellen Leserschaft seiner Zeit und sucht sie mit dem Mittel der von ihm erstellten Literatur zu befriedigen. Diesen Typ von Autor hat vor allem Walter Nutz vor Augen: Da der Autor sich lediglich an die Leserwünsche anpasse, schaffe er nichts anderes als »Konformliteratur«[30], also Literatur, die dem Leser »angepaßt« ist.

Andere Forscher sehen den Autor von Trivialliteratur keineswegs nur in dieser passiven Rolle. So kann Schwerte z. B. das Gesamtwerk Ganghofers durchaus überzeugend als einen »Versuch über sendungsbewußte Trivialliteratur« herausarbeiten.[31] Der Autor schreibt also zwar auf eine bestimmte Leserschicht hin, aber nicht notwendig ohne jede eigene Ambition. So will Ganghofer seine Leser unter dem Aspekt der Volksgesundung ganz bewußt moralisch und politisch erziehen. Vor allem Joachim Bark bemüht sich darum zu zeigen, wie wenig die Tätigkeit des Autors von Trivialliteratur in bloßer Anpassung an den Publikumsgeschmack aufgeht, wie sehr sich hier so etwas wie ein Herrschaftsakt in Szene setzt. Bark sucht im einzelnen herauszustellen, daß der Autor von Trivialliteratur geradezu erst den Erwartungshorizont des ihm zugeordneten Lesers produziere, und er spricht in diesem Sinne konsequent vom »produzierten Leser«.[32]

Unter didaktischem Aspekt ist es wichtig, das ambivalente Verhalten des Autors von Trivialliteratur, das die Literatursoziologie herausgestellt hat, zu durchschauen: Danach – und dies gilt im allgemeinen für ein und denselben Autor – paßt sich der Autor einerseits auf mehr passive Weise den Bedürfnissen des Lesers an; anderseits aber ist der Autor, der seine Leserschaft sehr genau kennt, zugleich der Produzent von Leserollen, von denen er annehmen darf, daß der Konsument sie widerspruchslos übernimmt. Es ist wichtig, daß der Schüler, als Leser von Trivialliteratur, diese taktische Einstellung des Autors zu durchschauen lernt, weil nicht zuletzt von dieser Einsicht die Möglichkeit einer erfolgreichen selbstkritischen Leseranalyse abhängt.

Der Autor von Trivialliteratur ist aber gleichsam erst zur Hälfte gekennzeichnet, wenn er in seinem Verhältnis zum potentiellen Leser dargestellt wird. Zugleich ist er das Glied eines umfassenden, institutionalisierten *Literaturbetriebs,* dem er in einem praktisch-ökonomischen Sinne noch mehr verpflichtet ist als dem anonymen Leser. Im einzelnen hat Walter Nutz das Geflecht des Gesamtphänomens Trivialliteratur herausgearbeitet als einen sozialen Prozeß, als »Hin und Her zwischen Hersteller und Konsument, die funktionell voneinander abhängig sind«.[33] Dieser Prozeß ist gebunden an ein »institutionalisiertes Verhalten interagierender Gruppen«: also des Autors, des Verlages, des Buchhandels, der Werbeabteilungen, der Händler und auch der Konsumenten. Nutz kann dabei materialreich belegen, wie zumal alle Teile der Herstellergruppe »personell als auch materiell und ideell normiert« sind.[34] Im einzelnen läßt sich das Ineinandergreifen von Verlagstätigkeit, Autorentätigkeit, Werbung und Vertrieb bei Walter Nutz nachlesen.[35] An dieser Stelle ist es nur wichtig, festzuhalten, daß ohne diesen institutionalisierten und normierten Betrieb das nicht zu begreifen ist, was als Trivialliteratur von Millionen von Lesern konsumiert wird.

Bereits der Hinweis auf einige Zahlen, die die Literatursoziologie mit Hilfe quantitativer Methoden erstellt hat, eröffnet dem Unterrichtspraktiker die Möglichkeit, sich einen gewissen Einblick in die Forschungsergebnisse der Literatursoziologie zu verschaffen. So überrascht es vielleicht zu hören, daß bereits 1893 – 94 von ungefähr 45 000 hausierenden Verkäufern die sogenannten Groschenhefte unter rund 20 Millionen Leser verbreitet worden sind. In der Bundesrepublik Deutschland gab es 1964 – 65 insgesamt 87 offiziell eingetragene Groschenheft-Reihen, die in 10 Verlagen produziert wurden. Zusammengenommen erscheinen diese Hefte in 357 Millionen Exemplaren jährlich auf dem Markt, also pro Einwohner der Bundesrepublik jährlich rund 7 Exemplare. Allein die 5 größten Produzenten von Groschenheften beliefern den deutschen Markt jährlich mit mehr als 313 Millionen Exemplaren; wöchentlich ist also mit einer Gesamtauflage von über 6 Millionen zu rechnen. Einzelserien haben Jahresauflagen zwischen 40 000 (Bastei-Abenteuer-Roman) und 175 000 (Jerry-Cotton-Erstdruck). [36]

Unter didaktischem Aspekt ist es auch wichtig zu durchschauen, daß nicht nur thematische und kompositorische Gesichtspunkte dem Aspekt der Werbewirksamkeit untergeordnet, sondern daß auch ganz äußerliche Faktoren in die Herstellungsstrategie einbezogen werden. So müssen Romanhefte bequem und handlich, muß die Lektüre »mundgerecht« sein; wichtig ist etwa ein günstiger Preis des Einzelheftes, selbst wenn dies auf Kosten der Papierqualität geht; auch die Schriftgröße spielt eine Rolle: Sie darf nicht zu klein sein; im Interesse der Bequemlichkeit der »Stoffzufuhr« werden Zwischenüberschriften gewünscht; diese sollen gleichzeitig das Interesse des Lesers immer wieder von neuem erwecken; die Titelseite soll emotional ansprechen und die Möglichkeiten der »Projektion« bieten: Sie darf also nicht zu konkret gestaltet sein; Porträtbilder kommen solchen Forderungen nach Projektionsmöglichkeit am nächsten; die Titelseite soll symbolisch einen oder mehrere der Kernbegriffe der Gattung Romanhefte assoziativ anklingen lassen, etwa Herz, Rose, Mutter, Kind oder Sonne; der Charakter der Titelseite soll Vertrautheit enthalten. [37]

Erst wo der hier angedeutete Zusammenhang zwischen Leser, Autor und »Herstellung und Vertrieb« durchschaut ist, läßt sich das sog. *Werk* angemessen verstehen, das als Produkt jenen Kommunikationszusammenhang im eigentlichen Sinne trägt. Erst in Kenntnis jener angedeuteten Zusammenhänge ist der Literaturdidaktiker in der Lage, eine Unterrichtsstrategie zu entwerfen, die das einzelne Werk als in einem Kommunikationsprozeß integriert aufzeigt, der durch zahlreiche Invariablen und Variablen determiniert ist.

Es ist gewiß ein Verdienst der Literatursoziologie, gezeigt zu haben, daß das Produkt jenes angedeuteten Herstellungsprozesses als eine Ware durchschaubar wird: Bestimmte Unternehmer lassen Recherchen bei einem potenziellen Konsumentenkreis anstellen, lassen diese Recherchen auswerten und in Arbeitsprinzipien ummünzen; diese Prinzipien werden im Rahmen von Arbeitsaufträgen angestellten Autoren weitergegeben, und diese stellen die Ware her, die sowohl den Wünschen des Unternehmers als auch den Bedürfnissen des Konsumenten entspricht bzw. dessen Bedürfnisse manipuliert; der Unternehmer endlich sorgt durch geeignete Maßnahmen über Werbung und Vertrieb für den Absatz der so hergestellten Ware.

Wenn es richtig ist, daß Ware nach Marx' Definition »ein Ding« ist, »das durch seine Eigenschaften menschliche Bedürfnisse irgendeiner Art befriedigt« [38], so ist damit gesagt: Eine Ware hat bestimmte Funktionen; diese stehen im Falle der Ware »Literatur« in Korrelation zu den oben dargestellten Bedürfnissen des Lesers. Wenn also unter literatursoziologischem Aspekt das literarische Werk befragt wird, dann geschieht dies nicht etwa mit ästhetischen Ambitionen, sondern unter der Fragestellung: Welche Funktionen erfüllt die Ware »Trivialliteratur« im einzelnen bei der Bedürfnisbefriedigung ihrer Konsumenten? Dabei liegen diese Funktionen im allgemeinen nicht unmittelbar auf der Hand; die Literatursoziologie stellt sie in der Regel erst durch ideologiekritische Untersuchung des Herstellungsprozesses wie auch der produzierten Texte heraus. Es ist wichtig, daß die Literaturdidaktik im Blick auf die Ergebnisse der Literatursoziologie die wichtigsten jener Funktionen bei ihrem Entwurf entsprechender Unterrichtsstrategien bedenkt.

Auch hier müssen wenige Andeutungen genügen.

Die Grundfunktion der Trivialliteratur ist gewiß die der *Kompensation*. Die Trivialliteratur kann ihre wichtige Funktion deshalb bekommen, weil allzu viele Menschen tatsächlich nur unwesentliche Anhängsel von Fabrik- oder Büromaschinen oder einer allgemeinen automatisierten Entscheidungsmaschinerie geworden sind, sich aber das notwendige Gefühl einer Wesentlichkeit wenigstens als Fiktion besorgen müssen. »In der Fiktion stillt und frustriert das in seinen realen Möglichkeiten eng beschränkte Ich seine Bedürfnisse nach Spannung (oder Aufputschung) und Entspannung (»Stimmung«, Zerstreuung, Unterhaltung), nach Handlung, Geschehen, Zusammenhang und nach Ausnahmen vom Alltäglichen durch rationalisierten Zusammenhang (Abenteuer und Crime).« [39]

Man kann die Funktion der Trivialliteratur auch schlichter benennen und einfach sagen: Sie gewähre dem Leser *Unterhaltung*. Jedoch ist das Phänomen der Unterhaltung ein höchst komplexes, und die Bedürfnisse, die es befriedigt, liegen auf recht verschiedenen Ebenen: Unterhaltung kann aufgefaßt werden als Abwechslung, Zerstreuung, Ablenkung, als Form der Entspannung und Erholung vom Leistungsstreß. In diesem Sinne leistet sie durchaus eine wichtige Regeneration der Kräfte für den Arbeitsprozeß. In ideologiekritischer Sicht freilich gewinnen die hier genannten Varianten der Unterhaltung ein durchaus sozialpolitisches Gewicht. Wo von Kompensation und Ersatzbefriedigung gesprochen wird, dort müssen Gründe dafür vorliegen, daß solche Mängel und Bedürfnisse entstehen, zu deren Beseitigung der einzelne unter anderem das Mittel der Trivialliteratur heranzieht. Die Literatursoziologie unternimmt es, die vielen sozialpolitischen Gegebenheiten darzustellen, die die Voraussetzungen für die mögliche kompensatorische Funktion der Trivialliteratur schaffen. Gerade weil die in Frage stehende Art der Literatur nahezu ausschließlich Gegenstand der Freizeitbeschäftigung ist, bleibt sie als Kompensation gesellschaftsbedingter Mängel vor allem auf den Arbeitsprozeß bezogen, in den der einzelne eingespannt ist. Vor allem die marxistisch orientierten literatursoziologischen Untersuchungen zur Trivialliteratur gelangen etwa zu der Überzeugung: Da die Kulturindustrie, die auch Herstellung und Vertrieb der Trivialliteratur garantiert, sich in den Händen der Herrschenden befindet, enthüllt sich die Kompensation, die Trivialliteratur leistet, als eine im Kern politische Manipulation.

Wie auch immer der einzelne Literaturdidaktiker oder Lehrer sich zu einer solchen Betrachtungsweise stellen mag – er wird es sich kaum leisten können, den Schülern solche literatursoziologischen Untersuchungen und Ergebnisse vorzuenthalten; daß solche Ergebnisse nicht das letzte Wort zum Thema Trivialliteratur darstellen, gilt es allerdings ebenso deutlich zu betonen.

Zur Diskussion sollte freilich wenigstens der folgende Befund gestellt werden, der das Verhältnis von literarischer Ware und *Leser* betrifft: Anstatt sich mit einem hohen geistigen wie körperlich-materiellen Aufwand gegen die Zwänge der modernen Gesellschaft zu wenden, folgt der Leser den angenehmeren Lösungsmöglichkeiten, die ihm in Form von Lektüre angeboten werden. Sie gibt ihm nicht nur die Möglichkeit, den Alltag zu ertragen; sie bewirkt zugleich eine Art von Doppelexistenz: Eine Existenz, in der man den Leistungszwang der politisch-gesellschaftlichen Wirklichkeit erträgt, und eine andere, in der man sich von eben jenem Leistungszwang erholt. Die Möglichkeit dieser Erholung macht ein Aufbegehren in jener anderen Existenz überflüssig. Damit aber erfährt nicht nur die Praxis eben jener Leistungsgesellschaft eine Affirmation, sondern auch das Verhalten des einzelnen, der sich mit eben jener Gesellschaft abfindet. Auf diese Weise leistet die literarische Ware eine Verhaltenssteuerung, deren Ergebnis die Anpassung an vorhandene Zustände ist. Trivialliteratur setzt seinen Leser also nicht in eine notwendige Autonomie, schon gar nicht in eine Veränderungsdisposition ein; sie bedeutet vielmehr eine »direkte Konditionierung und Steuerung durch Reize, die als Auslöseschema funktionieren«.[40] Sie wird damit zu einem Mechanismus, der nichts anderes ist als die Verlängerung der vorhandenen gesellschaftlichen Mechanismen selbst.

Wo man die Trivialliteratur freilich kritisch betrachtet [illegible], gewinnt die Trivialliteratur nun auch positive Bedeutung: Für den Analytiker der Gegenwart und ihrer Gesellschaft ist die Trivialliteratur auf besondere Weise ein Spiegel der bürgerlichen Wirklichkeit und ihres Wertsystems, also eine Möglichkeit soziologisch-politischer Erkenntnisvermittlung. Obwohl in ihrer Tendenz antidemokratisch, könnte die Trivialliteratur noch gegen den Willen ihrer Hersteller womöglich eine Demokratisierung fördern, wenn die große Leserschaft, anstatt jene Literatur nur zu konsumieren, in die Lage versetzt würde, jene Massenliteratur als Spiegel ihrer eigenen veränderungsbedürftigen Existenz zu durchschauen. Dies freilich setzt einen Erziehungsprozeß voraus, dessen Gestaltung und Verwirklichung die Literaturdidaktik allererst zu bedenken hat, wobei es nicht zuletzt das Verdienst von Literatursoziologie und mit ihr verbundener Ideologiekritik ist, daß ein solches Bedenken in Gang gesetzt werden kann.

Die Trivialliteratur als Gegenstand der rezeptionstheoretischen und wirkungsgeschichtlichen Forschung

Bei kritischer Sicht auf die literatursoziologische Forschung erweist sich eines: Die Behandlung des Werkes nur als einer Ware wird weder der ästhetischen Substanz des Werkes gerecht, noch kann sie das Werk als eigentlichen Kanal des in Frage stehenden Kommunikationsprozesses angemessen bestimmen. Indem das Werk, auch und gerade das Werk im Rahmen der Trivialliteratur, als ästhetisches Werk übersprungen wird, kann die Literatursoziologie nicht angemessen zeigen, daß und wie gerade die ästhetischen Formen als Mittel sozialer und politischer Beeinflussung fungieren oder doch fungieren können. Zu leisten ist also der Aufweis eines bestimmt stukturierten Verhältnisses zwischen Texten der Trivialliteratur und deren Rezeptionsvorgang beim Leser. Damit wendet sich die Literaturwissenschaft wieder ernsthaft den Texten zu, freilich nicht mit dem Ziel, deren innere ästhetische Stimmigkeit aufzuweisen, sondern erkennbar zu machen, wie der bestimmte Text mit seinen je besonderen literarischen Strukturen daraufhin entworfen ist, »bestimmte Botschaften« an seine Adressaten zu übermitteln: ein bestimmtes sprachlich-literarisches Zeichensystem, ein semiotisches System darzustellen, »das mit Hilfe der Bedeutung bestimmter sprachlich-literarischer Zeichen eine ästhetische Wirkung bei seinen Lesern erzielen will und durch sie ihr Bewußtsein induziert«.[42] Von diesem struktural-rezeptionsästhetischen Ansatz her kommt der Text also nicht um seiner selbst willen in den Blick, sondern als ein auf den Leser hin entworfener Text.

Nun ist es zwar sehr wohl möglich, sogar wahrscheinlich, daß die meisten Texte der Trivialliteratur zum Zwecke der Unterhaltung hergestellt und dementsprechend strukturiert sind; ein erster Blick auf die Textstruktur der meisten Trivialromane würde dies bestätigen. In Wahrheit jedoch unterscheidet sich durchaus die im Text angelegte Wirkungsintention von der tatsächlich im Rezipienten erzielten Wirkung: Bei ihm kommt in Wahrheit nicht nur Unterhaltendes an, sondern der Unterhaltung sind durchaus ideologische Indoktrinationen immanent. Denn die »Strategien literarischer Textkonstitution sind stets auch Strategien des Entwurfs von Leserrollen, in denen seine Textvorgänge rezipiert werden sollen ...«[43] So ist es die Aufgabe einer sowohl dem Text als auch dem tatsächlichen Rezeptionsprozeß gerecht werdenden literaturwissenschaftlichen Forschung, Strategie und Mechanik der scheinbaren Unterhaltungsfunktionen von Texten in den Blick zu nehmen, zunächst mit dem Ziel, die Leserrollen nachzuzeichnen, in denen die Wirkungsintentionen verifiziert werden, die scheinbar auf Unterhaltung angelegt sind. Es ist deutlich, wie sich zu solchem Zweck nicht nur die strukturale Untersuchung mit der wirkungs- und rezeptionsästhetischen verbindet, sondern daß dieser gesamte Analysevorgang ideologiekritischen Charakter gewinnt. Denn es gilt nicht nur, die Leserrollen, die dem Text immanent sind, zu beschreiben, sondern auch im Hinblick auf den soziologisch-ideologischen Kontext hin durchsichtig zu machen.[44]

Im einzelnen sollte (nach Waldmann[45]) eine rezeptionsästhetisch und struktural ausgerichtete Textanalyse wenigstens die folgenden drei Aufgaben des Textzugriffs leisten:

1. Das literarische Zeichensystem des Textes (den ästhetischen Informa-

tionsträger) innerhalb eines bestimmten Sektors als Zeichenaggregat zu deskribieren;

2. das von diesem Zeichensektor Bedeutete (die ästhetische Information) dem Bedeutungsgehalt nach, und zwar vor allem in seiner gesellschaftlichen Beziehung, darzustellen;

3. die Wirkungsintention des Textes in bezug auf den intendierten Leser (den ästhetischen Informanten), d. h. die durch den bestimmten Zeichensektor entworfenen Leserrollen zu beschreiben und die über sie bewirkten möglichen Bewußtseinsinduktionen des Lesers insbesondere in ihrer gesellschaftlichen Bedeutung anzuzeigen.

Waldmann legt in seinem Aufsatz als Beispiel die Analyse eines Frauenromans vor.[46] Das Ergebnis seiner rezeptionsästhetischen Untersuchung faßt er folgendermaßen zusammen: »Das Zeichensystem des Frauenschicksalsromans entwirft seine Leser(innen)-Rolle dergestalt, daß die passiv-kulinarische Aufnahme seiner gefühlsintensiven Vorgänge in der Rolle ›unmittelbar emotional-assoziativ Erlebende‹ erfolgt. In dieser Rolle realisiert die Leserin im Medium der ›Unterhaltung‹ die Wirkungsintention dieses ›Erlebnisraum‹ signifizierenden Zeichensektors des Frauenschicksalsromans.«[47]

Wir dürfen voraussetzen, daß wir es bei der Trivialliteratur auf ähnliche Weise stets mit einem streng strukturierten literarischen Zeichensystem zu tun haben, strukturiert nach Zeichengestalt, Bedeutungsgehalt und Wirkungsintention, und gefertigt nach bestimmten Strategien; einem Zeichensystem, das mit entsprechenden Textzugriffen literaturwissenschaftlich auffaßbar und in den Bewußtseinsinduktionen und deren gesellschaftlichen Wirkungen beschreibbar ist, die durch das System bewirkt werden. Die Textanalyse kann also zeigen, wie der Text den Leser – durch eine vorstrukturierte Leserrolle – genau einzustellen und sein Leseverhalten vorzuprogrammieren versucht.

Freilich muß man sehen, und dies haben Jauß und Waldmann nicht hinreichend betont, daß mit dem Aufweis der Leserrolle noch nicht bewiesen ist, ob der Leser ihr auch tatsächlich folgt; ob die Wirkungsintention des Werkes auch tatsächlich die vorprogrammierte Rezeption auslöst; ob der Leser das Werk tatsächlich der Struktur gemäß oder – wenigstens partiell – »gegen den Strich« liest und sich damit von der angebotenen Rolle distanziert. D. h. die strukturale Textanalyse ist mit der empirischen Analyse des geschichtlich-konkreten Erwartungshorizontes zu verbinden, mit einer Aufgabe also, die die Literatursoziologie zu leisten versucht. Dieser konkrete Erwartungshorizont ist sorgfältig zu differenzieren, unter didaktischem Aspekt besonders im Hinblick auf die jeweiligen Schulklassen, die Trivialliteratur lesen. Denn Absatz und Konsumentenzahl allein, die von der Literatursoziologie primär herausgestellt werden, sagen nicht genug aus über die tatsächlichen Lesemotivationen und -einstellungen: Allzuviele Varianten des Rezeptionsvorganges sind denkbar. Zwar ist die Erforschung des Erwartungshorizontes geschichtlich vergangener Lesergruppen schwierig. Für die Gegenwart jedoch ist diese Arbeit grundsätzlich zu leisten, nicht zuletzt im Hinblick auf konkrete Schülergruppen. [48] Es ist denkbar, daß ein Forscherteam von Textanalytikern und literatursoziologisch und -psychologisch eingestellten »Horizontforschern« im einzelnen aufzeigt: welchen Zwang Trivialliteratur tatsächlich auf den Leser ausübt; wie stark die eingebauten Leserrollen den Leser tatsächlich determinieren; wie, mit welchen Einstellungen und mit welchem praktischen Verhalten die Leser in Wirklichkeit reagieren. Hier sind theoretisch zwei Extreme vorauszusetzen, auf die man die dazwischenliegenden Lesehaltungen beziehen könnte:

1. Die totale Identität von Leserrolle und Erwartungshorizont. Hier wird die hohe Textredundanz gleichsam voll ausgekostet.

2. ist jedoch denkbar die extreme Aufbrechung der Leserrolle dadurch, daß der völlig anders strukturierte Erwartungshorizont des Lesers die angebotene Rolle reflektierend bzw. ironisch auflöst. Selbstverständlich entstammt ein solcher Leser nicht der Leserschaft, auf die hin das Werk konzipiert wurde.

Es ist zu erwarten, daß beide Extreme nicht den Regelfall bilden, auch nicht das erste Extrem: Die Leserschaft von Trivialliteratur ist nicht so homogen, wie Statistiken es wissen wollen. Wo das genannte Forscherteam das Verhältnis von Leserrolle und Erwartungshorizont bestimmter Lesergruppen differenzierend analysiert hat, kann endlich der Didaktiker in dieses Team eintreten. Aufgrund der vorliegenden Ergebnisse könnte er die Strategien entwickeln, die – je nach Befund – den Erwartungshorizont einer bestimmten Rezipientengruppe, etwa bestimmter Schulklassen, in dynamische Bewegung bringen, mit dem Ziel: Daß die Schüler nun jene im Text vorfixierten Leserrollen reflektieren und damit indirekt die möglichen eigenen Lesehaltungen, sofern sie jenen vorentworfenen Rollen mehr oder weniger gleichen, kritisch sehen lernen. Auf diese Weise kann auch die Auseinandersetzung mit Trivialliteratur zu einer produktiven Kommunikation werden, letztlich mit dem Ziel, neue Lesehaltungen zu initiieren, einige Erwartungshorizonte zu verändern. [49]

Literaturdidaktische Konsequenzen

Die vorliegende Analyse der gegenwärtigen Forschungslage zu den Problemfeldern der literarischen Wertung und der Trivialliteratur ist vom Standpunkt des Literaturdidaktikers erfolgt und in diesem Sinne interessenbedingt. So meint der Verfasser etwa auch auf die Darstellung der szientifischen Forschungsrichtung verzichten zu können, die sich darum bemüht, bei der Erforschung von Literatur, auch von Trivialliteratur, einen Grad von Exaktheit in die Methoden einzubringen, wie er für die Naturwissenschaft selbstverständlich ist. Zugleich ist mit solcher Forschungseinstellung das Bemühen verbunden, den ideologischen Implikationen zu entgehen, die alles geisteswissenschaftliche Forschen mitbestimmen. So lobenswert und wichtig solche Neuansätze auch sind, so wenig ist zum gegenwärtigen Zeitpunkt die didaktische Relevanz der Ergebnisse abzuschätzen, die jene zumeist von einem hohen Abstraktionsgrad bestimmten Forschungen erbringen. Es sei deshalb an dieser Stelle auch lediglich auf das bloße Vorhandensein solcher Forschungsergebnisse verwiesen.[50]

Im übrigen dürfte es deutlich geworden sein, daß dem Literaturdidaktiker in erster Linie die Ergebnisse der literatursoziologischen und rezeptionsästhetischen Trivialliteratur-Forschung von großer Bedeutung sein werden. Dies soll freilich nicht bedeuten, daß die Literaturdidaktik lediglich von den Ergebnissen der Fachwissenschaft bestimmt werde und nur die Aufgabe habe, jene Ergebnisse in den Bereich der Schule zu lancieren. Daß die Fachdidaktik nicht als verlängerter Arm der Fachwissenschaft gelten kann, sondern sich durchaus als eigenständige Disziplin in einem vielgegliederten Feld von Nachbarwissenschaften begreift, ist inzwischen hinreichend dargestellt worden.[51]

Eines aber dürfte im Blick auf unsere vorangegangene Darstellung deutlich geworden sein: Vor allem in Gestalt der rezeptionsästhetischen Forschung konzidiert literaturwissenschaftliches Bemühen in auffälliger Weise mit dem Bestreben einer Didaktik, die nicht einen abstrakten Bildungswert, auch nicht den zu vermittelnden Objektbereich, sondern den Schüler selbst als bestimmenden Ausgangspunkt didaktischer Überlegungen gelten läßt. Für die literaturwissenschaftliche Rezeptionstheorie gilt ebenso wie für die Didaktik, daß ein Kommunikationsprozeß nur dann aufzuschlüsseln und in seiner Struktur verständlich zu machen ist, wenn dem Rezipienten respektive Schüler in diesem Prozeß eine Schlüsselstellung zuerkannt wird. Literarische, zumal trivialliterarische und pädagogische Wirkungsprozesse haben also formal eine durchaus analoge Struktur. So liegt es nahe, daß die Literatursoziologie, die den Leser nicht vernachlässigt, vollends aber die Rezeptionsästhetik, die dem Leser im literarischen Kommunikationsprozeß einen besonders hohen Rang zumißt, für jede Literaturdidaktik von besonderer Bedeutung sind, die ihre Aufgaben ihrerseits primär aus der Situation des Schülers herleitet. So fordert Waldmann mit Recht einen Literaturunterricht, der »sich als insgesamt eigenständiger Modus des Umgangs mit Literatur von der Funktion her definiert, die er für die konkreten gegenwärtigen und künftigen Bedürfnisse der Schüler hat . . .«[52]

Unter diesen genannten Voraussetzungen mögen abschließend einige grundlegende Lernziele der Arbeit mit Trivialliteratur angesprochen werden, deren Diskussion und Präzisierung bei einem künftigen Bemühen um eine Didaktik der Trivialliteratur eine gewisse Rolle spielen dürften. Jedoch sei vorher ausdrücklich daran erinnert, daß wir, wenn in der vorliegenden Arbeit auch nur von Trivialliteratur die Rede ist, nicht der Meinung sind, dies sei der einzige oder gar wichtigste Gegenstand des Literaturunterrichts. In diesem sind grundsätzlich alle Textsorten relevant, und die Präferenz einer besonderen Textsorte müßte durch eigene fachdidaktische Untersuchungen allererst nachgewiesen werden. Die Analyse von Zielen der Arbeit mit Trivialliteratur sollte allerdings ständig als Grundvoraussetzung gegenwärtig halten: daß die Schüler in einer Gesellschaft leben und leben werden, in der als mögliche Lektüre die Trivialliteratur, wenn nicht dominiert, so doch eine ganz entscheidende Stellung einnimmt. Als Phänomen, das einerseits die Schüler selbst unmittelbar angeht, das anderseits ein wesentlicher Bestandteil der Gesellschaft ist, ermöglicht Trivialliteratur sowohl die Selbstreflexion des Schülers als auch die der Gesellschaft, in der er lebt, auf besondere Weise. Dennoch sollten sich die Formulierungen der speziellen Lernziele nicht, wie es unter literatursoziologischem Einfluß gelegentlich geschieht, von dem Tatbestand lösen, daß es sich bei dem Gegenstand des Unterrichts um *Literatur* handelt. Deshalb mag als ein übergeordnetes Lernziel der Arbeit mit Trivialliteratur schlicht die Forderung stehen:

Der Schüler soll die Fähigkeit zu einer angemessenen »Textverarbeitung« der Trivialliteratur gewinnen. [53]

Gewiß lassen sich mit einer solchen Forderung zunächst einige formale Präzisierungen verbinden wie: Der Schüler soll auf seine Rolle als Leser und kritischer Literaturrezipient von morgen vorbereitet werden; er soll gerade im Hinblick auf Trivialliteratur eine gewisse »Lesemündigkeit« gewinnen; er soll bestimmte Lesestrategien einüben, die ihn im Sinne einer dialektischen Leseweise [54] in die Lage versetzen, einen Text gleichsam »gegen den Strich« zu lesen; er soll also Lesestrategien erlernen, die »ein Sich-Ausliefern an den Text und zum andern dessen Reduktion auf die Erwartungen des Lesers« verhindern. [55]

Freilich lassen solche mehr formalen Bestimmungen nicht aus, wenn wir vom Schüler eine »angemessene Textverarbeitung« im Hinblick auf Trivialliteratur erwarten. Die Angemessenheit dieser Textverarbeitung ist erst durch die Erfüllung bestimmter inhaltlicher Forderungen gesichert. Wir deuten das Gemeinte im Blick auf drei Hauptforderungen an:

1. Angemessene Textverarbeitung von Trivialliteratur heißt zunächst: sie als Mittel einer politisch relevanten Gesellschaftsanalyse gebrauchen.

Gewiß dürfte Skepsis gegen solche literaturdidaktischen Bemühungen geboten sein, die jegliche Arbeit an Literatur überhaupt auf ihre politische Bedeutung reduzieren wollen; mit solcher Zielsetzung wird man, wenn sie ausschließlich gilt, weder großen Teilen der sog. Dichtung noch vielen sog. »literarischen Gebrauchsformen« gerecht. [56] Anders verhält es sich mit der Arbeit an der Trivialliteratur. Hier hat sowohl die Literaturwissenschaft als auch die Literaturdidaktik inzwischen hinreichend deutlich gemacht, daß primär ästhetische Analysen nicht mehr einbringen als die Bestätigung der tradierten Überzeugung, daß es sich bei jener Literatur um »Kitsch« handele, dessen Symptome ein für allemal festgelegt gelten. Im Rahmen der Gesamtheit literarischer Texte ist es die Trivialliteratur, wenn man einmal von der unmittelbar politisch engagierten Literatur absieht, die die stärkste soziologischpolitische Relevanz hat. Sie ist gleichsam der bevorzugte Ort gesellschaftsrelevanter Textanalysen im Literaturunterricht.

In diesem Sinne ist die Lektüre von Trivialliteratur also zunächst als eine politische Aktion zu begreifen, nicht als eine im traditionellen Sinne ästhetische. Der Schüler sollte im Blick auf das gesellschaftliche Phänomen Trivialliteratur mit Hilfe literatursoziologischer, rezeptionsästhetischer und zugleich ideologiekritischer Methoden vor allem die Phänomene erkennen, die zum Bedingungsfeld seiner eigenen – gegenwärtigen und zukünftigen – sozialen Situation und ihrer Widersprüche gehören. Dies bedeutet im einzelnen:

Der Schüler macht sich bewußt, daß Trivialliteratur vom durchschnittlichen Leser zum Zweck der Unterhaltung und Zerstreuung gelesen wird.

Er macht sich bewußt, daß diese bestimmte Art der Unterhaltungsliteratur de facto – ob nun beabsichtigt oder nicht – zur Grundlage einer politischen Meinungsbildung wird oder werden kann; daß sie in jedem Falle politische Funktion hat, und zwar auf mehrfache Weise: Der Schüler erkennt: Die affirmativen Elemente, besonders im Rahmen der literarisch vermittelten Wertwelt, wirken als stabilisierende Effekte im Zusammenhang mit dem bedürfnisschaffenden und konsumorientierten System der kapitalistischen Gesellschaft.

Der Schüler erfährt weiter: Die Trivialliteratur bleibt an bestimmte ideologische Muster gebunden; die meisten Konfliktlösungen entsprechen nicht der Wirklichkeit oder nur einer vereinseitigten Wirklichkeit.

Der Schüler macht sich bewußt: Die Trivialliteratur stellt Leitbilder zur Verfügung, die einer Stabilisierung der gesellschaftlichen Verhältnisse günstig sind.

Der Schüler soll aber nicht nur erkennen, daß Trivialliteratur zum Zweck der Unterhaltung gelesen wird und daß diese Unterhaltung de facto den Charakter einer politischen Meinungsbildung annimmt; er soll vor allem die Bedingungszusammenhänge durchschauen, die jene faktische politische Wirkung der Trivialliteratur konstituieren. Man kann auch, etwas überspitzt, mit Hohendahl verkürzt sagen: Die Schüler sollen erkennen, es komme »der Unterhaltung die Funktion der Ablenkung zu, die erforderlich ist, um die Massen arbeitswillig zu halten«.[57]

Auch wenn der einzelne Lehrer nicht geneigt ist, die hier genannten Zusammenhänge in einer primär marxistischen Terminologie zu fixieren, wird er angesichts der soziologischen Forschung zu modernen westlichen und östlichen Gesellschaftssystemen nicht umhin können, die angesprochenen Tatbestände mit Schülern ernsthaft zu diskutieren. Und wenn er die gegenwärtige Gesellschaft nicht marxistisch vornehmlich unter ökonomischen Vorzeichen sieht, sondern mehr im Sinne der Konvergenztheorie unter Rekurs auf technologische und organisatorische Tatbestände: also als systemneutrale Industriegesellschaft – in jedem Falle führt ihn eine Analyse der Trivialliteratur und ihrer Bedingungsfaktoren auf eine Fülle defizitärer Strukturen unserer Gesellschaft. Der Schüler sollte erkennen, daß die Trivialliteratur speziell unserer Zeit bestimmten Bedürfnissen entgegenkommt, die durch gesellschaftliche Mangelerscheinungen hervorgerufen worden sind, und daß eine verkäuferpsychologisch ausgerichtete Industrie es mit Hilfe der Trivialliteratur versteht, jene Bedürfnisse so zu stimulieren, daß ein angemessener Absatz gesichert ist.

2. Der Schüler soll Trivialliteratur so lesen, daß die Lektüre zur Selbstreflexion und Selbstaufklärung führt.

Ausgangspunkt dieser »introspektiven Selbst-Analyse« [58] sollte die Hypothese sein, daß in der Regel auch der Schüler ein Glied der Masse ist, die jene auf sie zugeschnittene Trivialliteratur vornehmlich liest. Die Erfahrung im Umgang mit Schülern wie auch statistische Erhebungen bestätigen im Ganzen nicht nur, daß nahezu alle Schüler irgendwelche Formen der Trivialliteratur lesen, sondern daß sie jene Literatur auch unkritisch, also so lesen, wie es die sog. »Masse« tut. Ist also der Schüler, jedenfalls zunächst, ein typischer Leser im Sinne der »Masse« und erlaubt die Analyse der Trivialliteratur zugleich eine Analyse ihrer Leser, dann müßte es möglich sein, daß der Schüler über drei Zugänge seine eigene Situation als Leser analysieren und durchschauen kann: Einmal auf dem Weg über die Selbstanalyse; zum andern auf dem Weg über die Analyse des ihn umgebenden Publikums, das ähnlich reagiert wie er; endlich im Blick auf die Texte der Trivialliteratur selbst, die auf eben jene Massen zugeschnitten sind und vorprogrammierte Leserrollen implizieren. Sollte der Schüler durch besondere soziologische Voraussetzungen oder mit zunehmendem Alter aufgrund eines kritikfördernden Unterrichts von jener unkritischen Position des Durchschnittslesers bereits abgerückt sein, wird er diese Differenz in seine Beobachtungsergebnisse mit einbringen.

Zunächst jedenfalls sollten solche auf die Selbstanalyse gerichteten Untersuchungen des Schülers dazu führen, daß er die Faszination und die Motivation der Lektüre durchschaut, die er im Hinblick auf Trivialliteratur betreibt.

Dies ist identisch mit dem Bestreben, die Ursachen für den Lesetrieb zu erkennen, der ihn erfüllt. Zunächst dürften das psychologisch-anthropologische Ursachen sein wie etwa der Hang zur Bequemlichkeit, das Streben nach dem Einfachen, Bewährten, Überlieferten, aber auch der Hang zu Abenteuern oder das Bedürfnis nach Sicherheit – je nachdem, welchem Genre der Trivialliteratur der Schüler den Vorzug geben mag. Aber auch wenn er selbst noch nicht im öffentlichen Arbeitsprozeß steht, dürfte der Schüler bei Befragungen im sozialen Umfeld auf die Bedeutung der Freizeit stoßen, die die Lesemotivationen mitbestimmt, die ihrerseits aber nur aus den gesellschaftlich-politischen Zusammenhängen verständlich wird. [59] Auf diese Weise lernt der Schüler sich nicht nur als lesendes Individuum durchschauen, sondern er leitet einen Erkenntnisprozeß der eigenen gegenwärtigen und potenziellen zukünftigen sozialen Situation ein, sofern dies unter dem Aspekt der Leserfunktion möglich ist.

Ein solcher Erkenntnisprozeß sollte schließlich dazu führen, daß der Schüler die wichtigsten Funktionen durchschaut, die im Akt der Lektüre von Trivialliteratur wirksam werden und von einem nachprüfbaren Mechanismus bestimmt sind, der die Lektüre steuert.

In erster Linie dürfte hier die Haltung des Lesers von Trivialliteratur als linearer *Identifikationsprozeß* zwischen Held, Leser und Gesellschaft begegnen. [60] Dieser Identifikationsprozeß des Lesers mit dem Helden bzw. der Heldin – abhängig von dem je besonderen Trivialliterarischen Genre – sollte dem Schüler bei genauerer Analyse als *Kompensationsprozeß* durchsichtig werden. Durch die Lektüre und die dabei vollzogene Identifizierung mit dem Helden bzw. der Heldin werden latente Wünsche befriedigt: Diese entspringen einerseits sozialen Mangelerscheinungen, zum andern entwicklungsbedingten Schwierigkeiten namentlich im sexuellen Bereich. Letzteres ist beispielsweise gut an den Leserinnen von Frauenromanen zu beobachten und im einzelnen von Nusser herausgestellt worden. [61] Hier wird deutlich, daß ein solcher Kompensationsprozeß der Leserin einerseits zwar Entlastung und, im Sinne von Unterhaltung und Zerstreuung, Gewinn bringt; daß er andererseits aber dazu beiträgt, bestimmte Haltungen der modernen Frau – wie Leistungsstreben und Rollendistanzierung überhaupt – zu diffamieren und damit die Haltung der »unaufgeklärten« Frau zu rechtfertigen. Auf diese Weise wird die Welt, die in den Werken der Trivialliteratur begegnet, durchsichtig als Gegenbild der modernen Wirklichkeit: der persönlich-individuellen ebenso wie der sozialpolitischen Wirklichkeit. Vor allem wird sie auch zum Gegenbild der Wertwelt, deren Brüchigkeit auch bereits der junge Leser bei sich selbst und bei seinen Mitmenschen ständig beobachten muß. Unter diesem Aspekt führt der Identifikationsprozeß, der sich näher als ein Akt der Kompensation darstellt, zum *Eskapismus* – zu einer Flucht in eben jene idealisierte Gegenwelt der Trivialliteratur. Auf dieser Flucht in die Gegenwelt des Alltäglichen werden vorübergehend nicht nur unbewußte Wünsche erfüllt, sondern auch Ressentiments und Aggressionstendenzen abreagiert.

3. Sinnvolle Textverarbeitung heißt endlich: Der Schüler soll Trivialliteratur so lesen lernen, daß die Lektüre auch dieser Literatur zum Bemühen um Freiheit von jenen manipulativen Mechanismen führt, die sie durchschaut haben.

Über die Möglichkeit der Literatur, den Leser zu einer aktiven Haltung im Sinne der Veränderungsbereitschaft zu führen, ist viel gestritten worden. Inzwischen wird auch von marxistischer Seite eingesehen, daß man Literatur und Lektüre nicht überschätzen sollte im Hinblick auf deren Fähigkeit, den Leser unmittelbar zum Handeln zu stimulieren. Lektüre, zumal die Lektüre von fiktionaler Literatur, ist allenfalls ein Mittel unter anderen, Bewußtseinsbildung so zu betreiben, daß davon das Handeln möglicherweise mitbestimmt wird. Sofern aber alles sinnvolle Handeln reflexionsbedingt und -bestimmt ist, und sofern Lektüre, wenn sie angemessen betrieben wird, zur Reflexion führen kann, kann eben solche Lektüre mittelbar auch auf das Handeln des einzelnen einwirken, jedenfalls in dem Sinne, daß sie die grundsätzliche Bereitschaft zu einem solchen Handeln fördert. Wenn der Schüler das Bedingungsfeld der Lektüre von Trivialliteratur sowie seine eigene Funktion als Leser innerhalb dieses Bedingungsfeldes durchschaut, ist es zumindest möglich, daß er den Versuch macht, die bisher unbewußt vollzogene Identifikation mit seiner Lektüre, zumal seinen Helden, zu einer »Nichtidentifikation« umzuwandeln. Auf diese Weise gewinnt er eine Distanz zu seinem Gegenstand, der Literatur, und diese Distanz kann ihm die Möglichkeit einer Freiheit sowohl gegenüber der Lektüre als auch gegenüber den sie bedingenden Faktoren gewähren.

Es wird nicht das Ziel sein, ihm die Lektüre von Trivialliteratur auszureden. Hat er aber einmal in deren Analyse eine gewisse kritische Distanz gewonnen, mag es ihm möglich sein, jene Literatur nun auf einer anderen Stufe zu »genießen« – etwa nach Art von Bert Brecht: «. . . es ist ein Vergnügen des Menschen, sich zu verändern durch die Kunst wie durch das sonstige Leben und durch die Kunst für dieses.« [62] Ob wir hier Trivialliteratur unter »Kunst« oder »das sonstige Leben« fassen, ist wohl gleichgültig. Ein solches Vergnügen, das sich im Akt der kritischen Lektüre von Trivialliteratur einstellen könnte, würde, folgt man Brecht, nicht zuletzt dadurch eintreten, daß die Leser »sich und die Gesellschaft als veränderlich spüren und sehen können«. [63]

Freilich wird der Pragmatiker solchen Hoffnungen mit Skepsis begegnen, und sie werden in der Tat allenfalls auch nur dann erfüllbar sein, wenn die Arbeit an der Trivialliteratur über viele Jahre hinweg systematisch in den gesamten Literaturunterricht integriert worden ist. Für diesen Fall darf man allerdings erwarten, daß der Schüler zu einer Lesemündigkeit gelangt, die es ihm erlaubt, angesichts einer Fülle von Literatursorten je andere Leserrollen einzunehmen und ihrerseits kritisch zu durchschauen: Etwa die Rolle, pragmatische Literatur auf ihre sachliche Information hin zu befragen, oder die Rolle, ästhetisch-antizipatorische Literatur mit dem Ziel aufzunehmen, die Selbst- und Umwelterfahrung zu erweitern:

»*Literarische Rollenflexibilität* sollte erstrebt werden: Ein Bewußtsein des üblichen Konsums von Trivialliteratur als eines möglichen Rollenverhaltens neben anderen, bedingt durch verschiedene Faktoren, wichtig in seiner Leistung und legitim in seinem Bereich, aber ergänzbar durch andere Rollen literarischer Rezeption, wenn andere Leistungen (Information, Kritik, Selbst- und Umwelterfahrung) erfordert werden, eigentlich ergänzungsbedürftig, da Trivialliteratur diese Leistungen von sich aus nicht erbringt, diese aber irgendwie in das eigene Leben eingebracht werden müssen, wenn es nicht unerträglich individuell verengt und gesellschaftlich begrenzt werden soll.« [64]

Wenn der Schüler sich im Rahmen eines weitgespannten Literaturunterrichts in die kritisch kontrollierte Übernahme von Leserrollen einübt, wird er die Rolle als Leser von Trivialliteratur künftig weder unangemessen überbewerten noch mit jenem harmlos-naiven Ernst belasten, der die Lektüre von Trivialliteratur im genannten Sinne gefährlich werden läßt.

Anmerkungen

1 *Schulte-Sasse, Jochen:* Die Kritik an der Trivialliteratur seit der Aufklärung. München 1971. – *Ders.:* Literarische Wertung, Stuttgart 1971. *Maren-Grisebach, Manon:* Theorie und Praxis literarischer Wertung, München 1974.

2 *Waldmann, Günter:* Theorie und Didaktik der Trivialliteratur. München 1973, S. 78.

3 Vgl. dazu: *Iser, Wolfgang:* Die Appellstruktur der Texte. Konstanz 1970. *Jauss, Hans Robert:* Literaturgeschichte als Provokation der Literaturwissenschaft. Konstanz 1967 (s. a.: edition suhrkamp 418, S. 144 – 207). *Weinrich, Harald:* Literatur für Leser. Stuttgart 1971.

4 Ausführlicher ist er dargeboten bei *Waldmann:* a.a.O. S. 77 – 142.

5 Zu nennen wären hier etwa: *Emrich, Wilhelm:* Zum Problem der literarischen Wertung. Mainz 1961. *Kayser, Wolfgang:* Literarische Wertung und Interpretation. In: Die Vortragsreise. Studien zur Literatur. Bern 1958, S. 39 – 57. *Ders.:* Vom Werten der Dichtung. Ebd. S. 58 – 70. *Lockemann, Fritz:* Literaturwissenschaft und literarische Wertung. München 1965. *Müller-Seidel, Walter:* Probleme der literarischen Wertung. Über die Wissenschaftlichkeit eines unwissenschaftlichen Themas. Stuttgart 1965. *Ders.:* Wertung und Wissenschaft im Umgang mit Literatur. In: Der Deutschunterricht 1969, H. 3, S. 5 – 40. *Pfeiffer, Johannes:* Umgang mit Dichtung. Hamburg 1936. *Wutz, Herbert:* Zur Theorie der literarischen Wertung. Tübingen 1957.

6 Eine deutliche Absetzung von der phänomenologischen Werttheorie findet sich bei: *Topitsch, Ernst:* Kritik der phänomenologischen Wertlehre (1951). In: *Albert/Topitsch:* Werturteilsstreit. Darmstadt 1971, S. 16 – 32. *Geiger, Theodor:* Das Werturteil – eine ideologische Aussage (1953). Ebd. S. 33 – 43. *Habermas, Jürgen:* Erkenntnis und Interesse. In: Merkur 213, 1965, S. 1139 – 1153. *Schulte-Sasse, Jochen:* Literarische Wertung. Stuttgart 1971. *Waldmann, Günter:* Theorie und Didaktik der Trivialliteratur. München 1973, S. 77 – 142.

7 *Geiger, Theodor:* a.a.O. S. 37.

8 Zum »Gebrauchswert« und »Warenwert« vgl. *Karl Marx:* Das Kapital. Bd. 1. Berlin 1928 (8), S. 4 ff. – Näheres auch bei *Waldmann* a.a.O. S. 114 ff. – *Bauer, Gerhard:* Zum Gebrauchswert der Ware Literatur. In: LiLi 1971, H. 1/2, S. 47–57.

9 Vgl. dazu näher: *Waldmann.* a.a.O. S. 116.

10 *Waldmann:* a.a.O. S. 118.

11 *Waldmann:* a.a.O. S. 122 f.

12 Vgl. z. B.: *Thier, Erich:* Versuch über den literarischen Kitsch und seine Bedeutung im Leben. In: Probleme der Jugendliteratur. Ratingen 1956, S. 261 – 275.

13 *Broch, Hermann:* Das böse Wertsystem der Kunst. In: Dichten und erkennen. Ges. Werke. Essays Bd. 1. Hg. *Hannah Arendt.* Zürich 1955, S. 295 – 309. – »Wer Kitsch erzeugt, ist . . . ein ethisch Verworfener, er ist ein Verbrecher, der das radikal Böse will.« (S. 348).

14 Vgl. *Kranz, Friedrich:* Die gute Erzählung – der Kitsch. In: Der Deutschunterricht 1957 H. 4, S. 20 – 32. *Ulshöfer, Robert:* Bekämpfung der Comics. In: Methodik des Deutschunterrichts 1, 1967, S. 307 ff.

15 *Israel, Walter:* Literaturpädagogik heute. In: *Höffe, Walter L.* (Hg.): Sprachpädagogik – Literaturpädagogik. Festschrift für Hans Schorer. Frankfurt 1969, S. 44.

16 *Schmidt-Henkel, Gerhard,* u. a.: Trivialliteratur. Aufsätze. Literarisches Colloquium. Berlin 1964. Ausführliche Literaturangaben zum Kriminal- und Detektivroman, Western, Abenteuerroman, Landserheft, Science-fiction, Frauenroman, zum trivialen Jugendbuch, zur Pornographie, zum Schauerroman, Comic, zur Triviallyrik und zu dramatischen Formen der Trivialliteratur vgl.: *Waldmann,* a.a.O. S. 182 – 196.

17 Z. B. *Schwerte, Hans:* Ganghofers Gesundung. In: *Burger, Heinz-Otto:* Studien zur Trivialliteratur. Frankfurt 1968, S. 154 – 208.
18 *Kreuzer, Helmut:* Trivialliteratur als Forschungsproblem. Zur Kritik des deutschen Trivialromans seit der Aufklärung. In: Deutsche Vierteljahresschrift für Literaturwissenschaft und Geistesgeschichte 1967, S. 173 – 191.
19 *Kreuzer,* a.a.O. S. 184.
20 *Kreuzer,* a.a.O. S. 184 f.
21 *Fügen, Hans-Norbert:* Die Hauptrichtungen der Literatursoziologie. Bonn 1964, S. 14.
22 *Waldmann, Günter:* Der Trivialroman als literarisches Zeichensystem. In: Wirkendes Wort 1972, H. 4, S. 249.
23 Skepsis an solchen Leserbefragungen ist allerdings berechtigt. Vgl. dazu *Foltin, Hans-Friedrich:* Zur Erforschung der Unterhaltungs- und Trivialliteratur, insbesondere im Bereich des Romans. In: *Burger:* Studien zur Trivialliteratur, a.a.O. S. 269 f.
24 Vgl. dazu: *Nusser, Peter:* Romane für die Unterschicht. Groschenhefte und ihre Leser. Stuttgart 1973, S. 12 – 26.
25 *Naether, E. A.* (Studiengruppe für Marktpsychologie): Romanhefte. Eine psychologische Leitstudie. Hamburg (September – November) 1968, S. 23 f.
26 *Wellershoff, Dieter:* Der Kompetenzzweifel der Schriftsteller. Über Literatur und Trivialliteratur. In: Merkur 1970. H. 268, S. 730.
27 *Wellershoff,* ebd. S. 731.
28 *Bauer, Gerhard:* Zum Gebrauchswert der Ware Literatur. In: LiLi 1971 H. 1/2, S. 51.
29 *Bauer,* ebd. S. 51.
30 *Nutz, Walter:* Der Trivialroman – seine Formen und seine Hersteller. Köln/Opladen 1966, S. 18.
31 *Schwerte,* a.a.O. S. 154 ff.
32 *Bark, Joachim:* Trivialliteratur. Überlegungen zur gegenwärtigen Diskussion. In: Sprache im technischen Zeitalter. 1972 H. 41, S. 59.
33 *Nutz,* a.a.O. S. 21.
34 *Nutz,* a.a.O. S. 73.
35 Vgl. bes. *Nutz,* a.a.O. S. 70 ff.
36 Vgl. dazu im einzelnen: *Ziermann, Klaus:* Romane vom Fließband. Berlin (DDR) 1969. – *Nusser,* a.a.O. S. 7 f.
37 In seiner marktpsychologischen Studie gibt *E. A. Naether* (a.a.O. S. 48 f.) dem Bastei-Verlag eindeutige Empfehlungen, die Verlag und Autor im Hinblick auf marktwirtschaftliche Gesichtspunkte bedenken sollen.
38 *Marx, Karl:* Das Kapital. In: *Marx/Engels:* Historisch-kritische Gesamtausgabe. Hg. im Auftrage des Marx-Engels-Institutes Moskau, Frankfurt (später Berlin, Moskau) 1927 ff., Bd. 23, S. 49.
39 *Bauer,* a.a.O. S. 51.
40 *Wellershoff,* a.a.O. S. 733.
41 Als wichtigste literatursoziologisch ausgerichtete Arbeiten zur Trivialliteratur sind zu nennen: *Bauer,* a.a.O.; *Giesenfeld, Günter:* Methodische Vorüberlegungen zum Umgang mit nicht anerkannter Literatur. In: Diskussion Deutsch 1971 H. 6, S. 314 – 334, in diesem Band: S. 67 ff. *Ders.:* Ein Kurs in Trivialliteratur. In: *Ide, Heinz* (Hg.): Projekt Deutschunterricht 5. Stuttgart 1973. S. 177 – 214. *Nusser,* a.a.O. *Schenda, Rudolf:* Volk ohne Buch. Studien zur Sozialgeschichte der populären Lesestoffe 1770 – 1910, Frankfurt 1970.
42 *Waldmann:* Der Trivialroman als literarisches Zeichensystem. A.a.O. S. 249. Vgl. dazu auch das Buch desselben Verfassers, a.a.O. S. 59 – 67.
43 *Waldmann:* Der Trivialroman als literarisches Zeichensystem, a.a.O. S. 249.

44 An dieser Stelle ist es nicht möglich, die Herkunft dieses Forschungsansatzes von Weinrich, Jauss und Iser sowie die Kritik an diesen Rezeptionsästhetikern im einzelnen aufzuweisen. Ein Beispiel für eine kritische Adaption jener Ansätze für die Trivialliteratur-Forschung gibt *G. Waldmann* in seinem Buch: Theorie und Didaktik der Trivialliteratur. A.a.O. bes. S. 59 – 67 und S. 80 – 88. Im übrigen vgl. Anm. 3. Zur kritischen Einführung vgl. auch: *Michels, Gerd:* Leseprozesse. Zur kommunikations-theoretischen Begründung von Literaturdidaktik. Düsseldorf 1973 S. 23 – 39.

45 *Waldmann:* Der Trivialroman als literarisches Zeichensystem. A.a.O. S. 250.

46 In seinem Buch fügt *Waldmann* die Untersuchung des Dürrenmatt-Romans »Der Richter und sein Henker« hinzu: S. 34 – 49.

47 *Waldmann:* Der Trivialroman als literarisches Zeichensystem, a.a.O. S. 266.

48 Einen kleinen Schritt in dieser Richtung geht *Peter Nusser* mit seinem Buch: Romane für die Unterschicht (a.a.O.), sofern er über die an den Text gebundene Rezeptionsforschung hinausgeht und mit dieser nachdrücklicher als Waldmann Ergebnisse der Soziologie verbindet. Der Didaktik allerdings würden solche Forschungen noch dienlicher sein, die nicht nur eine idealtypische Leserschicht – in diesem Falle die sog. Unterschicht – zu beschreiben vermögen, sondern die konkreten Leser oder Lesergruppen, mit denen es der Didaktiker bzw. Lehrer in der Schule zu tun hat.

49 In diese Richtung weisen auch *Waldmanns* Andeutungen einer »praktisch-kreativ orientierten Didaktik textueller Kommunikation« (Theorie und Didaktik der Trivialliteratur, S. 67 – 76), mit denen er über die Position seines früheren Aufsatzes hinausgeht – freilich mit der von ihm selbst gemachten Einschränkung, daß sein hier entwickeltes angestrebtes didaktisches Ziel gegenwärtig lediglich als »Fernziel« gelten könne (S. 76).

50 Zu nennen wären in diesem Zusammenhang: *Rieger, Burghard:* Trivialliteraturen – datenverarbeitet? In: LiLi 1972 H. 6, S. 105 – 122. *Ders.:* Mengenorientierte Textwissenschaft – ihr Gegenstand und ihre Methode. S. M. 104 des Instituts für Systemforschung. Aachen 1970. *Krause, Ulrich:* Ästhetische Wertung als Aggregation. In: LiLi 1971 H. 4, S. 99 ff. Zur allgemeinen Grundlegung vgl. *Bense, Max:* Zusammenfassende Grundlegung moderner Ästhetik. In: *Kreuzer, Helmut/Gunzenhäuser, Rul* (Hg.): Mathematik und Dichtung. München 1969, S. 313 – 332. *Ders.:* Einführung in die informationstheoretische Ästhetik. Rheinbek 1969, Rde 320. *Jörns/Ziskoven:* Interpretation literarischer Texte mit dem informationstheoretischen Strukturmodell. In: Der Deutschunterricht 1971 H. 6, S. 20 – 36.

51 Vgl. *Daniels, Karlheinz:* Zum Verhältnis von allgemeiner Didaktik, Fachwissenschaft und Fachdidaktik. Überblick über den derzeitigen Diskussionsstand. In: Wirkendes Wort 1974 H. 1, S. 21 – 46. Eine Kritik speziell an der »streng fachlich-restringierten Fachdidaktik« übt *Jürgen Kreft:* Literaturdidaktik (I). Zugleich eine Situationsanalyse. In: Westermans pädagogische Beiträge 1974 H. 1, S. 48 ff.

52 *Waldmann:* Theorie und Didaktik der Trivialliteratur, S. 70.

53 Zum Begriff der »Textverarbeitung« vgl.: *Wienold, Götz:* Textverarbeitung. Überlegungen zur Kategorienbildung in einer strukturalen Literaturgeschichte. In: LiLi 1971 H 1/2, S. 59 – 89. An anderer Stelle hat der Verf. die didaktischen Fragen zur Arbeit mit Trivialliteratur ausführlicher dargestellt: *Schemme, Wolfgang:* Trivialliteratur als Gegenstand des Literaturunterrichts. In: Lebendige Schule. 1974 H 1, S. 15 – 24.

54 Vgl. *Kügler, Hans:* Literatur und Kommunikation. Stuttgart 1971, S. 146 ff.

55 *Bredella, Lothar:* Ästhetische und funktionale Kategorien in der Literaturdidaktik. In: Diskussion Deutsch 1972 H 9, S. 202.

56 Die neueren Arbeiten zu den literarischen Gebrauchsformen bzw. zum Sachbuch im Deutschunterricht zeigen, daß der unterrichtliche Umgang mit solchen exposi-

torischen Textsorten nicht allein politisch-gesellschaftlich zu motivieren ist. Zahlreiche Textsorten dieser Art (Protokoll, Sachbuch, Lexikonartikel, Gebrauchs- und Arbeitsanweisung usw.) erfüllen ihre Funktion primär im rein persönlichen Bereich. Vgl. dazu *Hasubek, Günther:* Sprache der Öffentlichkeit. Düsseldorf 1973. *Schütt/Stufleser:* Das Sachbuch im Deutschunterricht. Düsseldorf 1972. *Belke, Horst:* Literarische Gebrauchsformen. Düsseldorf 1973.

57 *Hohendahl, Peter-Uwe:* Literaturkritik und Öffentlichkeit. In: LiLi 1971 H 1/2, S. 44.

58 *Lecke, Bodo:* Comics als Vorschule. In: Projekt Deutschunterricht 5. Massenmedien und Trivialliteratur. Hg. *Ide, Heinz.* Stuttgart 1973, S. 131.

59 Zum Freizeitproblem vgl. bes.: *Giesenfeld, Günter:* Ein Kurs in Trivialliteratur. A.a.O. S. 177 – 214.

60 Ein psychoanalytischer Exkurs über die »Identifikation« im Leseprozeß findet sich bei *Nusser,* a.a.O. S. 30 ff.

61 Vgl. *Nusser,* a.a.O. S. 45 ff. Zur Kompensation von Aggressionen zumal in der Lektüre von Abenteuerromanen vgl. *Nusser,* a.a.O. S. 63, bes. S. 86 ff.

62 *Brecht, Bert:* Gesammelte Werke in 20 Bänden. Frankfurt 1967, Bd. 16, S. 920.

63 Ebd. S. 921.

64 *Waldmann:* Theorie und Didaktik der Trivialliteratur S. 65 f.

II. Unterrichtsmodelle und Unterrichtshilfen

Gerhart Wolff

Modell einer Unterrichtsreihe zur Trivialliteratur*

0 Trivialliteratur und literarische Erziehung

0.1 »Sandra erfuhr nie, welchen Tip ihr die attraktive Blondine noch geben wollte, denn in diesem Augenblick öffnete sich wieder die Tür zum angrenzenden Raum, und Sandra wurde von einer auffallend schönen schwarzhaarigen Frau hereingerufen. Ein wenig gehemmt folgte sie ihr und stand gleich darauf einem hochgewachsenen, gut aussehenden Mann gegenüber. Als die grauen Augen sie aufmerksam musterten, erinnerte sich Sandra unwillkürlich einer Bemerkung des Taxi-Chauffeurs, der sie hergefahren hatte: Der Baron Haugk ist einer der bestaussehendsten Männer, die man sich vorstellen kann. Kein Wunder, daß seine Frau so eifersüchtig ist, obwohl sie ganz bestimmt auch nicht häßlich ist.«[1]

Die Exposition der Subliteratur: billig, einfallslos in Konstruktion und Sprachgestus. Schicksalhaft begegnet das arme Mädchen mit dem fremdländisch klingenden Namen dem reichen Baron, gefährliche Nebenbuhlerinnen garnieren die Szene. Klischees bezeichnen Personen, primitive und fehlerhafte Floskeln inthronisiert die Handlung. Ware fürs Volk, für die Masse: Trivialliteratur.

Stimmt diese Diagnose, reicht sie zur kritischen Diskussion?

0.2 Trivialliteratur ist, wie Helmut Kreuzer formulierte, »ein Forschungsproblem und nicht nur ein Forschungsobjekt«.[2] Diese Feststellung gilt auch für die Rezeption in der Schule: der Begriff Trivialliteratur signalisiert heute die Forderung nach neuen Behandlungs- und Betrachtungsweisen »nicht anerkannter« literarischer Kategorien[3] im Unterricht.

Das Problem ›Trivialliteratur in der Schule‹ läßt sich deshalb nur bedenken im Zusammenhang mit Fragen nach Aufgabe und Ziel literarischer Bildung überhaupt. Erziehung durch Literatur und Erziehung zur Literatur ist seit Jahren umstritten und diskutiert.[4] Angesichts der veränderten Lebens- und Lesegewohnheiten unserer »fernsehdominierten Gesellschaft« (Bauer 193), die gleichwohl rund 15 Millionen regelmäßige Leser von Heftromanen kennt[5]; angesichts einer Gebrauchsliteratur mit Massenauflage und einem Einfluß, »der den der hohen Literatur gewiß nicht nur quantitativ, sondern auch in der Intensität der Leitbilder übersteigt« (Höllerer 52); angesichts

* Zuerst in: Der Deutschunterricht Heft 6, 1972, S. 44 – 74.

auch der wachsenden öffentlichen Kritik an der Institution Schule werden überkommene Inhalte und Formen gerade des Literaturunterrichts infrage gestellt. Die Vorbehalte richten sich gegen eine kanonisierte Darbietung »ästhetischer Literatur« (Helmers, Didaktik 295) nach Gattungen und poetischen Strukturen, gegen die »werkgerechte« oder »werkimmanente« Interpretation mit dem Ziel adäquaten Verstehens.[6] Sie beziehen sich also auf den Literaturbegriff selbst, auf die Kategorien literarischer Wertung, auf die Betrachtungsmethode sowie die didaktischen Konzeptionen; und sie betreffen auch mancherlei Versuche, »eine zeitgemäße Sinngebung des Literaturunterrichts« (Geißler 7) zu formulieren).

So hofft *Helmers,* durch die Analyse von Gattungen, Genres, Arten als »Ordnungsbegriffen der Klassifikation« (DD 297) »systematisch und allseitig Literatur zu erschließen« (DD 298) und dadurch zur »progressiven Veränderung der Gesellschaft« (DD 298) beizutragen. Trivialliteratur, noch verstanden als Unterhaltungslektüre, gehört indessen ins Vorfeld der Dichtung, dient dem Kontrast, unterstützt die »Aufgabe des ›literaturästhetischen Unterrichts‹« als »Fähigmachen zur selbständigen, kritischen Literatur-Rezeption« (Did. 297)[7], ohne die Öffnung zu einer allgemeiner gefaßten Leseerziehung zu ermöglichen.[8]

Dieser Schritt scheint erst vollzogen bei *Geißler*[9] und *Jörns/Ziskoven*[10]; aber auch hier ist die »Forderung an den Deutschunterricht heute« »die Vermittlung literarischer Bildung in einer durch Technik beherrschten Welt« (Jörns/Ziskoven 20)[11].

Emmy *Hannöver* spricht von der gesellschaftlichen Relevanz des Pflicht- sowie Wahlleistungsfaches Sprache/Literatur[12], möchte den Schüler jedoch zur »Gestaltbarkeit seines Lebens« (Hannöver 15) über die Kunst der Gegenwart führen.

Klaus *Geiger* intendiert bei seiner Behandlung der Massenmedien[13] eine »Erziehung zu genauem, kritischem Lesen« (Geiger 151), will aber primär die »Fragwürdigkeit der in Wildwestheften vermittelten Wertsysteme erkennen« (151). Ähnlich äußern sich B. *Feldhaus* und J. *Böhmer* zur Analyse von Jerry-Cotton-Heften (Feldhaus/Böhmer 112).

0.3 Gegen die hier referierte Auffassung von literarischer Erziehung, bei der Zwecke und Funktionen des Darstellungsobjektes ignoriert oder verschleiert werden können, formuliert sich eine Position, die das »heutige Geflecht literarischer Kommunikation« (Bauer 195) in wertfreier Analyse unter linguistischen, informationstheoretischen und vor allem literatursoziologischen Aspekten zum Untersuchungsgegenstand erhebt. Literatur ist für sie nur materiale Basis, mit verschiedensten Textsorten und synsemantischen Mitteilungsarten, unter denen die »fiktive Gegenwelt« der Dichtung ebenso wie diejenige der Unterhaltungs- oder Trivialliteratur ihren festen Platz behauptet. Auch Literatur im engeren Sinne kann nicht isoliert von Autor und Leserpublikum, von Produktions- und Konsumtionsvorgang betrachtet werden: die objektrelevante Maßästhetik wird ergänzt durch die interpretantenrelevante Wertästhetik[14] sowie eine gesellschaftsrelevante Wirkungs- und Warenästhetik. Nicht nur der Text, sondern auch seine (von den verschiedensten Faktoren abhängigen) Rezeptionsprofile lassen sich deskriptiv behandeln und analysieren.

1 Ansatz und Gegenstand der Untersuchung

1.1 Damit ist das Objekt der vorliegenden Unterrichtsreihe gekennzeichnet: die »literarische Interaktion« (Steinbach, Texte 8) der Trivialliteratur, als deren Konstituenten (Bestimmungsgrößen) Autor, Text und Rezipient gesehen werden. Hinter diesen stehen die Determinanten (Bedingungsgrößen) Kollektivbewußtsein und Produktion.[15] Alle drei Aspekte literatursoziologischer Fragestellungen nach Steinbach[16] sind so für den Versuch relevant; die Trivialliteratur ist gleichermaßen Produkt und »Ausdruck der bürgerlichen Welt« (Rieder, Texte 33).

Das bedeutet aber auch: die Horizonte von Autor, Text und Rezipient lassen sich nur in Verbindung miteinander betrachten. Eine Beschreibung von Trivialliteratur erscheint daher nicht möglich, ohne den Prozeß der ›Trivialisierung‹ von Autor und Leserpublikum zu erörtern. Untersuchungsgegenstand sind also drei Bestimmungsgrößen in ihrer wechselseitigen Bedingtheit:
1. Warencharakter (ökonomisches Bedingungsfeld)
2. Werkcharakter (Text-Bedingungsfeld)
3. Wirkungscharakter (soziales Bedingungsfeld)

1.2 Trotzdem erscheint es angebracht, die Textsorte selbst kurz zu umreißen. Trivialliteratur wird hier verstanden als in Massen produzierte und massenhaft verbreitete ›Konsum‹- und ›Gebrauchs‹-Ware[17], als »Bestätigungsliteratur in Massenproduktion« (Höllerer 55), für die Uniformität und Konformität bezeichnend sind.[18] Wichtige Kriterien neben den Herstellungsformen, sind folglich Frequenz und Funktion der Verbreitung, nicht etwa literarischer Rang oder künstlerische Vollkommenheit.

Ohne Zweifel muß diese Klassifikation immer wieder verteidigt werden gegen den »pejorativen Akzent«, ein »verwerfendes ästhetisches Verdikt« (Kreuzer, Texte 143), das
- bereits in der Grundbedeutung des römischen Wortes ‹trivialis‹ (auf dem Kreuzwege liegend, also allgemein zugänglich; daher aber auch gewöhnlich, gemein) enthalten ist;
- durch die Nähe zu Beziehungsbegriffen wie ›Kolportage‹, ›Schundliteratur‹, ›Hintertreppenroman‹ oder auch nur ›Unterhaltungsschrifttum‹[19] sowie
- infolge der Behandlung in Schule und Unterricht entsteht, etwa in Verbindung mit dem Reizwort ›Kitsch‹.

Ein solcherart abwertender Akzent ist deshalb gefährlich, weil er
- eine falsche Einstellung zum Untersuchungsobjekt fixiert;
- keine wertfreie Betrachtung ermöglicht;
- wichtige Fragen verdrängt, z. B. die nach dem Bestätigungscharakter, dem Kontrollmechanismus auch der sogenannten ›hohen Literatur‹.

Ich konfrontiere Trivialliteratur daher weder der Kunstliteratur[20], noch ordne ich sie als unterste Stufe der Unterhaltungsliteratur (mit ihrem durchweg stärker belehrend-moralischen Akzent), also einer »eingezogenen Mittellage« (Bausinger Texte 16) zu, um die bekannte ›Doppelwährung‹ und Dichotomisierung zu vermeiden.[21]

Trivialliteratur ist nicht identisch, deckt sich aber heute zum großen Teil mit Romanerzeugnissen; der Trivialroman wird so zum »Modellfall der Konformliteratur« (Nutz 114). Repräsentativ für diesen sind allerdings nicht mehr die Leihbücherei-Romane wie zur Zeit der bekannten Untersuchung von Walter Nutz, sondern die Groschenhefte der verschiedensten Reihen und Serien.[22] Sie erscheinen heute in einer Gesamtauflage von wöchentlich fast 7 Millionen Exemplaren.

1.3 Schon Bausinger verwies darauf, daß der »wenig individualisierte Charakter« trivialer Literatur die »Anwendung quantifizierender Methoden« (Texte 24) rechtfertige. Es liegt daher nahe, sich an dem seinerzeit in den USA für die Kommunikationsforschung entwickelten Verfahren der Inhaltsanalyse (content analysis) zu orientieren, an einer Untersuchungstechnik, »die der objektiven, systematischen und quantitativen Beschreibung des offenbaren Inhalts von Mitteilungen aller Art dient« (Lazarsfeld/Lasswell 1952, vgl. Silbermann 571).[23] Ein solcher Ansatz erscheint von der Sache her auch geeignet, die genannten drei Bestimmungsgrößen zu erfassen und zu kombinieren. Allerdings wird hier ganz offensichtlich ein Vorrang des ›manifesten‹ Inhalts postuliert, um den erwähnten Gütekriterien der Objektivität, Systematik und Quantifizierung gerecht werden zu können; und zwar unter Verzicht auf eine »erweiterte Analyse« (Nauck 3), die Motive und Wirkungen einbezieht, dadurch aber verschiedenartige Indikatoren benötigt und Gefahr läuft, qualitativ, also im Grunde wieder hermeneutisch zu operieren. Diese Beschränkung läßt indessen den Text wiederum einseitig und als isolierte Einheit dominieren. Ich folge daher trotz aller Problematik für eine wirkliche Intersubjektivität und Validität solch erweiterter Untersuchung der von Lasswell früher formulierten Fragestellung:

Wer sagt was zu wem in welcher Wirkung?

Sie berücksichtigt alle Konstituenten eines allgemeinen Kommunikationsmodells[24] und ermöglicht außerdem eine Zweiteilung der Unterrichtsreihe in einen quantitativen (deskriptiven) und einen qualitativen (normativen) Teil (s. gegenüberliegende Seite).

Finale Ausrichtung und heuristischer Ansatz sind damit nicht geleugnet. Die Teile S und E müssen mittels statistischer Erhebungen durch die Schüler abgedeckt werden, können sich dabei aber auch auf ›manifeste Äußerungen‹ beziehen. Die Größen M und F (aufbauend auf W) bilden den Kern der quantitativen bzw. der qualitativen Analyse, bedürfen daher einer kurzen Erläuterung:

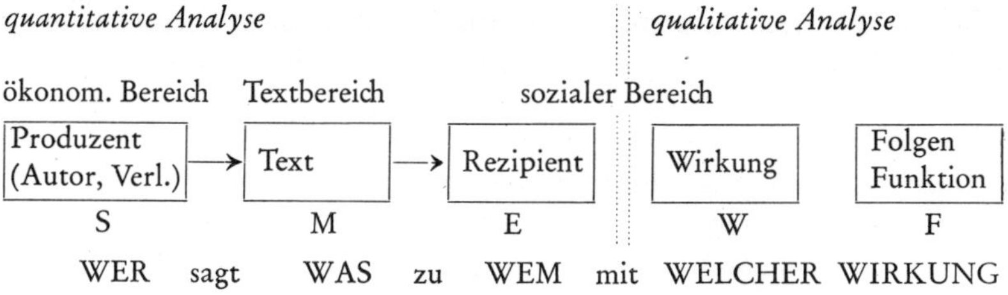

a Im Teil M, der eigentlichen Textanalyse, werden
1. der Informationsinhalt,
2. die Informationsform

untersucht. Eine exakte Trennung beider Bereiche ist naturgemäß problematisch, da der Inhalt nur in verbaler Darbietung faßbar ist. Deshalb bezeichnet auch etwa H. D. Zimmermann die Inhaltsanalyse als eine »quantitative Textsemantik«, da sie »aus der Anzahl bestimmter syntaktischer Formen auf die Bedeutung eines Textes Rückschlüsse zieht«, ohne sich »mit der statistischen Erfassung bestimmter Häufigkeiten« zu begnügen (Zimmermann 22). Dabei ist für den Nachweis der einzelnen Analyseeinheiten die Frequenz bestimmter themarelevanter Schlüsselwörter (und zugehöriger Funktionsbegriffe) wichtig, so daß Kriterien der Sprachstatistik, also eines linguistischen Differentials, bereits im ersten Teil der Analyse Anwendung finden. Immerhin wird man einzelne Inhaltsbereiche und deren Benennung anhand bestimmter Kategorienschemata ausweisen können, die für die Textsorte und ihren Untersuchungskontext kompetent erscheinen, also etwa solcher, die einen Vergleich der textimmanenten und der gesellschaftlichen Realitätsbezüge ermöglichen. Beim Nachweis dieser Inhaltsbereiche mit Mitteln der Sprachstatistik arbeitet man folglich auch nicht mit einer Fülle ungerichteter Meßgrößen, sondern mit einem begrenzten Inventar von Indikatoren, das sich aus der thematischen oder motovischen Kompetenz ergibt. Die Untersuchung der Informationsform dagegen offenbart sowohl das Beziehungsnezt der Inhaltselemente als auch die besonderen Wirkungszentren für das Publikum. Sie dient demnach nicht primär zur Bestimmung des ›Wie‹, also einer literarischen Form; in zweiter Hinsicht lassen sich ihre Ergebnisse natürlich bei der späteren Auswertung benutzen, um etwa die Uniformität des Textes zu belegen.

b Die für den Teil F relevante gerichtete Hypothese der Untersuchung bezieht sich auf den Bestätigungscharakter der Trivialliteratur, auf die Frage,
– wie, wodurch, durch welchen Mechanismus Trivialliteratur ihren Erfolg erreicht;
– wieweit unter diesem Aspekt Trivialliteratur mit Kunstprodukten vergleichbar wird, d. h. als Ausdruck »gegenwärtigen Bewußtseins« (Höllerer 53) verstanden werden kann.

Mögliche Einzelgesichtspunkte zu beiden Teilen der Inhaltsanalyse enthält das Beiblatt 2; es ist als Diskussionsgrundlage gedacht.

2 Didaktische und methodische Vorüberlegungen

2.1 Der bisher skizzierte Ansatz zeigt bereits einige Funktionsziele, die den Aufwand einer geschlossenen Unterrichtsreihe über Trivialliteratur rechtfertigen. Ein solcher Versuch

- führt zu einer Problematisierung der bisherigen literarischen Erziehung;
- provoziert die Auseinandersetzung mit Fragen der literarischen Wertung;
- konfrontiert mit den Lesegewohnheiten breiter Schichten und auch des eigenen Umfeldes;
- zwingt zur Beschäftigung mit literatursoziologischen Theorien;
- fördert die interdisziplinäre Kooperation wichtiger Fächer durch die Darstellung von Forschungsergebnissen und -problemen aus Literaturwissenschaft und Soziologie;
- versteht »Trivialliteratur als historisch vorfindbare Epochenphänomene« (Kreuzer, Texte 151) und hilft damit zur Überwindung autostereotyper sowie heterostereotyper Vorurteilsprofile;
- übt mit der Inhaltsanalyse wichtige, auch für Informations- und Kommunikationsforschung relevante Methoden und Techniken.

2.2 Mit diesen Zielen ist, wie schon bemerkt, graduell und ebenso grundsätzlich eine Erweiterung des Literaturunterrichtes proklamiert. Bei der Durchführung ist deshalb auch eine Reihe von Schwierigkeiten zu erwarten, die aus der Praxis des bisherigen Unterrichtes resultieren:

- Eingeschliffene literarästhetische Bewertungsmuster führen immer wieder zur Opposition mit der ›hohen Literatur‹, zur Zweiwertung und Doppelwährung zurück.
- Emotionale Identifikationen nicht nur mit Inhalten und Formen, sondern auch mit Werten und Zielen von Kunstprodukten können systematisches Vorgehen und sachliche Auseinandersetzung bei Trivialerzeugnissen erschweren.
- Mangelnde Übung in analytischen Techniken und quantitativer Betrachtung beeinträchtigt Motivation und Interesse.
- Aktivität und Initiative der Schüler sind gehemmt durch die vorherrschende Ein- oder Zweiwegkommunikation der Unterrichtsroutine.
- Stoffülle und Vielfalt der Gesichtspunkte können verwirren.

Gerade deshalb empfiehlt es sich, die Unterrichtsreihe als kompakte und gegliederte Einheit vorzustellen, obwohl grundsätzlich einzelne Sorten der Trivialliteratur auch gesondert behandelt werden könnten; nur so aber bietet sie durch Kontrast und Gegenpol zum Bisherigen, zum Üblichen Anregungen und Impulse auch für die weitere Arbeit.

Allerdings wird man sie erst in den letzten Klassen der gymnasialen Oberstufe bzw. im höheren Kurs eines Kollegs oder der Volkshochschule durchführen. Vorauszusetzen ist nämlich die Kenntnis

a hermeneutischer Betrachtungsweisen von Literatur;
b zeichen- und kommunikationstheoretischer Überlegungen;
c linguistischer und soziolinguistischer Grundbegriffe;
d inhaltsanalytischer Techniken.

Die erwähnten Aspekte lassen sich darstellen oder wiederholen z. B. bei der Analyse politischer Reden und Propagandaschriften nach dem von Zimmermann beschriebenen Verfahren der quantitativen Textsemantik.[25] Zur Erprobung dieses Verfahrens und auch zum Test der in der Klasse vorhandenen Einstellungen und Wertungsmuster rate ich dazu, den Unterrichtsversuch mit der Behandlung von Kitschtexten zu beginnen.

Schließlich ist es wichtig, die Schüler oder Studierenden nicht nur bei der Durchführung, sondern auch an Planung der Reihe und Auswahl des Materials zu beteiligen. Am besten gestaltet man daher den Versuch als eine Wechselfolge von Plenar- und Gruppensitzungen.

Die folgenden Übersichten und Materialien sollen im wesentlichen Anregungen geben; ich beziehe mich deshalb und auch aus anderen, bei der Thematik naheliegenden Gründen durchweg nicht auf ein einzelnes Textbeispiel.

3 Beschreibung der Unterrichtsreihe

3.0 Allgemeines:

Für die Erprobung wurde das 5. Semester eines Kollegs (Instituts zur Erlangung der Hochschulreife) gewählt. Die Durchführung beansprucht etwa 35 Stunden, also 7 Unterrichtswochen.

Zur theoretischen Vorbereitung eignet sich augenblicklich am besten das Klettbuch ›Texte zur Trivialliteratur‹[26]; interessierte und als Tutoren geeignete Schüler erhalten es bereits vor Beginn der Unterrichtsreihe, die anderen nach Ende der Hinführung.

Die genaue organisatorische Gliederung des Versuchs wird erst nach der Hinführung besprochen, um den Schülern die Möglichkeit zu eigenen, bereits sachorientierten Vorschlägen zu geben. Die Konzeption bei meiner Erprobung sei aber bereits hier mitgeteilt. Sie beruht auf einer Dreiteilung in horizontaler und vertikaler Hinsicht. Horizontal gliedert sich die Reihe in drei Blöcke:

a Hinführung (1 Woche)
b Informationsstufe (4 Wochen)
c Auswertung (2 Wochen).

Die Hinführung geschieht plenar; die fünf Wochenstunden des Faches Deutsch im mittleren Block dagegen werden vertikal gegliedert in

a Gruppenarbeit (2 Stunden; Inhaltsanalyse von Textmaterial und Leseraussagen zu einzelnen Sorten der Trivialliteratur);
b Plenararbeit (1 – 2 Stunden; Darstellung und Diskussion wichtiger Thesen zur Trivialliteratur);
c Einzeldemonstrationen (1–2 Stunden; Darstellung und Diskussion interessanter Thema-Aspekte am Rande von a und b durch engagierte Schüler).

Plenararbeit und Einzeldemonstration sollten sowohl zeitlich auswechselbar wie unterschiedlich akzentuierbar sein: für die erste Woche werden z. B. 2 Stunden Thesenanalyse und 1 Stunde Themendarstellung empfohlen; in der letzten Woche dagegen ist die umgekehrte Zahl und Reihenfolge angebracht.

Die Auswertung schließlich besteht aus
a den Endberichten der einzelnen Arbeitsgruppen;
b der Schlußdiskussion über Wirkung und Funktion der Trivialliteratur.

Das folgende Modell verdeutlicht schematisch (mit Wochen-, Stunden- und Arbeitseinheiten) den gesamten Aufbau:

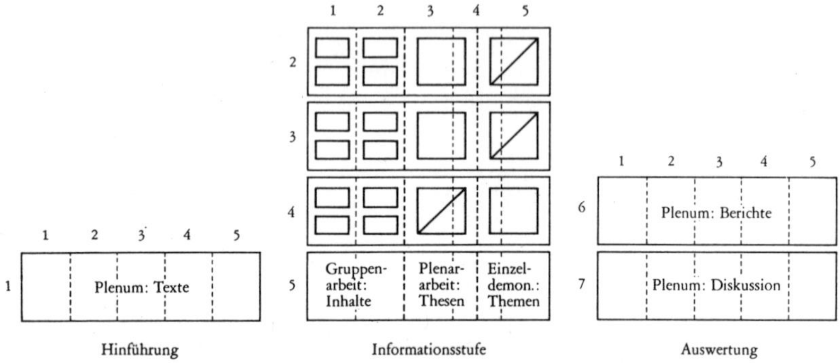

Innerhalb des dargestellten Prozesses verändert sich das Verhältnis der Schüler zu Stoff, Gruppe und Lehrer und damit auch ihre kommunikative Kompetenz.

3.1 Hinführung

Erste Stunde: Es erfolgt eine kurze, pauschale Instruktion über Material und Methode der Unterrichtsreihe. Die Stoffbasis und ihre Problematik läßt sich erschließen mit dem Reizwort ›Trivialliteratur‹, das andere Funktionsbegriffe wie ›Kitsch‹, ›Kolportage‹, ›Schund‹ provoziert; diese kann man sodann unter dem neutralen Terminus ›nicht anerkannte Literatur‹ zusammenfassen. Darauf wird ohne weitere Vorbereitung eine Textstelle zum Thema Kitsch[27] vorgelegt und durchgelesen. Sentimentalität, Unwirklichkeit, Übertreibungen reizen zum Lachen; der Leiter läßt Gründe für diese Reaktion benennen, bittet aber darum, den Text genauer nach dem jetzt ausgeteilten Raster für die Inhaltsanalyse (Beiblatt 2) zu klassifizieren.

Zweite Stunde: Das Ergebnis der häuslichen Untersuchung wird zusammengestellt und zusammengefaßt. Es handelt sich bei dem Wiechert-Text um eine melodramatische Liebesszene zwischen Percy und ›ihr‹ (mit dem Vater im Hintergrund), bei der die Außenwelt ganz verschwindet. Der Geliebte ist namentlich genannt und benannt, der abgelehnte Werber dagegen nur mit der familiaren Rollenposition bezeichnet. Sonst erfährt man von den Personen und ihrem Verhältnis im wesentlichen über Pronomina und die Nennung von Körperpartien in teilweise antiquierten Vokabeln: Arm, Schoß, Schultern, Glieder, Stirn, Nacken, Leib, Brust, Wange, Antlitz, Mund, Haupt, Hände, Herz. Aktion ist begrenzt auf Berührungen; dazwischen treten direkt oder indirekt Reaktion und Reflexion. Die Sprachanalyse bestätigt und erweitert das Bild: mit 406 Worten wird in 43 meist parataktischen Sätzen und 15 Abschnitten überschaubares Material mit geringer Komplexität und hoher Akzeptabilität geboten; in der Nominalphrase dominieren die Pronomina, in der Verbalphrase die Nomina, erweitert durch viele Adjektive. Auffallend ist die Wahl prätentiös-vornehmer Worte und dynamisierend wirkender Vergleiche oder Bilder mit allerdings recht abgegriffenen Formeln. Schon vor Ende der Übersicht kommen wichtige Einwände der Schüler:

1. Bei diesem Text geht es nicht um das ›Was‹, sondern das ›Wie‹.
2. Das Verfahren der Inhaltsanalyse ist daher unergiebig, es versagt vor der Metaphernsprache.
3. Der Text läßt sich nur beurteilen im Vergleich mit anderen Liebesszenen.

Solche Einwände zielen eindeutig auf eine Maßästhetik und die Opposition Kitsch – Kunst. Man folgt am besten zunächst dieser Tendenz und macht bekannt mit Killys Kriterien zum »deutschen Kitsch« [28], die an zwei motivgleichen Gedichten verifiziert werden sollen; ich wählte dazu Hebbels ›Nachtlied‹ und Hesses ›Föhnige Nacht‹. [29]

Dritte Stunde: Ein Vergleich beider Gedichte zeigt deutlich: Killys Kriterien treffen nach unserem Empfinden auf Hesses amorphe Seele-Natur-Identifikation zu, mit ihrer Hypertrophie von Reizmitteln und gängig gefügten Bildern, ihrer »Unreflektiertheit der Gestaltung« (Durzak 119). Hebbels Imigination des Gegensatzes von All und Ich aber ist ökonomisch, hat Struktur, motiviert die Metaphern im Kontext. Trotzdem wirkt es heute, im zeitlichen Abstand, nicht nur pathetisch, sondern auch epigonal. Hesses Zeilen, einst hochgelobt, als vielleicht »schönstes und makellosestes« lyrisches Werk des Autors [30], sind bei uns, zehn Jahre nach seinem Tode, vergessen; in den USA allerdings genießt Hesse augenblicklich eine ekstatische Verehrung, die als Reflex der ökonomischen und gesellschaftlichen Verhältnisse erscheinen mag. [31]

An diesem Material läßt sich zeigen: Kitsch (als Gegen-Teil der Kunst) ist zunächst eine Kategorie der objektbezogenen, normativen Maßästhetik. Damit ist das Forschungsinteresse der fünfziger Jahre umschrieben und auch die übliche Kitschbetrachtung der Schule bestimmt. Kitsch muß jedoch darüberhinaus auch als eine Subjekt-Objekt-Beziehung verstanden werden[32]; hierbei steht in der Subjekt-Position zum einen der produzierende Autor (mit seinem Begriff von Schönheit und seinem Bild der Wirklichkeit), zum anderen der rezipierende Leser (mit seinem Wunsch- und Erwartungshorizont).

Die folgenden Leitsätze kennzeichnen den nunmehr erweiterten Untersuchungsspielraum:

- »Kitsch ist also immer eine Pseudo-Kunst« (Deschner 24).
- »Kitsch ist also Darstellung eines Kitschigen, seine Objektivation im Ästhetischen« (Giesz 327).
- »Der Kitsch ist das Böse im Wertsystem der Kunst« (Broch 124).
- »Der Kitsch wurde zum Mittel einer sozialen Selbstbestätigung« (Killy 32).

Damit ist gleichzeitig die Frage nach der sozialen Funktion von Kitsch gestellt, welche später die aktuelle Diskussion um Trivialliteratur bestimmt.

Um dieses Ergebnis verstehen und vertiefen zu können, erhalten die Schüler jeweils ein Blatt mit Texten

a zur Definition von Kitsch (aus den fünfziger Jahren; Beiblatt 4a);

b zur Funktion von Kitsch (aus den fünfziger bis zu den siebziger Jahren; Beiblatt 4b).

Vierte Stunde: Nach einer Diskussion über die vorgelegten Kitsch-Materialien wird der Untersuchungsansatz fixiert und in einer Gegenüberstellung von literar-ästhetischer und literatursoziologischer Betrachtung verdeutlicht:

a Die literarästhetische Betrachtung

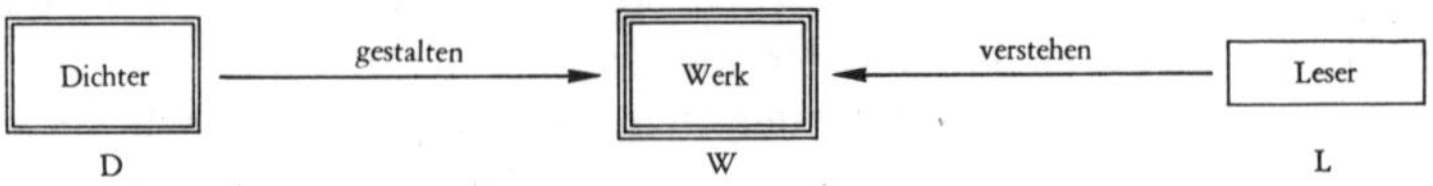

Die drei Teile D, W und L dieses Modells sind abgeschlossene, für sich existierende, unterschiedlich wichtige Größen; keine Variablen in einem Prozeß, ohne Beziehung zu Realität oder Gesellschaft. Sie werden nur zum Zwecke der Erklärung miteinander in Verbindung gebracht. Das Werk, die Dichtung, steht absolut; allein seine Struktur ist analyserelevant, jedoch nur über hermeneutische Verfahren zugänglich. Es handelt sich um eine statische Auffassung.

Das Schema (b) zeigt ein Kommunikationsmodell mit Sender, Medium und Empfänger. Die Konstituenten S, M und E werden synoptisch gesehen. Sie haben eine Funktion in einem komplexen Prozeß, sind außerdem in mehreren Rollenpositionen denkbar, werden voneinander bestimmt und sind nur miteinander bestimmbar, als abhängige Variable sowohl des Kollektivbewußtseins als auch der Faktizität. Der Text bildet eine intensionale (imaginab Die literatursoziologische Betrachtung

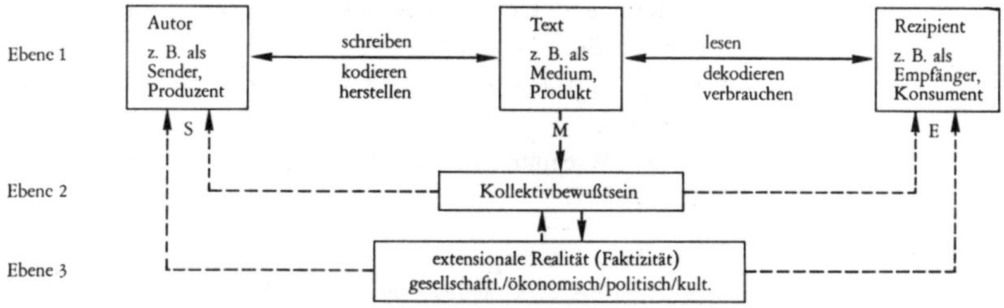

tive, fiktive) Realität, deren Wirkungsweise vom Horizont (der Realitätsvorstellung) des Autors und des Rezipienten beeinflußt wird und die ihrerseits wieder das Kollektivbewußtsein und die Realität kontrolliert. Wir haben es hier mit einer dynamischen Betrachtung zu tun, die aber quantitativer Methoden und Techniken bedarf.

Fünfte Stunde: Nunmehr können die Arbeitsgruppen mit den Schülern eingeteilt und die weiteren Untersuchungsschritte besprochen werden. Ausgangspunkt sind die »klassischen Kategorien des Trivialromans« nach Nutz[33]:

1. der Frauenroman
2. der Kriminalroman
3. der Abenteuerroman
4. der Wildwestroman.

Eine von Schülern erstellte Übersicht des augenblicklichen Kiosk-Angebots von Heft- und Reihenromanen mit Massenauflage[34] führt zu folgender Neueinteilung:

1. Frauenromane (Frauenschicksale, Heimatromane, Arztromane, Familienromane, Schloßromane, etc.)
2. Krimis
3. Western (als Hauptsprate des Abenteuerromans)
4. Science Fiction
5. Pornos

Danach konstituieren sich fünf Interessengruppen mit folgenden Schwerpunkten:

Kategorie	a Text / b Sekundärliteratur
1 Frauenroman	a Florentine-Roman 'Eltern-Kinder-Schicksale': Maria Treuberg, Ich weiß, daß meine Mutter lügt (Bastei; Bd. 936 vom 31. 3. 72; siehe Beiblatt 1) b W. R. Langenbucher, Der aktuelle Unterhaltungsroman, Texte 55 ff.

Kategorie	a Text b Sekundärliteratur
2 Krimi	a G-man Jerry Cotton: Ich und die Straßenpuppe (Bastei; Bd. 773; 7. 4. 72) b Feldhaus/Böhmer, G-man Jerry Cotton. In: DU 1/1968, S. 107 ff. F. Jaft, Wie man flink eine Million Leser gewinnt, Texte 96 ff.
3 Western	a Top-Western-Expreß: Der Kanujäger (Indra; Bd. 667; März 1972) b J.-U. Davids, Das Wildwestromanheft in der Bundesrepublik, Texte 78 ff.
4 Science fiction	a Perry Rhodan: Menschheit im Test (Moewig; Bd. 551; März 1972; siehe Beiblatt 1) b C. Schuhler, Perry Rhodan – Auf Raketen zurück in die Zukunft. In: Kürbiskern 70/4, S. 588 ff.
5 Porno	a Orgas 30: Jenny Baker, Die Scharfmacherin (Decker; März 1972) b A.-A. Guha, Sexualität und Pornographie, Ffm. '71; Das Geschäft mit der Pornographie, Spiegel 45/71

3.2 Informationsstufe

3.2.1 Gruppenarbeit. Die bezeichneten Arbeitsgruppen haben die Aufgabe, Material zur quantitativen und qualitativen Analyse zusammenzustellen. Dabei handelt es sich natürlich nicht um Repräsentativergebnisse, sondern lediglich um eine Fallstudie, die begrenzten Einblick gewährt.

Dieses Material kann gewonnen werden:

a im ökonomischen Bereich (Herstellung, Verteilung) [35]
- aus Verlagshinweisen an die Autoren;
- aus Charakteristiken des Schreibvorgangs;
- aus Statistiken zum Verkaufserfolg;
- aus Impressum und Eigenwerbung der Hefte;
- aus Interviews mit Kiosk-Besitzern (über ihr Verhältnis zum Lieferanten, zur Ware, zum Käufer).

b im Textbereich
- durch Analyse der Aufmachung (Titel, Untertitel, Bild etc.);
- durch Analyse der Hefteinteilung;
- durch Analyse der Informationsinhalte (Bezug: das ganze Heft oder ein repräsentativer Teil) und der Informationsform (Bezug: ein Textkorpus von ca. 500 Wörtern) nach relevanten (ausgewählten) Kriterien des Beiblattes 2

c im sozialen Bereich[36]
- aus Statistiken über das Leserpublikum (Zahl, Geschlecht, Alter, soziokultureller bzw. sozio-ökonomischer Status);
- aus Interviews mit Käufern (Lesemotive, Lesegewohnheiten, Leseurteile) oder entsprechenden Befragungen von Lesern;
- aus Berichten von Schülern über ihr Leseinteresse an der Trivialliteratur.

Interviews werden mit Kassettenrekorder durchgeführt. Sie basieren auf einem einheitlichen, für alle Gruppen verbindlichen Fragenkatalog, den die Schüler erarbeiten. Gleiches gilt für Befragungsbogen, die man außerdem am besten nach dem multiple-choice-Verfahren konzipiert, um Antwort und Auswertung zu erleichtern. Ein Beispiel ist im Anhang beigefügt (Beiblatt 5).[37]

Jeweils 1 – 2 Schüler sammeln und analysieren das Material, außerhalb des Unterrichts, und legen es ihrer Arbeitsgruppe zur Besprechung vor. Die vereinbarten Gruppensitzungen während der Unterrichtsstunden dienen damit
a der Auswahl von Textstellen und Analysekriterien;
b der Verteilung und Kontrolle einzelner Arbeitsgebiete;
c dem Austausch und der Koordination von Arbeitsergebnissen;
d der Besprechung organisatorischer Fragen.

Für die dritte Woche sind Zwischenberichte der Gruppen über das Verfahren vor dem Plenum vorgesehen, damit sich Schwierigkeiten gemeinsam überwinden lassen und außerdem eine breitere Information über Ansätze und Initiativen möglich ist. Es empfiehlt sich dabei, das Beiblatt 2 und die für die Untersuchung relevanten Größen noch einmal zu diskutieren und nach den bisher gewählten Akzenten ein Raster zu erstellen, mit dem alle Ergebnisse übersichtlich matriziert werden können, etwa in folgender Art:

Kategorie: Bastei-Frauen-Roman

		signifikante Merkmale		
Bereich	Kriterium	Zahl/Art	Bezeichnung	Beziehung/Bedeutg. im Kontext
z. B. Text-Bereich	z. B. Personen-struktur	Alter, Geschlecht, Position etc.	durch Namen, Gattungsbez., Titel, etc.	positives Profil/ negatives Profil

In dem dargestellten Versuch entwickelten die Schüler ein von der Vorlage abweichendes Raster (Beiblatt 6).

3.2.2 Plenararbeit. Die Gruppenarbeit wird komplementär ergänzt durch die plenare Diskussion wichtiger Thesen zur Nominal- und Realdefinition von Trivialliteratur:

a Nominaldefinition (Erklärung des Begriffs)

»Trivialliteratur, niederes und lit. wertloses Unterhaltungsschrifttum« (v. Wilpert, Sachwörterbuch der Literatur, Stuttgart 1959², S. 656).

»Trivialliteratur hat etwas mit Öffentlichkeit, Gesellschaft und Publikum zu tun« (M. Dahrendorf, DD 6/71, S. 303).

Wir »definieren Trivialliteratur als Bezeichnung des Literaturkomplexes, den die dominierenden Geschmacksträger einer Zeitgenossenschaft ästhetisch diskriminieren« (Kreuzer, Texte 151).

»Banalität ist eitel, Trivialität ist schamlos« (Greiner 143).

b Realdefinition (Beschreibung der Sache)

»Der Trivialroman demokratisiert die Welterfahrung« (M. Thalmann 13).

»Der Roman (des Arztes Dr. Bruhn) ist die Geschichte seiner Rollensuche, die aus der Undefiniertheit über den Irrtum zu einem musterhaften Status führt« (Wellershoff, Texte 75 f.).

»In der Trivialität leidet der einzelne unter der Gesellschaft; in der Banalität leidet die Gesellschaft unter dem einzelnen« (Greiner 144).

Der »Begriff des Helden, diese Utopie des ›ganzen Menschen‹, scheint uns ein Grundmuster der Trivialliteratur zu sein« (Höllerer 36).

»Wir wollen nämlich auch nicht vergessen, daß Mythen, trivial oder nicht, Ausdruck ungelöster Probleme sind« (P. O. Chotjewitz, in: Trivialmythen, Frankfurt 1970, S. 115).

»Die Klischeehaftigkeit der Personen in den Romanen ist die Antwort auf die immer wieder in der Realität versagten Möglichkeiten der direkten und aufrichtigen Kommunikation« (G. Giesenfeld 333).

Anfangs werden solche Thesen vom Übungsleiter, später auch von den Studierenden selber zur Diskussion vorgeschlagen. Sie stabilisieren die Gruppenarbeit und richten sie aus für die Schlußbesprechung.

3.2.3 Einzeldemonstrationen. Hier sollen interessierte Schüler mit klärenden Teilaspekten zu Worte kommen: mit Themen nämlich, die sich aus Gruppenarbeit oder Thesenanalyse ergeben, die jedoch im Rahmen der Auswertung nicht hinreichend berücksichtigt werden können. Es geht um die Darstellung von Forschungsergebnissen gleichermaßen wie um die Interpretation zusätzlicher Textsorten.

Möglich erscheinen etwa folgende Gebiete:

a Trivialliteratur, Mythen und Märchen
Material: Killy, Deutscher Kitsch, 24 ff.; Lüthi, Märchen (Stuttgart 1962, Sammlung Metzler); C. G. Jung, Bewußtes und Unbewußtes (Frankfurt 1957, Fischer-Buch 175); D. Bayer, Falsche Innerlichkeit, Texte 72 ff.

b Trivialmythen heute
Material: R. Matthaei (Hrsg.), Trivialmythen, Frankfurt 1970.

c Kriminalroman und Trivialliteratur
Material: G. Schmidt-Henkel, Texte 104 ff.

d Grundzüge der Comic-Strips
Material: O. Hesse-Quack, Texte 123 ff.; G. Metken, Comics (Frankfurt 1970, Fischer-Buch 1120).

e Banalität und Trivialität im Schlagertext.

f Trivialisierung im Kirchenleben (durch Lied, Gebet, Traktat).

3.3 Auswertung

3.3.1 Endberichte. Während der ersten Woche erläutern die Arbeitsgruppen mit Hilfe der Übersichten nach dem beschlossenen Raster und anhand einer typischen Textstelle ihre Ergebnisse. Kontingenzen oder Strukturen lassen sich dabei gut an weiteren Schemata und Modellen demonstrieren.

Das Material bestätigt den Schülern zunächst in allen drei Teilbereichen Einheitlichkeit der Trivialliteratur und Gleichförmigkeit der Trivialisierung; erkennbare Unterschiede sind lediglich bedingt durch die Ausrichtung auf verschiedene Zielgruppen. Hier wird geschlechts- und interessenspezifisch differenziert: der Arztroman für zukünftige Ehefrauen, Atlan für künftige Astronauten. Sonst aber sind Uniformität und Konformität signifikante Merkmale aller Sparten trivialer Literatur. Und offensichtlich werden damit ökonomische wie psychische Bedürfnisse, vielleicht sogar Notwendigkeiten des Systems zugleich realisiert. Standardisierung der Lektüre und Normierung des Lesers sind dann Voraussetzungen für die Harmonisierung von Produktion und Konsumtion.

Die Diskussion konzentriert sich daher immer wieder auf die Frage: wie wird diese Harmonisierung und Anpassung der Interessen erreicht? Drei Aspekte erscheinen den Schülern wichtig:

a die Funktion des Helden;
b die Funktion der Werte;
c die Funktion der Sprache.

a Der jeweilige Held zentriert und steuert die emotionale Identifikation des Lesers mit der Lektüre, über seine Art, sein Verhalten, seine Resonanz. Dafür wird er vom Autor sichtbar erhöht: er steht im Mittelpunkt der Handlung, er allein entwickelt Aktivität und Initiative, wirkt menschlich verständlich und damit sympathisch. Trotz aller Ausstattung und Individualisierung ist er jedoch kein problematischer Charakter, bleibt Vehikel und Plattform der vom Publikum erwünschten Eigenschaften: beim Frauenroman sind es Reinheit und Treue, bewiesen in Anfechtung und Leid; bei Perry Rhodan absolute Macht und Verfügungsgewalt über Mittel und Menschen in einer technischen Welt, bestärkt und erwiesen im unerbittlichen Kampf. Helden sind Autoritäten, Leitbilder mit eindeutiger Rollenfixierung oder klarer Rollenfindung. Sie repräsentieren die »Utopie des ganzen Menschen« gegenüber der »Spezifikation und Subordination der arbeitsteiligen Gesellschaft« (Höllerer 36), sie vertreten eine heile oder doch heilbare Welt. Sie brauchen deshalb den Kontrast zwischen Dein und Mein, zwischen Gut und Böse, zwischen Freund und Feind; die Profilierung von ›Wir‹ und ›Die‹. Sie benötigen die Reduktion der Konflikte zu Gefahren und Schwierigkeiten; und sie überwinden in wechselnden Situationen die Schranken zwischen arm und reich, niedrig und hoch. Von Personal und Leser fordern und erhalten sie ständig Anerkennung. Nachfolge, Gehorsam, Disziplin.[38]

b Solch zeitlose Größe, solches Führertum ist nur vorstellbar in einer hierarchischen Ordnung, einer überschaubaren Wertewelt. Die begrenzten und transparenten Aufgabenbereiche des Mannes oder der Frau, mit Tradition oder Biologie motiviert; die starren Rollenfixierungen, Tugendbegriffe oder Moralvorstellungen verweisen deshalb in nahe oder ferne Vergangenheit, beziehen sich auf ein stabiles und statisches Gesellschaftsmodell, negieren die Widersprüche einer »gebremsten Mobilität.«[39] Sie ermöglichen dem Leser durch den Ausflug in die Geschichte den Urlaub von der enttäuschenden Gegenwart.[40]

c Die bezweckte Wirkung erfordert jedoch nicht nur inhaltlich, sondern auch formal die Aufhebung jeder Distanz zwischen Subjekt und Objekt, zwischen Leser und Lektüre; sie wird zunächst erreicht über die Ausschaltung von Perspektive und Alternative mit Hilfe sprachlicher Steuerung. Ein beliebiges Beispiel kann diesen Vorgang verdeutlichen:

»Ja, Liebster, das kann ich verstehen«, hatte Sandra erwidert, und als Carsten sie daraufhin in die Arme genommen und geküßt hatte, hatte sie seinen Kuß ebenso zärtlich erwidert.«[41]

Das Konstrukt der wörtlichen Rede, das verständliche Sprachinventar, das festlegende Plusquamperfekt sagen eindeutig, was war und was ist, beseitigen Skrupel und Zweifel am schicksalsbedingten Geschehen. Diese Technik berücksichtigt nicht den Prozeß, sondern nur Produkt und Ergebnis der Handlung. Wirklichkeit ist nicht realisierte Möglichkeit, sondern simples, unwiderrufliches Faktum.[42]

Damit negiert der Text ständig den Zeichencharakter der Sprache, läßt Wort und Sache identisch erscheinen. Gravierend ist auch die Verwechslung der Zeichenart. Zwar sind die verwendeten Zeichen im Objektbezug indexikalisch und nicht etwa ikonisch: Namen (Sandra, Carsten) und Nennungen (Liebster; verstehen, erwidern) bilden nicht ab, sie deuten nur an, registrieren Vorstellungen anstelle von Wahrnehmungen, sind intensional und konnotativ bestimmt. Entsprechend handelt es sich um symbolisch-digitale Sprachrepräsentation statt einer imitativ-analogen: Urteile, »entscheidungsabhängige Symbole« (Bense 97) vertreten die Bilder. Sie werden jedoch vom Leser durch die Verkürzung der Perspektive, die Abwesenheit aller Reflexionssignale nicht als solche erkannt, nicht dimensional oder mehrdeutig interpretiert, sondern vielmehr sofort in einem bekannten Bezugsrahmen lokalisiert.[43] Die Sprache der Texte konstituiert die Verwechslung von Sekundärwelt und primärer Wirklichkeit.[44] Poetisierung und Metaphernbildung auf der einen Seite sowie Wirklichkeitsbezüge (in Sprachform, Bedeutungsinhalt und Stil) auf der anderen Seite hemmen nicht etwa, sie fördern sogar diesen Identifikationsprozeß.

Gelingen kann er natürlich nur über das gezielte »Erlernen und Handhaben eines bestimmten Zeichenrepertoires, analog zum Spracherwerb« (Bark 60) und die erfolgreiche Begrenzung von Zeichenvorrat und damit Vorstellungshorizont des Empfängers. Diese wird wiederum indirekt erreicht: Lexikon und Syntax zeigen sich gar nicht so simpel wie anfangs vermutet; doch die vermeintliche Komplexität wird aufgehoben durch periodische Wiederholung der Elemente und hohe Voraussagbarkeit des Inhalts. Die Verstehensmöglichkeiten des Rezipienten bleiben folglich restringiert, sie werden methodisch und systematisch fixiert auf den Konsum der immer gleichen Ware, auf Iteration und Reproduktion des Gewohnten.

3.3.2 Schlußdiskussion. Diese summarisch vorgetragenen Beobachtungen betreffen Wirkungen und Wirkungsweise der Trivialliteratur. Für eine abschließende Betrachtung, deren Form aus dem bisherigen Verlauf des Versuchs resultiert und deshalb hier nicht genauer bestimmt werden soll, ergeben sich vornehmlich vier Aspekte:

a Die Funktion der Trivialliteratur
b Die Gefährlichkeit der Trivialliteratur
c Die Vergleichbarkeit mit ›hoher Literatur‹
d Die Beeinflußbarkeit des Rezeptionsprozesses durch die Schule

Dazu seien einige Anhaltspunkte skizziert.

a Die Beziehung zwischen Trivial-Produktion und Trivial-Konsumtion kann man abschließend folgendermaßen beschreiben:

- Einer extensiven Warenästhetik (Ware Trivialliteratur als »Instrument des handelskapitalistischen Verwertungsinteresses«)[45] korrespondiert die intensive Wertästhetik (affirmative Wirkung und Befriedigung bzw. Befriedigung des Lesers). Diese Entsprechung wird erst ermöglicht durch die Dialektik der Maßästhetik: die Abwertung seitens der anerkannten Literaturtheorie schafft Basis und Alibi zum Massenkonsum in sogenannten Unter- wie Mittelschichten.
- Das Objekt Trivialliteratur und auch das Erlösungs- und Traumverlangen seines Publikums reflektiert
  die Vereinheitlichung von Interessen und Bedürfnissen;
  die Widersprüche der Industriegesellschaft mit ihrer Entfremdungstentenz[46];
  das Unerfülltsein und die Vereinsamung des einzelnen in der Massengesellschaft;
  Lese- und Bildungshunger wirtschaftlich sorgenfreier, aber sozial benachteiligter und vernachlässigter Schichten.

b Die Trivialliteratur ist gefährlich nicht etwa wegen ihres künstlerischen Un-Wertes, sondern wegen Art und Folgen des Konsums in psychischem, sozio-kulturellem und politischem Betracht:

- Produktion und die durch sie geschaffene Weise der Konsumtion[47] reproduzieren und erhalten einen Sprach- und Bewußtseinshorizont, der nur mehr wieder zur Aufnahme der Ware Trivialliteratur befähigt; sie determinieren den Leser auf einen ›restringierten Kode‹, sie begrenzen seine kommunikative Kompetenz.
- Trivialliteratur hat damit einen antiemanzipatorischen Effekt: der Reflex ersetzt die Reflexion, die »ständigen befriedigenden Aufnahmeprozesse legen die kritischen Funktionen des Lesers lahm« (Bark 61).

- Die literarische Kommunikation im Trivialkonsum tritt an die Stelle sozialer Interaktion und macht eine Erweiterung des Kommunikationsradius unmöglich.
- Massenliteratur stärkt und erweitert bestehende Stereotype, Tabus und Normen, verhindert also eine vertikale Mobilität in der Gesellschaft.
- Konformliteratur ist folglich zutiefst undemokratisch.

Art und Umfang der Problematik des Trivialen in der Gesellschaft werden jedoch erst deutlich durch einen Blick auf den ganzen Trivialverbund: den Romanheftchen korrespondieren Comics, Schlager, Regenbogen- und Boulevardpresse, Fernsehshows, öffentliche Reden, auch Schulbuchtexte mit ihrer uniformierenden und konformierenden Tendenz.

c Die Frage ist nunmehr dringlich, ob die hier bezeichneten negativen Lesewirkungen und Lesefolgen nicht gleichermaßen bei den Lesern ›hoher Literatur‹ zu finden sind; mögliche Ansatzpunkte für diese Überlegung bieten die Texte des Beiblattes 7. Dienen nicht auch Goethes ›Iphigenie‹ oder Frischs ›Stiller‹ der Bestätigung und wirken affirmativ? Nur eben bei demjenigen Leserkreis, der sich an der Gestaltung des Kollektivbewußtseins aktiv und initiativ beteiligt? Ist die Lektüre dieser Werke nicht auch an ein homogenes soziales Umfeld gebunden? Und beobachten wir hier nicht ebenso ein exakt beschreibbares Werteprofil, das einmal in eine bessere Vergangenheit, einmal in eine bessere Zukunft verweist? Werden Reflexionssignale von dieser Leserschaft noch so wahrgenommen, daß sie verändernde Impulse in die Sozialstruktur zu geben vermag?

Solche Fragen sind nur beantwortbar, wenn man dabei ebenfalls neben dem Werk selber den Vorgang des Lesens und das Verhältnis des Lesers zu Zeit und Gesellschaft berücksichtigt. Denn die Reflexionspotenz eines jeden Textes und seine »oppositionelle Autonomie« (Adorno) im weitesten Sinne des Begriffs wird erst durch die Art der Betrachtung realisiert. Jeder Konsum vermindert Distanz, verhindert Kontrollen, erschwert Selektion. Konsum trivialisiert und restringiert (auch die Kunst), reflexives Lesen dagegen dimensioniert und problematisiert (auch beim Kitsch). Und zweifellos ist literarischer Konsum heute nicht auf triviale Erzeugnisse beschränkt; auch ›hohe Literatur‹ hat Warencharakter, unterliegt den Zwängen der ›Warenästhetik‹. Die Rezeption der verschiedensten Teil-Literaturen, also auch der Werke klassischer Provenienz und moderner Poesie, reflektiert den materialistischen Grundzug unserer Gegenwart. [48]

d Solche und ähnliche Folgerungen enthalten wiederum die Forderung an die Schule, statt der herkömmlichen Literaturbetrachtung primär eine Rezeptionsästhetik zu betreiben, welche die Abnahme und Aufnahme relevanter Texte in breitem Zusammenhang diachronisch und synchronisch untersucht, also etwa den »kontinuitätsbildenden Dialog« vom Werk und Publikum oder das Verhältnis von »literarischer Reihe« zu außerliterarischen Reihen berücksichtigt. [49] Literaturwissenschaft wird dabei ergänzt durch Linguistik und Kommunikationstheorie, Soziologie und Psychologie. [50]

Dafür ist der Komplex Trivialliteratur Paradigma und Modell. Auch hier gilt ein Wort L. Goldmanns, das abschließend zitiert sein soll: [51]

»Mir scheint, von der Annahme der drei grundlegenden Eigenschaften allen menschlichen Verhaltens, nämlich:

1. der Tendenz, sich der Umwelt anzupassen und sich ihr gegenüber sinnvoll und rational zu verhalten,
2. der Tendenz zur globalen Kohärenz und Strukturierung,
3. dem dynamischen Charakter des Verhaltens, der Tendenz zur Veränderung der Struktur, der es angehört, und zu deren Entwicklung,

geht jede empirische Untersuchung literarischer Schöpfungen aus.«

Materialien

Beiblatt 1: Trivialtexte (Proben)

a Frauenroman: Maria Treuberg, Ich weiß, daß meine Mutter lügt, Der Roman eines erschütternden Kinderschicksals (Bastei-Florentine-Roman Eltern-Kinder-Schicksale, Bd. 936, 31. 3. 72, 0,90 DM).

»Sandra erfuhr nie, welchen Tip ihr die attraktive Blondine noch geben wollte, denn in diesem Augenblick öffnete sich wieder die Tür zum angrenzenden Raum, und Sandra wurde von einer auffallend schönen schwarzhaarigen Frau hereingerufen. Ein wenig gehemmt folgte sie ihr und stand gleich darauf einem hochgewachsenen, gutaussehenden Mann gegenüber. Als die grauen Augen sie aufmerksam musterten, erinnerte sich Sandra unwillkürlich einer Bemerkung des Taxi-Chauffeurs, der sie hierhergefahren hatte: ›Der Baron Haugk ist einer der bestaussehendsten Männer, die man sich vorstellen kann. Kein Wunder, daß seine Frau so eifersüchtig ist, obwohl sie ganz bestimmt auch nicht häßlich ist. Na ja, wahrscheinlich hat sie auch Gründe für ihre Eifersucht. Man munkelt in der Umgebung so allerlei über den Baron. Es heißt sogar, daß er ausgesprochen jähzornig und ausfallend werden soll, wenn er wegen irgendwelcher Seitensprünge zur Rede gestellt wird. Seine Frau soll ein Lied davon singen können. Trotzdem läßt sie ihre Szenen nicht. Na ja, wahrscheinlich liebt sie ihren Mann immer noch sehr.‹

Diese Auskünfte waren nicht gerade ermutigend für Sandra gewesen, und sie hatte allen Ernstes ein paar Minuten lang überlegt, ob es nicht vielleicht doch besser wäre, umzukehren. Aber dann hatte sie an das kärglich möblierte Zimmerchen bei der Witwe Schmidt gedacht, das sie, nach einem handfesten Krach mit der ewig neugierigen Frau, aufgegeben hatte.« (S. 4)

b Perry Rhodan: Menschheit im Test (Moewig; Nr. 551, März 1972), DM 1,–.

»Die AYCROM wälzte sich schwerfällig herum. Für Lloyd waren diese Manöver nicht einfach zu fliegen. Er mußte so manipulieren, daß beim Gegner der Eindruck entstand, die AYCROM würde von einem zum größten Teil hypnosuggestiv beeinflußten Wesen gesteuert.

In diesen Minuten zweifelte ich ernsthaft an einem Erfolg unseres Unternehmens. Wie konnten wir überhaupt glauben, hochintelligente Wesen überrumpeln zu können? Früher oder später würden sie das Schauspiel durchschauen.

Ich begriff, daß dieser Pessimismus mit der hypnosuggestiven Beeinflussung einherging. Die parapsychischen Impulse suggerierten den Opfern auch Hoffnungslosigkeit ein. Ich kämpfte dagegen an, aber es wurde nicht besser. Unsere Zukunft erschien mir immer trostloser.

Inzwischen hatten die Mutanten alle wichtigen Kontrollen der AYCROM übernommen. Sie mußten aufpassen, daß sie ihre Aufgabe nicht zu gut ausführten, denn dann hätten die Manöver des Schiffes bei unseren Gegnern Mißtrauen hervorgerufen.

Plötzlich ging ein Ruck durch die AYCROM.

›Traktorstrahlen!‹ rief Ras Tschubai. ›Sie gehen vom großen Walzenschiff aus.‹

›Sie ziehen die AYCROM auf ihr Schiff zu!‹ stellte Merkosh fest. Seine trompetenähnliche Stimme dröhnte in meinen Ohren.

›Sollen wir etwas dagegen unternehmen?‹ erkundigte sich Lloyd.

›Vorläufig nicht!‹ befahl Atlan.« (S. 18)

Beiblatt 2: Einzelaspekte zur Inhaltsanalyse

1. Informationsinhalt

1.1 Thematische Kompetenz (als Kontingenzanalyse)

Als Vorlage läßt sich ein von Osgood entwickeltes und von Nauck (58) für das Jugendbuch ausgearbeitetes Kategorienschema verwenden, das 15 Einzelthemen enthält.

1. Familie (Fam); 2. Verbrechen, Kriminalität (Kri); 3. Natur, Tiere (NaT); 4. Militär, Krieg (KrM); 5. Liebe, Sexualität (Sex); 6. Beruf, Arbeitswelt (Arb); 7. Politik, öffentliches Leben (Pol); 8. Geschichte (Ges); 9. Übernatürliches (Übn); 10. Unterhaltung, Freizeit (UFr); 11. Rasse, Nation (RaN); 12. Erziehung, Schule (Erz); 13. Wissenschaft, Wissenschaftler (Wis); 14. Kunst, Künstler (Kun); 15. Religion, Kirche (Rel).

Mit Hilfe dieser Kategorien sollen auch signifikante Assoziationen und Dissoziationen (vgl. Nauck [58]) bezeichnet werden.

Beispiel:

Kategorie	Assoziationen	Dissoziationen
1 Fam	Erz	Kri, KrM
4 KrM	Übn, RaN, Rel	Fam

1.2 Motivische Kompetenz (als Gegenwelt-Analyse)

Erfaßt werden sollen nach Art und Zahl die beherrschenden Leit- und Funktionsmotive, welche das Wert- und Konnotationsgefüge des Textes bestimmen (und damit auch den Erwartungshorizont des Lesers). Ich lege die Liste von Langenbucher (Texte 57 ff.) zugrunde:

- Wunsch-Aspekte (Klassifikation von Schlüssel-Begriffen): Liebe, Reichtum, Sicherheit, Ruhm, Pflichterfüllung, Sehnsucht nach Ferne.
- Traum-Aspekte (Klassifikation von Schlüssel-Attributen):
- Weitere Gegenwelt-Aspekte: Romantik, Heimat, Erlebnis, etc.
- Aktualitäts-Aspekte (Verweise auf Lebensnähe, Elemente der Realität).

1.3 Soziale Kompetenz (als Sozio-Analyse)

1.3.1 Personenstruktur

- demografische Angaben (Zahl, Alter, Geschlecht)
- Eigenschaftsprofile

1.3.2 Sozio-kulturelle Struktur (sozialer Status; Milieu)

1.3.3 Gruppenstruktur

- Rangliste und Zuordnung der Personen
- soziale Schichtung (Zahl, Art, Benennung der Gruppen)
- Rollenverteilung

1.3.4 Handlungsstruktur (Aktionen, Reaktionen, Interaktionen, Kommunikationsprozesse; jeweils nach Zahl, Art, Ziel)
1.3.5 Normenstruktur (Zahl, Art der Wertungen und Bewertungen, der Tabus, Gebote und Verbote)
2. Informationsform
2.1 Sprachliche Performanz (Kodierungsformen) [52]
2.1.1 Lexikalisch-semantische Differenzierung (als Ausdruck der Umweltwahrnehmung): Wortklassenverteilung; semantische Selektion, Konzentration und Graduation; Abstraktionsstufen innerhalb von Bedeutungsfeldern
2.1.2 Grammatisch-syntaktische Differenzierung (Umweltgliederung): Konstruktion der Nominal- und Verbalphrase; Wortbildung; Satzkomplexität
2.1.3 Sprachlich-stilistische Differenzierung (Umweltinterpretation): typische Sprachmuster und Wortkombinationen
2.2 Textcharakter (Ausdruck der Umweltreflexion)
- Gliederung und Struktur von Handlungselementen (Aufbau, Figurenkonstellation)
- Zeichencharakter der Sprache (ikonisch-indexikalisch-symbolisch [53])
- Sprachrepräsentation (analoge oder digitale Sprache [54])
- Aussagestufe (objektsprachliche und symbolsprachliche Elemente)
- Metapherncharakter
- kognitive Relevanz (Reflexionssignale)

Beiblatt 3: Kitschtexte

a Ernst Wiechert (nach Killy, Deutscher Kitsch, S. 95 f.)

»›Percy‹, sagte sie leise, ›ich muß mit Ihnen sprechen.‹

Sie setzte sich auf die Lehne des alten Stuhles, den einen Arm im Schoß, den andern um seine Schultern gelegt. Er saß wie ein Toter, aber seine Glieder bebten im Fieber. Der Duft ihrer Welt umfloß ihn, und der Hauch ihres Atems glitt über seine kalte Stirn. ›Ich muß Ihnen etwas sagen, Percy‹, fuhr sie ebenso leise fort.

›Ihr Vater hat heute um mich angehalten.‹

Er sank zusammen, als habe sie ihn in den Nacken getroffen.

›Ich habe seinen Antrag nicht angenommen, Percy [...] Ich werde niemandes Antrag mehr annehmen, niemandes mehr, verstehen Sie?‹

›Weshalb?‹ fragte er. Seine Stimme ist eine fremde Stimme.

›Weil ich durch zwei Ehen gegangen bin, und man hat mich zerrüttet in diesen Ehen. Geschändet und zerbrochen. Meine Seele und meinen Leib. Verstehen Sie? Meinen Leib hat man vergiftet, hören Sie?‹

Er nickt. ›Und deshalb?‹

Er fühlt den schweren Atem ihrer Brust. ›Nein.‹

›Weshalb denn?‹

›Weil ich dich liebe, Percy.‹

Nun ist es ganz still. Nur der Wind geht durch den Garten, und sie hören, wie die Blätter fallen. Er richtet sich auf und legt seine Wange an ihre Brust, mit der sein Antlitz sich hebt und senkt. Er weiß nicht, ob er versteht, was sie bekennt. Ob es Worte sind, Gefühle oder furchtbare Ereignisse. Er weiß nur, obwohl sie es nicht ausgesprochen, was sie für ihn bedeuten, was sie nach ihrem Willen bedeuten sollen. Sie liebt ihn, sie wird sich eher töten, als daß sie ihn liebt. Er weiß es mit einer entsetzlichen Gewißheit. Auch sein Sterben entscheidet nichts, gar nichts. Aber dies wenigstens ist gekommen und bleibt, ist nicht mehr zu verlieren. ›Sag es noch einmal‹, flüstert er.

›Ich liebe dich, Percy.‹

Er drückt seinen Mund auf ihre Brust, und sie nimmt sein Haupt in beide Hände und preßt es an ihr Herz.

Dann flüstert sie ein ersticktes Wort und geht. Er hört, wie sie den Riegel vor die Türe schiebt.

Am Morgen erwacht Percy in demselben Stuhl, todmatt, mit dem dumpfen Gefühl, als laufe ein feiner Sprung, tausendfältig gezackt, durch seinen schmerzenden Körper. Es ist schon hell, und auf den grauen Dielen, dicht vor seiner Tür, liegt ein Brief. Er ist unten durch den Spalt geschoben worden, und er wischt den Staub ab, bevor er ihn öffnet. Es ist nur ein einziges Blatt, und die wenigen Worte stehen fremd und groß in dem weißen Schweigen. ›Leb wohl, Percy. Mein lieber Percy.‹ «

b Gegenüberstellung zweier Gedichte

Friedrich Hebbel, Nachtlied

»Quellende, schwellende Nacht
    Voll von Lichtern und Sternen:
    In den ewigen Fernen,
Sage, was ist da erwacht?

Herz in der Brust wird beengt,
    Steigendes, neigendes Leben,
    Riesenhaft fühle ich's weben,
Welches das meine verdrängt.

Schlaf, da nahst du dich leis
    Wie dem Kinde die Amme,
    Und um die dürftige Flamme
Ziehst du den schützenden Kreis.«

Hermann Hesse, Föhnige Nacht

»Schaukelt im wehenden Föhnwind der Feigenbaum
Wieder wie Schlangen wirr die gewundenen Äste,
Steigt übers kahle Gebirg zu einsamem Feste
Vollmond empor und beseelt mit Schatten den Raum,
Spricht zwischen gleitenden Wolkenschiffen der Lichte
Träumerisch mit sich selber und zaubert die Nacht
Über dem Seetal still zum Seelenbild und Gedichte,
Daß mir im Herzen zuinnerst Musik erwacht.
Dann erhebt sich in drängender Sehnsucht die Seele,
Fühlt sich jung und begehrt ins flutende Leben zurück,
Kämpft mit dem Schicksal und ahnt, woran es ihr fehle,
Summt sich Lieder und spielt mit dem Traume von Glück,
Möchte noch einmal beginnen, noch einmal der fernen
Jugend heiße Gewalten beschwören ins kühlere Heut,
Möchte wandern und werben und bis zu den Sternen
Dehnen der schweifenden Wünsche dunkles Geläut.
Zögernd schließ ich das Fenster, entzünde das Licht,
Seh die weißglänzenden Kissen des Bettes warten,
Weiß den Mond um die Welt und das wehende Wolkengedicht
Draußen lebendig im Föhn überm silbrigen Garten,
Finde zurück mich langsam zu meinen gewohnten Dingen,
Höre bis in den Schlaf das Lied meiner Jugend klingen.«

Beiblatt 4: Texte über Kitsch

a Das Wesen des Kitsches

1 Der Große Brockhaus, Wiesbaden 1955, Bd. 6, S. 401

»Kitsch (vielleicht von engl. sketch ›Skizze‹), Ende des 19. Jahrh. im Münchener Kunsthandel aufgekommene Bezeichnung für billige Kunstware, dann Gattungsbegriff für alle Kunst, die in sich unwahr ist, weil sie Schönheit durch Glätte, Empfindung durch Rührseligkeit, Größe durch leere Pose und hohles Pathos, Tragik durch Sensation ersetzt oder ihr durch das happy end ausweicht. Hinzu kommt der fehlende Sinn für das jeweils Gemäße, so daß, was sie darstellt, fast immer wie am falschen Ort erscheint. Es ist freilich schwer und allgemein verbindlich wohl überhaupt nicht zu bestimmen, wo Schönheit zur Glätte, Empfindung zur Sentimentalität wird. Das Urteil darüber bleibt individuell und zeitgebunden. Nicht selten betrachtet schon die jüngere Generation als K., worin die ältere echte Gestaltung sah. Es gibt K. aus Unvermögen; er rührt leicht an die Grenze des Komischen. Verführerischer aber ist der ›Edelkitsch‹, der auf routiniertem Können und raffinierter Beherrschung der Massenpsychologie beruht.«

2 Gero von Wilpert, Sachwörterbuch der Literatur, Stuttgart 1959, S. 286

»Kitsch (entstellt aus engl. sketch = Skizze, billiges Bild für engl.-amerik. Käufer in München), leichtverkäufliche, dem breiten Geschmack angepaßte, d. h. also geschmacklose und innerlich unwahre Scheinkunst ohne künstlerischen Wert, die aus vergröbernd-entstellender Nachahmung e. Anerkannten scheinbare Ansprüche auf Aussagekraft ableitet.«

3 Karlheinz Deschner, Kitsch, Konvention und Kunst, München 1958, S. 23 f.

»Während die epigonale Kunst also, bewußt oder unbewußt, mehr oder weniger Imitation einer vorausgegangenen großen Kunst ist, ist Kitsch eine entgleiste, entartete, eine Pseudo-Kunst. Man spürt die Ambition und fühlt zugleich das völlige Versagen. Genau genommen kann Kitsch überhaupt nur in Verbindung mit Kunst, oder besser gesagt als Gegensatz der Kunst erkannt und begriffen werden. Tatsächlich läßt sich das Benn-Wort: der Gegensatz von Kunst ist nicht Natur, sondern gut gemeint, leicht dahin abwandeln: Der Gegensatz von Kunst ist nicht Natur, sondern Kitsch.«

4 Hermann Broch, Zum Problem des Kitsches, in: Der Denker, Zürich 1966, S. 122 f. (Vortrag 1950/51 an der Yale University.)

»Der Kitsch ist nicht etwa ›schlechte Kunst‹, er bildet ein eigenes, und zwar geschlossenes System, das wie ein Fremdkörper im Gesamtsystem der Kunst sitzt oder, wenn Sie wollen, neben ihm sich befindet: Es läßt sich – und das ist keine bloße Metapher – mit dem System des Antichrist in seinem Verhältnis zu dem des Christ vergleichen. [...] Jedes System ist dialektisch fähig, ja sogar gezwungen, sein Anti-System zu entwickeln, und die Gefährlichkeit ist um so größer, als für den ersten Blick System und Anti-System einander aufs Haar gleichen und nicht bemerkt wird, daß jenes offen und dieses geschlossen ist. [...]

Das Kitsch-System verlangt von seinen Anhängern ›Arbeite schön‹, während das System der Kunst das ethische ›Arbeite gut‹ an seine Spitze gestellt hat. Der Kitsch ist das Böse im Wertsystem der Kunst.«

b Die Funktion des Kitsches

1 Karlheinz Deschner, Kitsch, Konvention und Kunst, vgl. a 3, S. 24 f.

»Kitsch ist eine künstlerische Schwäche, eine ästhetische Entgleisung, ein dekoratives Versagen. Er kann überhaupt nur auf einer gewissen Bildungsstufe erkannt werden. Wer kein Organ für Kunst hat, kann auch keinen Kitsch erkennen. Erkenntnis des Kitsches setzt Vergleichsmöglichkeiten und damit auch Kritikvermögen voraus. Hier nähern wir uns freilich bereits der soziologischen Seite des Phänomens, und ich stehe nicht an zu behaupten, daß Kitsch so etwas wie Kunst für die Masse ist. Um bei scharfen Formulierungen zu bleiben: Was Goethe für eine bestimmte Publikumskategorie ist, ist Courths-Mahler für eine andere. Der Kitschfabrikant erfüllt für den gewöhnlichen Kopf eine ähnliche Funktion wie der Dichter für den ästhetischen. Denn das primitive Bewußtsein empfindet den Kitsch nicht als Kitsch, sondern lebt ganz ähnlich in ihm wie das kultivierte in der hohen oder das halbgebildete Bewußtsein in der epigonalen Kunst. Insofern hat jeder Autor seine Berechtigung, wie schlecht er auch immer schreibt, denn er findet seinen Kreis. Im Kitsch, sagt Karl Hofer, ›wird das tiefe und reine Gefühl der Masse für das Schöne auf eine kompromißlose, unkomplizierte und sinnvolle Art befriedigt‹.«

2 Walter Killy, Deutscher Kitsch, Göttingen 1961, S. 32 f.

»Der Kitsch wurde zum Mittel einer sozialen Selbstbestätigung und nicht allein deshalb, weil er seine Schauplätze so gern in den vorgeblich ›besseren‹ Kreisen wählte.

So ist der Kitschkonsum eng mit einer kleinbürgerlichen Halbbildung verbunden, die heute auch den größten Teil der sogenannten ›Gebildeten‹ und die besitzenden Klassen ergriffen hat. Die Konsumenten wissen nicht, was sie konsumieren. Indem sie sich an den Pseudosymbolen erbauen, glauben sie an der Erkenntnis teilzuhaben, welche die Kunst auf ihre Weise öffnet; indem sie Reize genießen, glauben sie an der Anschauung des Schönen teilhaftig zu sein. [...] Die platten Philosopheme der Trivialliteratur halten sie für Einsichten. [...] Die eigentliche Schwierigkeit ligt in der Tatsache, daß die Nichtigkeit des Kitsches zu leicht vergessen läßt, wie sehr er als ein Bankert der Kunst sein Dasein ursprünglichen Bedürfnissen verdankt.«

3 M. Dahrendorf, Trivialliteratur als Herausforderung für eine literaturkundliche Konzeption, Diskussion Deutsch 6/71, S. 304

»Analysiert man die Polarisation von Trivialliteratur und Hochliteratur ideologiekritisch, so werden diskriminierende Wertungen vollends fragwürdig. Denn: beide spiegeln das Sozialsystem auf ihre Weise, sie sind sozusagen Kehrseiten einer Medaille. Verachtung der Trivialliteratur durch eine literaturwissenschaftliche Bildungs-Apologie ist daher unwahrhaftig und vorurteilsverdächtig. [...] Man kann die gesellschaftliche Funktion eines Literatursystems darin sehen, daß es – als Überbau-Phänomen – das Sozialsystem spiegelt und erhält, und das bewirken sogenannte Hochliteratur und sogenannte Trivialliteratur auf gleiche Weise.«

Beiblatt 5: Fragebogen für Leser [55]

	1. Mein Alter	unter 18 J.	18–25	25–35	35–50	älter als 50 J.
A	2. Mein Geschlecht	männl.		weibl.		
	3. Meine Schulbildung	Volksschule	Realschule	Gymnasium	Studium (Uni, HS)	Sonstiges (Handelssch.)
B	4. Ich bin noch in der Ausbildung	als Schüler		als Student		als Lehrling
	und ich absolviere	Abendkurse		Fernlehrgänge		
C	5. Ich lese vor allem	Frauenromane	Krimis	Science Fiction	Western	Pornos
	6. Ich lese zur	Unterhaltung	Entspannung		Bildung	weil's schön ist
D	7. Ich wähle meinen Lesestoff aus nach	Besprechungen (Zeitung, Fernsehen)		Empfehlungen (Schule, Freunde)		Sellerlisten
	und kaufe sie	am Kiosk		im Kaufhaus		im Buchladen
E	8. Ich lese auch andere Bücher	ja / nein	wenn ja Romane		Sachbücher	Fachbücher
	9. Ich benutze Fernsehen	regelmäßig		selten		nie
	und höre Schallplatten	ja / nein	wenn ja Hits	klassische Schlager	Operette	klassische Musik

Beiblatt 6: Raster für die Analyse

Bereich	Kriterium	*signifikante Merkmale*
ökonomischer Bereich	Kaufstimuli	
	Preis	
	Aufmachung	Reizwirkung des Titelblattes: Verbindung Bild–Text–Rahmen, etc.
	Werbung	z. B.: „Z-Romane zaubern zielbewußt Zerstreuung"; „diesen wunderbaren, tief ans Herz rührenden, von der ersten bis zur letzten Seite packenden Roman" (vgl. bei Perry Rhodan: Leser-Kontakt-Seite mit Aufrufen der Perry-Rhodan-Clubs)
	Serien-Bezeichnung	z. B. Silvia-Romane: Schicksals-Band, Luxus-Band, Auslese-Band, Elite-Ausgabe
	Titel, Untertitel, Verfassername	z. B. „Das Geheimnis des alten Schloßturms. Ein erschütternder Roman um eine große Liebe, von Gitta van Bergen" (Bastei-Silvia-Roman)
Text-Bereich	Lesestimuli	
	a *Inhalte*	
	Personen	
	Erstrang-Personen	z. B. Namengebung, Profile (Eigenschaftsprofile), Patterns (Verhalten, Attitüden), Aufgaben und Rollen (evtl. Wechsel im Handlungsablauf); sozio-ökonomischer Status
	Zweitrang-Personen	
	Themen	Zentralthema, Assoziation, Dissoziation
	Wunschmotive	Familienidyll, Eheharmonie, Gesundheit, etc.
	Wirklichkeitselemente	Verweise auf technische Welt oder Alltagsreminiszenzen
	b *Formen*	
	Komplexität	
	Syntax	Satzlänge, Verzweigungstypen
	Wortschatz	TTR-Wert, Wortklassenverteilung
	Sprachkode	Merkmale des 'restringierten' und des 'elaborierten Kode' nach Bernstein
	Sprachelemente	Merkmale empraktischer und synsemantischer Sprachverwendung
	Sprach-repräsentation	analoge oder digitale Sprache
	Spannungsmittel	Dynamik, Klimax, etc.
sozialer Bereich	Leserkreis	nach Geschlecht, Alter, Ausbildung
	Lesemotive	Unterhaltung, Erbauung, etc. (in %)
	Leserreflexe (Urteile)	z. B. 'prima', 'spannend', 'so schön' (Prüfung der Übereinstimmung mit den Eigenangaben des Verlages)

Beiblatt 7: Zwei Vergleichstexte (zur Sprachrepräsentation, Reflexionspotenz, zum Bestätigungscharakter)

a Max Frisch, Stiller. Roman

»Und jenes Wiedersehen war denn auch sehr unglücklich, scheint es. Eines Morgens im Büro, es war November, meldete man ihm, seine Gattin möchte ihn sprechen, nein, nicht am Telefon; sie säße im Vorzimmer. Nun hatte er tatsächlich eine Sitzung, mußte sie fast eine Stunde lang warten. Es war elf Uhr; hätte man nicht einfach zum Mittagessen gehen können? Rolf ließ bitten, ging ihr zur Tür entgegen mit der stummen Frage: Was ist los? Sibylle war etwas blaß, aber munter. ›Ach‹, sagte sie, ›das ist also dein Büro?‹ und ging sogleich ans Fenster, um die bescheidene Aussicht kennenzulernen. Rolf fragte nicht: Wie war es in Sankt Gallen? auch nicht: Wie war es in Paris? Es war an Sibylle, fand er, zu reden, nicht an ihm. Sie tat, als wäre nichts gewesen, und war befangen wie noch nie, plauderte als hätte sie nur einmal seine neue Arbeitsstätte sehen wollen, und rauchte hastig. Rolf hätte ja einmal nach Sankt Gallen anrufen können; wohlweislich hatte er es unterlassen. War es dies, was sie herausfinden wollte? Sibylle dankte ihm für die Überraschung des Umzugs. Was weiter? Sie hatte ein Geheimnis in den Augen, Angst auch, ohne davon zu reden oder auch nur zeigen zu wollen, so daß Rolf es als Farce empfand, unerträglich, Rolf hinter seinem breiten Schreibtisch, Sibylle gegenüber in dem Fauteuil wie eine Klientin.«

b Ute Amter, Die Deichgräfin. Ein faszinierender Schicksals- und Liebesroman (Bastei-Florentine-Roman)

»Die Trutzburg war hell erleuchtet. Hier feierte man ja Weihnachten. Das Licht fiel bis zum Tor hinaus.

Und jetzt sah Hajo Börnström wie eine Statue ein Pferd stehen. Seine Hand glitt über die Augen. Das mußte ein Trugbild seiner erregten Phantasie sein.

Schritt um Schritt, ganz langsam, als habe er Furcht, dieses Bild zu zerstören, ging Hajo auf das Pferd zu.

Es trug einen Reiter. Nein, eine Reiterin.

›Heike!‹ Schon war Hajo bei dem Pferd, er umklammerte die Frau auf dessen Rükken. ›Heike, daß ich dich gefunden habe. Was tust du hier?‹ Er sah zu ihr auf, in seinen Augen lag all seine Liebe.

›Ich wollte nur sehen, ob ihr noch Weihnachten feiert, Hajo‹, kam es kaum hörbar über Heikes Lippen. ›Es war so schrecklich, allein zu sein. Ich gehöre nirgends mehr hin, nicht auf den Föhrenhof, nicht an das Meer – – –‹

›Aber auf die Trutzburg gehörst du, Heike.‹ Hajo hatte sie vom Pferd gehoben und ließ sie nicht mehr aus seinen Armen. ›Ich habe dich gesucht, Heike, und Todesangst um dich ausgestanden.‹

›Angst um mich?‹ fragte sie verständnislos.

›Ja, weil ich dich liebe, noch immer liebe, Heike. Komm zu mir, ich brauche dich.‹«

Wichtige (im Text zitierte) Literatur:

a Zum Problemkreis ›literarische Erziehung‹

Bauer, Helmers' Literaturunterricht: Zur rechtzeitigen Abfindung mit dem Faktum Literatur. DD/1971, S. 193 ff.

Baumgärtner/Dahrendorf, Wozu Literatur in der Schule? Beiträge zum literarischen Unterricht, Braunschweig 1970.

Geißler, Wozu Literaturunterricht? DD 1/1970, S. 3 ff.
Hannöver, Zum Wahlleistungsfach Sprache/Literatur. DU 1/1971, S. 5 ff.
Helmers, Didaktik der deutschen Sprache, Stuttgart т1970.
Helmers, Schwärmerei oder Aufklärung? Zur gesellschaftlichen Funktion des Literaturunterrichts. DD/1971, S. 289 ff.
Jörns/Ziskoven, Interpretation literarischer Texte mit dem informationstheoretischen Strukturmodell. DU 6/1971, S. 20 ff.
Riemenschneider, Ansätze zu einem kritischen Literaturunterricht in der Sekundarstufe, Düsseldorf 1972.

b *Zum Problemkreis Kitsch/Trivialliteratur*

Bark, Trivialliteratur – Überlegungen zur gegenwärtigen Diskussion: Sprache im technischen Zeitalter 41/1971, S. 52 ff.
Bausinger, Wege zur Erforschung der trivialen Literatur. In: Studien zur Trivialliteratur, hrsg. von Burger, Ffm. 1968, S. 1 ff.
Burger, (Hrsg.), Studien zur Trivialliteratur, Ffm. 1968.
Dahrendorf, Trivialliteratur als Herausforderung für eine literaturdidaktische Konzeption, DD 6/1971, S. 302 ff. – In diesem Band S. 40 – 52. Danach zitiert.
Durzak, Der Kitsch – Seine verschiedenen Aspekte. DU 1/1967, S. 93 ff.
Deschner, Kitsch, Konvention und Kunst. München 1957.
Geiger, Fiktive Welt der Massenmedien und reale Welt des Publikums. DU/1971, S. 145 ff.
Giesenfeld, Methodische Vorüberlegungen zum Umgang mit nicht anerkannter Literatur. DD 6/1971, S. 314 ff. – In diesem Band S. 67 – 88, Danach zitiert.
Giesz, Phänomenologie des Kitsches. Heidelberg 1960.
Greiner, Die Entstehung der modernen Unterhaltungsliteratur. Studium zum Trivialroman des 18. Jahrh., Hamburg 1964 (rde 207).
Höllerer, Über Ergebnisse der Arbeitskreise ›Untersuchungen zur Trivialliteratur‹ an der TU Berlin sowie einige Folgerungen, die daraus zu ziehen sind. In: *Burger,* Studien S. 34 ff.
Killy, Deutscher Kitsch. Göttingen 1961.
Kreuzer, Trivialliteratur als Forschungsproblem. DVjS 41. Jg., H. 2.
Nutz, Der Trivialroman, seine Formen und Hersteller. Ein Beitrag zur Literatursoziologie. Köln/Opladen 1962.
Rieder, Die triviale Literatur. In: Die Pforte 1957/58, Heft 92.
Texte zur Trivialliteratur (über Wert und Wirkung von Massenware). Arbeitsmaterialien Deutsch, Stuttgart 1971 (Klett). Danach hier zitiert: Steinbach, Bausinger, Rieder, Thresen, Langenbucher, Bayer, Kreuzer.
Thalmann, Die Romantik des Trivialen. München 1969 (List 1442).
Wellershoff, Von der Moral erwischt. Analyse eines Trivialromans. In: Literatur und Veränderung, München 1971 (dtv).

c *Zu methodischen Fragen (Literatursoziologie, Sprachanalyse, Inhaltsanalyse)*

Bense, Einführung in die informationstheoretische Ästhetik, Hamburg 1969 (rde).
Mayntz-Holm-Hübner, Einführung in die Methoden der empirischen Soziologie Opladen ²1971.
Messelken, Empirische Sprachdidaktik, Heidelberg 1971 (UTB).
Nauck, Inhaltsanalytische Techniken und ihre Anwendung in der Jugendliteraturforschung (Manuskript WS 1971/72), Köln.
Silbermann, Systematische Inhaltsanalyse. In: *R. König* (Hrsg.), Handbuch der empirischen Sozialforschung, Bd. 1, Stuttgart 1962, S. 570 – 600.

Steinbach, Literatursoziologie im Deutschunterricht. DU 3/1970.
Zimmermann, Die politische Rede. Der Sprachgebrauch Bonner Politiker. Stuttgart 1969.

Anmerkungen

1 Florentine-Roman Nr. 936 vom 31. März 1972; siehe Beiblatt 1, S. 157
2 *Kreuzer, H.:* Trivialliteratur als Forschungsproblem, Texte 143.
3 Vgl. den Titel von Diskussion Deutsch, Heft 6/71.
4 Vgl. dazu vor allem: *Wagenbach K.,* Möglichkeiten, Fragen an die jüngere deutsche Literatur zu stellen. In: Wagenbach-Lesebuch, Berlin 1970, S. 176 ff. – DU 3/1969: Interpretation und Wertung. – *Baumgärtner/Dahrendorf,* Wozu Literatur in der Schule? Braunschweig 1970. – Außerdem die Polemik von *G. Bauer* und *V. Merkelbach* gegen Hermann Helmers, in: Diskussion Deutsch 5/71; oder DD 1/1970: Literaturunterricht.
5 Vgl. die Angaben von *Thresen,* Texte 48, aus dem Jahre 1969.
6 Verstehen als »geistiges Erschließen« aufgrund eines Erkennens von Strukturen, *Helmers* Did., 295.
7 Vgl. auch *Helmers* in *Baumgärtner/Dahrendorf,* S. 83.
8 Im Grunde keine andere, keine neue Position bietet *Riemenschneider, H.,* Ansätze zu einem kritischen Literaturunterricht in der Sekundarstufe, Düsseldorf 1972: »Indem der Schüler das literarische Kunstwerk als Werkzeug akzeptiert, kann es ihm zur Lebenshilfe werden und ihm zur Erhellung seiner Welt dienen: und das geschieht immer gerade so, wie er sich dieses Werkzeugs bedient« (S. 23).
9 *Geißler,* Wozu Literaturunterricht? In: DD 1/70, S. 3 ff.
10 *Jörns/Ziskoven,* Interpretation literarischer Texte mit dem informationstheoretischen Strukturmodell. In: DU 6/71, S. 20 ff.
11 Ebenso *Geißler,* Literarische Bildung und technische Welt. In: Die deutsche Schule, 60/1968, S. 174 ff.
12 *Hannöver, E.,* Zum Wahlleistungsfach Sprache/Literatur, DU 1/71, S. 5 ff.
13 *Geiger,* Fiktive Welt der Massenmedien und reale Welt des Publikums. In: DU 2/71, S. 145 ff.
14 Zu den vier verwendeten Begriffen vgl. u. a. *Bense 67.*
15 Siehe Schaubild unter 3.1, S. 149.
16 Empirisch-positivistisch; thematisch-inhaltlich; strukturell-immanent; vgl. *Steinbach,* Texte 7 ff.
17 Vgl. zu den Bezeichnungen u. a. *Bausinger,* Studien 16, 19.
18 D. h. »Normierung und Standardisierung von Form und Inhalt« (*Giesenfeld* 68) sowie literarische Anpassung von Leser und Lektüre, vgl. *Nutz* 18.
19 Sämtliche aus *Wilpert, G. v.,* Sachwörterbuch der Literatur, Stuttgart [5]1969.
20 Auch nicht als eine Art ›Naturpoesie‹, vgl. *Bausinger,* Texte 20.
21 Vgl. zu dieser Frage vor allem *Bausinger,* Texte 13 f.
22 Florentine- und Silvia-Romane sowie G-man Jerry Cotton bei der Bastei, Regina-Roman und Mami bei Kelter, Arzt-Roman bei Marken, Perry Rhodan und Atlan bei Moewig, Z-Romane bei Indra, etc.
23 Zur Inhaltsanalyse vgl. ebenfalls *Mayntz-Holm-Hübner,* Einführung in die Methoden der empirischen Soziologie, S. 151 ff.
24 Sender (S), Medium (M), Empfänger (E). Die Symbole W und F bezeichnen Wirkung und Funktion.
25 *Zimmermann* 22 FF.
26 In der Reihe ›Arbeitsmaterialien Deutsch‹ (zitiert als »Texte«).
27 Etwa von Wiechert, siehe Beiblatt 3a, S. 159 (aus: *Killy,* Deutscher Kitsch).

28 Totale Wirkung durch Kumulation, Repetition, Lyrisierung, Liquidität, Pretiosität, Schwarz-Weiß-Effekte.
29 Siehe Beiblatt 3b, S. 160.
30 Vgl. *Haußmann, W.*, Drei Gedichte von Hermann Hesse. In: DU 4/1953, S. 38.
31 Vgl. u. a. *Michels, W.*, Hesse in den USA – Hesse bei uns. Westermanns Monatshefte 1971/5, S. 52 – 59.
32 Vgl. dazu vor allem *Durzak,* 110 f.
33 Vgl. *Nutz,* 22.
34 Gesamtauflage der Perry-Rhodan-Hefte heute: 83 Millionen; Porno-Amora-Reihe bei Dekker: Monatlich 200 000 Exemplare.
35 Vgl. hierzu vor allem *Thresen,* Texte 48 ff.
36 Vgl. die Tabellen und Angaben von *Maria-Rita Girardi,* Buch und Leser. Schriften zur Buchmarktforschung 4, Gütersloh 1965.
37 Bei solchen Fragebogen ist selbstverständlich zu beachten, daß es sich nicht um eine isolierte soziologische Analyse handelt, sondern um eine literatursoziologische Problematik in schulischem Rahmen.
38 Vgl. dazu etwa die bekannte inquit-Formel: Held spricht – Feind zischt.
39 *Baumanns/Grossmann,* Deformierte Gesellschaft? Hamburg 1969 (rororo tele 7), S. 50.
40 Vgl. dazu vor allem *Giesenfeld* 83 f.
41 Bastei-Florentine-Roman 936, S. 64.
42 Siehe auch für diesen Aspekt und die folgenden den Vergleich auf Beiblatt 7, S. 165 f., der bei Bedarf im Unterricht verwendet werden kann.
43 So geben sie, wie *Jörns/Ziskoven* richtig bemerken, nur das ›Ist‹ des Lesers wieder, nicht das ›Soll‹, vgl. dort S. 34.
44 Vgl. dazu auch *Bark* 61.
45 *Haug,* Kritik der Warenästhetik, Frankfurt 1971 (ES), S. 19.
46 Vgl. dazu vor allem *Giesenfeld.*
47 Vgl. *Bark,* 59.
48 Nicht umsonst gibt es formale Entsprechungen zwischen Trivialroman und modernem Roman, vgl. *Höllerer,* 53.
49 Vgl. dazu *Jauß,* Literaturgeschichte als Provokation, Frankfurt 1970 (ES 148), S. 167 ff.; neuerdings referiert auch bei *Bark,* S. 57 f.
50 Vgl. *Kreuzer,* Texte 152.
51 In: Alternative 71/1970, S. 54.
52 Im einzelnen siehe *Wolff, G.,* Sozio-Analyse von Grundschularbeiten auf der Oberstufe. In: DU 1/72, Beiblatt 2, S. 31; ferner *Messelken, H.,* Empirische Sprachdidaktik, Heidelberg 1971 (insbesondere S. 90 ff.).
53 Vgl. *Bense,* 92 ff.; ebenso *Homberger, D.* Darstellung einer allgemeinen Zeichentheorie, DU 1/72, S. 98 ff.
54 Vgl. *Bense,* 96 f.
55 Dieser Fragebogen wurde unter Anleitung des Studierenden Fritz Serzisko, Köln, entwickelt, dem ich wertvolle Hinweise für die ganze Unterrichtsreihe verdanke.

Jutta Grützmacher

Der triviale Arztroman im Deutschunterricht der Sekundarstufe I

(Planung einer Unterrichtseinheit)*

Literaturdidaktische Konzeption

Die grundsätzliche Berechtigung, Trivialliteratur im Rahmen des Deutschunterrichts zu behandeln, wird inzwischen von den zuständigen Fachleuten weitgehend anerkannt. Auch die Öffentlichkeit, die die ungewohnte Erweiterung des Literaturbegriffs – wie sie Literaturwissenschaftler und Literaturdidaktiker etwa gleichzeitig propagierten – zunächst als Skandal empfand, hat sich beruhigt. [1] Strittig sind lediglich die Zielsetzungen, unter denen Trivialliteratur als gleichwertiger Diskussionsgegenstand neben der klassischen und modernen Kunstliteratur und Gebrauchstexten aller Art in den Deutschunterricht eingebracht wird.

Die Verfasserin setzt voraus, daß Malte Dahrendorf recht hat, wenn er feststellt: »Trivialliteratur hat etwas mit Öffentlichkeit, Gesellschaft und Publikum zu tun, sie ist u. a. ein soziales Phänomen und anders kaum verständlich und interpretierbar« [2]; und sie zieht daraus für ihre didaktischen Entscheidungen den Schluß, daß Fragen der Rezeption (hier: Lesemotivation, Lesegewohnheiten, Lesehaltung, Leserkreis) im Unterricht nicht ausgeklammert werden dürfen. Die Behandlung darf sich nicht erschöpfen in der inhaltlichen und formalen Analyse der Texte; sie muß darüber hinaus die Entstehungs- und Wirkungszusammenhänge dieser Art Literatur aufzeigen. Es geht nicht in erster Linie um Fragen der Wertung bzw. Abwertung unter ästhetischen Gesichtspunkten, sondern es muß auch nach den psychologischen, soziokulturellen, ökonomischen und politischen Hintergründen des Phänomens Trivialliteratur gefragt werden.

In diesem Zusammenhang muß jedoch vor einem Mißverständnis gewarnt werden, das sich – meist unter Berufung auf Dahrendorf – immer wieder in die Praxis einschleichen will: Diskriminierung von Heftchenromanen müsse vermieden werden, Wertung habe infolgedessen zu unterbleiben. Diskriminierung ist aber immer nur dann gefährlich, wenn sie sich gegen Personen richtet, d. h. in diesem Falle gegen die Leser, die vorwiegend aus der Unterschicht stammen. Es geht deshalb darum, beim Schüler dafür Verständnis zu wecken, daß der durch entfremdete, monotone und körperlich anstrengende

* Originalbeitrag

Arbeit ausgelaugte Industriearbeiter und die durch unfreiwillige Isolation frustrierte Hausfrau nur deshalb zu den bequemen, narkotisierenden Groschenheften greifen, weil sie sich aus physischer und psychischer Erschöpfung keine Anstrengung nach Feierabend zumuten wollen. Die Leser wissen dabei i. a. sehr wohl zu unterscheiden, was anspruchsvolle und was anspruchslose Literatur ist. In der unter Pädagogen verbreiteten Annahme, der Arbeiter, die Hausfrau oder der Hauptschüler hätten kein Sensorium für literarische Wertunterschiede, offenbart sich eine weltfremde Arroganz, die in jeder Hauptschulklasse sofort ad absurdum geführt werden kann. Es besteht also gar nicht die immer wieder zu Unrecht beschworene Gefahr, daß der Hauptschüler in Opposition tritt, weil er sich die ihm liebgewordene Freizeitbeschäftigung nicht vom Lehrer »vermiesen« lassen will (das schafft ohnehin kein Lehrer!), sondern weil er fürchtet, daß er selber und seine Eltern, Geschwister und Freunde verächtlich gemacht werden sollen; dagegen wehrt er sich mit Recht. Sein Protest sieht deshalb meist etwa so aus: »Ich weiß längst, daß mit dieser Literatur nicht viel los ist; aber ich lasse mich trotzdem nicht davon abbringen, sie zu lesen.« Diskriminierung des Gegenstandes, d. h. der Groschenromane, wird hingegen vom Schüler erwartet; die Beteuerung, der Lehrer bevorzuge selber solche Literatur, wird als verlogen und unnötig kumpelhaft empfunden und keineswegs in der erwarteten Weise honoriert. [3] Ein Schüler, der es nicht anders kennt, als daß im Deutschunterricht *jeder* Text mit Distanz und Kritikbereitschaft betrachtet wird, hat zudem keinen Grund zum Mißtrauen, wenn er das gewohnte Verfahren nun auch gegenüber Groschenromanen anwenden soll.

Der Schüler sollte allerdings erfahren, daß unkritischer Literaturkonsum keineswegs auf das Lesen von Trivialliteratur beschränkt ist; auch ästhetisch relevante Literatur – das gleiche gilt für Werke der Bildenden Kunst und der Musik – kann zum Zwecke der Bedürfnisbefriedigung im bestätigenden Sinne mißbraucht werden, wie es Ludwig Giesz am überzeugendsten nachgewiesen hat. [4] Für ihn liegt die Trivialität nicht nur im Objekt, dem literarischen Text, sondern auch im Subjekt, dem Leser. Die Anfälligkeit für dösige Gestimmtheit, genießerisches Erleben und Distanzlosigkeit ist zwar vorrangig ein Phänomen der Masse; die unkritische Hingabe an das sogen. Erhabene, Heilige, Gute und Schöne muß aber ebenso als Neigung zum Trivialen verdächtigt werden.

Dem Lehrer darf es nun nicht darum gehen, die Unterschiede im literarischen Feld zu verwischen; im Gegenteil: er muß den Blick für die Unterschiede schärfen. Eine völlig wertneutrale Betrachtung ist zudem weder zu leisten noch den Bedürfnissen Jugendlicher angemessen, die sich in der Komplexität der literarischen Wirklichkeit zurechtfinden wollen. Erziehung zum kritischen Lesen bedeutet, daß die je begrenzte Leistungsfähigkeit *aller* Textsorten (im Hinblick auf Ablenkung, Anregung, Aufklärung, Information, Irritation, Spannung, Unterhaltung u. ä.) erkannt wird, damit der Leser bei der freien Wahl seiner Lektüre die seinen Leseerwartungen und der jeweiligen Lesesituation angemessensten Texte auszusuchen und für sich zu verwerten versteht.

Wer Trivialliteratur nicht als Lebenshilfe, Aufklärungsinstrument oder Informationsträger mißdeutet, wird keinen Schaden nehmen und kann Groschenhefte getrost weiter lesen. Eine distanzierte Lesehaltung kann das Vergnügen daran sogar noch steigern.

Unterrichtsgegenstand (Thematik)

Wöchentlich kommen etwa drei neue Arztroman-Titel zum Verkauf in die Zeitungskioske. In die Herstellung teilen sich die Romanheftchen-Verlage Pabel, Marken und Bastei.

Die Handlungsmuster aller Arztromane ähneln sich. Das Personal ist überschaubar; es wird eine bestimmte Typenkonstellation bevorzugt. Dreiecksverhältnisse (zwei Männer kämpfen um die gleiche Frau, zwei Frauen begehren den gleichen Mann) kommen häufig vor; sie ermöglichen Eifersuchts- und Versöhnungsszenen und sorgen permanent für Konfliktstoff, kurz: für Spannung, bis das unverzichtbare Happy-end die Leserin befreit entläßt.

Im Mittelpunkt der Romanhandlung steht ein Arzt, und zwar ausnahmslos. In der Regel ist er das Ziel sehnsüchtiger Liebe und wird am Ende sicher in den Hafen der Ehe geschleust. Seine »ideale« Partnerin – daneben kämpfen häufig verführerische Nebenbuhlerinnen um seine Gunst – ist in den meisten Fällen eine blutjunge und bildhübsche Krankenschwester, die er im Krankenhaus kennengelernt hat, seltener eine Patientin. Neben dem unschuldig-kindlichen Typ, der in den Romanen vorherrscht, wird zuweilen auch der reife, hausfraulich-mütterliche Typ als höchste Lebenserfüllung für den Mann dargestellt. Die Heldin erlöst den Arzt fast immer aus unglücklicher Verstrickung, Einsamkeit, Verbitterung oder Trauer. Der männliche Held kann ledig oder unglücklich verheiratet, verwitwet oder geschieden sein; in jedem Fall ist er noch jugendlich und sehr attraktiv in seiner äußeren Erscheinung. Meistens arbeiten die Ärzte im Krankenhaus, vorrangig in der Funktion als Stations- oder Chefärzte. Auffallend ist der hohe Anteil an Chirurgen im trivialen Arztroman; sie erinnern an mit magischen Fähigkeiten beseelte Medizinmänner, haben doch ihre hervorragenden Heilerfolge oft etwas Begnadetes, Mystisches.

Um sich den Anstrich von Zeitgemäßheit zu geben, behandeln viele Arztromane ein scheinbar »heißes Eisen« (z. B. Vasektomie, Adoption, Organtransplantation, Bigamie, Generationskonflikt, Verkehrsunfall).

Landschaftsschilderungen bleiben i. a. unbestimmt; sie dienen lediglich zur Herstellung von malerischen Kulissen, an denen sich Stimmungen festmachen lassen. Extreme Witterungsverhältnisse (Nebel, Gewitter) spiegeln die seelische Verfassung der handelnden bzw. leidenden Personen wider.

Beschreibungen von Wohnungen dienen u. a. dazu, die trostlose Privatatmosphäre eines Mannes zu vergegenwärtigen, der auf die hausfrauliche Ehepartnerin verzichten muß und resigniert – unfähig zur Selbsthilfe – alles verkommen läßt. Auf diesem Hintergrund wird dann die Erlösungstat der Heldin um so sinnfälliger.

Die Krankenhausatmosphäre ist durch eine sterile Sauberkeit, durch eine ununterbrochene Emsigkeit und den hierarchischen Aufbau im Personalgefüge gekennzeichnet. Der Arbeitsalltag wird gleichwohl von persönlichen Beziehungen (zu Kollegen und Patienten) stärker geprägt als durch sachliche Notwendigkeiten.

Die sentimentale Liebesgeschichte wird meist einsträngig, mitunter aber auch zwei- oder mehrsträngig erzählt. Rückblenden gibt es selten. Dialoge herrschen zwar vor, sind jedoch durch den Abtausch von Banalitäten oder Redensarten gekennzeichnet; origineller Witz und problemorientierte Fragestellungen haben i. a. keinen Platz in den Gesprächen. Die beteiligten Personen unterscheiden sich in der direkten Rede nicht durch eine individuell gefärbte oder schichtspezifisch vorgeprägte Sprachverwendung. Im übrigen trifft auf die Sprache der Arztromane uneingeschränkt zu, was Peter Nusser in seinen quantitativen und qualitativen Analysen der Groschenromane festgestellt und in seinem Buch »Romane für die Unterschicht« [5] einleuchtend auf die Merkmale des sogen. restringierten Code bezogen hat.

Der Verfasserin lagen insgesamt fünf Arztromane zum Vergleich vor (vgl. dazu die Quellenangaben zum Arbeitsbogen 1); es soll an dieser Stelle aber genügen, den Inhalt des Juwel-Romans Nr. 1081 »Schwester Marina in Nöten« exemplarisch etwas genauer ins Auge zu fassen:

Schwester Marina übt wegen ihrer Reinheit und Schönheit einen unwiderstehlichen Reiz auf Männer aus: zwei Ärzte, die im gleichen Krankenhaus wie sie arbeiten, verlieben sich gleichzeitig in sie. Marina erliegt zunächst dem Herzensbrecher Dr. Curd Stein, der nebenbei der »stinkreichen« Ärztin Dr. Verena Tasnady den Hof macht, flüchtet dann aber – enttäuscht – an die zuverlässige Brust Dr. Werner Ecks, der verwitwet ist, einen kranken Sohn hat und unter der Einsamkeit in seinem frauenlosen Haushalt leidet. Dr. Stein macht unter dem Einfluß Marinas eine tiefe menschliche Wandlung durch und bekehrt sich zur Ehe mit der Kollegin.

Marina findet ihre Erfüllung nicht im Beruf, sondern in hausfraulichen Tätigkeiten wie Aufräumen, Saubermachen, Kochen, kurz: im Herstellen von Ordnung und Gemütlichkeit. Sie sehnt sich danach zu dienen, gebraucht zu werden. In der Liebe sucht sie Schutz und Geborgenheit: beide Ärzte halten ihr lästige Bewerber mit Fäusten vom Leibe. Die Bereitschaft, im Notfall tatkräftig zuzuschlagen, wirkt auf Marina stärker als berufliches Können. Marina empfiehlt sich vor allem durch ihre Unschuld, aber auch durch ihre Geschicklichkeit im Umgang mit Kindern.

Die rothaarige (!) Dr. Verena Tasnady stellt den Typ der intellektuellen Frau dar, die – eingehüllt in Nerzmantel und Duftwolke – dem zunächst gewissenlosen Dr. Stein in entwürdigendster Weise verfallen ist.

Zum Vergleich mit einem Arztroman eignet sich eine 1969 vom Berliner Senator für Arbeit, Gesundheit und Soziales herausgegebene und an Schulabgänger verteilte Werbebroschüre mit dem Titel »Sie können was – Sie sind was – Man achtet Sie«, in der sich »Schwester Monika« in Wort und Bild (Fotografie) als nachahmenswertes Beispiel hinstellt (vgl. Textauszug im Anhang).

Der Werbetext arbeitet mit den gleichen Klischees wie der triviale Arztroman; er schreckt nicht einmal davor zurück, mit der »guten Partie« zu winken. Die Nachteile des Schwesternberufes werden bagatellisiert oder als Vorurteile abgetan; die Vorteile dagegen völlig unkritisch herausgestrichen: Wohnen in der Schwesternschule in einem »schick eingerichteten Zimmer mit Aussicht auf den Park« [6], billige Miete, vielseitige Ausbildung nach modernsten Unterrichtsmethoden, Verwendbarkeit des Wissens für das spätere Familienleben, Dankbarkeit der Patienten, geregelte Arbeitszeit, gute Bezahlung, Aufstiegschancen usw. Der Text verschleiert absichtlich die wirklichen Verhältnisse, um den Schulabgänger zur Berufswahl der Krankenschwester zu überreden. Auf eine genaue Schilderung des Berufsalltags wird verzichtet; dagegen werden Möglichkeiten der Freizeitgestaltung in den verführerischsten Farben gemalt. Die Leserin wird in ihrem Wunschdenken bestätigt und mit materiellen, vordergründig konsumorientierten Versprechungen angelockt. Illusionäre Berufsvorstellungen werden durch diesen Text, den Jugendliche als Aufklärungsschrift allzu leicht mißdeuten können, nicht nur nicht abgebaut, sondern geradezu ausgebaut.

Unterrichtsbedingungen

Die Thematische Einheit eignet sich für eine 9. Haupt- oder Realschulklasse in städtischer Umwelt. [7]

Die Behandlung in der Hauptschule empfiehlt sich deshalb, weil die Leserschaft der Heftchenromane sich vorwiegend aus Absolventen der Hauptschule zusammensetzt; die Marplan-Forschungsgesellschaft ermittelte 1969 einen Anteil dieser Bevölkerungsgruppe von 78 %. Der Lehrer kann also davon ausgehen, daß 15jährige Hauptschüler in ihrer Freizeit bereits vielfältige Erfahrungen mit Groschenromanen gemacht haben.

Für die Behandlung der Unterrichtseinheit in der Realschule spricht die Tatsache, daß vor allem Realschülerinnen den Beruf der Krankenschwester ergreifen, weil die Mittlere Reife in der Regel Voraussetzung für die Zulassung zur Ausbildung ist. Ein Jahr vor Schulabschluß wird das Problem der Berufswahl bereits für die Schüler wichtig, und sie beschaffen sich entsprechende Aufklärungs- und Werbeschriften. Sie gehen an Texte aus dem Bereich der Berufswerbung mit bestimmten Erwartungen heran, haben vor allem ein Interesse an umfassender Information. Die Diskrepanz zwischen Leseanspruch und Leserealität bei der Begegnung mit der Werbebroschüre »Sie können was – Sie sind was – man achtet Sie« wird von den Schülerinnen wahrscheinlich als besonders enttäuschend empfunden und ruft zunächst einen emotionsreichen Protest hervor, der allmählich in sachbezogene Kritikbereitschaft übergeleitet werden muß.[8] Der Planende hat weiterhin den empirischen Befund zur Kenntnis zu nehmen, daß Arztromane fast ausschließlich Konsumgut weiblicher Leser sind. Es ist infolgedessen damit zu rechnen, daß die Jungen von vornherein kritischer und ablehnender sind. Ihre Argumente brauchen deshalb nicht stichhaltig zu sein, sondern werden voraussichtlich durch Vorurteile geprägt sein und das ihnen durch ihre Sozialisation vermittelte Rollenbewußtsein spiegeln. Für den Nachweis, daß die in den Romanen verwendeten Klischees der Stabilisierung vorhandener Normvorstellungen dienlich sind, kann die zwischen den Geschlechtern auftretende Spannung nützlich sein: die Jungen werden sich besonders durch die in den Romanen dargestellten Wunschbilder vom männlichen Partner herausgefordert fühlen, während sie vermutlich an den weiblichen Idealfiguren wenig auszusetzen haben werden – ist doch unsere Gesellschaft weitgehend durch die Bedürfnisse des Mannes bestimmt und entspricht in ihren tradierten Normen seinen Interessen. Widerspruch gegen die entwürdigende Frauenrolle, sich als adrettes, dümmliches, unterwürfiges und selbstloses Hausmütterchen an den Mann zu verkaufen, ist deshalb – ungeachtet der Bereitschaft zur zeitweiligen Identifikation – von einer Minderheit unter den Mädchen zu erwarten. Immerhin sind die meisten Mädchen aber eher dazu bereit, die in den Frauenromanen vermittelten Rollenbilder zu akzeptieren, als jenes abgebrühte Sex-Objekt zu spielen, das die Krimi-Serien bevölkert und vor allem die Wunschvorstellungen männlicher Leser befriedigen soll.

Die geäußerten Vermutungen schlagen sich in der Gestaltung der Arbeitsbögen (vgl. S. 177f.) nieder.

Von Bedeutung für die Zeitplanung sind Aussagen Jugendlicher über das Ausmaß ihres Groschenheft-Konsums. In einer Jugendsendung des Senders Freies Berlin, die am 28. Oktober 1973 unter dem Titel »Wir – um zwanzig« gebracht wurde, äußerte sich eine jugendliche Gesprächsteilnehmerin wie folgt: »Wenn ich lese, na bestimmt fünf bis zehn Stück dann erstmal hintereinander, bis ich wieder genug habe. Meistens auf 'ner Reise, da lese ich bestimmt so drei Hefte am Tag, vor allen Dingen abends und so, stapelweise am Tag, so zwei, drei bestimmt. Sonst lese ich einen oder zwei, morgens einen so vielleicht auf der Hinfahrt zur Arbeit, und in der Pause, und dann abends.« Die anwesenden Jugendlichen fühlen sich durch diese Darstellung keineswegs überrascht; niemand widerspricht.[9] Demnach ist es durchaus realistisch, als Zeitmaß für die häusliche Lektüre eines Groschenromans höchstens drei Tage anzusetzen.

Einfluß auf die Wahl der Medien hat vor allem die Schwierigkeit, ausgesuchte Titel der Romanhefte zu beliebiger Zeit heranzuschaffen. Die von der Verfasserin untersuchten und ausgewerteten Hefte werden kaum noch greifbar sein – schon gar nicht in Klassenstärke. In der Regel wird man sich damit begnügen müssen, eines der jeweils angekündigten Hefte in Klassenstärke vorzubestellen oder verschiedene verfügbare Titel nebeneinander zu benutzen.

Die Planung nimmt auf diese die Unterrichtsorganisation erschwerende Bedingung Rücksicht.

Lernziele

Die Schüler sollen

- am Arbeitsbogen nachgewiesen haben, daß die Beschreibung der weiblichen Heldin undifferenziert und klischeehaft ist
- erkannt haben, daß die weibliche Idealfigur Vorurteile über die Rolle der Frau in unserer Gesellschaft bestätigt und festigt
- nach Begründungen dafür gesucht haben, warum die Leserin sich so bereitwillig mit der Romanheldin identifiziert
- die Bereitschaft entwickelt haben, ihr eigenes Leseverhalten zu reflektieren und notfalls zu korrigieren
- durch Zitate belegt haben, daß die weibliche Kontrastfigur (Rivalin, Feindin) über mehr Intelligenz und Raffinesse verfügt
- durchschaut haben, daß in der negativen Heldin der Typ der emanzipierten Frau beim Leser denunziert werden soll
- im Gespräch erörtert haben, welche Werthierarchie der triviale Frauenroman vermitteln will
- erkannt haben, inwiefern der männliche Held dem Traumbild der weiblichen Leserin entspricht
- durch vergleichendes Lesen festgestellt haben, daß die Personenbeschreibung in allen Arztromanen stereotyp ist
- untersucht haben, welche Ähnlichkeiten die Handlungsmuster aller Arztromane aufweisen
- erkannt haben, daß die Konsumliteratur nicht die Wirklichkeit, sondern die Wunschwelt der Leserin widerspiegelt
- an Textbeispielen belegt haben, wie reale Konflikte verschleiert werden
- begründet haben, warum die Leserin aus der Realität fliehen möchte und geradezu süchtig nach dem Narkotikum der Heftchenliteratur greift
- erfahren haben, daß die Werbung mit den gleichen Klischees argumentiert wie der triviale Heftchenroman
- die Absicht der Werbebroschüre durchschaut haben, den Leser durch die Vorspiegelung einer rosigen Zukunft zu erwünschten Berufsentscheidungen zu veranlassen
- nachgewiesen haben, daß der Werbetext nur einseitige Informationen enthält, die bloß scheinbar an den Interessen der Empfänger orientiert sind
- festgestellt haben, wem der Werbetext nützt
- erkannt haben, daß die überredende Kraft der Werbeschrift durch die persönliche Anrede erhöht wird
- andere Mittel der Überredungskunst herausgefunden und am Text nachgewiesen haben (rhetorische Fragen, Appellation an heimliche Leserbedürfnisse, Ich-Form, Verschweigen der Nachteile u. a.).

Unterrichtsverlauf

Der Umfang der Thematischen Einheit wird auf vier Unterrichtsstunden (je 45 Minuten) veranschlagt. Mit Rücksicht auf die vorgesehene Altersstufe wird das induktive Verfahren gewählt.

Der Einstieg in das Thema (Motivation) geschieht über den Arbeitsbogen 1 (vgl. S. 177ff.), er zu Beginn der ersten Unterrichtsstunde mit ein paar weisen zum Arbeitsverfahren (»Ihr braucht zunächst nur die Fragen 1 und 2 zu beantworten.«) an alle Schüler ausgeteilt wird. Partner- oder Gruppenarbeit ist hierbei nicht zweckmäßig: die Diskussion über die individuellen Entscheidungen der Schüler sollte erst im Plenum erfolgen. Für das Stillesen der Texte und die Beantwortung der beiden ersten Fragen wird den Schülern 20 Minuten Zeit gegeben. Anschließend werden die Ergebnisse zu Frage 1 an die Tafel geschrieben und verglichen; voraussichtlich wird den Schülern die richtige Zuordnung der Texte nicht schwergefallen sein. Die Lösung muß lauten: Beschreibung der Romanheldin in A, D, E, G und I, der Rivalin in B, C, F und H. Die Schüler werden nun zur Begründung ihrer Entscheidungen aufgefordert: Eine erneute und detaillierte Auseinandersetzung mit den Textstellen ergibt sich dadurch zwangsläufig: Behauptungen müssen jeweils durch Zitate belegt werden. Das Gespräch, das sich über 10 bis 15 Minuten hinziehen wird, bewegt sich wahrscheinlich allmählich auf die Beantwortung der Frage 2 zu. Ist dies nicht der Fall, lenkt der Lehrer durch einen entsprechenden Impuls, nachdem er die erste Gesprächsphase durch eine Zusammenfassung abgerundet hat. Frage 2 hat einen höheren Schwierigkeitsgrad und wird vielleicht Kontroversen auslösen; für die Dramaturgie der Unterrichtsstunde (erneut ansteigende Spannung 10 Minuten vor Unterrichtsschluß) ist das günstig. Die Beantwortung der Fragen 3 und 4 wird als Hausaufgabe aufgegeben.

Die zweite Unterrichtsstunde beginnt mit der Diskussion der Hausaufgabe. Die Frage 3 des Arbeitsbogens 1 hat einige Schüler möglicherweise dazu veranlaßt, andere Arztromane zum Vergleich in die Schule mitzubringen. Es liegt nahe, daß die Schüler von selbst darauf kommen, man müsse die bisherigen Unterrichtsergebnisse nunmehr auf ihre Allgemeingültigkeit hin überprüfen, indem man beliebig viele Arztromane in ähnlicher Weise untersucht. Gemeinsam mit den Schülern wird nun versucht, den Fragenkatalog an der Tafel zu entwerfen; als Leitmuster diene dem Lehrer dabei der angefügte Arbeitsbogen 2 (Fragenkomplex A und B) (vgl. S. 179f.). Gegen Ende der Unterrichtsstunde werden die Schüler zum Abschreiben des Tafelbildes veranlaßt. Den Fragenkomplex C des Arbeitsbogens 2 gibt der Lehrer in jedem Fall auf Abzügen in die Klasse; die Formulierung wäre diesmal zu zeitraubend. Die ebenfalls vorbereiteten Fragenkomplexe A und B gibt der Lehrer nur dann aus, wenn die Schüler nicht zu zufriedenstellenden Ergebnissen gelangt sein sollten. Um den Arbeitsbogen 2 zu bewältigen, müssen die Schüler unterschiedlichste Romanhefte lesen und auswerten. Der Lehrer stellt es frei, welche Hefte die Schüler für die häusliche Lektüre auswählen; er hat jedoch vorsorglich genügend Exemplare zur Auswahl mitgebracht.

Die dritte Unterrichtsstunde beginnt mit dem Vergleich der Hausaufgaben. Vor allem der Fragenkomplex C wird ein lebhaftes Unterrichtsgespräch auslösen. Die Ergebnisse zum Arbeitsbogen 2 werfen die Frage nach dem Leserkreis und der Lesemotivation auf. Damit ist der Zeitpunkt gekommen, eine tabellarische Übersicht oder eine graphische Darstellung über Lesegewohnheiten in die Diskussion zu geben. Die Schüler erhalten das Zahlenmaterial auf Abzügen, als Tafelanschrift oder über den Overhead-Projektor (der vorliegende Band enthält dazu verwendbares Material jüngeren Datums). Mit dem Entziffern, Vergleichen und Interpretieren der Fakten vergeht der Rest dieser Unterrichtsstunde. Eine Hausaufgabe entfällt.

Für die vierte Unterrichtsstunde ist wieder ein Arbeitsbogen (vgl. S. 180f.) vorbereitet worden. Er ist so abgefaßt, daß seine Beantwortung nur höchstens 10 Minuten in Anspruch nehmen wird; das Ankreuzverfahren wurde lediglich aus Gründen der Zeitersparnis gewählt. Die Beantwortung dieser Fragen stellt eine gute Voraussetzung dar für das kritische Anhören des Werbetextes zum Krankenschwesterberuf (»Sie können was – Sie sind was – Man achtet Sie«, Textauszug im Anhang), das etwa 15 Minuten beanspruchen wird. Argumentation und Verlauf des sich anschließenden Unterrichtsgespräches lassen sich in etwa aus dem am Ende dieses Aufsatzes dokumentierten Unterrichtsprotokoll ablesen.

Aufbau der Thematischen Einheit:

1. Stunde: Das Rollenbild der Frau im trivialen Arztroman
2. Stunde: Überprüfung der Hypothese, die Darstellung in allen Arztromanen sei stereotyp
3. Stunde: Erklärungsversuche zur Lesemotivation weiblicher Leser
4. Stunde: Vergleich mit der Werbebroschüre »Sie können was – Sie sind was – Man achtet Sie«

Arbeitsbogen 1

Lies dir die folgenden Romanausschnitte genau durch! Sie stammen aus fünf verschiedenen Arzt-Romanen. Daß sie völlig unverändert und in sich ungekürzt sind, kannst du mit Hilfe der Quellenangaben in Klammern selbst überprüfen. Am Ende findest du einige Aufgaben und Fragen, die du lösen bzw. beantworten sollst.

A

»Ihre Augen schienen unendlich groß, unsagbar tief zu sein, Märchenaugen, von langen, dunklen dichten Wimpern umgeben, die Schatten auf die Wangen warfen, diese köstlichen Wangen mit ihrer rosig-bräunlichen Haut. Ihr Mund war eine einzige Verlockung, und doch war er auch wieder von einer seltsamen Unberührtheit, als habe er sich nie in Sehnsucht einem anderen Mund dargeboten, als sei er nie aufgeblüht unter der feuchten Wärme eines Kusses, als habe er nie selbst in wilder Leidenschaft geküßt. Jung sah sie aus, blutjung, wie sie da vor sich hinsann.«

(Liselotte Appel: Schwester Marina in Nöten, Juwel-Arztroman Nr. 1081, Pabel-Verlag Rastatt o. J., S. 29/30)

B

»Sylvia Moll kam ihm entgegen. Betörend schön in einem engen schwarzseidenen Hausanzug, der die Konturen ihres Körpers auf raffinierte Weise preisgab. Das

Make-up war perfekt, die Fingernägel leuchteten in sattem Rot, und auch diesmal wieder trug sie mehr Schmuck, als Harald jemals zuvor an einer Frau gesehen hatte.«

(Helga von Hagen: Operation an einer Unbekannten, Arzt-Roman Bd. 307, Bastei-Verlag Bergisch Gladbach o. J., S. 19)

C

»Die Frau in dem hochroten Morgenrock mit auftoupiertem platinblondem Haar drehte sich augenblicklich nach ihm um.«

»Frau Timpe hatte sich in der Zwischenzeit zurecht gemacht. Sie hatte ihre Lippen nachgezogen und trug nun einen Hausanzug aus dünner schwarzer Seide mit einem recht offenherzigen Dekolleté, von dem sie sich wahrscheinlich eine Wirkung auf den Arzt versprach. Sie kam Dr. Frank mit ihrem holdseligsten Lächeln entgegen und reichte ihm die Hand, während sie ihn gleichzeitig mit einer umfassenden Geste zum Sitzen einlud.«

(Dr. Stefan Frank: Der letzte Wunsch der Todgeweihten, Arzt-Roman Bd. 144, Bastei-Verlag Bergisch Gladbach o. J., S. 7 und S. 8)

D

»Er nahm ihr schönes ebenmäßiges Gesicht in beide Hände und betrachtete es voller Hingabe – Inhalt seines Lebens! Geliebte, Kameradin und Mutter zugleich. Warm und weise, tröstend und ausgleichend.«

»Angela lächelte weise. Dies war wieder ihre Stunde. Die Stunde der großen Trösterin, die alles verstand und alles verzieh. Wie gern hätte sie ihm dieses Leid erspart, es auf ihre Schultern übernommen.«

(Verfasser unbekannt: Schicksalsnacht im Krankenhaus, Arzt-Roman Nr. 339, Bastei-Verlag Bergisch Gladbach o. J., S. 19 und S. 43)

E

»Celia war knapp einundzwanzig Jahre alt. Sie war schlank und gut gewachsen, hatte ein bildhübsches Gesicht mit einer zierlichen Nase, einem vollen Mund und großen blauen Augen, über denen sich dunkle Brauen in einem zarten Schwung wölbten. Ihre ebenfalls dunklen Wimpern waren so lang, daß sie sich wie Schatten auf die leicht getönten Wangen legten. Vor allem aber reizte den stämmigen Unterzaucher die unschuldsvolle Art des Mädchens. Sie bewegte sich wie selbstverständlich in einem tänzerischen Gang auf ihren schlanken Beinen und schien überhaupt nicht zu merken, daß ihr überall die Blicke der Männer folgten.«

(Dr. Stefan Frank: Der letzte Wunsch des Todgeweihten, a.a.O., S. 13/14)

F

»Sie stand langsam auf. Jede Bewegung war wohlüberlegt und darauf abgestimmt, ihre Schönheit ins volle Licht zu rücken. Katzenhaft weich und lockend, verführerisch wie die Sünde selbst war die Frau, die sich auf den Mann zubewegte, und ihre schwarzen Augen glühten in dem erblaßten Gesicht wie glimmende Kohlen. Ganz dicht stand sie nun vor ihrem Mann, der Duft ihres schweren Parfüms stieg wie eine dunkle Versuchung zu ihm auf, . . .«

(Regina Rauenstein: Im Herzen blieb das Bild der Schwester, Arzt-Roman Bd. 221, Bastei-Verlag Bergisch Gladbach o. J., S. 29)

G

»An diesem heißen Hochsommertag war sie dabei, die Baby- und Kinderwäsche im Gärtchen hinter dem Haus aufzuhängen. Sie trug nur einen ärmellosen Kittel. Das lange Haar war lässig zusammengefaßt und aufgesteckt worden, ohne viel Mühe oder gar Inanspruchnahme von Phantasie. Vormittags blieb einfach keine Zeit für die persönliche Schönheitspflege. Erst mal mußte der Haushalt zum Laufen gebracht werden.«

(Helga von Hagen: Operation an einer Unbekannten, a.a.O., S. 22)

H

»Eigentlich ließ sich auf den ersten Blick gar nicht erkennen, ob es sich dabei um eine Frau oder einen Mann handelte. Sie hatte harte, unweibliche Züge, trug das Haar kurz und glatt nach hinten gestrichen. Ein offenbar selbstgeschneiderter dunkelgrauer Hosenanzug ohne den geringsten Schick verhüllte die platte, knochige Gestalt. Auch ihre Stimme klang schroff und kalt wie die eines übelgelaunten Mannes, . . .«

(Helga von Hagen: Operation an einer Unbekannten, a.a.O., S. 59)

I

»Man sah Katja ihre Mutterschaft schon an. Ihre Bewegungen waren langsamer, schwerfälliger geworden. Ihre schlanke Gestalt hatte sich gerundet. Ihre Züge wurden schmäler, aber sie wurden von einem inneren Leuchten veredelt. Das kastanienbraune Haar hatte nichts von seinem satten Glanz verloren, und manchmal war es Detlev, als läge es wie ein Heiligenschein um den feingeformten Kopf seiner jungen Frau, wenn sie sich zu Michael hinunterneigte und ihr Gesicht in mütterlicher Zärtlichkeit kindhaft jung und schön wurde.«

(Regina Rauenstein: Im Herzen blieb das Bild der Schwerster, a.a.O., S. 58)

1 Versuche herauszufinden, in welchen Zitaten von der Romanheldin und in welchen von der Rivalin/Feindin die Rede ist! Begründe deine Entscheidung!
2 Wer hat mehr Intelligenz, die positiven oder die negativen Romenfiguren? Wie erklärst du dir das?
3 Hältst du die gewonnenen Ergebnisse für allgemeingültig? Vergleiche mit anderen Arztromanen, die dir aus deiner Privatlektüre bekannt sind!
4 Überlege dir Vorschläge, wie der Unterricht fortgesetzt werden könnte!

Arbeitsbogen 2 [10]

Fragenkomplex A (für alle Mitglieder der Gruppen I und II):

1 Kreuze blau an, welche der im folgenden aufgeführten Adjektive auf die Heldin des von dir gelesenen Romans zutreffen!
2 Begründe, warum die Leserin sich mit einer so charakterisierten Frauenfigur gern identifizieren wird!
3 Vergleiche deine Ergebnisse mit denen deiner Mitschüler! Was stellst du fest?

Fragenkomplex B (für alle Mitglieder der Gruppen III und IV):

1 Kreuze rot an, welche der im folgenden aufgeführten Adjektive auf die Rivalin deiner Romanheldin zutreffen!
2 Welche Schlüsse ziehst du aus deinem Ergebnis?
3 Vergleiche deine Ergebnisse mit denen deiner Mitschüler! Welche Frauentypen werden immer wieder für die negative Kontrastfigur genommen? Welche Vorurteile werden dadurch bei der Leserin befestigt?

1. Beschreibung des Aussehens:

groß	O	zart	O
zierlich	O	kräftig	O
mager	O	verführerisch	O
unansehnlich	O	reizend	O
mädchenhaft	O	jung	O
korpulent	O	natürlich	O
blühend	O	aufgetakelt	O
blaß	O	gesund	O
winzig	O	rothaarig	O
schlank	O	knochig	O

2. Beschreibung des Charakters:

egoistisch	O	treu	O	rachsüchtig	O
eitel	O	ehrgeizig	O	liebevoll	O
mütterlich	O	selbstlos	O	fleißig	O
unerfahren	O	keusch	O	mißmutig	O
berechnend	O	selbstgefällig	O	unverdorben	O
intelligent	O	hausfraulich	O	herrschsüchtig	O
geizig	O	putzsüchtig	O	rücksichtslos	O
bescheiden	O	anspruchsvoll	O	fröhlich	O
warmherzig	O	hilfsbereit	O	aufopfernd	O
kalt	O	verständnislos	O	hingabefähig	O

4) Kannst du die Liste noch ergänzen? Schreibe weitere Adjektive dazu!

Fragenkomplex C (für alle Mitglieder der Gruppen V und VI):

1 Wie wird der männliche Held (Arzt) in dem Roman, den du gelesen hast, beschrieben? Zähle Adjektive auf, die auf ihn zutreffen! Du kannst auch aus dem Text zitieren.

2 Vergleiche deine Ergebnisse mit denen deiner Mitschüler! Wie sieht in fast allen Fällen das männliche Idealbild aus?

3 Welche heimlichen Partnerwünsche der Leserin werden in der Figur des Helden erfüllt? Entspricht der Typ einer erfahrenen Wirklichkeit?

4 Welche Fähigkeiten werden beim Mann höher bewertet: geistige oder körperliche? Begründe!

Arbeitsbogen 3

Die meisten Arztromane spielen im Krankenhaus.

1) *Wie wird das Verhältnis Arzt/Krankenschwester dargestellt?* Kreuze die richtigen Antworten an:

a) Die Arbeitsatmosphäre ist freundlich, aber kühl.

b) Die Krankenschwester ordnet sich dem Arzt bedingungslos unter und sucht ihm zu gefallen.

c) Es gibt Rivalitäten zwischen Arzt und Oberschwester.

d) Die Krankenschwester wird vom Arzt als gleichberechtigte Arbeitspartnerin behandelt.

e) Die Schwestern schwärmen für den Arzt und sind aufeinander eifersüchtig.

f) Die Ärzte interessieren sich für das Privatleben der Schwestern; sie sind zu gelegentlichen Abenteuern mit ihnen aufgelegt.
g) Die Kontakte bleiben auf den Beruf beschränkt.
h) Arzt und Schwester streben eine gemeinsame Ehe an; es kommt häufig zum Happy-end.
i) Arzt und Krankenschwester unterrichten sich genau über ihr Privatleben.

2) *Wie wird das Verhältnis Arzt/Patient dargestellt?*
j) Der Arzt hat wenig Zeit für den einzelnen Patienten, weil er beruflich so überlastet ist.
k) Der Arzt nimmt Anteil an den persönlichen Problemen seiner Patienten und spielt den verständnisvollen Ratgeber.
l) Der Arzt bemüht sich mit großer Fürsorge um jeden Patienten, ohne Ausnahme der Person.
m) Der Arzt greift in das Schicksal seiner Patienten ein.
n) Der Arzt nimmt private Beziehungen zu seinen Patienten auf.
o) Der Arzt verliebt sich in Patientinnen.
p) Der Arzt will nur an seinen Patienten verdienen.
q) Der Arzt führt seine Untersuchungen sachlich durch.
Untersuche im einzelnen, ob die Darstellung der Krankenhausatmosphäre der Realität entspricht! Welche Bedeutung hat sie für die Romanhandlung?

Weiterführende Hausaufgaben:
(für die Gruppen I, III, V):
Erhält der Leser von Arztromanen Informationen über Krankheiten und ihre Heilung? Sind die Informationen richtig? Belege deine Meinung durch entsprechende Textstellen und schlage in zugänglichen Sachbüchern nach!
(für die Gruppen II, IV, VI):
Wird der Arbeitsalltag des Arztes und der Krankenschwester genau geschildert? Suche entsprechende Textstellen heraus und begründe daran deine Meinung! Formuliere weitere Fragen zum Wirklichkeitsgehalt der Romane!

Unterrichtsrealisation

Als Beweis dafür, daß ein kritischer Vergleich trivialer Arztromane mit der Berliner Werbeschrift »Schwester Monika« die Schüler emotional anspricht und zu verwertbaren Erkenntnissen führt, sei zum Abschluß aus einem Unterrichtsprotokoll zitiert.[11]

Die Schüler hatten sich in häuslicher Lektüre mit mindestens einem Heftchen aus der Gruppe der Arztromane vertraut machen sollen. Zu Beginn der Unterrichtsstunde wurden sie zum Ausfüllen eines Arbeitsbogens aufgefordert, der im Wortlaut nur stellenweise mit den abgedruckten Arbeitsbögen 2 und 3 (vgl. dazu S. 177ff.) identisch war. Die schriftlichen Ergebnisse, durch die die Schüler u. a. auch den Nachweis für die gewissenhafte Erledigung der Hausaufgabe brachten, wurden in der Klasse vorgelesen und diskutiert, wobei das erste Teilziel (Erkennen der Klischeehaftigkeit) relativ mühelos und ohne großen Zeitaufwand erreicht wurde. Dazu einige Schüleräußerungen:

»Die Schwester wird jedenfalls immer als guter Geist hingestellt. Bildhübsch und lebensfroh und ausgeglichen, und, naja, was so dazugehört . . . und dann merkt man, Krankenschwester ist so'n herrlicher Beruf.«

»Da wird eine Klischeevorstellung geweckt. Die Oberschwester ist meistens etwas korpulent, ältlich, sehr energisch und springt da mit den jungen Schwestern um. Die anderen Schwestern, die unter ihr sind, sind dann eben jung, hübsch, schön.«

»Bildhübsch, schön, zart, zierlich, jung, blühend und reizend. Es sind bei beiden Romanen dieselben Adjektive.«

»Sie (die Adjektive) sind meistens stark auslegbar.«

»Sie sind meistens positiv.« (Zwischenruf: »Was heißt meistens? Sie sind immer positiv!«)

Auf die Frage, ob der Leser sich »ein sehr eindeutiges Bild von einer Person« machen könne:

»Das kann ich mir gar nicht vorstellen.«

»Da kriegt man so ne vorgesetzte Meinung. Da braucht man nicht nachzudenken.«

Die Lehrerin will nun wissen, wem »in etwa die Beschreibung dieser Krankenschwester« entspräche. Darauf gehen wieder mehrere Schüler ein:

»Dem Idealbild.«

»Dem Wunschbild der ganzen Leserschaft.«

»Stimmt mit der Wirklichkeit nicht überein.«

»Die Wirklichkeit wird verschönert. Unrealistisch gezeigt.«

»Ja, das ist ein Idealbild, das man haben möchte, Wunschbild eigentlich. Wie es sein sollte, wie man es sich vielleicht vorstellt, das spricht einen in diesem Roman an.«

An dieser Stelle leitet die Lehrerin zu der Frage nach der Leserschaft über, indem sie feststellt: »Diese Romane finden ja sehr viele Leser, das wißt ihr.« Darauf die Schüler:

»Ich würde sagen, das lesen meistens die Älteren. Denn die haben schon eine Menge erlebt, und die sind auch meistens allein. Da wird ihnen eine schöne Welt vorgespiegelt. Das dient zur Ablenkung.«

»Er ist von der Wirklichkeit abgelenkt.«

»Er kommt dann ins Träumen.«

»Das sind meiner Meinung nach die, die Menschlichkeit brauchen, in irgendeiner Form. Das ist an gar keine Altersgrenze gebunden.«

»Vielleicht die, die zurückgelassen sind von der Gesellschaft. Und die jetzt darin Zuflucht suchen.«

»Und weil sie Langeweile haben.«

»Na, ich meine, Mädchen in der Pubertät, die träumen doch ganz gern.«

Die Frage, ob man aus diesen Romanen etwas erfahren könne über »Lebensmöglichkeiten«, wird mit Entschiedenheit verneint. Gleichzeitig wird aber betont, daß das Lesen von Groschenromanen »nicht verurteilt« werden dürfe. Man sollte sich darüber im klaren sein (Schüleräußerung:), »daß es nicht realistisch ist, daß es eine Traumwelt ist. Daß es mal ganz schön ist, so einen Roman zu lesen, als Abwechslung, aber daß man sich genauso viel Zeit nimmt für die Wirklichkeit.« Ein anderer Schüler ergänzt dazu:

»Man sollte skeptisch gegenüber solchen Romanen sein. Und vorsichtig, . . .«

An dieser Stelle bricht die Lehrerin das Gespräch ab und liest die Werbeschrift »Sie können was, Sie sind was, man achtet Sie« vor, und zwar mit dem folgenden Hinweis: »Ich möchte euch jetzt einen zweiten Text vorlesen, der ausgegeben wird an Schüler, die sich informieren lassen wollen über den Beruf der Krankenschwester. . . . Er ist hier in Berlin vom Senator für Gesundheit, Arbeit und Soziales herausgegeben worden und auf Berufsberatungsstellen an Jugendliche eures Alters verteilt worden.«

Die Schüler reagieren spontan mit heller Empörung und stellen u. a. fest:

»Also das mit dem Schwesternheim, das ist ja ganz gut, aber in den alten Krankenhäusern sieht es doch ganz anders aus, finde ich.«

»Ich glaube, daß es gefährlich ist für diejenigen, die noch nicht genau wissen, ob sie

Krankenschwester werden wollen oder nicht. Das ist eine glatte Lüge, wahrscheinlich, weil hier alles verschönert werden soll.«

»Und ich finde, daß das billige Reklame und Propaganda ist, denn hier wird was vorgespiegelt, was gar nicht so ist.«

»Der ganze Text ist überhaupt Mist. Das ist so einseitig geschrieben, da kann man sich drüber amüsieren. Da liest man lieber so'n Roman, da hat man mehr von.« (Lachen der anderen Schüler.)

». . . Und dann diese ganzen Schilderungen, Bilder: ›vielseitig, lebendig, schön, hübsch, das macht alles Spaß.‹ Das ist doch so'n . . ., das finde ich nicht gut.«

»Das ist altbewährte Propaganda, was sie hier uffjezettelt haben. Die wiederholen es ja so oft, als wollten sie gerade sagen: wir wiederholen es so oft, bis auch der Letzte es verstanden hat.«

»Der Zuschauer wird direkt verleitet, von einem Idealbild.«

»Die spekulieren ja darauf, daß ein paar Leser glauben, was da drin steht.«

»Die haben nicht genug Leute. Und dann versuchen sie, mit allen Mitteln welche heranzukriegen.«

»Viele werden bald wieder abwandern. Sie sind schwer enttäuscht.«

»Ja, das ist alles verschönert dargestellt, und wenn man nun dahinkommt, und es ist wirklich so schlecht, dann findet man es noch schlechter, ja, dann kommt es einem noch schlechter vor, als es nun wirklich ist. Aber wenn man mit der Voraussetzung dahin geht, daß es nicht so gut ist, dann stellt man es sich schlechter vor, und dann gefällt es einem vielleicht doch besser, als man zuerst gedacht hat.«

»Ich finde das ganz verständlich, daß die Krankenschwestern nicht mehr so gut sind wie früher. Die kommen da mit ganz falschen Vorstellungen ins Krankenhaus. Der Patient sagt: macht mal das und das und das, und sie denkt: nanu, wir haben da ja etwas ganz anderes gesehen, was wollen die von uns, und irgendwo müssen sie ja Luft ablassen.«

Die Lehrerin fordert die Schüler auf, den Trivialroman und die Werbebroschüre miteinander zu vergleichen, nachdem ein Schüler auf die »ehe- und familienfreundliche« Tendenz hingewiesen hat; darauf die Schüler:

»Es gibt Parallelen. Der Roman der Schwester Marina, in dem die Kinderfreundlichkeit, die gegenüber dem armen Kind des Doktors geschildert wird, stimmt in etwa mit der Haltung überein, die man jeder Krankenschwester nachsagt, wenn man sie als Objekt für die Werbung benutzen will.«

»Ja, ein Zusammenhang ist schon, aber bei der Broschüre, . . . die wir vorgelesen haben, da ist es noch wesentlich extremer als in den Heften. Da ist eine Handlung, und es wird nur so nebenbei behandelt und einem untergeschoben, aber da, da stinkt es geradezu vor Übertreibungen.«

»Im Grunde genommen würde ich immer noch den Roman der Broschüre vorziehen. Auf jeden Fall wird das Bild der Krankenschwester in beiden Schriftstücken völlig verzerrt.« (Schluß der Stunde.)

Anmerkungen

1 Noch im Jahre 1972 protestierte die Elternschaft einer Steglitzer Realschulklasse (Berlin) auf einer Elternversammlung mit Vehemenz gegen die Behandlung sogen. Groschenromane im Deutschunterricht. Man empörte sich insbesondere gegen das Austeilen der Heftchen an Schüler, die vom Elternhaus von derartiger Lektüre ferngehalten würden.

2 *Malte Dahrendorf:* Trivialliteratur als Herausforderung für eine literaturdidaktische Konzeption, in: Diskussion Deutsch, Heft 6, 1971, S. 303. – Vgl. in diesem Band. S. 41.

3 *Carola Giesen* berichtet darüber an mehreren Stellen ihrer Schriftlichen Hausarbeit zur Zweiten Staatsprüfung für das Amt des Lehrers mit zwei Wahlfächern, die 1975 auf empirischer Grundlage in Berlin entstanden ist. Vgl. dazu besonders S. 59 und S. 87/88.

4 Vgl. dazu *Ludwig Giesz:* Was ist Kitsch? In: *H. Friedmann/O. Mann* (Hrsg.), Deutsche Literatur im zwanzigsten Jahrhundert, Heidelberg: W. Rothe, 1956[2]

5 *Peter Nusser:* Romane für die Unterschicht, Stuttgart: Metzler 1973 (Texte Metzler 27), S. 88 ff.

6 Senator für Arbeit, Gesundheit und Soziales (Hrsg.): Sie können was – Sie sind was – Man achtet Sie, Berlin 1969, S. 4.

7 In den beiden im Auftrag des Bastei-Verlages veranstalteten Leserbefragungen des Instituts für Demoskopie Allensbach (1964) und der Marplan Forschungsgesellschaft für Markt und Verbrauch mbH (1969) wird übereinstimmend festgestellt, daß Angehörige landwirtschaftlicher Berufe in der Freizeit kaum zu Heftchenromanen greifen.

8 Vgl. dazu die Schüleräußerungen, die am Ende dieses Aufsatzes dokumentiert werden.

9 Vgl. dazu das Manuskript von *H. Deckelmann, St. Zipfel* und *S. Huth,* hrsg. vom SFB, S. 2 – 5.

10 Der Arbeitsbogen 2 kann zu Hause oder in der Schule ausgefüllt werden. Er eignet sich für einen leistungsdifferenzierten Unterricht: die schwächsten Schüler sollten den Fragenkomplex A beantworten, die sprachgewandtesten den Fragenkomplex C.
Bei der Gruppenzusammensetzung sollte in diesem Fall auf eine Trennung der Geschlechter geachtet werden. In der Bewertung der Fakten könnten geschlechtsspezifische Unterschiede in der Lesehaltung deutlich hervortreten und die Tatsache, daß Frauen die Leserzielgruppe der Arztromane darstellen, aus dem situationsbedingten Rollenverständnis der Mädchen erklärbar machen.

11 Die Verfasserin hat 1972 gastweise in einer 9. Berliner Realschule eine Deutschstunde (45 Min.) für einen derartigen Textvergleich benutzt und von der Landesbildstelle Berlin eine Fernsehaufzeichnung des Unterrichts herstellen lassen.

Anhang

Sie können was – Sie sind was – Man achtet Sie
Senator für Arbeit, Gesundheit und Soziales, Berlin

Ich bin Schwester Monika, 25 Jahre alt. Als ich 18 war, wußte ich noch nicht, daß ich heute über einen Beruf mit Ihnen spreche, der inzwischen zu *meinem* Beruf geworden ist: Krankenschwester. Was bekam ich nicht alles zu hören, als ich damals sagte, was ich werden wollte. »Denk an die lange Arbeitszeit. Tag und Nacht mußt du arbeiten. Die Bezahlung ist schlecht. Und dann die altmodische Schwesterntracht!« Na, ich habe schnell begriffen, daß an diesen Vorurteilen nichts dran ist. Es mag ja früher so gewesen sein, aber heute ist in diesem Beruf in jeder Beziehung alles ganz anders geworden. Und hinsichtlich der Schwesterntracht urteilen Sie doch gleich einmal selbst. Sehe ich altmodisch aus? Das kann man wohl nicht behaupten! Wie ich Krankenschwester wurde? Drei Jahre hat es gedauert. Ich wohnte gleich in der Schwesternschule. Nein, das ist keine »Kaserne«. Ich erhielt ein schick eingerichtetes Zimmer mit Aussicht auf den Park. Andere Kolleginnen wohnten zu Hause bei ihrer Familie, und einige haben heute nach beendeter Ausbildung sogar ihre eigene Wohnung. Diese Entscheidung bleibt natürlich jedem selbst überlassen. Eine eigene Wohnung möchte ich auch einmal haben, aber ich kann in Ruhe etwas Passendes suchen, denn vorerst wohne ich hier im Schwestern-Appartementhaus gut und billig; meine Wohnung mit eigener Küche und Badezimmer kostet einschließlich Möblierung, Heizung und Wäsche monatlich nur rund 75 DM und wird für diesen Preis sogar auch noch saubergehalten.

Meine Ausbildung habe ich nach modernen Methoden erhalten. Es war ein umfangreicher theoretischer Stoff zu bewältigen, aber alles wurde lebendig nahegebracht, mit viel Anschauungsunterricht erklärt und durch praktische Arbeit auf den verschiedensten Krankenstationen vertieft. Wollen Sie wissen, was ich alles gelernt habe?

Da gab es Unterricht über Bau und Funktion des menschlichen Körpers, Krankheitslehre auf den verschiedensten medizinischen Gebieten, Arzneimittellehre, Ernährungslehre, Hygiene, Gesundheitserziehung und Gesundheitsfürsorge und – und – und . . .

Tatsache: Ich hatt's mir einfacher vorgestellt. Aber die Prüfung haben wir fast alle bestanden, und was ich gelernt habe, kann mir keiner mehr wegnehmen. »Deine Familie hat's später gut«, sagte man neulich zu mir, »kochen kannst du, Kinder wickeln kannst du, wie man Kranke pflegt, weißt du – du bist wirklich eine gute ›Partie‹.« Mag sein, aber mit dem Heiraten hat es noch etwas Zeit. Und nun als geprüfte Schwester kann ich auf der Station zeigen, was ich gelernt habe.

Schön, wenn ein Arzt sagt: »Vielen Dank, Schwester Monika, das haben Sie gut gemacht!« Und erst die Patienten, wie freuen die sich, wenn ich komme. Sie wissen, daß ich stets für sie da bin.

Übrigens: Tag *und* Nacht habe ich noch nie arbeiten müssen. Entweder – oder. Wir haben genauso eine geregelte Arbeitszeit wie andere Berufe; wir arbeiten 43 Stunden wöchentlich, und Urlaub bekommen wir sogar 4 Wochen.

Und die Bezahlung! Schauen Sie sich einmal die Übersicht an. Da sehen Sie, was wir verdienen. Das kann sich doch sehen lassen. Ich meine, jeder kann ja mit seinem Geld machen, was er will. Ich hab' zum Beispiel ein Theaterabonnement und auch ein kleines Auto, denn ich reise gern und unabhängig. Allerdings vom Taschengeld, das ich während der Ausbildung bekam, konnte ich mir das noch nicht leisten. Aber dann, als ausgelernte Schwester, wurde es anders.

Weiterkommen will ich natürlich auch. Möglichkeiten gibt's genug. Genau weiß ich allerdings noch nicht, worauf ich hinaus will. Ich könnte OP-Schwester werden. Da müßte ich bei den Operationen helfen. Oder Unterrichtsschwester. Da könnte ich die Krankenpflegeschüler unterrichten. Sie sehen, wer die Wahl hat . . .

Ja, was könnte ich in meinem Beruf noch erreichen? Ich könnte Oberin werden. Um gleich bei der Spitze anzufangen. Da ist man dann Leiterin des gesamten Pflegepersonals eines Krankenhauses. »Die will hoch hinaus«, meinen Sie? Stimmt! Der erste Schritt dazu ist jedenfalls schon bald getan, denn ich werde in Kürze Stellvertretende Oberschwester. Vieles könnte ich Ihnen noch von meinen Aufgaben erzählen, die so vielseitig und lebendig und immer wieder neu sind. Aber jetzt habe ich keine Zeit mehr, ich muß mich wieder um meine Patienten kümmern . . .

Was immer Sie tun, ich kann Ihnen nur sagen: Ich habe nicht bereut, Krankenschwester geworden zu sein.

Ihre Schwester Monika

Walter Reuße

Science-fiction in Gruppenarbeit in Klasse 10*

Daß die Behandlung von SF-Literatur im Deutschunterricht nicht unkritisch erfolgen sollte, steht außer Frage. [1]

Der folgende Unterrichtsversuch verbindet ästhetische und ideologiekritische Gesichtspunkte in einer der Altersstufe entsprechenden Auswahl. Die durch das Thema gegebene Motivation wurde durch die sozialen Unterrichtsformen – Gruppenarbeit und Schülerdiskussion – noch verstärkt. So war das Urteil der Schüler über den Unterrichtsversuch insgesamt recht positiv, was festzuhalten ist, auch wenn in der folgenden Darlegung besonders auf dabei aufgetretene Schwierigkeiten eingegangen wird. Solche Erfahrungen nämlich sind es, die bei der Diskussion über Stoffwahl und Methode den eigentlichen Beitrag der Praxis darstellen.

Allgemeine Anlage der Unterrichtsreihe

Sie gliederte sich in drei Phasen. – Das in der Phase der Einführung verwendete Verfahren entsprach dem üblichen Weg [2]: Im entwickelnden Gespräch wurde von konkreten Textbeispielen ausgegangen, die der Lehrer, um den Schein der Manipulation zu meiden, nur solchen SF-Taschenbuchromanen entnahm, die ihm von den Fans der Klasse als besonders lesenswert empfohlen und ausgeliehen waren. [3] Die Besprechung stellte, bei lebhafter Beteiligung, folgende Eigenschaften des SF-Romans heraus:

I. Kapitalistische Strukturen:

1. selbstverständliche Übertragung der gegenwärtigen kapitalistischen Wirtschafts- und Gesellschaftsstruktur auf die fernste Zukunft, als ob es keine zukunftsträchtige Alternative dieser Gesellschaftsform gäbe [4]
2. insbesondere: die problemlose, ins Gigantische erweiterte Übernahme des Imperialismus, Kolonialismus und Rassismus des ausgehenden 19. und beginnenden 20. Jahrhunderts [5]
3. profitorientiertes Konkurrenzdenken [6]
4. Ausbeutung und mangelnde Solidarität der Angestellten [7]

---

* Zuerst in: Der Deutschunterricht Heft 5, 1973, S. 106 – 120.

II. Hierarchisch-autoritäre Strukturen

III. Verwerfliche Darstellung des Krieges:

1. die Faszination des Krieges als eines gigantisch schönen Schauspiels[8]

2. das Pathos der totalen Vernichtung mittels phantastischer Superwaffen[9]

3. die Schwarzweiß-Malerei zur Erzeugung eines hassenswerten oder nicht mehr menschenähnlichen Feindbildes (die Gegner sind Andersrassige, Roboter oder scheußliche, ja teuflische Untermenschen)[10]

4. die Rechtfertigung des Krieges:

a) als eines nackten, interstellaren Existenzkampfes[11]

b) als positiver Auslese im Sinne einer blinden Evolution oder einer bewußten Höherzüchtung der Rasse[12]

c) durch Deutung des Kriegserlebnisses als Station der charakterlichen Entwicklung zu Männlichkeit und Gemeinschaftssinn[13]

IV. Antiquierte Rolle der Frau:

Als habe die weibliche Emanzipation niemals stattgefunden, erscheint die Frau im SF-Roman weiterhin als

1. Gebärmaschine[14]

2. Lustobjekt[15]

3. Beutestück

4. dem Mann intellektuell unterlegen, naiv, neugierig, ohne situativen Überblick[16]

5. als ihm physisch unterlegen, schwach, hilflos[17]

6. als in der Regel für eine führende Position ungeeignet[18]

7. in altertümlicher Weise als betörendes, dämonisches Machtweib.[19]

Zusammenfassung:

Unter dem Schein eines antizipierten, immensen Fortschritts der Menschheit wird dem Leser Konservatismus verkauft. Die dabei aufgerollten, oft abstrusen ›Zukunftsprobleme‹ dienen als intellektueller Vorwand, um sich von den tatsächlichen Problemen der Gegenwart abzuwenden (Eskapismus).

Diese Einführung in die kritische Behandlung der SF-Literatur beschränkte sich also bewußt auf wenig zugkräftige, inhaltliche Gesichtspunkte. Sie erschien notwendig, weil auf der Sekundarstufe I die Fähigkeit zur selbständigen kritischen Verarbeitung von Trivial- und Unterhaltungsliteratur noch nicht in hinreichendem Maße vorausgesetzt werden kann. – In einer zweiten Phase sollte die Anwendung der gewonnenen Kategorien auf weitere SF-Romane in arbeitsteiliger Gruppenarbeit erfolgen, abschließend unter Anleitung des Lehrers auf Formales eingegangen werden. Der Übergang zur Gruppenarbeit bezweckte dabei die Überprüfung der bisherigen Ergebnisse an einem breiteren Material und, lernpsychologisch gesehen, die Festigung der neuen Sicht. Das Auswerten einer Vielzahl von Werken ist nur in außerunterrichtlicher, arbeitsteiliger Gruppenarbeit möglich.[20]

Die Auswahl des Materials blieb den Gruppen überlassen. Zur Vermeidung von Überschneidungen waren die Listen der Romantitel vor Beginn der Arbeit bei mir einzureichen.

In jeder Gruppe wurde ein ›Organisator‹ (nicht: leader) benannt. Nach der arbeitsteiligen Durchsicht des Materials sollten von jedem Team mindestens zwei längere Sitzungen durchgeführt werden:

1. Austausch und Zusammenfassung der Ergebnisse (inhaltliche Vorbereitung des Gruppenvortrags)

2. gemeinsame schriftliche Formulierung des vorzutragenden Textes, den die Gruppe insgesamt zu verantworten hatte (präzise Ausfeilung des Gruppenvortrags).

Besonders das konkrete Ziel der zweiten Sitzung (sie dauerte in der Regel etwa drei Stunden) zwang zu sachbezogener, zielstrebiger Team-Arbeit. Der intensiven Gruppendiskussion der sprachlichen Form wurde also die Übung des freien Vortrags vor der Klasse geopfert (für letzteres bot die anschließende Plenumsdiskussion einen gewissen Ersatz). Der gemeinsam erstellte Text war in Teilvorträge zu zerlegen (Gliederungsaufgabe) und der Klasse von den Mitarbeitern im Wechsel vorzulesen. Da jeder befürchten mußte, zugleich als Verfasser des von ihm verlesenen Textes zu gelten, kümmerte man sich umso intensiver um dessen gemeinsame Formulierung (soziale Motivation).

Die Erfahrungen des einzelnen Teams mit der neuen Arbeitsform bildeten einen eigenen Teil jedes Gruppenvortrags. Aus den Aussagen der Schüler hierüber und den anonymen Niederschriften des Tests (s. u.) geht hervor, daß in den Gruppen auch Konflikte aufgetreten sind und in welcher Weise man sie zu lösen suchte.

a) Gelungene Lösungen:

1. Beseitigung der Meinungsverschiedenheit durch erneute, gemeinsame Auseinandersetzung mit dem Text (Versachlichung des Konflikts)

2. Ein Mitglied übernimmt bewußt die Rolle des Vermittlers (psychologische Konfliktlösung)

b) Scheinlösungen:

1. Unterdrückung der abweichenden Meinung eines Mitgliedes durch Mehrheitsbeschluß, als ob Wahrheit sich majorisieren ließe. Dieses Verfahren hinderte eine Gruppe daran, eine offensichtliche Schwäche ihres Vortrages auszumerzen.

2. Delegierung der endgültigen Formulierung eines Teilvortrags an dasjenige Mitglied, das ihn auch verlesen soll, wobei auf die abschließende Korrektur verzichtet wird. – Die ironisch provozierenden Floskeln, die ein Schüler so unkontrolliert hineinbrachte, verärgerten die Zuhörerschaft, wurden aber nicht ihm allein, sondern der ganzen, allzu vertrauensseligen oder nachgiebigen Gruppe zur Last gelegt.

c) In der Nachbereitung erkannten die Schüler als weiteren Ausweg die Möglichkeit, die isolierte, abweichende Meinung als Angebot einer Alternativlösung und Anstoß zur Plenumsdiskussion in den Vortrag mitaufzunehmen. Das ehrliche Eingeständnis des mangelnden Konsensus, nach ausgiebiger Diskussion, ist eine gute Lösung; sie beweist Sachlichkeit und Toleranz.

Das Problem des trägen Mitglieds hingegen ist, da die Teilnahme an dem Projekt freiwillig war, bei keiner Gruppe aufgetreten.

Nach 14tägiger Vorbereitung, in der so über 30 Taschenbuchromane verarbeitet wurden, begann die Phase der Integration. Terminierung, Zeitdauer und eine für alle Gruppen verbindliche Gliederung der Referate waren vorher festgelegt. An jeden der vier Gruppenvorträge schloß sich eine Schülerdiskussion unmittelbar an. Zum Schluß sollten die Ergebnisse zusammengefaßt, ergänzt und der gesamte Unterrichtsversuch bewertet werden.

Dieser Plan ist inhaltlich und zeitlich ziemlich genau eingehalten worden (14 Stunden einschließlich Test). Die Vorträge erwiesen sich als recht brauchbar, auch hinsichtlich der Formulierung und der Selbstdarstellung der Gruppen. Ein Exkurs über den Perry-Rhodan-Heftroman wurde nachträglich eingeschoben, so daß einige formale Gesichtspunkte schon in der Einführung berücksichtigt werden konnten.

Verhalten der Schüler

Das starke Engagement eines Teils der Klasse, so günstig es an sich war, bewirkte doch zeitweise eine dem Unterrichtsklima abträgliche, übermäßige Erregung, vor allem bei den eingeschworenen SF-Lesern, die ihre Lieblingslektüre plötzlich im harten Licht der Kritik sahen.[21] Das trat besonders dann zutage, wenn der Heftroman und der ihm zugeordnete Lesertyp zur Sprache kamen. – Mit dieser Situation muß die kritische Behandlung beliebter Trivial- und Unterhaltungslektüre auf der Mittelstufe wohl stets rechnen. Doch scheint mir die Science-fiction darin eine Sonderstellung einzunehmen:

Die Voreingenommenheit der Schüler für den technisch-utopischen Roman jeden Niveaus dürfte in einer Großstadt des Ruhegebiets, schon wegen der industriellen Umwelt, größer sein als in stärker von vorindustrieller Tradition geprägten Gegenden.

Ein weiterer psychologischer Faktor ergibt sich aus dem Vergleich mit dem Kriminalroman, der in dieser Klasse in ähnlicher Weise, allerdings nur exemplarisch an einem einzigen Beispiel, Gegenstand des Unterrichts gewesen war[22] (was übrigens den Wunsch nach SF angeregt hatte). Während aber bei der kritischen Behandlung des Krimis kein innerer Widerstand seitens der Schüler spürbar wurde, änderte sich das beim SF-Roman. – Offenbar wird die Kriminalliteratur von Jugendlichen dieses Alters nicht in dem Maße ernst genommen wie der SF-Roman, mit dessen Helden und Perspektiven sie sich viel stärker identifizieren. [23] Die rasante Entwicklung der Weltraumtechnik und ihre spektakulären Erfolge im letzten Jahrzehnt mögen für diese Fixierung auf den SF-Roman verantwortlich sein. [24] Auch ist zu bedenken, daß die Kritik am Krimi nur auf ein amorphes, den Konsum kaum reflektierendes Lesepublikum trifft, während eine Firma wie der Moewig-Verlag ihren Lesern gezielt Argumente liefert, um ihre Lieblingslektüre zu verteidigen. Auch bemüht sich dieser Produzent durch den Abdruck von Leserbriefen auf der ›Leserkontakt-Seite‹ jedes Perry-Rhodan-Heftes, den Konsumenten ein Gefühl weltweiter Gemeinsamkeit zu vermitteln, und regt sie an, sich in Perry-Rhodan-Clubs zu organisieren, wozu der Verlag Anstecknadeln und die Statuten liefert. [25] Auf diese Weise entwickeln die Leser der SF-Heftromane eine Sektenmentalität von starker Abwehrfunktion.

Entsprechend lagen die Verhältnisse in dem genannten Fall: 18 Schüler, d. h. 54 %, hatten schon einmal einen SF-Roman gelesen, 14 davon mehrere; neun von diesen bezeichneten sich stolz vor der Klasse als Fans, zwei als Mitglied eines Perry-Rhodan-Clubs. – Diese Schüler empfanden ihr Hobby keinesfalls als einen Makel; im Gegenteil, ihr Ansehen in der Klasse gründete sich, wie sie wohl meinten, zum Teil auf ihr Spezialistentum.

Es zeigte sich jedoch bald, daß auch die Gegenposition von einer einflußreichen Gruppe vertreten wurde. Sie war zahlenmäßig geringer, bestand aber aus den intelligentesten und redegewandtesten Schülern der Klasse. Ihre Kritik an den Fans äußerten sie teils höflich und sachlich, teils ironisch herablassend, mit empörendem Hohn. [26] Züge einer unangenehm elitären Gesinnung fanden sich bei Schülern beider Gruppen. – Der Rest der Klasse verhielt sich bald tadelnd, bald schlichtend, amüsiert oder gleichgültig.

Diese Struktur spiegelte sich bereits in den ersten Abstimmungen: Nur 22 von 33 Schülern zeigten sich an der Behandlung von SF-Literatur im Unterricht interessiert, wobei selbst dieses Interesse auch aus der prinzipiellen Gegnerschaft zum SF-Roman herrühren konnte. Bei der Abstimmung über das Projekt der Gruppenarbeit gab es sogar 12 Gegenstimmen, so daß, bei fünf Enthaltungen, die Weiterführung des Unterrichts nicht einmal auf die Zustimmung der absoluten Mehrheit rechnen konnte. So haben sich auch nur 15 Schüler freiwillig, diese allerdings eifrig, an der Gruppenarbeit beteiligt, und selbst hierunter befanden sich Gegner der SF-Literatur, die den Auftrag vor allem übernahmen, um die Fans vor der Klasse bloßzustellen.

Von einer wertneutralen Betrachtung der massenhaft verbreiteten Literatur, wie die Literatursoziologie sie fordert, konnte also von vornherein gar keine Rede sein; der Streit ging nicht allein um Art und Wert dieser Erzeugnisse, sondern zugleich um Selbstachtung und Ansehen der SF-besessenen Kameraden. – Damit war ein gruppendynamischer Prozeß ausgelöst worden, der sich nur schwer kontrollieren ließ. [27]

Der Perry-Rhodan-Exkurs

Die Diskussion schlug zum erstenmal hohe Wellen, als auf Wunsch der Schüler außer dem Taschenbuchroman der SF-Heftroman, also die ›Perry-Rhodan‹-Serie, in den Unterricht miteinbezogen wurde. Von diesem läßt sich kaum sprechen, ohne die Leserschaft zu charakterisieren, auf deren Bedürfnisse und Geisteszustand er bewußt zugeschnitten ist.[28] Obwohl die Besprechung nur andeutungsweise und humorvoll, am Ende der Einführung, geschah, bewirkte sie eine starke Erregung.

Als Ausgangspunkt wählte ich einige Leserbriefe, die auf den ›Leserkontakt-Seiten‹ der Perry-Rhodan-Hefte abgedruckt sind.[29] Die Versponnenheit und Naivität mancher dieser Zuschriften wurde für die Kritiker der SF-Literatur bald zu einer Zielscheibe des Spottes, während die Fans sich kompromittierten, indem sie die merkwürdigen Ansichten der Briefschreiber zu retten suchten. Mehrmals mußte ich eingreifen, weil Angriff und Replik zu persönlich wurden. In der anschließenden Pause verlief eine der Auseinandersetzungen sogar tätlich, so daß ich mich entschloß, abweichend vom Plan eine Stunde einzuschieben, die der Besinnung auf die Normen der Diskussion – Selbstdisziplin, Sachlichkeit, Höflichkeit – diente. Obwohl einige Hitzköpfe sich nachträglich bei ihren Kontrahenten entschuldigten, ließ sich der Zündstoff auf die Dauer so nicht beseitigen.

Vielleicht wäre eine versöhnlichere Stimmung eingekehrt, wenn ich die Schüler auf die gesellschaftlich vermittelte Natur ihres Bedürfnisses nach Tagtraum-Literatur hingewiesen hätte.[30] Die Frustration im Schulsystem, die psychosoziale Bedingtheit der häuslichen Konflikte, das Profitstreben der Industrie, welches die Gesellschaft durch Konsum- und Leistungsdruck neurotisiert, hätten genannt werden müssen. Aber wirkt diese Herleitung auf Gymnasiasten der Mittelstufe überzeugend, wenn es nur darum geht, ihnen den vergleichsweise harmlosen Tick einiger ihrer Kameraden zu erklären? Beim Problem des Drogenmißbrauchs wäre das anders; da ahnen sie, was auf dem Spiele steht, und die Haltung des ›Süchtigen‹ hat von vornherein etwas Krankhaftes. Aber instinktiv wehrt sich die Jugend gegen die pauschale Verdächtigung von Abenteuerlust, ›Unterhaltung‹ und Freude am Hobby. Wer ihnen die unmittelbar empfundenen Quellen ihrer Lesewut als bloß abgeleitet aus selbstentfremdenden Schwächezuständen erweist, stürzt sie in eine Identitätskrise. Es fällt schon schwer genug, ihnen den manipulativen Mißbrauch ihrer Triebe durch Massenmedien und Trivialliteratur plausibel zu machen. Auch sollte man bestimmte Fragestellungen für ein reiferes Alter aufsparen dürfen. Immerhin bleibt zuzugeben, daß hier ein alternativer Unterrichtsgang möglich gewesen wäre.

Die Aussprache über die Perry-Rhodan-Hefte hatte so vor allem den Zweck, die Heftchen-Leser zur Selbstkritik zu veranlassen. Der gesellschaftskritische Akzent dagegen lag weniger auf der Herleitung ihres Lesebedürfnisses, als auf der unterschwelligen, tendenziösen Wirkung der Trivialromane.

Das abschreckend Primitive dieser Erzeugnisse zeigte sich in Stil und Darstellung, an der grellbunten Aufmachung, den kitschigen Text-Illustrationen und den für die Analyse der Leserschaft so aufschlußreichen Inseraten, vom body-building, der ›Büsten-Emulsion-extra-stark‹, dem ›Percussionsrevolver Reb Nord‹ über ›Schüchternheit, Erröten . . .‹ und Pickelmittel zu ›Schluß mit Schnarchen‹. – Eine interessante Diskussion ergab sich anläßlich der Frage, ob die angeblich kritischen Äußerungen in den Leserbriefen tatsächlich von kritischer Einstellung zeugen. Sie beziehen sich nämlich in der Regel nicht auf den Realitätsgehalt der SF-Welt selbst – den auch die Fans nicht preisgeben wollten –, sondern nur aufs Detail: daß etwa Illustration und Text in einem bestimmten Perry-Rhodan-Heft nicht übereinstimmten; daß es unlogisch sei, die Terraner bei einem Überfall zu dieser statt zu jener Superwaffe greifen zu lassen; daß man den Helden Atlan satt habe und stattdessen wieder einmal Gucky verlange, usw. Die Ernsthaftigkeit, mit der solche Fragen in manchen Leserbriefen erörtert werden, grenzt an Schizophrenie, das ganze vom Verlag aufgezogene Unternehmen an Volksverdummung.

Das *Menschenbild* des SF-Romans ließ sich an Hand einer Liebesszene in Perry-Rhodan-Heft Nr. 299 (›Am Ende der Macht‹) entwickeln: Für die in fiktiven Räumen und Zeiten erträumte Perfektion der Wissenschaft ist der Mensch kein Geheimnis mehr; seine Individualität gerinnt zur chemisch-physikalischen Formel, mit deren Hilfe eine gigantische, programmierfreudige Technik Duplikate des ursprünglichen Wesens maschinell und in Serie anfertigen kann. Das Gespräch eines SF-Helden mit seiner sterbenden Geliebten kann so folgende Form annehmen (2. Auflage, S. 58):

»Ein wilder Gedanke durchzuckte Atlans Gehirn.

›Mirona!‹ rief er und schüttelte sie behutsam. ›Hast du jemals eine Schablone deiner atomaren Zellstruktur anfertigen lassen? Existiert eine Strukturschablone von dir? Ich würde einen Multiduplikator finden, und wenn ich Jahrhunderte danach suchen müßte.‹

Diesmal gelang es ihr, ihn anzulächeln.

›Wärest du mit einem Duplikat von mir zufrieden?‹ wollte sie wissen. ›Würde es dir genügen? Oder glaubst du nicht, daß du jedesmal, wenn du meine Doppelgängerin umarmst, an mich denken würdest?‹

Er sprang auf. ›Es gibt also eine Strukturaufzeichnung? Sage mir, wo ich sie finden kann.‹

Sie schüttelte den Kopf.

›Ich wäre eifersüchtig auf meine eigene Doppelgängerin‹, sagte sie.

›Es wäre kein Duplikat‹, sagte er beschwörend. ›Du weißt genau, wie exakt ein Multiduplikator arbeitet. Es wäre Mirona Thetin, die das Gerät verlassen würde.‹«

Angesichts solcher Spekulation erscheint die schablonenhafte, klischeeartige Charakterzeichnung der Perry-Rhodan-Hefte nicht einfach als ein typisches Merkmal der Trivialliteratur, sondern als das dem SF-Roman überhaupt aufgrund seiner Affinität zum technischen Zeitalter innerlich Gemäße.[31]

Die tönenden Namen und Titel seiner Weltraum-Aristokratie bilden dazu einen leicht komischen Kontrast, so in dem genannten Heft: Mirona Thetin, Atlan, Alurin, Krantar, der Arkonide, die Tefroderin, der Großadministrator, Hoher Tamrat vom Sulvy-System, Lordadmiral, die Meisterin der Insel, die Einsamen der Zeit. – Dieser prunkvolle Kitsch ist eingebettet in das Fremdwort-Gitter und die geheimnisvollen Abkürzungen einer abenteuerlichen, technischen Welt und zugleich durchsetzt mit naiver, klischeehafter Psychologie, wie in der folgenden Textprobe:

»Auf den Visiphonschirmen der terranischen Schiffe erschien ein weibliches Gesicht, das die beobachtenden Männer mit einem Schlag sämtliche Probleme vergessen ließ.

›Ich bin Mirona Thetin‹, sagte die Frau, die offenbar das einzige Besatzungsmitglied des tefrodischen Schiffes war. ›Ich bin gekommen, um mit Lordadmiral Atlan zu sprechen.‹

An Bord der Imperator und der C Rest III wußte man, wer diese Frau war. Allein der Klang ihrer Stimme hätte genügt, um bei einigen hundert Männern den Pulsschlag zu beschleunigen. Mirona Thetin, Hoher Tamrat vom Sulvy-System, war nicht nur eine außergewöhnlich schöne Frau«, usw. (S. 6). Oder später:

»Sie benutzte ein eigenartiges, fast herbes Parfum. Der Schutzanzug raschelte, als sie sich Atlan mit einem Ruck zuwandte.« (S. 10)

Der Talmi des Kosmonautenmilieus ist hier dem konventionellen Kitsch nur lose übergehängt. So wird die ideologiekritische Analyse durch die Beobachtung des Formalen bestätigt. [32]

Höchst simpel, nach den Gesetzen der ›Volksepik‹ gebaut, ist auch die meist einsträngige *Handlung*. [33] Es herrscht das Prinzip der Wiederholung, teils mittels genauer Entsprechung, teils mittels Umkehr der Situation. Vergleiche in dem genannten Heft:

Affenmensch rettet Atlan vor einem Monstrum – Atlan rettet Affenmenschen vor einem Monstrum; Mirona bedroht Atlan mit der Strahlenpistole im Antigravschacht – er bedroht sie analog; Koch sucht Mirona zu umarmen – Atlan umarmt sie – brünstiger Affenmensch umschlingt sie; Atlan wird vom Affenmenschen überfallen und fortgeschleift, kann sich aber befreien – Mirona dito (beide Male mit Textillustration), usw.

Zu interessanter Reflexion und weitläufiger Beschreibung technischer Wunder, die im gehobenen SF-Roman so beliebt sind, läßt diese auf stoffhungrige Leser berechnete Lektüre keinen Raum. Auch der Normenkonflikt endet wie erwartet: Über die Versuchung der Liebe siegen Freundschaft und Pflicht. [34] – So lassen sich bequem 64 Druckseiten (das wöchentliche Soll der Moewig-Autoren) füllen, wie überhaupt für die ganze Erscheinung der Trivialliteratur gilt: difficile est satiram non scribere.

Schlußbewertung

Sie erfolgte in Form eines anonymen, schriftlichen Tests. Die Schüler sollten zu folgenden Fragen Stellung nehmen:
1. Welcher Gruppenvortrag hat mir am besten gefallen?
2. Welcher Gesichtspunkt hat mich am meisten interessiert?
a) kapitalistische Strukturen
b) Einstellung zum Krieg
c) Rolle der Frau
d) Frage nach der Bewertung der SF-Literatur
e) sonstige (z. B. Leserbriefe)
3. Welche Gesichtspunkte habe ich vermißt?
4. Bewertung der Unterrichtsreihe insgesamt:
a) nach Punkten
b) in einer Stellungnahme bezüglich:
Gruppenarbeit (besser als normaler Unterricht?),
Verhalten des Lehrers, der Klasse,
ob SF-Literatur ein lohnender Gegenstand ist
oder ob die Zeit vergeudet war, usw.

Bei der Beantwortung der Fragen 1, 2 und 4 a) sollte der Schätzwert mittels eines 10-Punkte-Systems angegeben werden.[35] Einige Ergebnisse sind erwähnenswert.

In der Rangordnung der Gesichtspunkte lagen die Fragen nach der Bewertung des SF-Romans und nach der Rolle der Frau mit durchschnittlich je 6 Punkten vorne; die ›kapitalistischen Strukturen‹ dagegen erhielten nur 4,2 Punkte, ein Mangel an Interesse, den man bis in die Abiturklassen hinein beobachten kann und der von den Befürwortern des ›ideologiekritischen‹ deutschunterrichts mit antikapitalistischer Spitze vielleicht zu wenig beachtet wird. – Unter 2 e) wurden die Leserbriefe mehrfach genannt, unter 3) ein noch stärkeres Eingehen auf die Frage des Publikums gewünscht und der Vergleich von ›Perry Rhodan‹ mit anderen Arten des Heftromans (Western- und Horror-Serien) vermißt.

Zu 4 a): Die Bewertung des Unterrichtsversuchs nach Punkten war insgesamt recht positiv (6,9 Punkte). Achtmal erhielt er die höchste Punktzahl (10), und nur eine kleine Minderheit von sechs Schülern lehnte ihn ab (Wertungen von 0 – 2 P.). Wie sehr sie in der Klasse isoliert war, zeigt der Umstand, daß die mittleren Wertungen von 3 – 5 Punkten fast völlig fehlen. Vergleicht man diese Verteilung mit dem Ergebnis der allerersten Abstimmungen, wo es bis zu 12 Gegenstimmen gab, so erkennt man die günstige Verschiebung des Klassenurteils.

Ursache hierfür sind wohl nicht zuletzt die sozialen Unterrichtsformen: 15 von 28 Schülern beurteilen die Gruppenarbeit uneingeschränkt positiv und nur drei negativ. Auch das Thema SF wurde von fast allen Schülern als lohnend bezeichnet; die wenigen, die es uninteressant fanden, sind zugleich jene, welche den Unterrichtsversuch am schlechtesten bewerteten.

Weniger gut hat das Verhalten des Lehrers in der Beurteilung abgeschnitten. Der hauptsächliche Vorwurf gegen ihn, elfmal genannt, bezieht sich auf seine Geringschätzung der SF-Literatur in ihrer Breite und auf seine Voreingenommenheit gegen deren Leser. Dadurch habe er bei den Konflikten innerhalb der Klasse die Rolle eines Initiators gespielt, obwohl man ihm eine gewisse Zurückhaltung und den Willen zur Objektivität nicht ganz abspricht. Zur Illustration dieser Einstellung drei Schüleräußerungen:

(1) »Das Verhalten des Lehrers war relativ neutral, trotzdem provozierte er die Klasse so, daß zwei Pole entstanden. Die Polarisierung der Meinung war, glaube ich, nicht besonders gut. So wurden die Diskussionen [...] zu persönlich.«

(2) »Da ich persönlich ein begeisterter Anhänger der SF-Literatur bin, mag ich es als besonders störend empfunden haben, daß der Lehrer seine persönliche Meinung (gegen SF-Literatur) hervorgebracht hat. Dies ist zwar eine ganz natürliche Angelegenheit, denn völlig objektiv wird man wohl kaum sein können, und die Schüler waren ja auch sehr subjektiv, aber beim Lehrer wird die Subjektivität doch als besonders störend empfunden. Ich fand es nicht gut, daß der Lehrer die SF-Leser, vielleicht unbewußt, mit seinen Bemerkungen lächerlich gemacht hat und in gewissem Sinne als Spinner hingestellt hat. Ich glaube, letzteres geschah eher unbewußt als bewußt. – Als positives Anzeichen ist zu bemerken, daß der Lehrer sich bei den (Diskussionen) so gut wie völlig zurückgezogen hat.«

(3) (Er) »versuchte Schüler, die gegen SF eingestellt waren, in ihrer Meinung zu bestärken und machte SF-Leser unsicher, da ein Lehrer ja doch immer eine Autorität ist. – Das Schlimmste, er freute sich über seinen vermeintlichen Erfolg.«

Ein so herber Feed-back kann den Lehrer Bescheidenheit lehren, wenngleich hier möglicherweise zum Teil Spannungen innerhalb der Klasse sich in außengerichteter Aggressivität entluden, die auf ihn übertragen wurde. [36] Daß die Spaltung der Klasse schon vor der Provokation durch den Lehrer latent vorhanden war, geht aus folgender Äußerung hervor:

»Auch war SF-Literatur ein lohnender Gegenstand, [...] weil gerade in unserer Klasse die *Kluft* zwischen SF-Lesern und SF-Nichtlesern sehr groß war und zum Teil auch noch ist.«

Das gleiche ließen die Abstimmungen bereits zu Beginn der Unterrichtsreihe vermuten. – Zweifellos aber hat der Lehrer die Rolle des Auslösers gespielt, und man kann sich fragen, ob er nicht besser daran getan hätte, sich ganz zurückzuhalten und die Schüler nur unter sich diskutieren zu lassen.

Das wirkliche Versäumnis lag indes weniger im Organisatorischen, wie mir nachträglich scheint, sondern darin, daß die Kritik an der SF-Literatur zu einseitig negativ war. Die interessante Perspektive, welche Krysmanski als »utopische Methode« und J. Gutsch als die »Idee« der Science-fiction im Sinne der New Wave herausgearbeitet haben, durfte schon auf der Mittelstufe nicht ganz im Unterricht fehlen. [37] Selbst als Konsument von Trivialliteratur ergreift der junge Mensch die Welt und ihre Werte; und er hat ein Recht darauf, daß man auch auf diesem suspekten Gebiet ihn dabei fördert.[38]

So erweist sich die Einstellung des Lehrers zur minderwertigen Prosaliteratur trotz mancher Fortschritte unseres Bewußtseins als vielschichtiges Problem.

Anmerkungen

1 *Butor, M.:* Die Krise der Science-Fiction, in: *Butor, M.:* Essays zur modernen Literatur und Musik, übers. v. Scheffel, H., München 1965, S. 220 – 232.
Pehlke, M./Lingfeld, N.: Roboter und Gartenlaube – Ideologie und Unterhaltung in der Science-fiction-Literatur, München 1970 = Reihe Hanser 56. Darin S. 58 ff.: Vom Gesellschaftsbild der SF.
Hill, R.: Was ist ›Science fiction‹& Die Wandlungen einer literarischen Utopie, in: der Beilage zur FAZ vom 7. März 1964/Nummer 57.
Gutsch, J.: Literarische Systeme für den Möglichkeitssinn. Einige Aspekte der Science-fiction-Literatur, in: Diskussion Deutsch, H. 6 (November 1971), S. 335 – 350. Auseinandersetzung mit den »Vorwürfen« gegen die SF S. 344 ff. Gutsch sieht neue »poetische und pädagogische« Möglichkeiten der SF, allerdings »nicht immer den aktuellen Texten, wohl aber der (zunehmend auch verwirklichten) Idee nach« (S. 350).
Krysmanski, H.-J.: Die utopische Methode. Eine literatur- und wissenssoziologische Untersuchung deutscher utopischer Romane des 20. Jahrhunderts. Köln und Opladen 1963. Die Dissertation hebt in dem »Exkurs über Science fiction«, S. 89 – 91, die amerikanische SF-Literatur ab von der gehaltvolleren »utopischen Methode«.
Dietz, L.: Der Zukunftsroman als Jugendlektüre, in: Der Deutschunterricht, Jg. 13 (1961), H. 6, S. 79.
Leiner, F.: Perry Rhodan. Eine Untersuchung über Wesen, Wirkung und Wert der Science-fiction-Literatur, in: Blätter für den Deutschlehrer, hrsg. v. Kitzinger, E., 12. Jahrgang, 1968, H. 3, S. 65 – 80. Sehr informative Arbeit. Auswertung der Produktionsziffern und Publikumsanalysen des Moewig-Verlags. Zur SF im Unterricht: S. 78 – 80.
Leiner, F./Gutsch, J.: Kleine Bibliographie der Science-fiction-Literatur, in: Blätter f. d. Deutschlehrer, a.a.O., S. 97 – 106. Enthält »Empfehlungen geeigneter Science-fiction-Literatur« nebst knappen Inhaltsangaben, nach Altersstufen geordnet (S. 100 ff.). Zur »Notwendigkeit, im Deutschunterricht an geeigneten Texten den Schülern die Kennzeichen des ›Weltraumkitsches‹ klarzumachen und damit der literarischen Geschmacksbildung zu dienen«, S. 97.

2 *Leiner* (vgl. Anm. 1), S. 80: »der beste Weg zur Einsicht ist die kritische Betrachtung eines Textbeispiels in der Klasse, wobei die Kennzeichen des ›Weltraumkitsches‹ am überzeugendsten dargetan werden können«.

3 *Niven, L.:* Ringwelt (Ringworld). 1970. Dt. Lizenzausgabe 1972, Bastei-Verlag, Bergisch Gladbach = Bastei-Science-fiction-Taschenbuch 15/16. »Prämiiert mit dem Hugo und Nebula-Award ›der beste SF-Roman des Jahres 1970‹«. Interessante, anspruchsvolle Unterhaltungsliteratur.
Strike, J.: Der programmierte Götze (A Promising Planet). 1970. Dt. Lizenzausg. 1972, Bastei-Verlag = Bastei-SF-TB Nr. 10.
Fischer, K.: Gucky und das Zeitraumschiff. Planetenroman. München 1972, Moewig-Verlag = Perry-Rhodan-TB 106.

4 ›Der programmierte Götze‹, S. 8.
»Warden war Erkundungspilot für die ›Star-System-Gesellschaft‹. Er bekam ein festes Gehalt und außerdem eine angemessene Beteiligung an allen Geschäften, die seine Firma mit jenen Welten machte, welche er für sie entdeckt und in Besitz genommen hatte.«
›Gucky und das Zeitraumschiff‹, S. 45:
»Zusammen mit seinen Söhnen baute der alte Archibald ein agrar-robotisches Unternehmen auf, das im Laufe der Jahrhunderte zu einem planetenbeherrschenden Industriekonzern heranwuchs.«
›Ringwelt‹, S. 34:
»Louis Wu stand am Kontrollpult des Transporters. ›Das muß die Handelsniederlassung der Außenseiter sein‹, sagte Louis und deutete nach unten.
Die ›Außenseiter‹ waren Händler, die wichtige Informationen kauften und verkauften. Sie bezahlten gute Preise und verkauften zu noch besseren Preisen. [...] In den Banken des menschlichen Universums besaßen sie praktisch unbegrenzten Kredit.«

5 Zum Rassismus vgl. ›Gucky u. d. Z.‹, S. 109:
»Sie hießen Crriis – die intelligenten Bewohner dieses Planeten. – Sie waren eine uralte kosmische Rasse [...] Aber sie und ihre Nachkommen fanden nie wieder zur alten Höhe ihres Artniveaus zurück.«
›Ringwelt‹, S. 17:
»Die Kzinti waren eine rauhbeinige, blutdürstige Rasse. [...] Nessus, ein Angehöriger einer berüchtigt-feigen Rasse«, usw.

6 ›Der pr. Götze‹, S. 17 f.:
»Stattdessen erschien auf der Mattscheibe das spöttische Gesicht von Mara Medell, die für die Konkurrenz arbeitete [...] Erst kürzlich war sie ihm bei der Entdeckung von zwei guten Planeten zuvorgekommen.« Zu ›Ringwelt‹ vgl. Anm. 4.

7 ›Der pr. Götze‹, S. 9:
»Von Natur aus raffgierig und nur auf ihren Profit bedacht, investierte (die Firma) die geringsten Mittel und nahm selbst Aufträge an, die andere, größere, ältere und reichere Firmen nicht einmal zur Kenntnis genommen hätten.
Das wiederum bedeutete, daß Star-System-AG nicht in der Lage war, vollbemannte Erkundungsschiffe in den Weltraum zu schicken. Sie verließ sich voll und ganz auf das sprichwörtliche Glück solcher Spielernaturen wie Bill Warden. [...] Damit ging er ein gewaltiges Risiko ein.« – Doch dient diese Konstellation dem Autor nur dazu, dem Abenteurer Warden als weiteres traditionelles Attribut die Einsamkeit eines Western-Helden zu verleihen.

8 ›Gucky u. d. Z.‹, S. 54:
»Das Kugelschiff feuerte eine Breitseite ab.
– Doch der Paratronschirm des Gegners neutralisierte die auftretenden Energiemengen. Beide Schiffe schossen jetzt aus allen Rohren, und vor der Schwärze des Raumes entfaltete sich ein Feuerwerk, dessen atemberaubende Schönheit für einen kurzen Moment vergessen ließ, daß es nur einem Ziele diente: der Auslöschung lebender, intelligenter Individuen.«

9 ›Gucky u. d. Z.‹, S. 56:
»Im nächsten Augenblick wurde der Ausschnitt des Weltraums vor der Kanzel durch eine grell-weiße Explosion für einige Sekunden taghell erleuchtet.
Als der Mausbiber und die beiden Männer die Augen wieder öffneten, die sie geblendet geschlossen hatten, befand sich an der Stelle, an der das halutische Raumschiff gewesen war, nichts weiter als eine intensiv leuchtende Gaswolke.
Die drei Betrachter dieses tödlichen Schaupsiels sahen sich an. – ›Das Schiff verfügt also über Waffen‹, bemerkte der Major, *›und über was für welche‹*« (Original kursiv).

10 ›Gucky u. d. Z.‹, S. 115:
»Auch die Vauvas (= organische Roboter), die ja nichts anderes als künstlich intellektualisierte Wirbeltiere darstellten, waren unter die psychologischen Folgen des planetarischen Desasters geraten, und auf ihren manipulierten Gen-Kode wirkte sich diese Folge auf katastrophale Weise aus. Ihr Pseudoverstand entartete. Sie wurden bösartig. Und ihre Aggressionen richteten sich gegen ihre Erzeuger.«
›Ringwelt‹, S. 146 f.:
»Zweihundert haarige Eingeborene verwandelten sich in blutdürstige Dämonen. [...] Unzählige Hände mit langen, krallenartigen Fingern versuchten, ihn aus dem Sattel zu reißen.«

11 ›Ringwelt‹, S. 66, 156 usw.

12 ›Ringwelt‹, S. 156 ff., 18 f.: genetische Manipulation mittels dezimierender Auslese durch Kriege.

13 ›Der pr. Götze‹, S. 140, 148; ›Gucky u. d. Z.‹, S. 153.

14 ›Der pr. Götze‹, S. 109 f.; ›Ringwelt‹, S. 18: »Nie drohte ihnen die Gefahr der Ausrottung. Ihre Weibchen wurden ja im Krieg nicht behelligt. Sie konnten immer wieder ihre Verluste aufforsten.«

15 ›Der pr. Götze‹, S. 44: »Buck erwiderte Saras Blick, dann senkte er ihn, aber nicht ohne dabei – zum tausendsten Mal während des Fluges – ihre wohlproportionierten Formen mit den Augen abzutasten.« – Prill in ›Ringwelt‹ ist eine Hure für Raumschiffmannschaften, S. 279; Teela Brown wird von Louis Wu ins All mitgenommen »zur Befriedigung sexueller Ansprüche«, S. 27, was auch gleich bei der Ankunft auf einem neuen Stern vonstatten geht, S. 138.

16 Vgl. ›Ringwelt‹: Teela Brown; ›Der pr. Götze‹: Sara, S. 143.

17 ›Der pr. Götze‹, S. 118, 152; ›Ringwelt‹, S. 208.

18 ›Der pr. Götze‹, S. 30. Sara hat immerfort Autoritätskonflikte mit ihren Untergebenen.

19 ›Ringwelt‹, S. 228 ff. – Der Aspekt wurde nachgetragen bei Behandlung des Perry-Rhodan-Heftes ›Das Ende der Macht‹, Nr. 299, in bezug auf Mirona Thetin.

20 Vgl. ›Der Deutschunterricht‹, Jahrgang 21 (1969), H. 6: Soziale Unterrichtsformen im Deutschunterricht I, S. 88, 101.
Zur weiteren Orientierung: *Ulshöfer, R.:* Theorie und Praxis des Kooperativen Unterrichts, Bd. I. Stuttgart 1971, S. 64 f.

21 Zur Beliebtheit von SF-Literatur am Jungengymnasium vgl. *Leiner, F.* (Anm. 1), S. 76: »Erhebungen des (Moewig-)Verlages haben gezeigt, daß die Romane vorzugsweise von Männern gekauft werden (85 Prozent). Altersmäßig liegt der Schwerpunkt bei Jugendlichen; die Dreizehn- bis Achtzehnjährigen stellen mit 34 Prozent den Hauptanteil.« – Im einzelnen sind die Lesemotive der Jugendlichen aufgezählt auf S. 72 – 75.

22 Vgl. *Dingeldey, E.:* Erkenntnis über Vergnügen? Vorwiegend didaktische Überlegungen zum Kriminalroman im Unterricht, in: Diskussion Deutsch, H. 9, August 1972, S. 266 – 274. – Der zugrundegelegte Roman war: *Biggers, E. D.:* Der Chinesen-Papagei. 1957 (The Chinese Parrot). = Goldmann Taschen-Krimi, Bd. 125.

23 Vgl. *Leiner, F.* (Anm. 1), S. 76: »Die große Zunahme der Auflagenhöhe seit 1964 geht nach dem Ergebnis verschiedener Befragungen auf einen starken Wandel vom Kriminal- und Wildwestroman zur Science-fiction zurück.«

24 *Leiner* (vgl. Anm. 1), S. 72; *Krysmanski* (vgl. Anm. 1), S. 89.

25 *Leiner* (vgl. Anm. 1), S. 77 f.
Die Krimi-Leser stellen also, in der Terminologie Hofstaetters gesprochen, eine ›Klasse‹ dar, die SF-Leser dagegen nahezu eine ›Gruppe‹, mit Wir-Gefühl, Verweigerung der Außenkommunikation (die Fans wollten zum Teil nur mit ›Eingeweihten‹ diskutieren, was ihnen als ›undemokratisch‹ vorgeworfen wurde) und – in diesem Fall – gemeinsamem Gegner; vgl. *Hofstaetter, P.:* Gruppendynamik, Ham-

burg, durchgesehene und erweiterte Neuauflage 1971, S. 22 f., 111. – Zum Begriff des literarischen Publikums vgl. *Fügen, H. N.:* Die Hauptrichtungen der Literatursoziologie und ihre Methoden. Bonn 1964, S. 169 f.

26 Diese Gruppe war sich zwar ihrer Gemeinsamkeit bewußt, aber weit weniger ›kohärent‹ als die der SF-Leute; die Zusammenarbeit im Team fiel diesen Individualisten schwer, wie folgende signierte Äußerung beim Test zeigt:
»Ich habe die Erfahrung gemacht, daß es sehr schwierig ist, sich mit den Gruppenmitgliedern zu verständigen. Wenn ein geistiger Einzelgänger in der Gruppe ist, wird es schwer, mit ihm zu arbeiten. Kompromißlosigkeit stellt sich sehr schnell ein, und dann muß man ein Mitglied haben, das vermittelt, sonst bricht die Gruppe auseinander. [...] Einzelgänger terrorisieren die ganze Gruppe, wollen Führer sein und befehlen diktatorisch.« – Zur ›Kohärenz‹ der Gruppe vgl. *Hofstaetter* (Anm. 25), S. 65, 81.
Zu den Führungskämpfen in der Gruppe vgl. *Filbry, G.:* Gruppendynamische Probleme kooperativer Unterrichtsplanung und -arbeit, in: Neue Sammlung, Jg. 10 (1970), H. 4, und *Hofstaetter, P.* (Anm. 25), S. 80 ff., S. 93 ff. usw.

27 Zum Zerfall der Gruppe durch ›Polarisierung‹ vgl. *Hofstaetter* (Anm. 25), S. 83. – Zur Trivialliteratur: *Zimmermann, H. D.:* Das Vorurteil über die Trivialliteratur, in: Akzente, 1972, H. 5, S. 386 – 408, mit reichen Literaturangaben.
Waldmann, G.: Der Trivialroman als literarisches Zeichensystem. Modellanalyse eines Frauenschicksals-Adels-Heftromans, in: Wirkendes Wort, 22. Jahrgang (1972), H. 4, S. 248 – 267.
Schultz-Gerstein, Ch.: Das Interesse an der Trivialliteratur, in: Akzente, 1972, H. 5, S. 409 – 416.
Bredella, L.: Ästhetische und funktionale Kategorien in der Literaturdidaktik, in: Diskussion Deutsch, H. 9, 1972, S. 197 – 210. Zur Trivialliteratur S. 205 ff.
Kreuzer, H.: Trivialliteratur als Forschungsproblem, in: Dt. Vierteljahrsschrift f. Lit.- u. Geisteswissenschaft, Jahrgang 41, 1967.
Dahrendorf, M.: Trivialliteratur als Herausforderung für eine literaturdidaktische Konzeption, in: Diskussion Deutsch, H. 6 (November 1971), S. 302 – 313. – Vgl. in diesem Band S. 40–52.
Giesenfeld, G.: Zum gegenwärtigen Stand der Trivialliteraturforschung, in: Das Argument, 14. Jahrgang (1972), S. 233 – 242.

28 Belege für den Unterricht zusammengestellt bei *Jahn, G.:* Materialien zur Trivialliteratur. Textheft. W. Crüwell Verlag, Dortmund 1972.

29 Zum pädagogischen Wert der Rekonstruktion des ›Lesertyps‹ der Trivialliteratur vgl. *Schemme, W.:* Motivation der Arbeit im Literaturunterricht als didaktisches Problem, in: Wirkendes Wort, 21. Jahrgang (1971), H. 3, S. 175.

30 *Rauch, S.:* Untersuchung von Comics im Unterricht, in: Diskussion Deutsch, H. 6 (Nov. 1971), S. 352: »Aufklärung über Trivialliteratur muß also die Aufklärung über die eigene Rolle und die Bedingungen der eigenen Biographie beinhalten, um wirksam werden zu können. [...] Kritisches Lesen, d. h. Reflexion auf Wirkung und Funktion der eigenen Lektüre muß daher – um nicht abgewehrt zu werden – die eigenen Wünsche als durch ›anderes‹ oder ›andere‹ hervorgerufen erkennen, d. h. die eigene Situation als gesellschaftlich vermittelte begreifen.« Vgl. auch S. 359.

31 Zur »Klischeehaftigkeit der Personendarstellung« im Trivialroman vgl. *Giesenfeld, G.:* Methodische Vorüberlegungen zum Umgang mit nicht anerkannter Literatur, in: Diskussion Deutsch, H. 6 (Nov. 1971), S. 330 ff. – Vgl. in diesem Band S. 80 ff.
Waldmann, G. (vgl. Anm. 27), S. 257 f.

32 Zur Sprache der SF-Romane vgl. auch *Leiner* (Anm. 1), S. 75 f.

33 Vgl. schon *Olrik, A.:* Epische Gesetze der Volksdichtung, in: Zs. f. dt. Altertum,

Jahrgang 51 (1909), S. 1 ff. – Der großangelegte Grundplan des Fortsetzungsromans ›Perry Rhodan‹ täuscht die Schüler über die primitive Erzählweise der episodisch aufgemachten Einzelhefte der Serie hinweg. – Inhaltsangabe des Gesamtromans (bis zum Stande von 1968!) bei *Leiner* (vgl. Anm. 1), S. 69 – 71.

34 Zur gesellschaftskonformen Lösung des Normenkonflikts vgl. *Waldmann, G.* (Anm. 27), S. 259 – 261.

35 Zur Methode vgl. *Mittenecker, E.:* Subjektive Tests, in: Handbuch der Psychologie, hrsg. v. *Heiß, R.,* Bd. 6.

Winfried Freund

Horrorliteratur als didaktische Aufgabe*

Überblick über den Buchmarkt

An die Seite der gängigen Trivialtextsorten wie des Krimis, des Westerns und des Science-Fiction-Romans tritt in letzter Zeit unübersehbar der triviale Horrorroman und der Horror-Comic. Die folgende Übersicht soll einen Einblick geben in das vom Leser bevorzugte Angebot auf dem trivialen Buchmarkt:

Pabel-Verlag:	Vampir-Horror-Romane
	Vampir,Taschenbücher
	Dragon-Fantasy-Serie
Zauberkreis-Verlag:	Grusel-Krimi
	Dan Shocker's Macabros
	Bob Fisher's Nebelgeister
Luther-Verlag:	Horror-Expert
	Terror-Krimi
	Grusel u. Horror-Cabinet
	Luther's Grusel Magazin
Bastei-Verlag:	Gespenster-Krimi
	Gespenstergeschichten (Comic)
Williams-Verlag:	Horror (Comic)
	Monster Frankenstein (Comic)
	Dracula (Comic)

Darüber hinaus haben sich seit geraumer Zeit auch seriöse Verlage wie Hanser (Bibliotheca Dracula) und Insel (Bibliothek des Hauses Usher) des Geschäfts mit dem Horror angenommen. Autoren wie Lewis, Maturin und Shelley bei Hanser und Blackwood, Bierce und Lovecraft bei Insel signalisieren jedoch von vornherein einen höheren literarischen Anspruch.

Leserschichten

Obwohl noch keine Leserschichtenanalyse vorliegt, darf es nach einer Auskunft der Pabel-Redaktion in München als gesichert gelten, daß die Le-

* Zuerst in: Der Deutschunterricht, 1975, Heft 1, S. 86 – 100.
Hier in erweiterter Fassung.

ser der Heftromane vornehmlich in den Kreisen der Jugendlichen von 14–25 Jahren zu suchen sind. Die Horror-Comics finden das größte Interesse bei 14–16jährigen. Dagegen dürften die anspruchsvollen Ausgaben bei Hanser und Insel schon allein aufgrund des relativ hohen Preises kaum von Jugendlichen gelesen werden.

Privat durchgeführte Umfragen bei Schülern aller Schularten ergaben, daß vom Hauptschüler bis zum Gymnasiasten und Berufsschüler die einschlägigen Horrorserien bekannt sind und nach persönlicher Auswahl auch gelesen werden. Dabei zeigt sich bei den älteren Hauptschülern ein großes Interesse für die Horror-Comics, während die Horrorromane ihren hauptsächlichen Interessentenkreis bei den älteren Schülern der Sekundarstufe I und den Lehrlingen finden. In der Sekundarstufe II des Gymnasiums nimmt das Interesse am Horror merklich ab. Unter den Lesern überwiegen die männlichen Jugendlichen.

Die bisherigen lesersoziologischen Einblicke zeigen, daß der Horrorroman einen nicht unwesentlichen Anteil an der Lektüre des Heranwachsenden bildet und unterrichtlich durchaus ernstgenommen werden muß.

Gründe für die Verbreitung

Vorbereitend haben in erster Linie die Monster- und Vampirfilme gewirkt, die, vornehmlich aus dem angelsächsischen Raum kommend, auch beim deutschen Publikum auf wachsendes Interesse stießen. Zu nennen wären hier die unter der Regie von Terence Fisher in England produzierten Frankensteinfilme ›The Curse of Frankenstein‹ und ›The Revenge of Frankenstein‹. Parallel dazu verlief eine Wiederentdeckung des Horrordarstellers Boris Karloff im deutschen Fernsehen. Im Filmtheater und ebenfalls im Fernsehen erlebten auch die Monsterfilme wie ›King Kong‹ aus den Jahren 1932/33 eine Renaissance.

Besonderer Beliebtheit erfreuen sich die Vampirfilme, die in Deutschland bereits 1922 mit Murnaus Stummfilm ›Nosferatu‹ ihren Anfang nahmen, ein Film, der auch vom Fernsehen ausgestrahlt wurde. In gleicher Weise nahm sich das Fernsehen auch der ersten legalisierten englischen Dracula-Verfilmung von 1931 an. In den Filmtheatern liefen die vor allem von der Hammer-Film-Produktion Ende der 50er-Jahre gedrehten Draculafilme, von denen die meisten auch in Deutschland zu sehen waren. Die Horrorwelle im Film hält bis zum gegenwärtigen Zeitpunkt an.

Dieser knappe Überblick kann trotz seiner Unvollständigkeit einen Eindruck von der zunehmenden Beliebtheit des Horror-Genres vermitteln. Nach der Vorbereitung auf dem Filmmarkt begannen nun auch die entsprechenden Verlage in wachsendem Maße von der Horrorwelle zu profitieren. Nicht zuletzt dürfte dabei das Interesse zurückzuführen sein auf die Übersättigung durch das Angebot an den gängigen trivialen Abenteuerromanen.

Auch der triviale Horrorroman unterliegt hinsichtlich seines Absatzerfolgs dem Gebot der Wareninnovation. Aus der Übersättigung durch das Krimi- und Westernangebot hatte vor dem Horror- bereits der Science-Fiction-Roman Kapital geschlagen.

Historischer Überblick

Nun ist das Horrorgenre keine Erfindung unseres Jahrhunderts. Im Jahre 1764 rief Horace Walpole mit seinem Roman ›The Castle of Otranto‹ die Gattung der gothic novel ins Leben, die sich gegen die Verabsolutierung rationaler Orientierungen im Zuge der europäischen Aufklärung wandte. »Invention has not been wanting but the great resources of fancy have been dammed up by a strict adherence to common life« [1], schreibt Walpole im Vorwort. Es ging um die Freisetzung der vernachlässigten imaginativen Kräfte im Rahmen der seriösen Literatur, ein Vorklang also auf die bald intensiv einsetzende romantische Bewegung, in der der Schreckensroman einen besonderen Platz einnahm. In den breiten Volksschichten waren die Grusel- und Schauergeschichten schon vorher verbreitet gewesen, was einige der später von den Gebrüdern Grimm aufgezeichneten Hausmärchen und die orientalische Fantasy-Erzählung beweisen, die durch die französische Übersetzung von ›1001 Nacht‹ des Orientalisten Galland zwischen 1704 und 1717 in Europa bekannt wurde. Die sogenannte anerkannte Literatur der Aufklärungsepoche repräsentiert lediglich den Geschmack der dominierenden Gesellschaftsträger. Neben der Betonung des Phantastischen spiegelt sich in Walpoles Roman die gesellschaftsgeschichtliche Situation, ein Umstand, der für die weitere seriöse Tradition der Gattung wegweisend sein sollte. Der Burgherr Manfred repräsentiert die beginnende Korruption der feudalen Herrschaftsschichten. Gerade diese Korruption war es, die nur 25 Jahre nach Erscheinen des Romans zum Ausbruch der französischen Revolution führen sollte. Die Zuwendung zum volkstümlichen Lesergeschmack bedingt also gleichzeitig eine entlarvende Sicht auf die Schattenseiten des Feudalismus. Auch in der Folgezeit zeichnet sich der klassische Horrorroman durch seinen volkstümlichen Perspektivismus und seine Geschichtsträchtigkeit aus. Die Horrorelemente dienen dabei funktional der impulsiven Artikulation gesellschaftlichen Unbehagens und der Emotionalisierung der Kritik.

Dies gilt auch für den 1796 veröffentlichten Roman ›The Monk‹ von Gregory Lewis, der die tiefgreifenden Wandlungen im sittlichen und religiösen Bereich nach der französischen Revolution schildert. Der Mönch Ambrosio steht stellvertretend für die wachsende Depraviertheit des Klerus, der mit den Feudalherren an der Ausübung politischer Macht beteiligt war. Gleichzeitig brechen von der bisherigen Herrschaft und der dominierenden rationalen Orientierung unterdrückte Triebe und Begierden hervor, die nur mühsam durch den Mechanismus der Projektion abgewehrt werden können. Von Lewis wurde Hoffmann zu seinem Roman – ›Die Elixiere des Teufels‹ – angeregt, der die Horrortradition in Deutschland im eigentlichen begründete.

Durchaus kritische Funktion hat auch der 1818 veröffentlichte Roman ›Frankenstein‹ von Mary Shelley im Hinblick auf den aufklärerischen Glauben an die unbegrenzte rationale menschliche Schöpfungskraft. Gleichzeitig enthält der Roman eine unüberhörbare soziale Anklage in bezug auf die Ungerechtigkeit zwischen den Menschen.

Mit Horrorgeschichten wie ›The Fall of the House of Usher‹ und ›The Cask of Amontillado‹ setzt Poe die Intentionen von Gregory Lewis fort. Thematisch wird bei ihm die Angst als Konsequenz aus der Frustration von Triebansprüchen. Das Zerbröckeln der alten Ordnungen setzt Begierden frei, die sich einer rationalen Kontrolle beharrlich widersetzen und als Bedrohungen der menschlichen Existenz empfunden werden.

Stokers Roman ›Dracula‹ von 1897 zeigt das Bürgertum auf dem Höhepunkt seiner Emanzipation. Der aristokratische Karpatenvampir ist nur noch ein Schatten einstiger feudaler Macht und wird mit vereinten bürgerlichen Anstrengungen zur Strecke gebracht. Gleichzeitig kündigt sich in dem Draculaoman aber auch die bürgerliche Angst vor sexuellen Begierden an, für die der Vampir auch in der Folgezeit als abschreckende Projektionsfigur fungieren sollte.

Im Gegensatz zu Stoker schildert der amerikanische Autor Howard Phillips Lovecraft den unaufhaltsamen Verfall des Bürgertums. In Geschichten wie ›The Shunned House‹ gewinnt die Atmosphäre des ›decay‹ dominierende Geltung. Industrielle Revolution und die Erfahrungen des 1. Weltkriegs führen bei Lovecraft zu einer durchgängig pessimistischen Einstellung.

Weitgehend unbeachtet von der Literaturkritik, hat sich auch im Raum deutschsprachiger Literatur eine Tradition phantastischer Texte entwickelt, die allerdings von der Breite nicht mit der angelsächsischen Überlieferung vergleichbar ist. Vor allem in den Gattungen der Ballade und der Erzählung beginnen sich seit dem Ende des 18. Jahrhunderts phantastische Motive auszuweiten. So reicht die Tradition des Phantastischen in der Ballade von Bürgers ›Lenore‹ über Goethe bis hin zu den Schauerballaden der Droste-Hülshoff.

Im Bereich der erzählenden Prosa markiert Tieck mit seinem ›Blonden Eckbert‹ aus dem Jahre 1797 den Beginn der phantastischen Kunstliteratur. Im fortwährenden Verformen und Verfremden bestehender Wirklichkeitsstrukturen kündigt sich das Auseinanderbrechen korporativ-ständischer Orientierung nach der Französischen Revolution an. In Kleists anekdotischer Novelle ›Das Bettelweib von Locarno‹ (1810) fungiert der Spuk ähnlich wie bei Tieck die Erscheinung der hexenhaften Alten als Rachegeist an einer überlebten und depravierten sozialen Praxis. Daneben nutzt beispielsweise Achim von Arnim in seiner Erzählung ›Isabella von Ägypten‹ (1812) die phantastischen Gestalten des Alraun, des Bärenhäuters und des Golem als negative Inkarnationen der ausschließlich materiellen Orientierung in einer frühkapitalistischen Phase. Eine dritte Variante in der Verwendung phantastischer Figuren gestaltet Hauff in seinen ›Phantasien im Bremer Ratskeller‹ (1827). Hier werden die phantastischen Gestalten stilisiert zu freiheitlichen Normträgern im Hinblick auf die restriktive Gesellschaftspraxis der Restauration.

Doch nicht diese im wesentlichen außenorientierte Phantastik sollte in der Folgezeit dominieren, sondern im Zuge einer wachsenden Internalisierung des Konfliktgeschehens zwischen dem Individuum und der repressiven Restaurationsgesellschaft setzt sich eine mehr innenorientierte Phantastik durch, die die Außenwelt nicht länger mit den Gestalten einer kritisch-emanzipatorischen Phantasie bevölkert, sondern sie zum Projektionsraum ausweitet für die eigenen Identitätsängste. Die Schlüsselfigur innerhalb dieser Entwicklung ist E. T. A. Hoffmann, etwa mit einer Erzählung wie ›Der Sandmann‹ aus dem Jahre 1817. Die direkte Kritik an einer inhumanen Praxis durch die Entfesselung der phantastischen Dimension wich der phantastischen Gestaltung von Identitätskonflikten. Beispielhaft artikuliert sich der Internalisierungsprozeß in Gotthelfs ›Schwarzer Spinne‹ (1842). Ist die Spinne zunächst noch die nach außen in Erscheinung tretende Inkarnation des Negativen, so fungiert sie in der eigentlichen Erzählgegenwart ausschließlich als das destruktive und daher ständig zu kontrollierende Element im menschlichen Bewußtsein.

Der Bogen der phantastischen Literatur als gestaltete Projektion der Identitätsangst spannt sich von E. T. A. Hoffmann bis hin zu den Romanen und Erzählungen Franz Kafkas. Gerade die sogenannte neuromantische Phase in der deutschen Literatur der Jahrhundertwende bringt noch einmal die reiche Ausbeute an phantastischen Texten. Herauszuheben wäre vor allem Kubins Roman ›Die andere Seite‹ (1909), ›Alraune‹ (1913) von Hanns Heinz Ewers, Gustav Meyrinks ›Der Golem‹ (1915) und die Erzählsammlung ›Lemuria‹ (1921) von Karl Hans Strobl. In all den genannten Werken unter Einschluß der Texte Kafkas, soweit sie der phantastischen Literatur zuzurechnen sind, artikuliert sich die Bedrohung der menschlichen Identität durch scheinbar unkontrollierbare Mächte, die überraschend in den alltäglichen Lebensgang einbrechen und diesen von Grund auf in Frage stellen. Die zweite große Welle der Industriellen Revolution hatte Deutschland erreicht und bedrohte den Menschen mit Sachzwängen und wachsender Entfremdung. Der Bereich der phantastischen Literatur wird zum anschaulichen Projektionsraum der Existenzangst.

Einen Nachklang des phantastischen Romans bildet Hermann Kasacks ›Die Stadt hinter dem Strom‹ (1947), ein Werk, das Kubin sehr verpflichtet ist. In der Gegenwart scheint die phantastische Literatur abgesunken zu sein auf das Niveau von Bestsellerautoren wie vergleichsweise Heinz G. Konsalik.

Aus den folgenden Publikationen können weitere Informationen entnommen werden:

Devendra P. Varma: The Gothic Flame. New York 1966.
Mario Praz: Liebe, Tod und Teufel. München 1963.
Dieter Sturm/Klaus Völker, (Hrsg.): Von denen Vampiren und Menschensaugern. München 1968.
Georg Seeßlen/Bernt Kling: Romantik und Gewalt. Bd. 1 München 1973. S. 196 – 234.

Kriterien für die literarische Qualität

Horrorelemente, wie sie früh in allen Nationalliteraturen auftauchen, müssen zunächst verstanden werden als vorwissenschaftliche Erklärungsversuche einer rätselhaften Welt. Solche Erklärungsversuche werden vor allem in den breiten Volksschichten tradiert und bilden einen wesentlichen Anteil des Erzählguts, wie Sagen und Märchen beweisen. In der Neuzeit wurde diese Tradition literarisch relevant im Gefolge einer Überbetonung rationaler Weltorientierungen, die dialektisch die Hinwendung zum Phantastischen und Imaginativen auslösten und damit antithetisch auf die Einbildungskraft als eine genuine menschliche Möglichkeit zurückverweisen. Mit der Betonung des Irrationalen aber erwies sich aufs engste verbunden die Perspektive sozial unterprivilegierter Schichten, die aufgrund ihres Informationsrückstandes und ihrer sozial untergeordneten Rolle dazu neigten, die von ihnen nicht zu kontrollierenden Herrschaftsstrukturen in bedrohliche Bilder des Grausigen und Phantastischen zu kleiden. Die bewußte literarische Auswertung dieser Perspektive des kleinen Mannes zeigte die Welt so, wie sie sich im Bewußtsein der Mehrheit abbildete, nämlich als eine Welt unbewältigter Ängste als Konsequenz aus der Unterdrückung sozialer sowie triebhafter Ansprüche und gleichzeitig als eine Welt irrationaler Kräfte als Antwort auf die menschlich vereinseitigende Dominanz rationaler Weltdeutungen. Horrorliteratur muß also nicht notwendig trivial sein, wenn auch genannte Autoren wie Stoker und Ewers die Grenze zur Trivialität sicher überschritten haben.

Als seriöse Gattung gestaltet sie psychische Möglichkeiten des Menschen und stellt auf diesem Wege die in bloßen Rationalismen befangene Welt in Frage, die im Sinne der Mehrheit nicht selten eine sozial ungerechte Welt ist. Den Möglichkeits- und dialektischen Prozeßcharakter teilt sie mit der übrigen anerkannten Literatur. Auf diesem Felde liegt ihre didaktische Bedeutsamkeit.

Trivialität und Angst

Wann aber, so stellt sich die Frage, ist die Grenze zur Trivialität überschritten? Von der Beantwortung dieser Frage hängt die sinnvolle Verwertung trivialer Horrorliteratur im Unterricht ab. Entscheidend ist in diesem Zusammenhang die literarische Behandlung der Angst, die in der seriösen Literatur, so konnte gezeigt werden, immer Indikator für unterdrückte menschliche Möglichkeiten in einer eindimensionalen Welt ist. Die Darstellung der Angst entbindet in diesem Sinn notwendig Kritik. Welche Stellung bezieht nun die Trivialliteratur zur menschlichen Angst, die in vielerlei Schattierungen in den Heftromanen zur Darstellung gelangt?

Die Angst vor völliger Vernichtung und dem Verlust der Identität wird häufig im Trivialroman thematisiert. »Beim Menschen braucht die Angst vor dem Tod«, so führt Levitt aus, »keine Beziehung zu bedrohlichen Umständen zu haben und sie kann auch schon in jungen Jahren auftreten.« [2] Die Todesangst ist somit ein konstitutiver Faktor des menschlichen Bewußtseins und hat zu allen Zeiten künstlerische Gestaltungen herausgefordert. In der Gegenwart resultiert aus dem Verlust einer transzendenten Orientierung eine intensivierte Bindung an das Diesseits und damit eine gesteigerte Angst vor der völligen leiblichen Auflösung. Rasche Wandlungen, durch die die Moderne gekennzeichnet ist, müssen im einzelnen die Furcht vor dem Versinken in absolute Bedeutungslosigkeit nach dem eigenen Hinscheiden erhöhen. Die zunehmende Zahl von Jugendlichen, die unter depressiven Zuständen leiden, und die steigende Selbstmordziffer bei jungen Menschen, die durch den selbstgewählten Tod einem ungewissen Schicksal auszuweichen versuchen, zeigen, daß auch Jugendliche der Angst vor dem Tode unterliegen. Genau an dieser Stelle setzt der triviale Horrorroman mit seinen auf psychischem Kalkül basierenden Kompensationsversuchen ein, um, wie es auch das erklärte Ziel der Konsumwelt ist, den Menschen verdienstbringende Narkotika für depressive Zustände zu verabreichen.

Dabei scheut der Trivialautor zunächst nicht vor der Darstellung des Todes zurück: »Sie erkannten die Gestalt. Es war ein Mann in einem wallenden Umhang. Er saß auf einem Rappen. Ein schwarzer Mann. Sein Gesicht lag im Schatten der Kapuze. In einer Hand trug er eine riesige Sense.« [3] Bestandteile einer volkstümlichen Todesdarstellung, wie Farben- und Sensensymbolik, werden in äußerst simpler parataktischer Fügung gehäuft, so daß auch dem unaufmerksamsten Leser die bedrängende Gegenwart des Todes offenbar wird. Nicht qualifizierende Intensität, sondern quantitierende Kumulation in Form von Schlüsselreizen bilden das Darstellungsprinzip. Die Wirkung auf die Umstehenden ist vernichtend: »Hilflos starrten sie die riesige Erscheinung an, deren Konturen immer deutlicher wurden, bis der Tod in seiner ganzen überwältigenden Größe vor ihnen stand.« [4] Die Beschreibung des nahenden Todes in seiner überwältigenden Größe zielt suggestiv ab auf die Identifikation des Lesers mit den fiktiven Figuren des Romans. Beide, der Leser und die ›Umstehenden‹, sollen die Todesangst als elementare Befindlichkeit erfahren und sich als Sterbende erleben. Der Trivialautor kann des Horroreffekts seiner Darstellung sicher sein, da hier die allgemein menschliche Angst vor dem Ich-Verlust angesprochen ist. Aber der Horrorroman ist weit davon entfernt, die Todesangst wie z. B. bei Poe als Erweiterung der Seinserfahrung einzusetzen. Im kritischen Augenblick springt ein Professor der »okkulten Wissenschaften« in die Bresche. »Der Professor sprach mit lauter Stimme die erhabenen Worte des Sterbegebets von Sumara. Und als der grausige Spuk heranpreschte, brüllte er: »Sanguis Christi sit inter te et me! und stürzte sich mit dem Skalpulier auf den Angreifer . . . um sie tobte ein Kampf, der ihr irdisches Begriffsvermögen weit überstieg . . . Plötzlich war er jedenfalls vorbei. Es war wieder still um sie herum, die Beleuchtung wieder normal und auch die gefürchtete Gestalt des Todes war verschwunden.« [5] Der triviale Horrorroman befriedigt ein existentielles psychisches Bedürfnis, indem er einen Ablenkungsmechanismus in Tätigkeit setzt. Auf die drohende Gewißheit des Todes reagiert der Trivialtext mit dem Rückzug in eine Phantasiewelt, in der der Tod als ein wissenschaftlich lösbares Problem erscheint.

Als weiterer fundamentaler Bezug der Angst bildet die Beziehung zwischen Angst und Aggression den wohl am häufigsten dargestellten Gegenstand in der trivialen Horrorliteratur. Hierher gehören die »Macht- und Zerstörungsphantasien«, von denen Kling spricht. »Hilflosigkeit und persönlichkeitsbedingte Furcht vor den eigenen ungeordneten und unverstandenen Trieben drückt sich in einer Welt des Grauens aus, wo Kommunikation nur noch in linearer Gewalt stattfindet.« [6] So heißt es bezeichnenderweise in einem der Horrorhefte: »Ein Ort voll unvorstellbarer Peinigungen, die den Magen umdrehen und den Verstand verlieren ließen. Ein monströses Beispiel von Entartung und des Menschen Grausamkeit . . . Für sie aber war es der aufregendste Ort der Welt. Am entgegengesetzten Ende des Kellers zuckte ein wirres Durcheinander von nackten weißen Körpern, die mit den Daumen von eisernen Gerüsten hingen, die sich langsam bewegten wie ein obszönes Mobile. In der Kellermitte stand ein steinerner Block. Zwei untersetzte kräftige Männer drückten den entblößten Körper einer Frau darauf, das Gesicht nach unten hängend, während zwei weitere Folterknechte mit dünnen Eisenruten auf ihren Rücken, ihr Gesäß und ihre Schenkel peitschten.« [7]

Der Textauszug erstellt von vornherein den Erwartungshorizont des impliziten Lesers und suggeriert ihm die Rolle des Voyeurs in Gestalt einer fiktiven Identifikationsfigur. »Für sie aber war es der aufregendste Ort der Welt.« Auf diese Weise vorbereitet, rollt vor den Augen des Lesers ein grausam-sadistisches Schauspiel ab, das wiederum dem Prinzip kumulierender Addition gehorcht. In einer derartig suggerierten Voyeurhaltung kann der Rezipient in der Tat »beides haben: die Sekurität im Leben und die Angst in der Literatur« [8]. Die brutal ausgemalte Szenerie entbindet ein Aggressionspotential, das im Rahmen der geforderten sozialen Anpassung verdrängt oder zumindest sublimiert wird. »Aggressionen«, so führt der Psychiater Battegay aus, »entspringen häufig der Angst, in der persönlichen Entfaltung in irgendeiner Weise behindert zu werden.« [9]

Unter diesem Aspekt wird aggressives Verhalten zu einer angstbedingten Notwehr im Kampf um unterdrückte Entfaltungsmöglichkeiten des Ich. Die durch anhaltende Triebunterdrückung immer wieder neu gespeiste angstbedingte Aggression wird von Texten der vorliegenden Art auf fiktive Aggressionsobjekte projiziert. Unerwünschte Impulse, die jedoch implizit zum eigenen Selbst gehören, erfahren so eine Übertragung auf einen nur vorgestellten Lebensraum, in dem die Aggressionen ohne Furcht vor gesellschaftlichen Sanktionen abgeführt werden können. Es kann jedoch kein Zweifel daran bestehen, »daß die unaufhörliche Bereitschaft zur Aggression, zum Zugreifen und Sich-Durchsetzen gegen Widerstände, die den Menschen Zeit seines Lebens beseelt, eine . . . wesentliche Energiequelle für ihn ist.« [10] Diese Energiequelle wird durch die angstbetäubende Trivialprojektion verschüttet, so daß die drängende Frage nach einer Möglichkeit der Erweiterung individuellen Lebensraums zum Verstummen gebracht wird.

Mit besonderer Vorliebe nimmt sich die triviale Schreckensliteratur im vorliegenden Zusammenhang der noch immer tabuisierten Sexualsphäre an. Bereits die Titelbilder der Sex-Vampir-Romane zeigen entblößte Busen, nackte Frauengestalten und Figuren in sexuell erregenden ekstatischen Bewegungen. Im Inhalt konzentriert man sich auf die aggressionsgeladene Darstellung sexueller Monstrositäten: »Crazy Joe öffnete den Mund. Alles in ihm verlangte nach Blut. Er spürte die pulsierende Halsschlagader und biß zu. Das Blut spritzte hervor. Er leckte es gierig auf und biß stärker zu . . . Bertolli sah entsetzt zu. Erst jetzt wurde ihm richtig klar, was für ein unmenschliches Geschöpf er hatte auferstehen lassen . . . Crazy Joe hatte den Slip der Sterbenden zerrissen und drängte sich gerade brutal zwischen die gespreizten Beine.« [11]

Eine Kombination von Frankenstein- und Vampirmotiven wird aufgeboten, um den Effekt der Abartigkeit und des sexuellen Ekels zu erzielen, so daß gefürchtete sexuelle Wünsche durch die Übertragung auf das jegliche Identifikation ausschließende Monster abgewehrt werden. Die Emanzipation des Sexuallebens fällt den Härten gesellschaftlicher Sexualmoral zum Opfer, so daß gerade durch den Abwehrmechanismus der Projektion die Selbsterkenntnis blockiert wird.

Dem Bezug zwischen Aggression und Angst liegt ein Phänomen zugrunde, das heute weitgehend als Sozialisierungsangst bezeichnet wird. »Die Neigung zur Angst entsteht durch das Zusammenwirken einer natürlichen menschlichen Eigenschaft und der Notwendigkeit sozialer Anpassung.« [12] Diese Problematik gehört zum zentralen Erlebnisbereich des Heranwachsenden, der zwischen Individuation und Sozialisation dazu aufgerufen ist, seinen eigenen Standort zu finden. Der triviale Horrorroman reagiert auf diese Bedürfnislage durch ein makabres Angebot an grausamen Geschehnissen, in denen die Akteure beim Rezipienten Phobien auslösen, die zur Abwehr der Impulse führen, die einer unkritischen gesellschaftlichen Integration zuwiderlaufen. Dabei lassen sich je nach Akzentuierung zwei Varianten unterscheiden. Entweder, dies war der Fall in den bisher zitierten Beispielen, liegt das Schwergewicht auf der ekelerregenden Ausstattung der Projektionsfiguren, wie sie in Gestalt von Vampiren und Monstern auftauchen, oder auf der Darstellung der Aggressionen selbst. Bei der ersten Variante handelt es sich in der Regel um durchgehende triviale Moralisierung, die den Mustern einer reaktionären Pädagogik der Abschreckung folgt. Insofern werden die Projektionsfiguren auch am Ende regelmäßig liquidiert.

Die zweite Variante folgt der traditionsreichen »Ästhetik des Grausigen und Schrecklichen« [13] mit dem Ziel einer trivialen Ästhetisierung. Hier erfolgt das, was Alewyn die »Konversion von Angst in Lust« [14] nennt. Beide Horrorvarianten, die natürlich in den verschiedensten Mischverhältnissen auftauchen können, dienen letztlich der unkritischen sozialen Integration, indem die Triebängste entweder durch Projektion abgewehrt bzw. durch einen fiktiv zugestandenen Aggressionsspielraum abgebaut werden. Für die zweite Variante ist es typisch, daß die Auslöser des Schrecklichen überleben. Nicht selten bedient man sich in diesem Rahmen zur Illustration der Triebsphäre der animalischen Monstermythen. So lauten die Schlußsätze eines Horrorromans dieser Art, der sich des Mythos der Wolfsmenschen bedient: »Blut. Wachsendes, fließendes, nasses Rot. Und ein unbeschreiblicher Geruch nach sterbendem menschlichem Fleisch. Sieben Männer und ein Mädchen ziehen mordend durch die Straßen. Ihre Gesichter sind kalt. Ihre Augen glühen vor Hunger – und in der jahrtausendealten Ekstase des Jägers. Sieht niemand den Wolf in ihren Zügen? Ist niemand abergläubisch genug? Weiß niemand mehr, daß der Vollmond stärker ist als alle Vernunft?« [15] Das Mädchen, von dem hier die Rede ist, und das im Titel als die ›Herrin der Wölfe‹ angesprochen wird, erlebt an sich zur Zeit des Vollmonds in steigernder Folge die Wolfsmetamorphosen. Sie kommt jedoch schon allein aufgrund ihrer Attraktivität als Figuration eines abschreckenden Beispiels nicht in Frage. Vielmehr steht sie im Gefolge der entstellten Schönheiten der schwarzen Romantik. Als prominentes Beispiel könnten hier die natürlich auf unvergleichlich höherer literarischer Ebene stehenden Verse Shelleys über die ›Medusa‹ angeführt werden. Die sexuellen Signale, die von dem Wolfsmädchen ausgehen, bilden im vorliegenden Rahmen den Schlüsselreiz für den lustvollen und zugleich risikolosen Abbau von angstbedingten Aggressionen. Die Wortwahl, bei der emotionale Reizwörter wie Blut, Hunger und Ekstase überwiegen, und der Hinweis auf die Schwäche der Vernunft laden ein zur völligen Enthemmung und bieten dem Leser ein Surrogat für Trieberfüllung.

Den Todes- und Sozialisierungsängsten, deren Thematisierung in trivialen Horrorromanen bisher beobachtet werden konnte, liegt eine deutliche Objekt- bzw. Situationsbezogenheit zugrunde. Das Erlebnis der eigenen Sterblichkeit und die durch den Druck sozialer Anpassung gefährdeten Triebansprüche lassen sich deutlich als angstfördernde Faktoren erkennen und bilden den Ausgangspunkt für die fiktiv erstellten trivialen Ablenkungsmechanismen und Projektionen. Die Auswahl des Horrorpersonals: Vampire, Monster und Werwölfe lassen sich in diesem Zusammenhang als der affektiven Erkenntnissituation der Heranwachsenden Rechnung tragende Personifikationen der objekt- und situationsbezogenen Ängste deuten. Es darf jedoch als sicher gelten, daß alle bisher beispielhaft angeführten trivialen Schreckensversionen bei ihrem Lesepublikum darüber hinaus auf eine Angstbereitschaft stoßen, die weder als todes- noch triebbezogen erklärbar ist. In diesem Zusammenhang wird die Feststellung Alewyns verständlich: »Angst im Leben hatte es immer gegeben, solange es Menschen gegeben hatte. In der Literatur dagegen tritt sie erst zu dem Zeitpunkt auf, in dem sie aus dem Leben zu verschwinden beginnt.« [16] Die allumfassende Sekurisierung des modernen Lebens hat die Angstanlässe auf ein Minimum reduziert, während die Angstbereitschaft, die den Menschen wie den Tieren im Überlebenskampf angeboren ist, weiter existiert. Auf eine solch frei flottierende Angst reagiert der triviale Horrorroman im zunehmenden Maße, indem er das Angstverlangen seiner Rezipienten mit monströsen Konstrukten befriedigt. In diesem Sinne wird in einem Horrorheft der Hexenaberglaube wiederbelebt. Aus der attraktiven Studentin Anna Dori wird plötzlich eine rachsüchtige Hexe, die durch ihr intensives auf Verderben anderer gerichtetes Wunschdenken ihre Umwelt in Angst und Schrecken versetzt. Ein Professor, als Wissenschaftler mitverantwortlich für die wachsende Entfeindlichung der modernen Welt, zieht das Resümee, nachdem er nach anfänglichen spöttischen Zweifeln selbst zu den Geschädigten zählt: »Es bedurfte nur eines äußeren Anstoßes, um den Haß auflodern zu lassen. Ein solcher Anstoß war mein Seminar. Als wir über die Göldi sprachen, wurde die verdrängte Vergangenheit lebendig. Aus dem lieben Mädchen Anna Dori wurde die rachsüchtige Hexe Anna Dori.« [17] Der Hexenaberglaube, durch den die unerklärlichen Bedrohungen in einer noch kaum rationalisierten Welt personell erklärt wurden, erlebt im Trivialroman seine Wiederbelebung zu dem Zeitpunkt, an dem die Angstbereitschaft des modernen Menschen ins Leere stößt. »Es ist kein Zufall, daß sich das Angst-Feind-Repertoire des Menschen erheblich vermindert hat, soweit es sich um die sinnlichen Feind-Valenzen handelt, zu denen auch die Angst-Valenzen im Rahmen der Gespensterfurcht und der personifizierten Naturgewalten zählen . . .« [18] Etwas weiter gibt Bilz dann zu bedenken: »Es könnte wohl sein, . . . daß die sogenannte freiflottierende Angst, über die viele unserer Mitbürger klagen, Ausdruck der Dehostilisierung ist . . .« [19] So kann das aus dem Aberglauben geborene Konstrukt an die Stelle rationaler Welterkenntnis treten. Der triviale Horrorroman leistet einen nicht unwesentlichen Beitrag dazu, seinen vor allem jugendlichen Lesern die Selbsterkenntnis, d. h. die Erkenntnis ihrer eigenen psychischen Situation, zu verstellen, indem er das angeborene Angstpotential marktwirtschaftlich ausbeutet.

Angst und Trivialität gehen also eine Reihe von Verbindungen ein, deren Wirkung vor allem »in der intellektuellen und persönlichen Restriktion« [20] beim Leser besteht. Dabei ist auffällig, daß die Angst vor dem Tod und der Triebunterdrückung jeweils abgewehrt werden durch Ablenkungsmechanismen bzw. Projektionen. Ohne Zweifel handelt es sich hier um akute existentielle Ängste, deren Narkotisierung dem Trivialleser zum Bedürfnis wird. Fetischisierung von Wissenschaft und das reaktionäre pädagogische Modell der Abschreckung aktivieren in diesem Zusammenhang gezielt die affektive Dimension des Lesers und führen zur willenlosen sozialen Integration unter Verzicht auf den Willen zur Selbstwerdung. Auf die Illusion eines angstbefreiten Lebens also zielen die psychisch kalkulierten Horrorromane ab, die damit in perfider Steigerung der Inhalte der übrigen Heftserien vor allem die Psyche des Lesers zum wohlfeilen Absatzmarkt mißbrauchen. Letztlich resultiert aus dem beschriebenen intendierten Weltverhalten die Verkennung der Notwendigkeit der Angst. »Die Angst ist notwendig«, führt Walter Schulz aus, »denn ohne Angst verfällt der Mensch einer Scheinsicherheit.« [21] Mit der Erzeugung der Scheinsicherheit aber fügt sich der triviale Horrorroman nahtlos in die inhärenten Intentionen der Bewußtseinsindustrie ein. Die monströsen Geschehnisse und Figuren dienen dabei als zusätzliche Leseanreize, denn die »Angstbereitschaft wohnt dem Menschen zeit seiner historischen und seiner individuellen Existenz inne.« [22]

Es konnte beobachtet werden, daß sich der Horrorroman auch dieses durch die zunehmende Dehostilisierung freigewordenen Angstpotentials annimmt, indem monströse Konstrukte an die Stelle rationaler Welterkenntnis treten und diese letztlich diffamieren. Es ist anzunehmen, daß gerade die Zahl der auf die Bindung der Angstbereitschaft abzielenden Horrorromane in der Folgezeit zunehmen wird. Auf diese Weise wird der zweifellos kulturschaffende Faktor der Angst durch triviale Chimären gebunden und der progressive Veränderungswille des Menschen amputiert. »Der Gedanke ist nicht von der Hand zu weisen,« meint Levitt, »daß ein großer Teil des nie endenden menschlichen Strebens, das wir Fortschritt nennen, auf die eine oder andere Weise eine Folge von Angst sein könnte.« [23] Damit erweist sich der triviale Horrorroman als restriktiv im Individuationsprozeß und im Bereich verändernden menschlichen Handelns als reaktionär. Unter den herkömmlichen Heftserien stellt er mit seiner direkten psychischen Einflußnahme wohl den gravierendsten Angriff dar auf die Emanzipation des Menschen nach innen und außen, indem der triviale Horrorroman humane Möglichkeiten nicht aufzeigt, sondern unterdrückt und die bestehende Wirklichkeit nicht in Frage stellt, sondern Vorschub leistet für eine unkritische Hinnahme und Integration. Didaktische Bedeutsamkeit gewinnt die Behandlung von trivialer Horrorliteratur im Unterricht nur dann, wenn die aufgezeigten Implikationen als zentrale Lernziele angesteuert werden.

Ein Unterrichtsvorschlag

An einer abschließenden Modellskizze, die sich thematisch an das Vampirmotiv bindet, soll gezeigt werden, wie Schüler an der Horrorliteratur im Unterricht arbeiten können. Altersmäßig kommen aufgrund der bisherigen Einblicke in die Leserschichtenstruktur und der besonderen Problematik die Klassen 9 und 10 in Frage.

1. Behandlungsphase: Knappe Einführung in den Vampiraberglauben als Lehrervortrag. Hilfreich ist in diesem Zusammenhang der historische Bericht von Klaus Völker in: Von denen Vampiren und Menschensaugern, München 1968, S. 505 – 533.

2. Behandlungsphase: Behandlung von Goethes Ballade ›Die Braut von Korinth‹ (Hamburger Goethe-Ausgabe Bd. 1. S. 268 – 273) im Unterrichtsgespräch nach vorbereitender Hausaufgabe. Übergreifendes Ziel dieser Phase ist es, die Integration des Vampirmotivs in die seriöse Literatur zu erkennen.

Die Geschichte des Mädchens, das dem klösterlichen Leben geweiht ist, soll die Schüler zu der Einsicht führen, daß der Verzicht auf irdische Liebeserfüllung eine empfindliche Beschneidung des Rechts auf Persönlichkeitsentfaltung bedingt. Das asketische Ideal läßt die Liebesvereinigung als ein gespenstisches Geschehen erscheinen. Der weibliche Vampir in der Ballade signalisiert unterdrückte Möglichkeiten des Menschen. In den neuen und alten Göttern stehen sich christliche Askese und pagane leiblich-seelische Erfüllung gegenüber. Deutlich soll den Schülern die Kritik an einer restriktiven Triebmoral, die eine Selbsterfüllung nicht zuläßt, vor Augen gestellt werden. Das gespenstische Balladengeschehen wird zu einem Spiegel der Pervertierung des menschlichen Anspruchs auf Glück im Diesseits. Die Behandlung sollte einmünden in die Erkenntnis, daß Goethe das Vampirmotiv zur Realisierung kritisch-appellativer Intentionen einsetzt.

3. Behandlungsphase: Behandlung eines trivialen Vampirromans. Beispielhaft herausgegriffen ist im vorliegenden Rahmen: A. F. Mortimer: Lautlös tötet der Vampir. Bastei-Gespenster-Krimi. Nr. 43.

Zunächst sollen sich alle Schüler mit dem Inhalt vertraut machen.

In New York geht der ehemalige Historiker Jeremy Price, der vor fünfzig Jahren auf einer Reise zum Schloß des Grafen Dracula auf mysteriöse Weise ums Leben gekommen ist, als Vampir um. Als Katy Ray durch sein Einwirken den Tod findet, beauftragt ihre Freundin Mercedes Waters den Privatdetektiv Randy Gill mit den Ermittlungen. Gill trifft mit Price in einer Nachtbar zusammen, ohne jedoch zunächst Verdacht zu schöpfen. Etwas später stößt er auf das verfallene Haus des verstorbenen Historikers. Inzwischen ist Gills Freund, der Zeitungsredakteur Oscar Caine, ein Opfer des Vampirs geworden, der nun auch versucht, den Privatdetektiv empfindlich zu treffen, indem er Mercedes Waters, die die Geliebte Gills geworden ist, in seinen Bann schlägt. Gill folgt seiner Geliebten bei ihrem Opfergang zum Grab von Price. In einem verbittert geführten Kampf gelingt es Gill endlich, den Vampir unter Zuhilfenahme von Weihwasser zur Strecke zu bringen. Einer Verbindung zwischen Gill und seiner Geliebten steht nun nichts mehr im Wege.

Die Analyse des Romans erfolgt am besten gruppenarbeitlich. Als Gruppenaspekte bieten sich an: Personendarstellung, Handlungsaufbau, Geschehensraum und Sprache. Zur Förderung einer fruchtbaren Arbeit sollte den Schülern ein kleiner Apparat zur Verfügung gestellt werden. Einleitende Hinweise könnten die Schüler über die Informationsrichtung der einzelnen Publikationen unterrichten.

1. *B. Kling:* Horror und Fantasy. In: Romantik und Gewalt Bd. 1 (Anm. 6), S. 200, 202 – 204, 233 – 234.
2. *K. Völker/D. Sturm:* Historischer und literarischer Bericht. In: Von denen Vampiren und Menschensaugern, hrsg. v. Völker/Sturm, München 1968, S. 505 – 581.
3. *R. Bilz:* Der Subjektzentrismus im Erleben der Angst. In: Aspekte der Angst, hrsg. v. H. v. Ditfurth, München o. J. S. 133 – 142.
4. *P. Nusser:* Romane für die Unterschicht, Stuttgart 1973, S. 51 – 60 (Personendarstellung), S. 66 – 74 (Gegenstände), S. 77 – 81 (Handlungsaufbau). Keine Horrorromananalysen.
5. *W. K. Köck:* Manipulation durch Trivialisierung. (Zur trivialen Sprache) In: Sprache und Gesellschaft, München 1972, S. 354 – 358.

Erwartet werden als Arbeitsergebnisse:

a) Zum Aspekt Personendarstellung: Der Charakterisierung liegt die Freund-Feind-Schablone zugrunde. Im Helden Randy Gill vereinigen sich Humor, Wirkung auf das andere Geschlecht, Mut, Entschlußkraft, Unerschrockenheit und sportlicher Kampfgeist zum Männlichkeitsklischee. Er sorgt durch schonungslosen persönlichen Einsatz für die Wiederherstellung der Ordnung, wobei die transzendenten Mächte mit ihm im Bunde sind. – Der Vampir stellt dagegen ein konsequentes Feindbild dar. Sein Äußeres ist von häßlichen und animalischen Zügen gekennzeichnet. Er verkörpert das Böse schlechthin und stellt eine radikale Bedrohung für alle dar. – Die Frauen sind ohne den Schutz des Helden dem Bösen rettungslos preisgegeben. Sie sind dem männlichen Prinzip eindeutig untergeordnet.

b) Zum Aspekt Handlungsaufbau: Das Böse bricht in Gestalt des Vampirs von außen in das friedliche menschliche Zusammenleben ein und erzeugt eine bedrohliche Konfliktsituation. Rätselhafte Vorkommnisse, Drohungen, scheinbare Unangreifbarkeit des Feindes und Häufung feindlicher Aggressionsakte werden als typische Spannungsmomente eingebaut, bis der Held schließlich unter Aufbietung seiner ganzen Tatkraft triumphiert. Kampf und Sieg bilden den simplen Zweierrhythmus des Aufbaus. Der Triumph wird vage durch das nun risikolose Liebesglück angedeutet.

c) Zum Aspekt Geschehensraum: Die Schilderung des Geschehensraums dient in erster Linie der Aufgabe, Klischeevorstellungen zu evozieren. Verfallene Häuser, verwilderte Gärten, nächtliche Friedhöfe, menschenleere

Straßen, der Vollmond am schwarzen Himmel und steinerne Särge signalisieren die Atmosphäre des Unheimlichen und Bedrohlichen. Die glutrote Sonne, das helle Tageslicht und der taufrische Morgen kündigen dagegen den Triumph des Helden an. Neonbeleuchtung, Leuchtschriftreklamen, dichter Straßenverkehr und die Nennung einiger konkreter Namen erstellen die Kulisse der Großstadt New York, in die das Verhängnis einbricht.

d) Zum Aspekt Sprache: Zur Vereinfachung und Intensivierung empfiehlt sich hier die Konzentration auf einen überschaubaren exemplarischen Abschnitt. Denkbar wäre der folgende Textauszug:

> Randy erfaßte das schwere, etwas unhandliche Kreuz sofort mit beiden Händen. Der Vampir warf sich vorwärts. Randy schnellte zur Seite und drosch mit unglaublicher Wucht nach dem Schädel des an ihm vorbeifegenden Vampirs . . . Randy schlug mit derselben Gewalt gleich noch einmal nach dem Schädel des Vampirs. Ein knirschendes Geräusch tönte durch die Nacht . . . Ein drittes Mal zielte er nach dem Kopf des Vampirs. Hart krachte das schwere Balkenkreuz gegen die Schläfe von Jeremy Price . . . Mit einem Ruck wollte er sich erheben. Doch Randy hatte diese Aktion erwartet . . . Und als Prices Kopf hochkam, schmetterte Randy ihm das Kreuz mitten in die bleiche Visage.

Die Sprache ist auf ihre Auslöserfunktion reduziert. Ein Reizkomplex folgt dem anderen unter Mißachtung des logischen Zusammenhangs. Dominierend ist die Ansprache triebnaher elementarer Schichten, um einem grausiglustvollen Nachvollzug den Weg zu bereiten. Die stilistischen Mittel der Häufung und der Übertreibung sowie des Gebrauchs von Adjektiven und Verben, die starke sinnliche Reize bewirken, müssen forciert werden, um die instinktauslösende Wirkung zu erzielen.

4. Behandlungsphase: Auswertung und Vertiefung der Gruppenarbeitsresultate im Unterrichtsgespräch.

Dem Leser wird ein undifferenziertes Freund-Feind-Denken suggeriert. Der männlich-starke Held fungiert kompensatorisch für die Frustrationen unter dem gesellschaftlichen Anpassungsdruck, Konflikte werden grundsätzlich durch den Einsatz von Körperkraft gelöst, rationale Lösungsversuche liegen außerhalb der Erwägung. Die Kampf-Sieg-Struktur, deren Realisierung an den heldischen Ausnahmemenschen gebunden ist, überzeugt den Leser letztlich von der Existenz einer heilen Welt, in der episodische Störungen durch den Helden regelmäßig beseitigt werden. Der Held entlastet den Leser von jeglicher Eigeninitiative. [24] Durch den Vampir wird die latente Angstbereitschaft des Menschen auf mystifizierende Weise akutalisiert. In der Verfolgung und letztlichen Überwindung des mit allen abstoßenden Attributen versehenen Feindes können sich die Ängste und Aggressionen des Lesers als Folgen realer persönlicher Restriktionen entladen und folgenlos abgeführt werden. Die Erkenntnis der für die fehlenden Möglichkeiten zur Selbstverwirklichung verantwortlichen Ursachen wird blockiert, indem ein trivialer Kompensationsmechanismus in Gang gesetzt wird und die konfliktauslösenden Momente konsequent nach außen verlagert werden.

5. *Behandlungsphase:* Vergleich zwischen der Verwendung des Vampirmotivs bei Goethe und in dem vorliegenden trivialen Horrorroman.

Im Rahmen eines abschließenden Unterrichtsgesprächs können nun die Unterschiede klar herausgestellt werden. Der kritischen Gestaltung unterdrückter menschlicher Möglichkeiten im Gefolge einer restriktiven Triebmoral bei Goehte steht im Trivialroman die Affirmation der gesellschaftlichen Unterdrückung des einzelnen durch ein mystifizierendes Kompensationsangebot gegenüber. Während Goethe den Leser auf die neuralgischen Punkte bestehender Normen aufmerksam macht und dadurch kritisches Fragen entbindet, verdeckt der Trivialroman die wunden Stellen der subjektfeindlichen Umwelt und fördert damit die unkritische Hinnahme veränderungsbedürftiger Verhältnisse.

So könnte am Ende der Unterrichtsreihe die übergreifende Erkenntnis stehen, daß seriöse Literatur durch die Verneinung bestehender Wirklichkeit oder zumindest einiger ihrer wesentlichen Aspekte auf vernachlässigte und unterdrückte Möglichkeiten menschlicher Existenz verweist und dadurch irritierende Funktion erhält, während die Trivialliteratur suggestive Integrationshilfen bereithält und durch die Bejahung bestehender Wirklichkeit impliziert, daß die augenblickliche Welt die Summe aller vorstellbaren Möglichkeiten darstellt.[26] Die Horrorliteratur erscheint im besonderen Maße dazu angetan, solcher Erkenntnis den Weg zu ebnen, da ihr Schauplatz und vornehmlicher Gegenstand die menschliche Psyche ist, in der sich das von der seriösen Literatur provozierte Verlangen nach Erweiterung, aber auch die trivialen Impulse, die unweigerlich zur Verengung führen, am ehesten spiegeln.

Anmerkungen

1 *Walpole, H.:* The Castle of Otranto. In: Shorter Novels of the 18th century, hrsg. v. *Ph. Henderson,* London 1961, S. 102.
2 *Levitt, E.:* Die Psychologie der Angst, Stuttgart 1971, S. 132.
3 *Jay, V.:* Die Nacht mit dem Teufel, Pabel Verlag, Rastatt 1972, Set Vampir-Roman Nr. 8, S. 64.
4 Ebd. S. 65.
5 Ebd. S. 65.
6 *Seeßlen, G./Kling, B.:* Romantik und Gewalt. Ein Lexikon der Unterhaltungsindustrie, Bd. 1, Dillingen 1973, S. 224 f.
7 *Saxon, P.:* Das Schloß der Vampire. Pabel Verlag, Rastatt 1973, Set Vampir-Roman Nr. 30, S. 30.
8 *Alewyn, R.:* Die literarische Angst: In: Aspekte der Angst, hrsg. v. *H. v. Ditfurth,* S. 52.
9 *Battegay, R.:* Angst und Sein, Stuttgart 1970, S. 39.
10 Ebd. S. 40
11 *Burcette, J. R.:* Frankensteins Ende, Pabel Verlag, Rastatt 1973, Set Vampir-Roman Nr. 21., S. 7.
12 *Levitt:* Die Psychologie der Angst (Anm. 2), S. 143.

13 *Praz, M.:* Liebe, Tod und Teufel. Die schwarze Romantik, Bd. 1, München 1970, S. 45.
14 *Alewyn:* Die literarische Angst (Anm. 8), S. 52.
15 *Walker, H.:* Herrin der Wölfe, Pabel Verlag, Rastatt 1973, Set Vampir-Roman Nr. 16, S. 65.
16 *Alewyn:* Die literarische Angst (Anm. 8), S. 51.
17 *Lindberg, J.:* Das Blutmal, Pabel Verlag, Rastatt 1973, Set Vampir-Roman Nr. 15, S. 49.
18 *Bilz, R.:* Der Subjektzentrismus im Erleben der Angst. In: Aspekte der Angst (Anm. 8), S. 138 f.
19 Ebd. S. 140.
20 *Nusser, P.:* Romane für die Unterschicht, Stuttgart 1973, S. 102.
21 *Schulz, W.:* Das Problem der Angst in der neueren Philosophie. In: Aspekte der Angst (Anm. 8), S. 25.
22 *Battegay:* Angst und Sein (Anm. 8), S. 13.
23 *Levitt:* Die Psychologie der Angst (Anm. 2), S. 149.
24 Der Sozialpsychologe *Peter R. Hofstätter* führt in diesem Zusammenhang aus: »Wer den Anspruch auf die Bewältigung einer Situation einem anderen überträgt, bezieht daraus eine gewisse Beruhigung. Wer sich den Anordnungen dieser anderen unterwirft, entlastet sich von der erlebten Verantwortung. Wer sich mit dem Starken schließlich identifiziert, ist seiner Angst ledig.« (Einführung in die Sozialpsychologie, Stuttgart 1966, S. 358 f.)
25 Zum Problemkreis Trivialliteratur und Suggestion vgl. *Freund, W.:* Suggestive Strukturen im Trivialroman. In: Paderborner Studien 1973/74, H. 4, S. 48 – 58.

Peter Nusser

Kriminalromane zur Überwindung von Literaturbarrieren*

Empirische Untersuchungen über die außerschulischen Lesegewohnheiten von Jugendlichen [1] haben ergeben, daß Jungen zwischen 10 – 16 Jahren Abenteuer- und Kriminalromanen eindeutig den Vorzug vor anderen Gattungen fiktionaler Literatur geben; auch Mädchen dieses Alters, nach ihren literarischen Vorlieben befragt, nennen sehr viel häufiger Abenteuer- und Kriminalliteratur als Mädchenbücher; bei den 14- bis 16jährigen fängt das Interesse für Liebesromane allerdings das für die Abenteuerliteratur auf. [2] Für beide Geschlechter ist Spannung das entscheidende Kriterium für die Wahl ihrer Lektüre. [3] Obwohl diese Ergebnisse nur für Hauptschüler gesichert erscheinen [4], wird man doch mit Kob [5] davon ausgehen dürfen, daß die inhaltlichen Leseinteressen in dieser Altersstufe relativ einheitlich sind, also auch für Real- und Gymnasialschüler gelten. Schichtenspezifische Differenzen im Leseverhalten treten – so Kob – erst um das 15. Lebensjahr deutlich zutage. [6] Vergegenwärtigt man sich, daß gerade in diesem Alter das Interesse an Spannungsliteratur sichtbar zurückgeht [7], auch wenn es noch vorrangig bleibt, so scheinen sich hier, also in den 8. bis 10. Klassen, besondere didaktische Aufgaben, aber auch Möglichkeiten zu ergeben. Der literarische Erwartungshorizont der Schüler dieser Klassen ist von der Abenteuer- und Kriminalliteratur zwar noch weitgehend bestimmt, doch scheint sich die Bereitschaft zu seiner Überschreitung zumindest anzuzeigen. Neben das Bedürfnis nach spannender Unterhaltung, das bestehen bleibt, tritt der Wunsch nach rationaler Durchdringung der Realität. Die emotionalen Bindungen an die Spannungsliteratur werden brüchiger. Es ist wichtig, daß dies gerade auch bei Hauptschülern, die meist der unterpriviligierten sozialen Schicht angehören, festzustellen ist.

Wie der Deutschunterricht diese Voraussetzungen zu nutzen hat, ist eine die gegenwärtige literaturdidaktische Diskussion beherrschende Frage. Kaum jemand bestreitet noch, daß von der Bedürfnislage der Schüler ausgegangen werden muß, wenn der Unterricht Erfolg haben soll. [8] Die Behandlung der von den Schülern tatsächlich gelesenen Literatur, der Jugendbücher, Heftromane, Comics, Zeitschriften etc., wird von der Fachdidaktik gefordert – und mit Erfolg. Auch in der Zielsetzung eines sich mit solchen Texten be-

* Zuerst in: Der Deutschunterricht 1975, Heft 1, S. 52 – 70.

schäftigenden Unterrichts zeichnet sich ein Konsensus ab. Statt der bloßen Beschreibung und Bewertung der Texte unter ästhetischen Gesichtspunkten wird – zumindest zusätzlich – eine soziologisch-rezeptionsästhetische Betrachtungsweise verlangt [9], welche die von der Trivialliteratur transportierten Ideologien, welche die Funktion der Trivialliteratur für ihre Produzenten und insbesondere für ihre Leser zu bestimmen versucht. Dabei soll den Schülern zugleich bewußt werden, daß ihre Unterhaltungsbedürfnisse gesellschaftlich bedingt (und daher legitim) sind. Hier aber liegt das bisher ungelöste Problem: Wie kann man die Schüler einerseits vom ideologischen Unwert ihrer Lektüre zu überzeugen versuchen, sie ihnen aber doch andererseits angesichts ihrer Bedürfnislage zugestehen? Die Antwort, die Dahrendorf und Waldmann hierauf gegeben haben, liegt in der Hinführung der Schüler zu einem rollenbewußten Umgang mit Literatur [10], der es ermöglicht, wahlweise »nach jeweiliger Interessenrichtung und Bedürfnislage« [11] zu Trivialliteratur oder zu »ästhetisch-kritischer«, »ästhetisch-antizipatorischer« oder »pragmatischer« Literatur (Sachbuch, Fachliteratur) zu greifen. Diese Zielvorstellung einer literarischen Rollenflexibilität basiert auf der unausgesprochenen Voraussetzung, daß auch die Bedürfnisse der Schüler flexibel seien, daß Schüler sich gleichsam im Spiel von ihnen lösen, sich ihnen aber auch wieder (beliebig) hingeben könnten. [12] Wenn dieses Spiel gespielt werden kann, so sicher am wenigsten von den Schülern aus der Unterschicht, deren Sozialisationserfahrungen der Flexibilität in der Übernahme von Rollen entgegenwirken. [13] Die Fragwürdigkeit der Zielvorstellung einer literarischen Rollenflexibilität scheint mir ganz allgemein – am stärksten aber im Hinblick auf die Schüler aus den unteren sozialen Schichten – darin zu liegen, daß man von der Trennbarkeit der Bedürfnisse in Unterhaltungs-, Aufklärungs-, Spielbedürfnisse etc. ausgeht und diesen Bedürfnissen eine Literatur gegenüberstellt, die säuberlich in affirmative, kritische, antizipatorische getrennt wird. [14] Damit überwindet man weder die Fehler des herkömmlichen Literaturunterrichts, der Schüler langweilte, weil er über ihren Erkenntnisbedürfnissen ihre Unterhaltungsbedürfnisse übersah, noch die Fehler eines ›progressiven‹, der Schüler durch die soziologische Erklärung ihrer Unterhaltungsbedürfnisse in die Enge treibt, um sie schließlich ratlos darüber zu lassen, wie sie ihre Bestätigungs-, Spiel- und Erkenntnisbedürfnisse, die doch psychologisch eine Einheit bilden, befriedigen können.

Wenn man von der Einheitlichkeit verschiedener, auch sich widersprechender, jeweils unterschiedlich stark verteilter Bedürfnisse in der Psyche der Schüler – gerade der 14- bis 16jährigen Schüler, die starken Umwandlungsprozessen unterworfen sind – ausgeht, so muß ihnen der Deutschunterricht eine Lektüre anbieten, in der sich spannende und aufklärerische Elemente miteinander verbinden. Die Zielsetzung solchen Unterrichts würde lauten: die Schüler, ohne ihnen die Freude an der Unterhaltung zu verderben, in die gesellschaftskritische Reflexion hineinzuführen.

Ein Angebot kritisch-unterhaltsamer Texte, die am Erwartungshorizont der Schüler anknüpfen, um ihn gleichzeitig zu erweitern, könnte Literaturbarrieren überwinden, die sich um so höher aufrichten, je puristischer man ›gute‹ und ›schlechte‹, bzw. ›kritische‹ und ›affirmative‹ Literatur trennt und gegeneinander ausspielt. Beispiele ›kritischer Unterhaltungsliteratur‹ oder gar ›antizipatorischer Unterhaltungsliteratur‹ aufzuspüren, die sowohl im Unterricht zu behandeln als auch als Empfehlung zur Privatlektüre geeignet wären, ist daher eine der dringenden literaturdidaktischen Aufgaben. Sie soll hier unter ausschließlicher Bezugnahme auf den Kriminalroman angegangen werden, der sich als eine für die genannte Zielvorstellung besonders ergiebige ›Gattung‹ erweist.

Bevor die Schüler mit Beispielen unterhaltsam-aufklärerischer Kriminalliteratur sinnvoll bekannt gemacht werden können, müßte sich der Unterrichtende jedoch entweder zuerst des bewußten und begründbaren Überdrusses seiner Schüler an reiner, die Realität klischeehaft verfälschender Spannungsliteratur vergewissern oder aber die einsetzende oder schon vorhandene Distanzierung von dieser Literatur verstärken. Im letzteren Fall müßte er mit den Schülern jene ideologiekritische, soziologisch-rezeptionsästhetische Analyse versuchen, die von der Didaktik der Trivialliteratur in letzter Zeit gefordert wird.[15] Wie weit er hierbei gehen muß oder kann, wird immer nur im Einzelfall zu entscheiden sein.

Es ergeben sich damit für den Unterricht zwei übergeordnete Teilzielsetzungen, die im folgenden behandelt und an Beispielen veranschaulicht werden sollen:

I. Die Analyse der von den Schülern schon gelesenen Kriminalliteratur – vornehmlich unter ideologiekritischen und rezeptionsästhetischen Gesichtspunkten;

II. Die Analyse ausgewählter Beispiele unterhaltsam-aufklärerischer Kriminalliteratur (u. U. nur der Hinweis auf sie) und die Bereitstellung von Gesichtspunkten, unter denen diese Literatur von den Schülern nicht nur in der Schule, sondern auch selbständig als Privatlektüre mit Verständnis gelesen werden kann.

Überlegungen zu dem übergeordneten Teilziel I

Unter diesem übergeordneten Teilziel sind folgende prinzipielle Einsichten (im Sinn von Feinlehrzielen) zu vermitteln:

1. Die unterschiedlichen Ausprägungen der Kriminalliteratur (insbesondere im Detektivroman und Thriller) verwenden nicht nur unterschiedliche Mittel des Spannungsaufbaus und befriedigen durch sie unterschiedliche Unterhaltungsbedürfnisse, es haben sich in ihnen auch unterschiedliche inhaltliche Konventionen herausgebildet, die zum Teil unterschiedliche, zum Teil verwandte Ideologien vermitteln, die auf bestimmte, gesellschaftlich bedingte Erwartungshaltungen der Leser treffen.

2. Nach rezeptionsästhetischen Kriterien ist ein Detektivroman nicht wertvoller als ein Thriller, da diese beiden typischen Formen der Kriminalliteratur in ihren konventionellen Beispielen den Leser – wenn auch auf unterschiedliche Weise – von der Realität eher wegführen als zu ihrer Erkenntnis beitragen. Die Vorliebe für die eine oder andere Form der Kriminalliteratur hat persönliche und gesellschaftliche Ursachen, über die sich nachdenken läßt.

Die folgenden Ausführungen verstehen sich als Kommentar dieser beiden Feinlehrziele und (unter anderem auch durch die Einbeziehung einiger exemplarischer Textstellen) als Hilfe für die Unterrichtsvorbereitung. Die methodische Anordnung des Unterrichts im einzelnen kann nur der Entscheidung des einzelnen Lehrers unterliegen.

Ausführungen zum ersten Feinlehrziel

Jugendliche kommen über Fernsehen und Groschenheftliteratur vor allem mit dem Thriller in Berührung. Detektivromane werden seltener gelesen; auch im Fernsehen können Filme, die dem Muster des Detektivromans folgen, nur relativ selten gesehen werden. Der Jugendbuchkrimi, eine Art Mischform aus Detektivroman und Thriller, aber mit durchaus eigenständigen zusätzlichen Merkmalen, ist nur wenig verbreitet, im wesentlichen in »buchaufgeschlossenen bürgerlichen Kreisen«. [16] Ich klammere ihn im folgenden aus, zumal er von den Jugendlichen als eine eigens für sie hergestellte Literaturform mit zunehmendem Alter immer stärker abgelehnt wird, und beschränke mich darauf, auf einen informativen Aufsatz von Dahrendorf zu verweisen. [17]

Kriminalliteratur wird um der von ihr vermittelten Spannung willen gelesen. Spannung entsteht durch die Informationsverweigerung darüber, wie sich der Held (das Identifikationsobjekt des Lesers) in einer für ihn problematischen Situation verhalten wird. Je größer das Problem ist, vor dem der Held steht, und je höher der Identifikationsgrad des Lesers ist, desto intensiver ist die Spannung des Lesers. Seine Spannung löst sich mit der Darstellung des Problemlöseverhaltens des Helden. Der innere Mitvollzug des Problemlöseverhaltens des Helden verschafft dem Leser Entspannung und Befriedigung. Je nach Einstellung des Lesers wird diese Befriedigung aus einem mehr pragmatischen Verhalten des Helden gezogen (wie im Thriller) oder aus einem mehr kognitiven (wie im Detektivroman).

a) Der Thriller

Die Handlungen des Thrillers – ich beziehe mich hier exemplarisch auf die Jerry-Cotton-Romanheftserie – besteht aus einer Kette aktionsgeladener Szenen (meist Szenen des Kampfes mit allen seinen Begleiterscheinungen wie Verfolgung, Flucht, Anschleichen, Gefangennahme, Befreiung usw.[19]), in denen der Held sich mit Widerständen auseinandersetzt, die grundsätzlich verdinglicht sind – entweder als sich in den Weg stellende Hindernisse (die verschlossene Tür, die hohe Mauer etc.), die überwunden werden, oder als böse typisierte Personen, die beseitigt werden müssen. Die Beschreibung der Widerstände erzeugt im Leser die Spannung, die Beschreibung ihrer – stets handgreiflichen – Bewältigung bewirkt die Spannungslösung. Spannungs- und Entspannungsmöglichkeiten lösen einander kurzfristig ab. Immer wieder gerät der Held in Bedrängnis, immer wieder befreit er sich oder wird befreit, bis seine Gegenspieler schließlich aufgerieben sind – eine angemessene Erzählweise für Leser, die geringe Ausdauer besitzen und Affekte nicht aufschieben mögen oder können, eine angemessene Erzählweise für Pubertierende also, oder auch für Erwachsene, die aufgrund ihrer sozialen und psychischen Lage auf die ständige Wiederholung von Reizangeboten angewiesen sind.[20]

Ideologiekritische Überlegungen haben besonders bei der Darstellung der Verbrecher (der outgroup) und der Kriminalbeamten (der ingroup) anzusetzen.

Verbrechen werden niemals als sozial bedingt gesehen. Entsprechend werden die Verbrecher lediglich diffamiert. Die Skala allein ihres Äußeren reicht vom Unappetitlichen über das Häßliche, das Anormale bis zum Außermenschlichen, Tierischen. Als Angehörige südländischer oder asiatischer Rassen, als politisch Andersdenkende, als Intellektuelle repräsentieren sie die Sündenböcke der Gesellschaft. Die Autoren der Thriller greifen auf die Vorurteile der Leser zurück, um ihnen die Bedrohung des Helden und der ingroup ganz eingängig zu machen. So können sich in den Lesern Spannung und Aggression vermischen, erhält die Spannung einen zusätzlichen Impetus. In der Überwindung der Gegner durch den Helden und seine Gefährten entspannt sich der Leser – und da der Zustand der Entspannung Lernprozesse begünstigt, werden Vorurteile weiter vertieft.

Spannung und Entspannung erhöhen sich mit der Intensität, mit der sich der Leser mit dem Helden identifiziert. Deshalb stimmt der Thriller das Identifikationsobjekt (den Helden) auf den Leser ab. Die Eigenschaften des Helden – körperliche Stärke, Geschicklichkeit, Mut, Tatkraft – antworten auf die Wunschvorstellungen gerade der jugendlichen Leser und entsprechen den in unserer Gesellschaft weitverbreiteten Vorstellungen von Männlichkeit. Sein antiintellektuelles, pragmatisches, z. T. aggressives Problemlöseverhalten bestätigt die Einstellungen jener Leser, deren Intelligenz sich in einer autoritären Gesellschaftsstruktur nicht entfalten konnte. Die Autorität des Helden, seine Entscheidungsautonomie, sein Bund mit dem Schicksal eignen sich für Projektionen von Lesern, denen Autorität, Autonomie und Glück in der Realität versagt bleiben. Da der Held aber zugleich Bindungen unterworfen wird – Spielregeln des Kämpfens, dem Gesetz, Vorschriften, denen er bedingungslos gehorcht[21] – bestärkt er im gleichen Moment auch Autoritätsgläubigkeit und Vorstellungen von der Naturgegebenheit einer vertikalen

Gesellschaftsstruktur, in der man oben oder unten steht. Die Überhöhung des empirischen Erfahrungshorizontes des Lesers schließt die Beibehaltung seines Normenhorizontes nicht aus. Der Thriller setzt die Nerven des Lesers in Bewegung, stellt die Kulisse, die typischen Personen und die stereotypen Interaktionsmuster des Kampfes bereit, in die der Leser seine unerfüllten Wünsche von Auserwähltheit und Freiheit transponieren und im Tagtraum als erfüllte erleben kann, ohne in der Regel zu bemerken, daß die erträumte Freiheit innerhalb der Normen bleibt, die ihn in Wirklichkeit gefangenhalten.

Diese und weitergehende Ergebnisse lassen sich im Unterricht an Textstellen erarbeiten, von denen man in jedem Jerry-Cotton-Heft eine ganze Anzahl findet. Ein Beispiel aus Jerry Cotton, Nr. 576, S. 40 f.[22]:

I

Der Killer stand mir gegenüber – aber nicht waffenlos. Irgendwoher hatte er ein aufgeklapptes Wurfmesser gefischt und hielt es in der unverletzten Linken. Er war schon in seiner Art Klasse – ausgebildet und trainiert, auch bei lahmgelegtem rechtem Arm noch verteidigungsbereit zu sein. Und das war er wirklich – ich sah es an den Bewegungen seines Oberkörpers, der hin und her wiegte wie der Kopf einer angriffsbereiten Schlange.

Phil stand mit der gezogenen Pistole in der Schlafzimmertür. Natürlich hätte er schießen können, aber sowohl unsere Dienstvorschriften wie auch unser persönlicher Anstand hinderten ihn daran. Der Killer warf sich und die Linke blitzartig zurück. Ich hatte auf diese Bewegung gewartet und war auf dem Sprung. Niemand hat gegenüber einem guten Messerwerfer eine Chance, wenn er stehen bleibt. Genauso wenig wie gegen einen Pistolenschützen. Viel langsamer ist ein Messer nicht.

II

Er kam aus seinem Schwung noch nicht wieder ganz nach vorn, als ich ihm meinen Schädel in den Leib rannte, gleichzeitig seine Beine packte und sie in meinem Fall mit nach oben riß. Er krachte auf den Rücken, ich kam auf ihn zu liegen und suchte im Fallen nach seiner Linken. Die jedoch hatte im Fall das Messer eisern festgehalten. Der Bursche war mir fast ebenbürtig. Mit einer gekonnten Rolle warf er sich seitwärts und versuchte mich abzuschütteln. Ich riß die Beine auseinander und wollte ihn auf dem Boden festnageln. Da kam seine Hand mit dem Messer von oben. Die Klinge schlitzte mir den Ärmel auf und fuhr zentimetertief in den Fußboden. Damit glaubte ich ihn zu haben: ich packte sein Handgelenk und hebelte es herum. Er ließ den Messergriff los, zog die Beine an und stieß mich zurück. Für einen Moment hilflos und mit brennendem Schmerz zwischen den geprellten Rippen taumelte ich durch den Raum, ehe ich an der gegenüberliegenden Wand heruntersackte.

II a

Und da kam er schon wieder. Aus der Hocke heraus sprang er mir nach, achtete nicht auf seine verwundete Rechte . . . sein verzerrtes Gesicht wuchs vor mir auf. Ich zog den Kopf ein. Seine Nagelstiefel waren das letzte, was ich zu spüren verlangte.

Phils Pistole knallte seltsam leise. Dann schien ein Berg über mir einzustürzen. Der Killer begrub mich unter sich und deckte mich vollkommen zu.

III

»Na, alter Freund?« sagte Phil.

Ich rappelte mich mühsam hoch. »Was ist?«

»Sorry. Aber als der Bursche dich im letzten Anlauf nehmen wollte, dachte ich, daß es nun mein Fall wäre. Es sollte ihn nur stoppen, aber er ist in meine Kugel hineingelaufen.«

Ich stand auf, wankte noch ein bißchen und sah den Killer auf dem Boden liegen. »Tot?«

Phil nickte. »Ich weiß, es ist nicht sehr sympathisch. Meine einzige Entschuldigung ist, daß er da liegt und nicht du. Leider gab es keine dritte Möglichkeit.«

Für die Behandlung dieses Textes im Unterricht lassen sich folgende Anhaltspunkte nennen:

– Charakterisierung des Verbrechers

(Aufwertung bei gleichzeitiger Diffamierung; Signalisierung von Gefahr)

– Funktion der signalisierten Gefahr im Hinblick auf den Leser

(Spannungserregung; definitorische Bemühung um den Begriff der Spannung)

– Darstellung des Kampfes

(Fingierte Notwehrsituation des Helden; Angriffe des Gegners und Reaktionen des Helden = Spannungs- und Entspannungsmomente; Wortschatzuntersuchungen, Satzbauuntersuchungen; die Bedeutung der ingroup im Zusammenhang mit der Unterlegenheit des Helden in dieser Szene)

– Fingierte Notwehrsituation des Helden und sein Verhalten

(Scheinmoralische Rechtfertigung von Gewalttätigkeiten der Gesetzesvertreter; das verlogene Motiv des ›anständigen Kämpfens‹; die Verfügungsgewalt über das Leben des Verbrechers; Funktionswert dieser unrealistischen Szene für Unterhaltung und Manipulation des Lesers)

– Aktionismus und Ideologievermittlung

(Emotionale Beteiligung des Lesers, Ausschaltung seiner kritischen Reflexion, Distanzlosigkeit gegenüber vermittelter Ideologie)

– Aktionismus und instrumentelle Aggression

(Aggressionsaufbauende Wirkung durch observatives Lernen [Belohnung des gewalttätigen Problemlöseverhaltens des Helden]; Anfälligkeit einzelner Leserzielgruppen für Aggressionsangebote)

b) Der Detektivroman [23]

Erzählt der Thriller chronologisch, so der Detektivroman rückläufig. Das Verbrechen liegt am Anfang, die Handlung des Romans ist primär nichts anderes als die Reflexion über bereits Geschehenes, die Entschlüsselung eines Rätsels. Wird der Thriller durch aneinandergereihte Kampfszenen strukturiert, so der Detektivroman durch aneinandergereihte Verhöre. Das äußere Geschehen des Romans stagniert, sein inneres Geschehen vollzieht sich in einer immer enger werdenden, einschnürenden Kreisbewegung. Die Spannung, die auf diese Weise im Leser erzielt wird, ist eine langanhaltende, sich steigernde (vgl. u. Beleg A). Zwar versucht der mitdenkende Leser den

Spannungsbogen zu brechen (die Lösung vorwegzunehmen), um sich zu entlasten, doch tut der Detektivroman alles, um dies zu verhindern: Falsche Fährten führen den Leser zu falschen Schlußfolgerungen und ersticken seine einsetzende Katharsis; der Detektiv reizt den Leser dadurch, daß er seinen gedanklichen Vorsprung andeutet, ohne ihn zu äußern (vgl. u. Beleg B); das viel zitierte ›fair play‹, das dem Leser die gleichen Indizien für seine Schlußfolgerungen stellen soll wie dem Detektiv, wird nicht von allen Autoren eingehalten. Die Lösung des Falles erfolgt als zusammenfassender Bericht erst auf den letzten Seiten (vgl. u. Beleg D). Daß dieses Erzählmuster Intellektuelle anspricht, ist weniger evident, als daß es Leser unterhält, die Literatur nicht als Ausgleich real erlittener Frustrationen benutzen, sondern zum Spiel, wobei es sich freilich meist um Intellektuelle handeln dürfte. Dies wird besonders deutlich, wenn man der Darstellung des Verbrechens und des Verbrechers nachgeht, der nicht diffamiert wird und nicht als Auffangobjekt latent vorhandener Aggressionen fungiert.

Das Verbrechen hat lediglich die Funktion des Rätsels, das gestellt wird. Je unlösbarer das Rätsel erscheinen soll (damit die Spannung und Denkarbeit des Lesers lange anhalten kann), desto unwahrscheinlicher muß das Verbrechen sein. Gemordet wird mit Dolchen aus Eis, die dann auftauen, mit vergifteten Zahnfüllungen usw. – der Erfindungsreichtum ist groß. Auch die Situation, in der getötet wird, ist hochgradig konstruiert. Bevorzugte Mordplätze sind abgeschlossene Räume, Inseln, fahrende Züge, Flugzeuge usw. Diese ›locked rooms‹ sind notwendig, um den Kreis der Verdächtigen klein zu halten, da sonst der Detektiv allein aufgrund seiner Kombinationsgabe und seines individuellen Vorgehens zu keiner Lösung kommen könnte. Der Täter selbst tritt als solcher nicht in Erscheinung. Er ist unerkannt einer unter mehreren Verdächtigen und wird erst am Schluß entlarvt. Bis dahin – solange der Verdacht auf mehrere fällt – entsteht ein Reizklima der Unsicherheit und Angst, das – wie Alewyn angedeutet hat[24] – wohl gerade den saturierten Leser stimuliert.

Der Held des Detektivromans führt das Gefühl der Unsicherheit – sofern sich die Unsicherheit der verdächtigen Romanfiguren auf den Leser überträgt – in das der Sicherheit zurück. Seine bloße Anwesenheit bietet die Gewähr, daß die mögliche Beunruhigung des Lesers nur ein Rollenspiel bleibt. Funktional leistet er das gleiche wie der Held des Thrillers: er bietet die Garantie, daß der durch das Verbrechen hervorgerufene Ausnahmezustand beigelegt wird, daß sich der Leser auf den Zugriff des Rechts (das Funktionieren des Rechtsstaates) verlassen kann.[25] Nur unterscheiden sich seine Fähigkeiten und Methoden von denen des Thriller-Helden. Er verfügt über hervorragende analytische Gaben; er prüft Fakten, entwickelt Hypothesen, verifiziert oder falsifiziert sie, stellt Kombinationen an, die auf die Kreativität seines Denkens verweisen. Als »Darsteller der ratio« – wie Kracauer ihn nennt[26] – bleibt er für den intellektuellen Leser ebenso unerreichbar wie für den ›common-sense-Leser‹ der ›superman‹. Eignet sich der superman für

Projektionen, in denen der Glaube an die Richtigkeit handgreiflichen Tuns zum Ausdruck kommt, so eignet sich der Detektiv für solche, in denen sich der Glaube an die Macht der Rationalität verbirgt. Beiden Helden gemeinsam ist ihre Isolation und Singularität – einmal angezeigt durch die Überdimensionierung körperlicher Vorzüge, das andere Mal durch die Skurrilität des Aussehens und Benehmens. Auch der Detektiv handelt autonom und autoritär. Nimmt der FBI-Agent eine Sonderstellung im Polizeiapparat ein, so ist der Detektiv vom Polizeiapparat ganz unabhängig. Die Autorität seines Vorgehens ist lediglich liebenswürdig kaschiert: seinen Gefährten – sofern er einen hat – behandelt er herablassend, ohne ihn über seine Wissensvorzüge aufzuklären (natürlich wäre dies auch aus erzähltechnischen Gründen nicht möglich, weil die Spannung des Lesers erlöschen würde); die biederen Polizeibeamten werden in der Regel verspottet, wodurch auch die eigene Unabhängigkeit demonstriert wird; die Verdächtigen werden durch Verhöre verunsichert (vgl. u. Beleg C), der Täter wird oft durch eine Falle hereingelegt (vgl. u. Beleg D). Am Ende steht der zusammenfassende Vortrag, in dem der Meister des Denkens seine Mitverfolger (also auch die Leser) und den Verfolgten mit dem Vergnügen des Erfolgreichen belehrt (vgl. u. Beleg D). Ähnlich also wie beim Thriller wird der Leser – in der Regel wahrscheinlich auch hier: ohne es zu bemerken – über seinen empirischen Erfahrungshorizont hinausgeführt, indem er – selbst Intellektueller – einmal einen Intellektuellen bewundern kann, dessen Denkprozesse effektiv verlaufen, dessen Handlungen Folgen haben[27], ohne daß damit der Normenhorizont einer Gesellschaft verlassen würde, in der Probleme in der Regel autoritär von oben oder von außen und von einzelnen, Berufenen, gelöst werden, die zu bewundern man gewohnt ist.

Die hier entwickelten Gedanken zum Detektivroman lassen sich, will man nicht – wie E. Dingeldey[28] – nur seine ideologischen Implikationen, sondern auch seinen Unterhaltungswert untersuchen, im Unterricht nicht durch eine einzelne exemplarische Textstelle vermitteln. Dem widersetzt sich das weitausladende Handlungs- und Spannungsgerüst des Detektivromans, in dem die einzelnen Teile keine geschlossenen Einheiten bilden, sondern eine zwingende Funktion im Ganzen haben. Deswegen müßte im Unterricht der Spannungsbogen eines ausgewählten Romans erarbeitet werden (hier als Beleg A^1 gezeigt), wobei der Vergleich mit der Spannungskurve eines Thrillers (hier als Beleg A^2) einen sehr anschaulichen Aufschluß über die verschiedenartige, weitgehend schichtspezifisch abgestimmte Ökonomie der Spannungserzeugung geben könnte.

Daneben freilich bleiben die ideologiekritischen Fragen E. Dingeldeys nach der Darstellung der Art des Verbrechens, des Täters, der Gründe und Ursachen des Verbrechens, der Gegenwelt des Verbrechens und ihren Wert- und Normvorstellungen, der positiven Figuren, der Bestrafung und Wiederherstellung einer ›heilen Welt‹ und nach der Weise, wie konkrete gesellschaftliche Wirklichkeit (Herrschaftsverhältnisse, Eigentumsverhältnisse, soziale Unterschiede, Sozialisationsformen) in die Beschreibung des ›Falles‹ eingeht, unerläßlich. [29] Diese Fragen sollen hier im Zusammenhang mit einigen Textbelegen (Belege B, C, D), auf die schon oben verwiesen wurde, nur ergänzt werden. Auch unter diesem ideologiekritischen Aspekt wäre der vergleichende Rückgriff auf den zuvor behandelten Thriller ergiebig.

Die Belege B – D stammen aus: A. Christie, Tod in den Wolken (englischer Originaltitel: Death in the Air), o. J. (Goldmann Taschenbuch 4):

Beleg A_1: Idealtypische Spannungskurve eines Detektivromans:

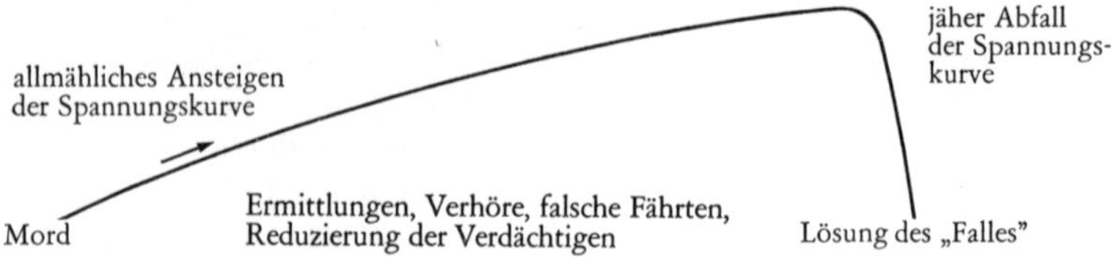

Beleg A_2: Idealtypische Spannungskurve eines Thrillers:

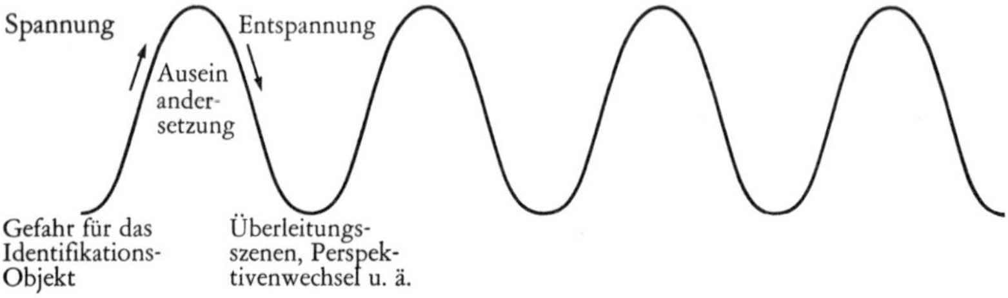

Beleg B: Der gedankliche Vorsprung des Detektivs als Mittel der Spannungserzeugung

»Poirot nahm die Bogen und las den Inhalt zum zweiten Male. Dann legte er sie mit einem Seufzer wieder auf den Tisch. ›Klipp und klar scheint alles auf eine Person als den Mörder hinzudeuten‹, sagte er. ›Und doch begreife ich nicht das Weshalb oder das Wie.‹ Der Inspektor fuhr in die Höhe. ›Monsieur Poirot, wollen Sie etwa behaupten, daß die Durchsicht dieser Liste Sie auf die Spur des Mörders brachte? Ihnen zeigte, wer von den Reisenden im Flugzeug das Verbrechen beging?‹ ›Ich glaube, ja.‹ . . . ›Tragen Sie uns Ihre Theorie doch mal vor . . .‹ ›es lohnt sich nicht mein Freund.‹« (S. 66 f.)

»Poirot klopfte seinem Gefährten freundlich auf die Schulter. ›Eine Antwort hängt von den Fragen ab, und Sie wußten nicht, auf welche Fragen es ankommt.‹ ›Wissen Sie es?‹ ›Eh . . . ich habe eine gewisse kleine Idee!‹« (S. 90)

»›Rasch, Fournier. Wir müssen zu ihrem Hotel. Sollte meine kleine Idee korrekt sein – und mehr denn je bin ich davon überzeugt –, so ist Eile geboten.‹ Fournier kletterte ihm nach, während das Auto bereits anfuhr. Unsanft fiel er in eine Ecke . . . ›Lieber Monsieur Poirot, wir müssen sorgsam vorgehen‹, sagte er in leiser, beschwörender Stimme. ›Still! Sie verstehen nicht . . .‹« (S. 173 f.)

Beleg C: Stile des Verhörs – Die Autorität des Detektivs

a) Polizeiverhör:

»›Haben Sie das Blasrohr behalten?‹ ›Nun . . . ich denke, ja.‹ ›Und wo befindet es sich jetzt?‹ ›Wo? Es wird irgendwo stecken.‹ ›Was heißt irgendwo, Mr. Clancy?‹

schnarrte der Kriminalbeamte. ›Ich . . . ich weiß es wirklich nicht genau, Inspektor. Ich bin kein sehr ordentlicher Mensch.‹ ›Sie haben es doch nicht etwa bei sich?‹ ›Bestimmt nicht. Mindestens sechs Monate habe ich es nicht gesehen.‹ Inspektor Japp umfing sein Opfer mit einem Blick eisigen Argwohns und setzt dann das Verhör fort. ›Sind sie während des Fluges einmal aufgestanden?‹ ›Nein . . . oder . . . ja, ja, ich stand auf . . .‹ Dann gestattete Japp Dr. Clancy, sich zu entfernen . . . ›Fauler Zauber!‹ urteilte der Inspektor. ›Erstens besaß er ein Blasrohr, und zweitens schlotterte er ja vor Angst!‹ ›Daran ist Ihre behördliche Strenge schuld, mein guter Japp!‹ ›Strenge . . .? Niemand braucht sich vor uns zu ängstigen, wenn er die Wahrheit spricht‹, sagte der Scotland-Yard-Beamte von oben herab, worauf Poirot mit schiefgeneigtem Kopf ihn ein Weilchen mitleidig betrachtete. ›Mir scheint fast, Sie glauben, was Sie da eben sagten!‹« (S. 26 f.)

b) Verhör des Detektivs:

»Fournier verschwand, und noch einmal durchwanderte Poirot das Zimmer. Dann setzte er sich und betrachtete stumm die rundliche Frau, die unter diesen forschenden Augen unruhig wurde . . . ›Soll ich Ihnen etwas sagen, Mademoiselle Grandier? Es gehört zu meinen Gepflogenheiten, nichts zu glauben, was man mir erzählt – das heißt nichts, was nicht bewiesen wird. Ich verdächtige nicht erst diese und hernach jene Person; ich verdächtige jeden. Jeden, der mit einem Verbrechen im leisesten Zusammenhang steht, betrachte ich als einen Verbrecher, bis die betreffende Person sich als unschuldig erweist.‹ . . . ›Monsieur, ich bin unschuldig! Ich schwöre, daß ich nichts dergleichen getan habe.‹ . . . ›Ich glaube Ihnen. Trotzdem verheimlichen Sie irgend etwas, Mademoiselle. O ja, leugnen Sie es nicht . . .! In jedem Fall krimineller Art spielt sich beim Verhör von Zeugen derselbe Vorgang ab. Jeder hält irgend etwas zurück. Bisweilen ist es etwas ganz Harmloses, das auf das Verbrechen gar keinen Bezug hat. Doch – ich wiederhole – etwas gibt es immer. Sie Mademoiselle, machen von der Regel keine Ausnahme. Still, still, nicht leugnen! Ich bin Hercule Poirot und weiß, was ich sage. Als mein Freund Fournier Sie vorhin ausfragte, wurden Sie gelegentlich unsicher. Auch jetzt können Sie mir nicht frei in die Augen sehen . . .!‹« (S. 77 f.)

Beleg D: Der Detektiv im Genuß seiner Überlegenheit und als Fallensteller

»Nach dem Essen, als der Kaffee serviert wurde, räusperte sich Poirot ein wenig verlegen, aber keineswegs frei von Selbstbewußtsein. ›Meine Freunde‹, sagte er, ›wenn es Sie . . . nicht langweilt, möchte ich Ihnen jetzt eine kleine zusammenfassende Schilderung der Methoden geben, die ich im Fall Giselle angewandt habe.‹ Er machte eine Pause und überflog einige Notizen, und Inspektor Japp benutzte die Zeit, um Norman zuzuraunen: ›Wie er sich bläht, was? Eitelkeit ist der Beiname unseres Freundes!‹ Poirot warf ihm einen vorwurfsvollen Blick zu und begann.« (S. 178)

»›Sie flößten ihr mit Gewalt Blausäure ein und drückten ihr die leere Flasche in die Hand.‹ ›Verdammte Lügen!‹ brüllte Norman Gale. ›O nein. Wir haben eine Stelle an ihrem Halse entdeckt, die sehr vielsagend ist . . .‹ ›Verdammte Lügen, ich wiederhole es!‹ ›Außerdem haben Sie Fingerspuren auf der Flasche hinterlassen.‹ ›Sie lügen. Ich trug . . .‹ ›Ah, Sie trugen Handschuhe . . .? Ich denke, Monsieur, dieses kleine Zugeständnis genügt uns!‹« (S. 188)

Ausführungen zum zweiten Feinlehrziel

Die folgenden knappen Ausführungen fixieren mögliche Gesprächsergebnisse und geben damit zugleich Anhaltspunkte für eine mögliche Steuerung des Unterrichtsgesprächs durch den Lehrer.

Dem Thriller wie dem Detektivroman gemeinsam ist die Verweigerung rationaler Durchdringung der Realität. Der Verzicht auf die Darstellung der gesellschaftlichen Dimension der Konflikte, deren Verdinglichung und Personalisierung, das autoritäre bzw. aggressive Problemlöseverhalten der Helden, die Propagierung einer in Wirklichkeit nicht vorhandenen Rechtssicherheit tragen einen stark affirmativen Charakter.

Die Gewohnheit, den Detektivroman grundsätzlich höher einzuschätzen als den Thriller, weil er die »rein intellektuelle Bewegung« [30] vorexerziert, resultiert aus einem nicht genügend reflektierten Respekt vor dem logischen Denken an sich. Ob der Unterhaltungswert aus dem Mitvollzug des logischen Denkens größer ist als der, der aus dem Mitvollzug von abenteuerlichen Handlungen gezogen wird, hängt von der Einstellung und den Voraussetzungen der Leser ab. Man muß jedenfalls sehen, daß auch der Detektivroman dem Leser zu einer rationalen Einschätzung der Wirklichkeit nicht verhilft. Zwar arbeitet er nicht mit der antiintellektuellen Instinktsicherheit der Helden – im Gegenteil, seine Helden sind vom Verstand geleitet. Doch dieser Verstand dient lediglich der Aufklärung eines Verbrechens, nicht der Aufklärung über *das* Verbrechen, nicht der Aufklärung über die Problematik der Rechtsverwirklichung. Der Rationalismus in der Detektivgeschichte ist ein Scheinrationalismus, weil ihre Autoren Reflexionen über psychische und soziale Probleme verweigern und sich damit begnügen, den Verstand ›spielen‹ zu lassen. Daß der Thriller dennoch problematischer erscheint, liegt daran, daß er nicht nur Erkenntnis versagt, sondern auch die Lösungsmöglichkeiten der Gewalt vorschlägt.

Über dieser negativen Bewertung der bisher skizzierten Kriminalliteratur dürfen andererseits die Bedürfnisse nicht übersehen oder gar diffamiert werden, die zu ihrer Lektüre führen. Über die Funktionen der Trivialliteratur allgemein für die Bedürfnisbefriedigung gerade jugendlicher Leser schreibt Waldmann [31]:

> »Diese Funktionen sind z. B. *kompensatorischer* Natur: Trivialliteratur liefert mit literarischen Tagträumen diejenigen Imaginationshilfen, mit denen sie ersatzweise wunscherfüllende Weltbemächtigung und Machtausübung, Sozialprestige, Selbstbestätigung erfahren, mit denen also Bedürfnisse bedient werden, die ihre Umwelt ihnen nicht zu befriedigen erlaubt, wodurch sie Kompensation ihrer Versagungen, Triebregulierung, Angstbewältigung, Aggressionsableitung erreichen. Die Funktionen von Trivialliteratur sind *regulativer* Natur: sie liefert an Identifikationsfiguren vorbildhaft die in bestimmten Sozialisationsphasen erforderten Rollenspielformen und Verhaltensmuster. Sie liefert vor allem diejenigen Leitbilder, Nachfolgegestalten, Verehrungsidole, die mögliche Bezugspersonen des eigenen sozialen Umfelds, etwa der Familie, meist nicht mehr darzustellen vermögen . . .«

Die Kriminalliteratur im besonderen befriedigt vor allem Bedürfnisse im Bereich der Aggression und der Rationalität. Dazu wieder Waldmann [32]:

> »Bei den Bedürfnissen im Bereich der *Aggression* geht es u. a. darum, daß z. B. die durch die Schule wie die Gesellschaft überhaupt weithin praktischen Formen der Sozialisation: Einübung in Konkurrenzdenken und Leistungsmentalität, dabei repressiv verordnete Versagungen und Triebverzicht und so bewirkte Frustrationen, ein Aggres-

sionspotential schaffen, das ersatzweise abgeführt oder aufgezehrt und so reguliert werden muß in fiktionalen Wunschwelten, in denen ungehemmtes, extremes und nicht-tabuiertes Aggressionsverhalten praktiziert, – nach Möglichkeit aber doch so praktiziert wird (vom Kämpfer für das Recht, vom legalisierten Menschenjäger), daß die bestehende – obzwar die hier abreagierten Aggressionen gerade erzeugende – Gesellschaftsordnung letztlich als richtig und unveränderbar bestätigt wird.

Bei den Bedürfnissen der *Rationalität* geht es u. a. um spielerische, vom Zweckdruck der Arbeits- oder Schulwelt losgelöste Betätigung einer der für unsere technisch-wissenschaftliche Wirklichkeit entscheidenden Fähigkeiten: der Vernunft. Es geht darum, in der Herstellung einer durch sie regulierten Ordnungswelt Bestätigung ihrer Bedeutung, vor allem Selbstbestätigung im zureichenden Verfügen über sie . . ., zu erfahren. Der Detektivroman bedient diese Bedürfnisse durch den Entwurf von Leserrollen, in denen sich der Leser in eine völlig rational strukturierte und prinzipiell überschaubare Idealwelt versetzt und sich hier in den Identifikationsfiguren durch . . . Wissen und besondere Kombinationsgabe intellektuell bestätigt fühlen kann.«

Der Widerspruch zwischen der Notwendigkeit und der Gefährlichkeit der Kriminalliteratur für Leser ist pädagogisch nur zu überwinden durch das Angebot solcher Romane, die an möglichst vielen Stellen die affirmativen Inhalte aufklärerisch durchbrechen. Daß dies zum Teil ohne einen gewissen Verlust an Spannung, die sich ja nicht nur durch (leicht einzuhaltende) formale Kriterien, sondern auch durch die inhaltlichen Merkmale konstituiert, nicht abgehen kann, muß dabei in Kauf genommen werden. Aber es kommt darauf an, eine Brücke zu schlagen zwischen emotionalem und reflektiertem Lesen, zwischen Erregung und Erkenntnis.

Überlegungen zu dem übergeordneten Teilziel II

Die Möglichkeit, Aufklärung in die Kriminalliteratur einzubringen, ohne die Gesetzmäßigkeiten der Gattung zu mißachten, d. h. zugleich ohne ihren Unterhaltungswert wesentlich einzuschränken, liegen bei der Darstellung des Täters, des Opfers oder des Detektivs. Alle diese Möglichkeiten sind – besonders in letzter Zeit, wenn auch nur von wenigen Autoren – genutzt worden. [33]

Im folgenden sollen jeweils einige grundsätzliche Feststellungen zu diesen möglichen, sich im einzelnen Roman auch überschneidenden Ansatzpunkten der Aufklärung getroffen werden, verbunden mit dem Hinweis auf einige ausgewählte Beispiele gegenwärtiger Kriminalliteratur, die wenigstens schwergewichtig unter jeweils einen der genannten Ansatzpunkte fallen.

Dieses Vorgehen hat didaktisch den Vorzug, daß sich daraus auch für den Lehrer, der sich im Unterricht nicht eingehend mit Kriminalliteratur beschäftigen will oder kann, leicht Gesichtspunkte (unter Umständen im Zusammenhang mit der Besprechung ›reiner‹ Thriller oder Detektivromane) ableiten lassen, die den Schülern als Hilfestellungen für ihre Privatlektüre vermittelt werden können.

A. ›Der Täter‹ als Ansatzpunkt der Aufklärungsabsicht

Das Verbrechen fungiert hier nicht als bloßes Rätsel, als Anstoß zu einem Denkspiel, sondern wird abgeleitet aus Motivationen des Täters. Diese Motivationen werden mehr oder weniger explizit erklärt. Der Täter wird entweder als Produkt seiner Sozialisation gesehen oder in seinen gegenwärtigen Sozialbeziehungen, die seine Tat ›verständlich‹ erscheinen lassen. Damit verlagert sich die Schuldfrage. Der Unterhaltungsroman schlägt tendenziell in den gesellschaftskritischen Roman um. Die Wiederherstellung der Ordnung an seinem Ende kann nicht mehr ohne weiteres mit der Wiederherstellung einer ›heilen Welt‹ gleichgesetzt werden. Über der Gesellschaft, die Verbrechen mitverschuldet, hängt ein Fragezeichen. Im »sozialistischen Kriminalroman«[34], der diesem Aufklärungsmuster durchgängig folgt – dabei freilich (durchaus unaufklärerisch) die Ursachen des Verbrechens monokausal aus den kapitalistischen Eigentumsverhältnissen erklärt –, wird das Fragezeichen durch ein Ausrufungszeichen ersetzt. Die Offenlegung der Motivation des Täters verbindet sich mit dem Optimismus, daß Probleme nicht nur erkannt, sondern gelöst werden können. Mit der Überführung des Täters verbinden sich die Wünsche für seine Resozialisierung, eröffnet sich plakativ die Perspektive einer künftigen Gesellschaft ohne Verbrechen.

Das Interesse für den Täter verbietet die Form des Detektivromans. Den Fall des Täters – rückblickend – erst am Ende des Buches aufzurollen, widerspräche der Bedeutung, die dieser Figur beigemessen wird. Denn mit ihr soll sich der Leser auseinandersetzen, und dies darf nicht erst am Schluß geschehen. Deswegen muß die Perspektive des Täters oder der Bericht über ihn in die Erzählung hineingenommen werden, was impliziert, daß der Leser der Ermittlungsarbeit des Detektivs gelassen oder gelangweilt zusieht. Spannung muß also entweder mit Mitteln des Thrillers (Verfolgungs-, Fluchtszenen u. ä.) (vgl. z. B. Chester Himes, Lauf, Nigger, lauf!, 1968, rororo-Thriller 2114) oder mit besonderen formalen Erzähltechniken (Perspektivenwechsel vor Handlungshöhepunkten u. ä.) (vg. Beispiel 1) erzeugt werden.

Beispiel 1: Michael Molsner, Rote Messe, 1973 (Fischer Tb 1415)

Die Ermordeten (ein italienischer Gastarbeiter, eine kommunistische Studentin) sind Angehörige gesellschaftlicher Minderheiten, die Mörder Angehörige einer durch entfremdete Sozialbeziehungen und bewußtseinsverbildende Massenbildpresse brutalisierten Gesellschaft (ein Geschäftsmann, eine Lynchjustiz übende Gruppe bundesdeutscher Kleinstädter), zu deren Honoratioren der weniger ermittelnde als vertuschende Polizeichef gehört. Eigentliche ›Aufklärung‹ (nämlich über die Motivationen der Verbrecher und die Entstehung ihrer Brutalität) leistet der durch den Ich-Erzähler (einen politisch liberalen Journalisten) vermittelte Bericht eines marxistisch orientierten Studenten, der Augenzeugenberichte und Berichte zur Vorgeschichte des Verbrechens zusammengestellt und kommentiert hat. ›Aufklärung‹ ist somit eine politische, wobei Indoktrination durch die Gegenüberstellung konservativer, liberaler und marxistischer Ansichten vermieden wird, dem Leser sich seine Ansichten zu bilden überlassen bleibt.

Da das Buch den Leser weder durch die Denkarbeit eines Detektivs noch durch aktionsgeladene Szenen reizt – Abwechslung wird hauptsächlich durch den Wechsel der Berichtenden erzielt –, dürfte sein Unterhaltungswert im wesentlichen in der Wahl einer weitgehend tabuierten Thematik liegen, die als solche zu erregen vermag.

Mögliche Ansatzpunkte für die Unterrichtsarbeit:

- Abweichungen von den gängigen Mustern des Kriminalromans; Gründe dafür und Konsequenzen für den Unterhaltungswert des Buches (Spannungslosigkeit oder Spannung durch die Behandlung tabuierter, die Schüler interessierender Themen).
- Erklärungsversuche für die Brutalität der ›Täter‹. Funktion der Abschnitte über die Schülerbanden; Funktion der Darstellung verschiedener Eltern-Kind-Beziehungen. Reflexion über eigene, den dargestellten vergleichbare Erfahrungen.
- Die verschiedenen Ebenen der Aufklärung (Sommerfeld, Nestor, Marwitz); die Darstellung der studentischen Linken; der Konflikt zwischen persönlicher Integrität und politischem Programm als Zielsetzungen.

B. ›Das Opfer‹ als Ansatzpunkt der Aufklärungsabsicht

Dieser Ansatz hat bisher zu zwei ganz unterschiedlichen Möglichkeiten geführt:

1. Das Opfer, der Ermordete, ist nicht bloßer Anlaß kriminalistischer, sondern Anlaß sozialkritischer Aufklärung (vgl. Beispiel 2). Der Tote wird durch Erhellung seiner Lebensumstände nachträglich ›zum Leben erweckt‹.

Bloßgestellt werden inhumane Verhaltensweisen des Opfers, die es verständlich erscheinen lassen, daß er ermordet worden ist. Dialektisch erscheint das Opfer als Verbrecher, der Verbrecher als Opfer der vom Ermordeten mitverschuldeten gesellschaftlichen Verhältnisse.

Seine Spannungsmöglichkeiten kann dieser Romantyp weitgehend aus dem Muster des Detektivromans ziehen, in dessen Tradition die mehr oder minder ausführliche Betrachtung des Opfers schon deswegen liegt, weil durch sie Tatmotive des Mörders gefunden werden können.

2. Die zweite Möglichkeit (vgl. Beispiel 3) ist mit den Namen der französischen Autoren Boileau und Narcejac verbunden. Sie intendieren die Identifikation der Leser mit dem oder den sich fürchtenden (also noch nicht getöteten) Opfern, um den Lesern selbst Furcht einzujagen. Furcht – so haben sie in ihrem Buch ›Der Detektivroman‹[35] dargelegt – entsteht durch den Verlust unseres Identitätsgefühls, durch die Verwicklung in Ereignisse, deren definitive Bedeutung für die eigene Person man nicht ausschöpfen kann, die ahnen lassen, daß man plötzlich ein ganz anderer werden könnte. Tatsächlich gewährleistet die Erregung von Furcht nicht nur Unterhaltung – im Sinne eines echten Gespanntseins, das durch das Gegeneinander der Emotionen hervorgerufen wird –, die Verunsicherung des Gefühlshaushalts hat auch zur Folge, daß der Leser beginnt, ›sich Gedanken zu machen‹, daß er zu rationalisieren versucht, was ihn verwirrt. Der rationale Denkakt soll als Erleichterung empfunden werden und dazu dienen, irrationale Vorurteile abzubauen.

Formal arbeiten diese Autoren mit einer Mischung aus dem Erzählmuster des Detektivromans, das leicht variiert wird (z. B. Aufschiebung des Mordes) und spezifischen Mitteln des Thrillers (z. B. Häufung von schockierenden Situationen).

Beispiel 2: Maj Sjöwall/Per Wahlöö, Und die Großen läßt man laufen (schwedischer Originaltitel: Polis, polis, potatismos!, 1970), 1972 (rororo-Thriller 2264)

Ermordet wird hier ein Angehöriger der Oberschicht, ein schwedischer Industrieller. Im Zuge der Ermittlungsarbeit der Polizei werden beiläufig, aber sehr kenntnisreich, die ›Verbrechen‹ des Opfers und seiner Freunde entlarvt: illegaler Waffenhandel; Geldschiebungen; Stillegung von Fabriken, wenn eine bestimmte Profitgrenze unterschritten wird, und damit verbundene Kündigung der Arbeiter und Angestellten; Zwangsräumungen von Wohnungen; Bau von profitbringenden, unzweckmäßigen Wohnblocks, etc. All dies – darin liegt die sozialkritische Anklage – bleibt straflos. An die Stelle des Ermordeten tritt sofort ein anderer, der die Vorteile des Systems ausnutzt. Die Polizei kann sich nicht den eigentlichen, unter dem Mantel der Legalität versteckten Verbrechen widmen, ihre Arbeit bleibt beschränkt auf Verbrechen, die u. a. von den Wirtschaftsverbrechen großen Ausmaßes erst mitverursacht werden. Der Mörder, der endlich gefaßt wird, ist ein entlassener Arbeiter, ein aus seiner Wohnung Getriebener, der sich zu einer verzweifelten Rachetat an seinem Chef, den er als den Schuldigen an seinem Elend erkennt, hat hinreißen lassen.

Mögliche Ansatzpunkte für die Unterrichtsarbeit:

- Darstellung des ›Opfers‹, seiner Geschäfte, seiner Sozialbeziehungen (das Opfer als Verbrecher); der Systemcharakter der Wirtschaftsverbrechen; Darstellung des ›Täters‹, seiner Sozialbeziehungen, seiner Motivation für das Verbrechen (der Täter als ›Opfer‹); Darstellung der polizeilichen Ermittlungsarbeit (Bewußtseinsgrad des Polizeikommissars).
- Reflexion über Wirtschaftsverbrechen und über Möglichkeiten ihrer Unterbindung.
- Erarbeitung der Handlungs- und Spannungskurve des Buches (evtl. Vergleich mit Beispiel 1) (Bindung der Sozialkritik an das ›Opfer‹ als Vorteil für den Spannungsaufbau).

Beispiel 3: Pierre Boileau/Thomas Narcejac, Mensch auf Raten (französischer Originaltitel: . . . Et mon tout est un homme, 1965), 1967 (rororo-Thriller 2115)

Thema des Buches sind die psychologischen Komplikationen, die sich für Menschen ergeben, denen fremde Gliedmaßen, noch dazu solche eines Mörders, transplantiert werden. Die Operierten – im Auftrag des französischen Verteidigungsministeriums ausgesucht, das im künftigen Ernstfall durch Transplantationen die Zahl der durch Verwundung untauglichen Soldaten herabzusetzen sucht – sind überzeugt, daß die auf sie verteilten Glieder eines Mörders sie psychisch vergiftet haben. Nachdem eines dieser Opfer Selbstmord verübt, erwarten die anderen hysterisch, daß die ›Todessehnsucht‹ des Mörders auch in ihnen wirksam zu werden beginnt. Die Autoren stürzen durch eine Anzahl grotesker Szenen auch die Gefühle der mit den Operierten mitleidenden Leser in Verwirrung, zumal die Operierten der Reihe nach tot aufgefunden werden. Schließlich werden die Selbstmorde durch einen Detektiv als Morde aufgeklärt – der Leser, der seine geheimen Vorurteile bekräftigt sah, daß das Böse im Blut oder in den Zellen sitze und daher übertragbar sei, wird zum Umdenken gezwungen: die Identität des Menschen liegt im Großhirn, das Verbrechen ist gesellschaftlich bedingt. Diese Einsicht wird durch eine Rahmenhandlung unterstützt, in der die verbrecherische Rolle staatlicher Behörden in dieser vom Erzähler als authentisch ausgegebenen Geschichte bloßgelegt wird.

Mögliche Ansatzpunkte für die Unterrichtsarbeit:

- Mechanismen der Identifikation [36]; erzählerische Mittel, die eine Identifikation des Lesers mit den Opfern erleichtern; die Wirkung grotesker Szenen auf den Leser.

- Die Ängste (Vorurteile) der Operierten (bzw. der Leser); die Diskrepanz zwischen wissenschaftlichem Fortschritt und moralischem Bewußtsein; die Auflösung des Rätsels der Selbstmorde und der damit verbundene Lerneffekt für den Leser; die Funktion der Rahmenhandlung.

C. ›Der Detektiv‹ als Ansatzpunkt der Aufklärungsabsicht

Die Bemühung um eine realistische Darstellung der Aufklärungsarbeit setzt bei Hammett ein. Er und Chandler ersetzten den Schreibtischdetektiv durch den hartgesottenen Praktiker, der mit den Methoden der Unterwelt vertraut ist und sich ihrer gelegentlich bedient. McBain verzichtet in letzter Konsequenz ganz auf die herausgehobene Einzelfigur und schildert die alltägliche Kleinarbeit eines Polizeireviers. Aber Realitätsanreicherung und Wirklichkeitstreue in der Beschreibung der Polizeiarbeit bieten noch keine Garantie für die Förderung eines gesellschaftskritischen, emanzipatorischen Bewußtseins im Leser.[37] Eine emanzipatorische Wirkung vornehmlich von der Darstellung des Detektivs her erzielt m. W. nur Harry Kemelman.

Sein Detektiv ist weder Draufgänger, noch »Darsteller der Ratio«, sondern ein Verfechter der Vernunft. Er entfaltet seine Wirksamkeit inmitten einer Gesellschaft, die aus Anlaß eines Mordfalls in ihrer Mitte ihr verformtes Gesicht enthüllt. Die Aufklärungsarbeit des privaten Detektivs, eines in der jüdischen Denktradition und in der Form des Streitgesprächs über die Auslegung des Talmud geschulten jungen Rabbi, dient nicht nur der Ergreifung des Mörders, sondern zielt daneben oder vor allem auf die Selbsterkenntnis derer, die in der Folge der Tat als Verdächtigte oder Außenstehende ihrer Vorurteilsbeladenheit, ihrem aggressiven Konformismus, ihrem Prestigedenken freien Lauf lassen. Der Detektiv, der emotionale Konfliktsituationen in der durch den Mord betroffenen Gesellschaft durch Rationalisierung entspannt, dessen Gedanken immer auch auf die Lösung praktischer Probleme des Zusammenlebens bezogen sind, ist ein Fanatiker nicht des Denkens, sondern der Wahrheit und entwirft durch sein Handeln das Modell einer ihre Konflikte vernünftig austragenden Gesellschaft.

Die Spannung des Lesers wird durch die traditionellen Mittel des Detektivromans erzeugt. Denn nur die Ungewißheit, wer der Täter sein könnte, läßt die Gesellschaft ihre Maske des guten Benehmens abwerfen und führt zu den ›Unterhaltungen‹, auf die es dem Autor ankommt.

Beispiel 4: Harry Kemelman, Am Sonntag blieb der Rabbi weg (amerikanischer Originaltitel: Sunday the Rabbi Stayed Home, 1969), 1973 (rororo-Thriller 2291)

Auch in diesem dritten Rabbi-Roman (zuvor: Am Freitag schlief der Rabbi lang [E. A. Poe-Preis]; Am Samstag aß der Rabbi nichts [Preis der Darmstädter Jury]) ist der Mordfall in der jüdischen Minderheitengemeinde einer mittleren Stadt im Nordosten der USA angesiedelt. Die des Mordes an einem teen-ager Verdächtigten sind hauptsächlich die Freunde des Opfers, Kinder reicher Eltern, Mitgliedern der jüdischen Gemeinde. Die Eltern – nur darauf bedacht, ihre Kinder aus der Affäre zu ziehen

und ihren eigenen Ruf zu retten – verdächtigen zunächst den Angehörigen einer anderen Minderheit, einen Farbigen, schließlich insgeheim jeweils die Kinder ihrer Freunde. Der Rabbi, der seine zerstrittene Gemeinde ganz auseinanderbrechen sieht, nimmt sich des Falls an und löst ihn. Doch aufklärend wirkt nicht die Identifikation des Mörders, sondern der Versuch des Rabbi, die eigene persönliche Integrität, Vorurteilslosigkeit und Zivilcourage in Gesprächen, die ständig auch seine von der Gemeinde abhängige berufliche Existenz gefährden, auf die Eltern zu übertragen, ihre Kinder gegen sie und den voreiligen Polizeichef in Schutz zu nehmen. Am Beispiel eines Mordfalls wird die Gefährdung der Leistungsgesellschaft, in der nur Ehrgeiz und Prestige zählen, enthüllt, wird zugleich auch eines ihrer Feigenblätter, das verbale Bekenntnis zur Civil-Rights-Bewegung, abgerissen, wird einer Minderheitengruppe gezeigt, daß sie der gleichen Sündenbockideologie verfallen ist, wie sie sie an sich selbst erfährt. Am Ende steht die Selbsterkenntnis einzelner, vielleicht die Selbsterkenntnis der Leser.
Mögliche Ansatzpunkte für die Unterrichtsarbeit:
- Darstellung der Gesellschaft (Konflikte und Spannungen vor dem Mordfall, nach dem Mordfall): ›Bekenntnisse‹, Vorurteile, Anlässe der Streitigkeiten untereinander, etc.
- Die Darstellung des Generationenkonflikts – der Generationenkonflikt in eigener Erfahrung.
- Zusammenstellung der dargestellten Konfliktsituationen und die Verhaltensweisen des Rabbi in ihnen; der Wahrheitsbegriff des Rabbi; sein Verhältnis zur Tradition.
- Mittel der Spannungserregung (variiertes Erzählmuster des Detektivromans; Auseinandersetzungen des scheinbar Unterlegenen [David Small = der kleine David] mit gesellschaftlich Mächtigeren).

Anmerkungen

1 *Grützmacher, J.:* Lesegewohnheiten Berliner Hauptschüler, in: Berliner Lehrerzeitung II, 1967; *Fischer, H.:* Das außerschulische Leseverhalten von Hauptschülern, in: Literaturdidaktik, hrsg. v. J. Vogt, 1972 (s. auch in diesem Band S. 13–39); vgl. auch *Weber, E.:* Die Bedeutung des Lesens für die Freizeit junger Menschen, in: Wozu Literatur in der Schule, hrsg. v. *A. C. Baumgärtner* und *M. Dahrendorf,* 1970.
2 Vgl. *Fischer* (Anm. 1), S. 26.
3 Vgl. *Grützmacher* (Anm. 1), S. 18.
4 Empirische Untersuchungen über außerschulische Lesegewohnheiten von Gymnasialschülern sind mir nicht bekannt.
5 *Kob, J.:* Literatursoziologische Probleme der Jugendlektüre, in: Triviale Jugendliteratur?, Bericht über die XIV. Internationale Jugendbuchtagung, 1969.
6 Vgl. *Kob* (Anm. 5), S. 26.
7 Vgl. *Fischer* (Anm. 1), S. 26.
8 Vgl. z. B. *Roth, H.:* Pädagogische Psychologie des Lehrens und Lernens, ^{5}1961.
9 *Waldmann, G.:* Theorie und Didaktik der Trivialliteratur, 1973, S. 59 ff.
10 *Dahrendorf, M.:* Literaturdidaktik und Trivialliteratur, in: Sprache im technischen Zeitalter 44, 1972, S. 275; *Waldmann, G.* (vgl. Anm. 9), S. 71.
11 *Waldmann* (vgl. Anm. 9), S. 65.
12 Vgl. in diesem Zusammenhang *Waldmanns* Konzept »kreativer Literaturspiele« (vgl. Anm. 9), S. 71 ff.
13 Vgl. *Oevermann, U.:* Schichtspezifische Formen des Sprachverhaltens und ihr Einfluß auf die kognitiven Prozesse, in: Begabung und Lernen, hrsg. v. *H. Roth,* 1969;

Gottschalch, W. u. a.: Sozialisationsforschung. Materialien, Probleme, Kritik, 1971.

14 *Waldmann* sieht, daß diese »Literatursorten« »vermischt auftreten« können, ohne daraus aber Konsequenzen zu ziehen; vgl. (Anm. 9), S. 54 f.

15 Vgl. neben *Dahrendorf* (Anm. 10) und *Waldmann* (Anm. 9) auch *Helmers, H.* »Trivialliteratur im Literaturunterricht«, in: Sprache im technischen Zeitalter 44, 1972, und *Giesenfeld, G.:* Methodische Vorüberlegungen zum Umgang mit nicht anerkannter Literatur, in: Diskussion Deutsch 1971, H. 6 (S. in diesem Band, S. 67–88).

16 *Dahrendorf* (vgl. Anm. 10), S. 310.

17 *Dahrendorf, M.:* Kriminalgeschichten für die Jugend, in: Jugendschriften-Warte, 1969, Folge 10.

18 Zur Struktur des Thrillers vgl. *Eco, U.:* Die Erzählstrukturen bei Ian Fleming, in: Der Kriminalroman, I, hrsg. v. *J. Vogt,* 1971; zur Ideologiekritik des Thrillers vgl. *Buch, H. C.:* James Bond oder Der Kleinbürger in Waffen, ebd.; zur Wirkung des Thrillers vgl. *Nusser, P.:* Romane für die Unterschicht. Groschenhefte und ihre Leser, 1973.

19 Zur faszinierenden Wirkung solcher Szenen vgl. *Klotz, V.:* Durch die Wüste und so weiter, in: Trivialliteratur, hrsg. v. *G. Schmidt-Henkel,* 1964, S. 42.

20 Zur Wirkung der Abenteuer-Heftromane in der Unterschicht vgl. *Nusser* (Anm. 18).

21 Zum Wechselverhältnis von Autonomie und Abhängigkeit Jerry Cottons vgl. Arbeitsgruppe Massenliteratur, Verwertbare Unmündigkeit, in: Ästhetik und Kommunikation, 1972, H. 5/6.

22 Die Gliederung des Textes in 4 Abschnitte (Vorbereitung, Kampf, Variante des Kampfausgangs, Kommentar o. Rückblick) von mir.

23 Aus den Sammelbänden von *Vogt,* Der Kriminalroman, 1971, Bd. I und II, vgl. insbesondere die Aufsätze von *Alewyn* (Anatomie des Detektivromans), *Brecht* (Über die Popularität des Kriminalromans) und *Kracauer* (Detektiv).

24 Vgl. *Alewyn* (Anm. 23), und ders.: Das Rätsel des Detektivromans, in: Definitionen, hrsg. v. *A. Frisé,* 1963.

25 Dazu vgl. *Dingeldey, E.:* Der Kriminalroman im Deutschunterricht, in: Projekt Deutschunterricht Bd. 5, hrsg. v. *H. Ide* in Verbindung mit dem Bremer Kollektiv, 1973.

26 Vgl. *Kracauer* (Anm. 23), S. 344.

27 Vgl. *Brecht* (Anm. 23) – Für Brecht sind dies zwei Gründe für die Popularität des Kriminalromans, zu erklären als Surrogat dafür, daß unsere eigenen Denkverläufe ohne Einfluß bleiben, als Surrogat für das Gefühl der Spurenlosigkeit des kollektiven Individuums.

28 Die ideologiekritisch anregenden Aufsätze *E. Dingeldeys* zur Didaktik des Kriminalromans ([Anm. 25]; Erkenntnis über Vergnügen?, in: Diskussion Deutsch 1972, H. 9; Drei »klassische« Kriminalromane – didaktische Beispiele für den Unterricht über Trivialliteratur, in: Sprache im technischen Zeitalter 44, 1972) lassen Reflexionen über den Unterhaltungswert der Kriminalliteratur leider vermissen.

29 Vgl. *Dingeldey:* Projekt Deutschunterricht 5, S. 158; Diskussion Deutsch 1972, H. 9, S. 272.

30 *Bloch, E.:* Philosophische Ansicht des Detektivromans, in: Vogt (vgl. Anm. 23), S. 327.

31 *Waldmann* (vgl. Anm. 9), S. 53.

32 *Waldmann* (vgl. Anm. 9), S. 62 f.

33 Vgl. dazu *Nusser, P.:* Aufklärung durch den Kriminalroman, in: Neue Deutsche Hefte 131, 1971.

34 Zum »sozialistischen Kriminalroman« aus marxistischer Sicht: *Pfeiffer, H.:* Die

Mumie im Glassarg, 1960. Eine kritische Beurteilung eines in der DDR erschienenen Groschenheftkrimis in: *Nusser,* Aufklärung durch den Kriminalroman, Neue Deutsche Hefte 131, 1971, S. 80 ff.

35 *Boileau/Narcejac:* Le roman policier (dt.: Der Detektivroman), 1964.

36 Zur Information vgl. *Hofstätter, P. R.* (Hrsg.), Psychologie (Fischer-Lexikon).

37 Hammett gelingen durchaus gesellschaftskritische Romane – dies aber durch die Beschreibung des Milieus, aus dem der Täter stammt.

Knut Hickethier,
Wolf Dieter Lützen,
Reent Schwarz

Unterrichtsgegenstand Fernsehen[1]*

Die Projektgruppe Medienerziehung in der Abteilung Massenmedien des Instituts für Sprache im Technischen Zeitalter der Technischen Universität Berlin hat sich im Wintersemester 1971/72 im Zusammenhang eines Seminars zur Zuschaueraufklärung (»Jugendfernsehen, Schülerfilm und Medienunterricht«) konstituiert. Seit dem Wintersemester 1972 arbeitet sie an einem Forschungsvorhaben des Instituts mit dem Ziel, einen Entwurf für ein Curriculum der Medienerziehung, die in mehrere Schulfächer integriert zu denken ist, zu liefern, sowie bestimmte Teilcurricula für die Sekundarstufen I und II innerhalb der Fächer Gesellschaftskunde, Deutsch und Kunsterziehung näher auszuführen. Exemplarisch sollen einzelne Einheiten bis zur Unterrichtserprobung entwickelt und auf dieser Basis Unterrichtsmodelle und didaktische Materialien für Lehrer hergestellt werden. Verschiedene Unterrichtsversuche an Haupt- und Gesamtschule sowie Gymnasium wurden schon durchgeführt; außerdem fanden praktische Kommunikationsübungen im Jugendfreizeitbereich mit Schüler- und Lehrlingsgruppen statt.[2] Die Arbeit der Projektgruppe ist noch nicht abgeschlossen. Dieser Beitrag referiert, was nach unserem gegenwärtigen Arbeitsstand Gegenstände, Ziele und Methoden des massenmedienkundlichen Unterrichts in der Schule sein sollten, und muß zwangsläufig noch einiges offen lassen.

1. Zum didaktischen Konzept einer Medienerziehung

Im folgenden sollen einige wesentliche Momente und Aspekte curricularer Hypothesenbildung dargestellt werden. Im Unterschied zu den in der Schulpraxis verbreiteten Verfahren, bei denen vor allem die Aufklärung über negativ gesehene Eigenschaften der Kommunikate intendiert ist, soll nach unserer Auffassung die Gesamtheit der stattfindenden Kommunikationsprozesse Gegenstand des Unterrichts sein. Dabei lehnen wir uns an das Modell Robinsohns zur Curriculumkonstruktion an. Die realen Massenkommunikationsprozesse in ihren Bedingungen und Erscheinungen werden dabei als ein »Situationsfeld« aufgefaßt, für das »Qualifikationen« und die zu deren Er-

* Zuerst in: Diskussion Deutsch Heft 14, 1973, S. 320 – 340.

reichen geeigneten Unterrichtsgegenstände und -verfahren zu bestimmen sind.

1.1 »Kommunikationsprozeß« als analytisches Bezugssystem

In der ersten Phase curricularer Hypothesenbildung (»Identifizierung und Analyse von Situationen« [3]) geht es um die Verfahren wissenschaftlicher Aneignung und Durchdringung des Massenkommunikationsprozesses. Ein wichtiges Hilfsmittel ist das in der Kommunikationstheorie angewandte analytische Bezugssystem »Kommunikationsprozeß« mit den Ebenen Kommunikator – Kommunikat – Rezipient. Im Sinne möglichst vollständiger Erfassung des Gegenstandsbereiches Massenkommunikation sind alle Ebenen mit gleicher Intensität zu untersuchen. Dabei lassen sich übereinstimmende Tendenzen auf den verschiedenen Ebenen des Kommunikationsprozesses ermitteln. Daten und Trends auf den einzelnen Ebenen machen als Indikatoren auf Problemzusammenhänge aufmerksam, die nicht auf eine Ebene des Kommunikationsprozesses beschränkt sind. So korreliert z. B. die Unterrepräsentanz der Arbeiter und Angestellten in den Fernsehräten auf der Ebene der Kommunikatorinstitution mit der weitgehenden Ausblendung der Arbeitswelt in den Programmbeiträgen und mit einer der Bedeutung der Sozialpolitik nicht angemessenen geringfügigen Berücksichtigung derartiger Beiträge in der Berichterstattung der Tagesschau auf der Ebene des Kommunikats.

Wenn man auch das analytische Bezugssystem »Kommunikationsprozeß« als hilfreiches und notwendiges Instrument nutzen kann, so reicht es trotzdem nicht aus, den real ablaufenden Prozeß massenmedialer Kommunikation seinen Dimensionen und seiner Bedeutung entsprechend zu behandeln. Das Vorgehen bleibt deshalb unzureichend und unbefriedigend, weil die Faktoren, die das Massenkommunikationssystem beeinflussen, zwar erfaßt werden, die Stellung der Massenkommunikation im gesamtgesellschaftlichen Strukturgefüge mit diesem Instrument jedoch nicht geklärt werden kann.

1.2 Massenkommunikation im gesellschaftlichen Bezugsrahmen

Die vollständigen Dimensionen medienvermittelter und medienbedingter Kommunikation erschließen sich erst, nachdem gesamtgesellschaftliche Strukturprobleme und Entwicklungstendenzen erfaßt worden sind. Historisch betrachtet, hat sich Massenkommunikation unter anderem aufgrund sozialstruktureller Umwälzungen, die ihrerseits durch Veränderung der Produktion bedingt waren, als notwendig erwiesen. In neueren Ansätzen der Massenkommunikationstheorie werden die Zusammenhänge zwischen Massenkommunikation, Politik und Ökonomie hervorgehoben. [4] Massenkommunikation ist als Produkt einer bestimmten historischen Situation zu verstehen und muß in Beziehung gesetzt werden zu den sie bedingenden und sie erst begründenden Faktoren, wie zum Beispiel zu den Produktionsverhältnissen und zu den Interessen gesellschaftlicher Gruppen. Das heißt, daß Massenkommunikation in Relation zu den grundlegenden gesellschaftlichen

Prozessen und Widersprüchen interpretiert werden muß. Erst unter diesem Blickwinkel sind Funktionen und Aufgaben massenmedialer Kommunikation zufriedenstellend abzuleiten.

1.2.1 Demokratische Parteilichkeit

Man kann der Einbettung massenmedialer Kommunikation in gesellschaftliche Zusammenhänge, ihrer Praxis und ihren Folgen nur solange gleichgültig gegenüberstehen, bis man die Situation und die Interessenlage des massenmedialen Publikums damit konfrontiert. Zur sozialen Struktur dieses Publikums stellt Horst Holzer fest:

»Das Publikum von Presse, Rundfunk und Fernsehen rekrutiert sich vorwiegend aus dem Bereich, der schichtsoziologisch als mittlere und untere Mittel- sowie obere Unterschicht bezeichnet wird und [...] vor allem die Klasse der einfachen Angestellten und Beamten, Fach- und angelernten Industriearbeiter umfaßt; dieses Publikum läßt sich weiter dadurch charakterisieren, daß die meisten seiner Mitglieder nur Volksschulbildung haben und durchweg über ein monatliches Nettoeinkommen von 600,– bis 1000,– DM verfügen. Damit entspricht das massenmediale Publikum [...] im wesentlichen der Gesamtbevölkerung der Bundesrepublik.« [5]

Es überwiegen also beim Publikum der Massenmedien die Gruppen unserer Gesellschaft, die in bezug auf Schulbildung und Ausbildung und dementsprechend auch in bezug auf Einkommen und Lebensverhältnisse deutlich benachteiligt sind. Die Feststellung dieser Tatsache nötigt zu der Konsequenz, daß die Situation und davon abgeleitet die Interessenlage der Bevölkerungsmehrheit zu einem entscheidenden Kriterium für die wissenschaftliche und curriculare Behandlung der massenmedialen Kommunikation gemacht werden muß.

1.2.2 Wer kontrolliert die Kontrolleure?

Aus der Konfrontation z. B. der tagtäglich praktizierten Nutzung des Massenmediums Fernsehen mit der Interessenlage der Bevölkerungsmehrheit lassen sich Rückschlüsse auf die gesellschaftliche Funktion des Fernsehens ziehen. So wurde durch Untersuchung der Prozesse von Nachrichtenproduktion und -verbreitung nachgewiesen, daß es privilegierte Gruppen gibt, die aufgrund ihrer ökonomischen, politischen oder administrativen Machtinteressen planmäßig Nachrichten oder Ereignisse produzieren, um durch ihr Erscheinen im Massenmedium Präsenz und Aktivität zu demonstrieren und Einfluß auszuüben. Dabei geht es diesen »Medienbenutzern« nicht etwa darum, z. B. in eine Diskussion mit den von einer politischen Entscheidung Betroffenen einzutreten. Die meisten dieser Beiträge haben den Charakter und die Funktion von Mitteilungen, erheischen nur die Akklamation des Publikums. Die Tatsache, daß es sich bei den privilegierten Benutzern zum Teil um dieselben Gruppen handelt, die nach der Satzung der Fernsehanstalten als gesellschaftlich relevante Gruppen das Massenmedium Fernsehen kontrollieren, ist in ebenso bezeichnender Weise undemokratisch wie die Unterrepräsentanz gewerkschaftlicher Vertreter in den Aufsichtsgremien einiger Sendeanstalten.

Dieser Sachverhalt charakterisiert auch die Rolle, die der Bevölkerungsmehrheit zugewiesen wird. Das massenmediale Publikum wird in dieser Beziehung zum schlichten Objekt interessenbedingter Strategien bestimmter Verbände und Parteien. Dem Massenmedium kommt dabei vielfach nur eine untergeordnete, dienende Funktion zu. Es fällt angesichts der gegenwärtigen Praxis schwer, sich vorzustellen, daß das Fernsehen einen wesentlichen Beitrag dazu leisten könne, gerade die Träger staatlicher und gesellschaftlicher Macht einer Kontrolle zu unterziehen.

1.2.3 Fernsehen – ein öffentlich-rechtlicher/kapitalistischer Zwitter

Eine weitere Variante privilegierter Nutzung massenmedialer Kommunikation stellt die Werbung für die Konsumgüterindustrie dar. In der Eigenschaft als Werbeträger kann sich auch das Fernsehen der sich durchsetzenden Verwertungsinteressen und -zwänge nicht erwehren: es steht in zwangsläufiger Konkurrenz mit anderen Werbeträgern. Folge des Diktats der Konkurrenz ist der Kampf um jeden Zuschauer. Zum ausschlaggebenden Kriterium für das Werberahmenprogramm wird so die bloße Zahl der Empfänger (Einschaltquote). Eine weitere Konsequenz sind den Werbeintentionen nicht entgegenstehende, von jeglichen die Werbebotschaft störenden Inhalten gereinigte Kommunikate, die vor oder nach den Werbespots angesiedelt sind. Es bedarf hier keines Nachdrucks von seiten des Konsumgüterkapitals, diesen Mechanismus in Gang zu setzen, die ökonomische Abhängigkeit der öffentlich-rechtlichen Anstalten garantiert, daß die notwendigen Maßnahmen getroffen werden.

Die Folgen der öffentlich-rechtlich/kapitalistischen Zwitterkonstruktion sind für das Publikum beträchtlich. Auf dem Weg zu Information und Unterhaltung werden die Zuschauer zu unfreiwilligen »Konsumsozialisanden« und damit auch in der Erholungsphase bestimmten Verwertungsinteressen ausgesetzt.

Wenn die bislang skizzierten Beispiele und Zusammenhänge sich dahingehend zusammenfassen lassen, daß die Interessen der Mehrheit der Bevölkerung auch im Bereich der Massenkommunikation mißachtet und mißbraucht werden, die Mehrheit hier wie anderswo unterprivilegiert ist, so mag dieses Ergebnis banal erscheinen. Es geht jedoch darum, daß dies für die curriculare Konstruktion als Begründungszusammenhang offengelegt wird. Es ergibt sich z. B. daraus, daß die Beschäftigung mit den Medien nicht bei den ausgestrahlten Programmen haltmachen darf, indem sie deren triviale, manipulative oder sonstige negative Eigenschaften diagnostiziert. Sie muß vielmehr nach der Verarbeitung dieser Kommunikate durch den Empfänger fragen, denn erst aus dem Widerspruch der Einwirkung der Kommunikate auf Wissen, Anschauungen und Verhaltensweisen des Empfängers und dem, was in seiner Lage für ihn sinnvoll und notwendig wäre, erst aus diesem Widerspruch ergibt sich die Notwendigkeit und das Ziel einer aufklärerischen, auf Veränderung gerichteten Beschäftigung mit den Medien.

1.3 Kritik der isolierten Sprachkritik

In diesen Intentionen trifft sich die Medienerziehung mit Ansätzen der neueren Didaktik des Faches Deutsch. »Emanzipation«, Befreiung von Determinationen des Bewußtseins und – was seltener angegeben wird – der allgemeinen sozialen Lage der Lohnabhängigen werden hier als Ziel proklamiert. Die Massenmedien rücken dabei als gewichtiger Sozialisationsfaktor in den Zusammenhang dieser Bemühungen. Die von ihnen ausgehende Bewußtseinsprägung und Verhaltenssteuerung soll eingeschränkt werden, indem ihre Einflüsse dem Schüler bewußt und ihre Mittel durchschaubar gemacht werden. Durch »Wissen über die Macht der Sprache« soll der Schüler zu kritischem Widerstand gegen diesen Herrschaftsanspruch befähigt werden. Er soll in die Lage versetzt werden, »an der Herrschaft durch Sprache teilhaben zu können, um auf diese Weise die Herrschaft der wenigen einschränken zu können«.[6]

Von solchen Äußerungen sind andere Autoren in »Diskussion Deutsch« inzwischen wegen der Diskrepanz von Anspruch und möglicher Leistung abgerückt. Sie halten die Annahme, daß man der sprachlichen Manipulation begegnen könne, indem man den Manipulierten Einsicht in die Regeln gibt, nach denen sie geschieht, und die Hoffnung, daß der einzelne dadurch die Möglichkeit zu »bewußtem Verhalten« und »angemessene Handlungsmöglichkeiten« gewinne, für eine elitär-versponnene Überschätzung des Sprachunterrichts.[7] Aber die Annahme, daß es nur auf die Kenntnis der Techniken der Beeinflussung ankomme, bestimmt vielfach noch die Praxis des sprachkritischen Unterrichts. In dem bloßen Aufzeigen der rhetorischen Konstruktion der Texte kann jedoch keine aufklärerische Wirkung liegen. Die Einengung der möglichen didaktischen Ziele auf Kritikfähigkeit, auf kognitive Fähigkeiten und Kenntnisse über die Kommunikate, verliert das eigentlich umfassendere Ziel, nämlich Änderung dieser Beeinflussungsprozesse und ihrer Ergebnisse, leicht aus den Augen. »Der Gedanke drängt sich auf, es gehe weniger um Verhinderung von Manipulation als darum, sie als solche zu durchschauen und genüßlich die Wirkungslosigkeit für die eigene Person zu beobachten [...] Von den Menschen, die manipulieren und indoktrinieren, und ihren Beweggründen für solches Tun wird nicht gesprochen [...] Das, was bestimmte sprachliche Äußerungen erst kritikwürdig macht, wird als Außersprachliches nicht erfaßt.«[8] Sprachkritik müßte dagegen – dem gesellschaftlichen Charakter der Kommunikation entsprechend – zur Kritik der gesellschaftlichen Verhältnisse vordringen. Doch solcher Veränderung der Unterrichtspraxis steht einstweilen noch die »herrschende Fächerideologie« (Ivo) mit ihrer fachspezifischen Behandlung der Gegenstände entgegen.

Nach unserer Meinung ist die alleinige Konzentration auf die Kommunikate ein gravierender Fehler der Mediendidaktik. Meistens wird der Untersuchungsgegenstand danach ausgewählt, wieweit rhetorische Techniken und sprachliche Suggestivformulierungen gut an ihm zu beobachten sind, weniger danach, ob er von den Schülern häufig rezipiert wird und daher reale Verstehensvorgänge bei ihnen auslöst.

So wählen beispielsweise Mittelberg und Seiffert als Gegenstand ihrer ideologiekritischen Analyse einen Leitartikel der »FAZ«, eine Lektüre also, die kaum ein Schüler freiwillig konsumieren würde. [9] Ähnlich verfährt auch Eigenwald, der einen Leitartikel der »Welt am Sonntag« behandelt. [10] Dadurch, daß außerdem in seiner Analyse von der Frage nach der inhaltlichen Richtigkeit der Aussagen abgesehen wird und nur die geschickten rhetorischen Suggestionen aufgeblättert werden, wird »Manipulation« zu einem formalen Vorwurf. Die Beeinflussungsmethoden selber werden verteufelt – was sich denn bei den so in ihrer formalen Empfindlichkeit erfolgreich verfeinerten Oberstufenschülern leicht dahin auswirkt, daß sie den »objektiven Stil« bürgerlich-liberaler Zeitungen mit inhaltlicher Objektivität gleichsetzen und eine objektiv für Lehrlingsinteressen eintretende Zeitschrift wie »ran« wegen ihres Verschnitts mit Beat und Mode als »grobe Manipulation« ablehnen.

Wenn Kritik an der Massenkommunikation nicht zu solchen absurden Ergebnissen führen soll, darf das Kommunikat nicht isoliert, sondern nur in seiner Funktion innerhalb real stattfindender Kommunikationsprozesse analysiert werden. Denn nicht Eigenschaften der Kommunikate sind das Problem, sondern ihre Verarbeitung durch einen Empfänger (Gruppe, Schicht, Klasse) und die daraus folgenden Konsequenzen für dessen gegenwärtige und zukünftige Lage. Nicht der Einsatz rhetorischer Mittel schlechthin ist problematisch, sondern vielmehr ihr Einsatz zugunsten ohnehin schon privilegierter Interessengruppen.

Bei Untersuchungen der Inhalte der Massenkommunikation ist also grundsätzlich die Seite der Empfänger und der Sender einzubeziehen, da erst dabei die gesellschaftliche Bedingtheit der stattfindenden Kommunikation aufgezeigt werden kann. Nur im Aufweisen der Widersprüche der massenhaft und wirksam in den Medien verbreiteten Inhalte zur Situation ihrer Empfänger und im Verweis auf ihre Nützlichkeit für die auf das Programm Einfluß nehmenden Gruppen steckt die Möglichkeit, »Einsichten in reale gesellschaftliche Zusammenhänge und emanzipativ wirkende Handlungsmotivationen« [11] zu vermitteln. Bei solcher Ausweitung des Ansatzes kann sichtbar werden, daß Manipulation eben nicht Ursache, sondern Wirkung undemokratischer gesellschaftlicher Praxis ist. Mit der Verkürzung auf die »Manipulation«, hinter der dann nichts mit »Namen und Gesicht«, sondern höchstens nebulose Verschwörungsvorstellungen stehen, kann zu interessenbewußtem Handeln und Verhalten nicht angeleitet werden.

2. Der Zusammenhang von Kommunikator – Kommunikat – Rezipient, dargestellt am Beispiel einer Unterhaltungsserie und der »Tagesschau«

2.1 Das Beispiel »High Chaparral«

Aufgeklärt werden sollen Schüler über Fernsehsendungen, die von ihnen in größerem Umfang rezipiert werden, und zwar in einer Weise, daß nicht Eigenschaften einzelner Sendungen das Thema sind, sondern so, daß überprüft wird, wie weit die verbreiteten Inhalte in ihrer Tendenz im Widerspruch zur Situation ihrer Empfänger stehen, jedoch andererseits den Interessen anderer Gruppen positiv entsprechen, die direkt oder indirekt einen nachweisbaren Einfluß auf die Programmgestaltung haben. Zu diesem Zweck sollen am Beispiel der Western-Serie »High Chaparral« nacheinander Feststellungen zum Kommunikat, zur Seite der Rezipienten und zu der der Kommunikatoren in Beziehung zueinander gesetzt werden.

2.1.1 Zum Bereich der Kommunikate

An den Kommunikaten aus dem Unterhaltungsbereich sollen vor allem die in ihnen offen oder verdeckt enthaltenen Ideologeme beschrieben werden, die beispielsweise über Figurenkonstellation, Handlungsverläufe und Merkmalkombinationen der Helden zur Anschauung gebracht werden. Beobachtet werden können dabei beispielsweise die Auffassungen von Recht und Unrecht, Wert und Unwert von Verhaltensweisen, die demonstriert werden, das Prestige, das diesen oder jenen sozialen Rollen angehängt wird, die Sympathie oder Antipathie, die mit filmischen Mitteln auf die verschiedenen Personen mit ihren jeweiligen Merkmalkombinationen gelenkt wird, weiter die Zusammensetzung bestimmter stereotyper Merkmalgruppen selber, etwa für bestimmte Rassen, Frauen, Führergestalten oder Vertreter bestimmter Berufe. Unter dem Begriff »Ideologeme« werden die im Film auf mehreren Zeichenebenen (verbal, visuell, auditiv) transportierten Inhalte in der Hinsicht zusammengefaßt, als sich diese in eine zusammenhängende Ideologie einordnen lassen; Ideologie soll hier verstanden werden als Rechtfertigung bestehender gesellschaftlicher Verhältnisse, als Ausdruck dieser Verhältnisse, der entsprechend bestimmten Anschauungen und Interessen normiert ist und beim Zuschauer selber normierend wirken kann.

Im Unterschied zur sprachkritischen Analyse, die Deutschlehrern geläufiger sein dürfte, ist bei der Film- und Fernsehanalyse zu beachten, daß hier die Inhalte nicht auf einer, sondern auf drei Zeichenebenen vermittelt werden, von denen die sprachliche nicht unbedingt die effektivste sein muß.

2.1.1.1 Semiotische Konventionen: Die nichtsprachliche Kommunikation durch Gesten, Mimik, Farben, Stoffe und Schnitte der Kleidung – um nur einige Bereiche zu nennen –, die innerhalb einer Kultur nach bestimmten semiotischen Konventionen verläuft, wird innerhalb einzelner Genres wie z. B.

Westernfilmen noch einmal weiter konventionalisiert, so daß der Zuschauer lernt, bestimmte Körperhaltungen, Barttrachten usw. sofort eindeutig zu interpretieren.

Das Wort vom »visuellen Analphabetismus« der Zuschauer bezeichnet in diesem Zusammenhang die Tatsache, daß der Einsatz solcher Zeichen dem Zuschauer nicht bewußt ist, sondern dessen Urteile ohne dessen Kontrolle lenkt. Wie er gewöhnt ist, beim Kennenlernen neuer Personen deren äußere Erscheinung wie ein Zeichensystem abzulesen und daraus eine erste Einstellung zu der betreffenden Person abzuleiten, so verfährt er auch bei fiktiven Gestalten im Film, nur daß diese bereits in der Kenntnis solcher Konventionen synthetisch zusammengesetzt worden sind, um die Urteile des Zuschauers mit der geplanten dramatischen Konstellation zu synchronisieren.

2.1.1.2 Zeigetechnik: An solcher Synchronisation des Zuschauer-Urteils ist außer der Ausstaffierung des Gezeigten die Zeigetechnik des Films selber wirksam beteiligt. Die Bildführung setzt die Akteure in Beziehung zueinander und zugleich die Zuschauer in ein Bezugsverhältnis zu den Handlungsvorgängen. Der Kamerastandpunkt und die Einstellungsgröße definieren Standort und tendenziell auch Standpunkt des Zuschauers. Ohne Umstände werden dem Zuschauer Urteile durch den »Augenschein« glaubhaft gemacht.

Als Blue Boy in einer Folge von »High Chaparral« gegen den Geschäftssinn des Vaters rebelliert und Humanität fordert, wird das Urteil des Zuschauers in einer zentralen Auseinandersetzung mit visuellen Mitteln gelenkt. Blues Gesicht wird im Verlauf der Auseinandersetzung, während die Argumente der Gegenseite zu hören sind, immer jämmerlicher und hilfloser. Nicht mit Worten gibt er seine Niederlage zu, aber mit seiner Miene wird dem Zuschauer bedeutet, daß es sich bei seinem Standpunkt um ein zwar liebenswürdiges, aber hoffnungsloses, weltfremdes Raisonnement handelt.[12]

Ähnliche Kommentierungsaufgaben kann auch die Musik erfüllen, wobei sie nicht nur spannungsteigernde, sondern auch wertende Funktion übernehmen kann. Durch dissonante Klänge wird ein vielleicht verständliches Verhalten einer Figur für irrational und unmöglich erklärt, und mit harmonischen Klängen am Schluß wird oft für gelöst und geheilt erklärt, was als Konflikt in Wirklichkeit nur oberflächlich zugedeckt ist.

2.1.1.3 Schwerpunkte der Untersuchung: Am nachhaltigsten teilen sich in allen Fernsehserien die Helden selber mit, sie agieren ständig in der Verlängerung der Kameraachse, und wie eine Folie zieht hinter ihnen die Reihe der einzelnen Abenteuer vorbei, vor denen ihr Charakter, das Spektrum ihrer Fähigkeiten und ihre persönlichen Verhältnisse für die Rezipienten additiv erweitert werden. Nach dem Grundsatz, daß das Immergleiche und nicht das Singuläre Gegenstand der unterrichtlichen Betrachtung sein soll, ist daher ihnen mehr Aufmerksamkeit zu widmen als beispielsweise der Story der einzelnen Folge selber. Bei der Betrachtung der Personen ist nach ihren Merkmalkombinationen (individuelle Eigenschaften, Befugnisse, soziale Rolle, persönliche Defekte usw.) und ihren Verhältnissen zueinander zu fragen.

Untersuchungen auf dieser einfachen Ebene können sehr aufschlußreiche Ergebnisse zeitigen. So haben analog zu den Erfahrungen in den Fernsehserien die Hauptcharaktere amerikanischer Kurzgeschichten und Romane – wie eine Untersuchung zeigte[13] – zumeist einen höheren sozioökonomischen Status als die übrigen Figuren der Stories, sie sind vorwiegend »vollblütige Amerikaner«; andere ethnische Gruppen sind, gemessen an ihrem Anteil an der Bevölkerung, in dieser Rolle unterrepräsentiert. Wenn, wie auch im bundesdeutschen Fernsehen zu beobachten, Angehörige bestimmter sozialer Gruppen ständig überrepräsentiert sind, ist das geeignet, ihr Selbstwertgefühl als soziale Gruppe zu stärken bzw. das unterrepräsentierter Gruppen zu schwächen.

Nicht allein Publikumswünsche und irgendwie »vorgegebene« Klischees können dafür verantwortlich gemacht werden. Bezeichnend ist z. B. die Wandlung, die der Westernheld bei seinem Übergang vom Kino ins Fernsehen durchgemacht hat. Im Film trat und tritt er vorwiegend als Einzelgänger, als sozial entwurzelte Gestalt auf, die sich mit dem Colt in der Faust ihr Recht erkämpfen muß. Die von westdeutschen Fernsehanstalten gesendeten Serien dagegen sind fast ausnahmslos Ranchergeschichten, aus dem outcast ist eine vollintegrierte Stütze der Gesellschaft geworden. Die Apologie des Privateigentums, seine unaufhörliche Verteidigung gegen Bedrohungen, ist der zentrale Handlungsgegenstand dieser Serien, und der Boß ist der Held. »Big John« Cannon ist der größte Farmer von Arizona, und Ben Cartwright in »Bonanza« steht ihm an Besitz nicht nach; beide sind erfolgreiche Unternehmergestalten, Herren im Hause, der Betrieb ist eine Familie, in dem sie eine kombinierte Vater- und Chefrolle spielen. Ihre ökonomisch begründete Autorität wird in Natur verwandelt, indem sie als natürliche Folge ihrer natürlichen Überlegenheit deklariert wird.

Damit dieses Verhältnis von Befehlenden und Gehorchenden, Besitzern und abhängig Arbeitenden nicht als Herrschaftsverhältnis verdächtigt wird, sondern als Naturordnung erscheint, müssen auch die anderen Rollen, die der gesichtslosen, auf Kommando gehorchenden Cowboys und besonders die Rollen der vom Mitbesitz ausgeschlossenen, nicht kommandoberechtigten Familienangehörigen gerechtfertigt werden.

Als Big Johns Bruder Buck seine lohnabhängige Stellung auf dessen Farm und die Subordination unter dessen Anordnungen einmal satt hat und selber Farmer, selbständiger Unternehmer werden will, geht dieses Unternehmen mangels Geschäftssinn, Nüchternheit und anderer bei Big John vereinigter Fähigkeiten so gründlich schief, daß er reumütig in seine so als naturnotwendig gerechtfertigte Rolle zurückkehrt. Die gleiche eherne Ordnung regelt das Verhältnis von Mann und Frau. Da ist die Frau die Hüterin des Hauses, der friedlichen Privatsphäre, in die der Mann aus seiner Arbeitswelt, den Abenteuern der Prärie, aufatmend zurückkehrt. Die Abweichung von dieser Ordnung erscheint als Bild des Jammers. Als sich einmal Viktoria, Cannons Frau, gegen dessen Willen in die Welt der Männer hinauswagt, gerät sie von einer Schwierigkeit in die nächste, erweist sich als unfähig zu einfachsten Vorsichtsmaßregeln, wird beinahe erstochen und vergewaltigt, und bei alledem sieht man zwischendurch den großen Helden hilflos in der Küche herumstaksen. Stärker war die Naturgewolltheit der »normalen« Ordnung nicht zu unterstreichen.

2.1.2 Die Seite der Rezipienten

Ihre politische Bedeutung erhalten die hier aus der Serie »High Chaparral« stellvertretend herausgegriffenen Ideologeme, wenn man sie auf die Situation der Rezipienten bezieht. Diese ist, wie bereits ausgeführt, zunächst einmal dadurch geprägt, daß sie mehrheitlich abhängig und unselbständig arbeiten und von der Verfügungsgewalt über die Produktionsmittel ausgeschlossen sind. Die ihre Interessen vertretenden gesellschaftlichen Kräfte stellen daher die Einschränkung der Verfügungsgewalt des Kapitals über die Produktionsprozesse und die Umverteilung des produzierten gesellschaftlichen Reichtums, der sich in den Händen der Mehrwertaneigner konzentriert, auf ihre Tagesordnung. Die Aneigner und ihre Parteigänger dagegen propagieren die bestehenden Verhältnisse als einzig gerechte. Ihrem Interesse entspricht es, wenn in Unterhaltungsserien der Besitz eines einzelnen und seine unumschränkte Macht über viele auf überlegene persönliche Fähigkeiten gegründet und durch sie gerechtfertigt erscheinen und wenn die Rebellion eines von Besitz und Macht Ausgeschlossenen und die versuchsweise Übernahme einer veränderten Rolle nur offenbart, daß jeder die Stelle findet, die ihm nach seinen Fähigkeiten zukommt, aber nicht jedem von der Natur gleiche Fähigkeiten gegeben wurden.

Die autoritäre Vatergestalt »Big Johns«, die in 44 Folgen bis zu 40 Millionen bundesrepublikanischen Fernsehzuschauern präsentiert wurde, wird ihre reaktionären Reize jedoch nicht nur auf diesen Vorstellungsbereich ausgestrahlt haben: im Bild erscheinen zugleich autoritäre Familienstrukturen und Rollenbilder von Mann und Frau. Das Bild vom Heim als friedlichem Intimbereich, auf den die Frau fixiert bleibt, entspricht der gegenwärtigen Rolle der nichtemanzipierten Frau, die von Problemen der Arbeitswelt und der Politik zumeist keinen Schimmer hat und auf eine rein private Existenz reduziert ist.

2.1.3 Die Seite der Kommunikatoren

Solche Gegensätze der Inhalte und Wirkungen der Massenkommunikation zu den Interessen der Empfänger, wie sie hier für den Bereich der Fernsehunterhaltung skizziert sind, müssen nun bei der Betrachtung der Seite der Kommunikatoren nach ihrem Zusammenhang mit den personellen, institutionellen und ökonomischen Verhältnissen im Bereich der Massenmedien befragt werden. Die Einsichten in die Verhältnisse, die die Durchsetzung privilegierter Einflüsse und Interessen ermöglichen, können für den Schüler Bestandteil eines politischen Orientierungswissens werden.

2.1.3.1 Institutionalisierter Einfluß: Zunächst einmal muß die grundsätzliche Tatsache festgehalten werden, daß jeder Kommunikator mit der Gesamtheit seiner Auswahl- und Gestaltungsentscheidungen eine normative Wirkung auf den Empfänger haben kann. In einem Fernsehsystem wie dem holländischen ist diese Tatsache das Axiom, mit dem man die Konstruktion des »Gruppenfernsehens« begründet, bei dem jede gesellschaftliche Gruppe die Chance zur Selbstbestimmung als Kommunikator hat. Jede Gruppe, die – sei es konfessionell, parteipolitisch, ethnisch oder sonstwie – über ein weitgehend gemeinsames Wertesystem verfügt, kann für sich bei genügender Anhängerzahl eine Sendelizenz und Sendezeit beantragen und so nach eigenen Maßstäben selektieren und gestalten.

In der öffentlich-rechtlichen Konstruktion des westdeutschen Fernsehens soll eine entsprechende Bindung des Fernsehens an die »gesellschaftlich relevanten Gruppen« mit der Einrichtung der Rundfunk- und Fernsehräte garantiert werden, deren Zusammensetzung nach verschiedenen Schlüsseln der Pluralität der Bevölkerungsgruppen einen abgemessenen Einfluß auf die Programme ermöglichen soll. Die Deformationen aber, die dieses Prinzip erlitten hat, die Über- bzw. Unterrepräsentierungen gesellschaftlicher Gruppen und die vielfältig nachweisbaren privilegierten Einflußchancen auf institutioneller und ökonomischer Ebene, veranlassen verschiedene Autoren, dieses Fernsehen weniger als Massenmedium denn als Klassenmedium zu bezeichnen. [14]

Die Ausgewogenheit der Programme zu kontrollieren und die Berücksichtigung aller gesellschaftlicher Gruppen zu garantieren, unterliegt de facto Personenkreisen, die in ihrer Berufszugehörigkeit, ihrem sozialen Status und ihren Weltanschauungen weit entfernt davon sind, alle Gruppen der Gesellschaft adäquat zu repräsentieren. Jürgen Seifert hat den durch Machtproporz in den Aufsichtsgremien hergestellten Konsens der »Ausgewogenheit« ein »System der privilegierten Einflußchancen« genannt. [15]

2.1.3.2 Einfluß der Wirtschaft auf die Programme: Durch die quer durch die Parteien weithin gleichbleibende Schichtzugehörigkeit und vielfältigen beruflichen Verbindungen zahlreicher Räte zur Industrie ist für ein mächtiges Übergewicht so schon auf institutioneller Ebene gesorgt. Darüber hinaus sind die Anstalten in ihrer Eigenschaft als Wirtschaftsunternehmen mit verschiedenen Industrien verflochten und wirtschaftlich über ihre Werbeeinkünfte von der Industrie abhängig.

»Die gleichen Krisenursachen wie bei der BBC machen auch dem – ihr teilweise nachgebildeten – deutschen Fernsehen zu schaffen. Die Ausrüstung der Haushalte mit TV-Geräten nähert sich der Sättigung, das Gebühreneinkommen stagniert, Personal-

und Produktionskosten steigen. Folge: die Sender schlittern in die Pleite, die Geldnot macht sie politisch gefügiger.« (Spiegel 14/73, S. 135)

Der ZDF-Haushaltsplan sieht für 1973 288,5 Millionen DM aus Gebühren und 281,5 Millionen DM Einnahmen aus Werbung vor.

Der Einfluß auf die Programme zeichnet sich gegenwärtig am deutlichsten im Bereich der sogenannten »Werberahmenprogramme« ab, die den Werbespots ein gleichgerichtetes, konfliktfreies Umfeld zu schaffen haben und dazu sich auch inhaltlich und stilistisch an die Konsumbotschaften assimilieren.

Im kommerziellen US-Fernsehen, aus dem ein Großteil unserer Programme – wie z. B. die Serie High Chaparral – stammt, gelten solche Bedingungen noch in wesentlich stärkerem Maße. Daß die Unterhaltungsserien aus den USA so oft wie große Werbespots für den »american way of life« erscheinen, ist sehr stark diesen Entstehungsbedingungen zuzuschreiben: sie sind nicht in erster Linie Produkte für die Zuschauer, sondern Angebote an die werbungstreibende Industrie, die diese Filme mit dem Kauf von Recht auf Werbeeinblendung finanziert.

Daß nicht nur simple Reichweiten- und Rentabilitätsberechnungen für die Insertionsbereitschaft der Industrie maßgebend sind, wurde in der Zeit vor der letzten Bundestagswahl am Anzeigegeschäft der westdeutschen Illustrierten sichtbar.

Während »Spiegel« und »Stern«, die die sozialliberale Koalition unterstützten, von 1971 bis 1972 einen Anzeigenrückgang von 16,8 bzw. 11,4% verzeichneten, nahmen die rechtsstehenden Blätter einen kräftigen Aufschwung (»Bunte Illustrierte« plus 10,6, »Neue Revue« plus 12,3, »Quick« plus 7,3%), und dies, obwohl der »Stern« mit 3,18 DM pro 1000 Leser weit billiger ist als die Konkurrenz (»Bunte« 3,84 DM, »Quick« 4,05 DM, »Neue Revue« 4,25 DM).[16] »Spiegel« und »Stern« büßten damit in einem Jahr jeweils ungefähr 10 Millionen DM durch Anzeigenrückgang ein.

Wie sich solche Sanktionspotenz in redaktionellen Anpassungsmanövern niederschlägt, die einer tatsächlichen »Bestrafung« mit »Selbstzensurmaßnahmen« weit vorauseilen, könnte einen eigenen Abschnitt zum Kapitel »innere Pressefreiheit« füllen. Statt eines solchen Exkurses soll hier nur noch einmal betont werden, daß solche Einbeziehung von nach traditioneller Fächerabgrenzung mehr »gesellschaftskundlichen« Aspekten auch in die Behandlung von Massenkommunikation im Deutschunterricht erforderlich ist, wenn für den Schüler über die Einsicht in die Problematik der Massenkommunikation politische Orientierung und emanzipativ gerichtete Handlungsmotivationen gewonnen werden sollen.

2.2 Das Beispiel ›Tagesschau‹

2.2.1 Der Auftrag zur Information

Der gesellschaftliche Auftrag zur Information wird von den Anstalten immer wieder hervorgehoben. Fernsehen soll »umfassend informieren«,

»durch Unterbreitung der wesentlichen Materialien der eigenen Meinungsbildung dienen«, »die eigene Urteilsbildung ermöglichen.«[17] Dies kann jedoch nur dann erreicht werden, wenn die Informationen so sind, daß sie der einzelne für seine eigene Situation verwenden kann, sie ihm ein sinnvolles Verhalten in gesellschaftlichen Situationen ermöglichen, ihn befähigen, gesellschaftliche Handlungen, die auf die Schaffung von mehr Selbstbestimmung und Eigenverantwortlichkeit von ihm selbst und anderen gerichtet sind, zu erkennen und ihn bewegen, sich aktiv daran zu beteiligen. Unterricht über Massenkommunikation in der Schule muß gerade unter diesem Anspruch sich besonders demjenigen massenmedialen Angebot zuwenden, das innerhalb des Programmrahmens sich dieser Aufgabe speziell zuwendet, also den politischen Sendungen, und sie daraufhin analysieren, inwieweit sie diese Aufgabe erfüllen.

2.2.2 Das Erscheinungsbild

Ausgangspunkt kann auch hier das Erscheinungsbild der Politik im Fernsehen sein. Ein wesentlicher, die Diskussion um die politische Information bestimmender Punkt ist die Scheidung von Nachricht und Kommentar.

2.2.2.1 ›Reine‹ Nachricht und Kommentar: Erst diese klare Trennung ermöglicht dem Zuschauer angeblich, sich über den gesellschaftlichen Tatbestand, den die ›reine‹ Nachricht widerspiegele, sich eine eigene Meinung zu bilden, die Meinung eines Kommentators als solche zu erkennen und durch ein Abwägen verschiedener Meinungen zu einer rational begründbaren Willensbildung über den Sachverhalt zu kommen. Die Vermischung von Nachricht und Kommentar sei Manipulation, weil sie nicht mehr den ›reinen‹ Tatbestand erkennen lasse, was nur die ›reine‹, ›wertfreie‹ Nachricht könne.[18]

Jedoch schon die Tatsache, daß jemand einen Sachverhalt für wichtig genug hält, um darüber eine Nachricht zu verfassen, setzt eine notwendige Bewertung durch den Verfasser der Nachricht voraus. Dieser unterliegt als Mitglied der Gesellschaft auch bestimmten Zwängen, hat Anschauungen und Meinungen, die seinen Blickwinkel, unter dem er gesellschaftliche Ereignisse sieht, beeinflussen.

Der Anschein, es handle sich um eine ›wertfreie‹ Nachricht, wird in der Praxis der politischen Berichterstattung durch die Reduktion auf das ›bloße‹ Ereignis erreicht. Entstehung und Ursache werden ausgeklammert, der Kontext des Ereignisses nicht mitgeliefert. Nur »das, was an der Oberfläche schwimmt, gezählt und fotografiert werden kann, kommt [...] als Nachricht in Betracht. Die Nachricht ist damit ihrer historischen Genese entkleidet und für denjenigen, der nicht ohnehin Bescheid weiß, bestenfalls wertlos, wenn nicht sogar eine Fehlinformation.«[19] Gleichzeitig wird der Kommentar, der die Zusammenhänge vermitteln könnte, in der Praxis der politischen Berichterstattung gegenüber der Nachricht als bloße Meinungsäußerung abgewertet[20] und in andere Sendezeiten verlegt.[21] Diese sogenannte »Arbeitsteilung« [22] innerhalb des Programms, die die gelieferten Informationen in verschiedene Sendepartikel zersplittert, verhindert so, einen Erklärungszusammenhang aufzubauen. Die bloße Nachricht muß dem Zuschauer von ihrem Inhalt her uninteressant erscheinen, weil ihm ihre Relevanz nicht erklärt wird, weil er die Nachricht nicht zur eigenen Situation in Beziehung setzen kann.

. Es ist zu fragen, für wen die derart reduzierten Informationen noch verständlich sind, welche Gruppen des Publikums trotz solcher Beschränkung die gelieferten Informationen für ihre Lebenssituation verwenden können. Vom demokratischen Anspruch her müßte sich eine Informationspolitik orientieren an den objektiven Interessen der Mehrheit der Lohn- und Gehaltsabhängigen, an deren Ausbildungs- und Wissensstand, müßte die Relevanz der Nachrichten für deren Situation aufdecken und vermitteln. Da für die gegenwärtige Praxis der politischen Berichterstattung aber eine derartige Bezugnahme auf die Interessenlage der Lohn- und Gehaltsabhängigen nicht festgestellt werden kann, ist zu fragen, wem eine derartige Nachrichtenpolitik dann gerecht wird, wessen Interessen sich hier durchsetzen.

2.2.2.2 Die Personalisierung in politischen Sendungen: Besonders hervorzuheben ist die starke »Personalisierung gesellschaftlicher Tatbestände« [23]:

»Pro Meldung finden im Durchschnitt wenigstens zwei Personen Erwähnung oder erscheinen als ›Akteure‹ auf dem Bildschirm. Der Kreis der erwähnten Personen ist klein, die Nennungen konzentrieren sich auf wenige Personen.« [24]

Der Eindruck entsteht, daß gesellschaftliche Entwicklungen und Ereignisse nur von diesen wenigen Politikern bestimmt werden, nach der alten Maxime »Männer machen Geschichte«.

Wohlgemerkt: Formale, journalistische Methoden sind nicht als Methoden ›an sich‹ als negativ zu kritisieren, sondern immer nur in dem Zusammenhang, in dem sie eingesetzt werden. Entscheidend ist die Frage nach den Inhalten, die so vermittelt bzw. gerade dadurch versteckt werden. So kann die Verknüpfung von gesellschaftlichen Ereignissen mit Personen durchaus eine aufklärerische Funktion haben, wenn dadurch auf die Verursacher gesellschaftlicher Mißstände hingewiesen wird, wenn sie benutzt wird, »um den Zuschauer zu einem unmittelbar Betroffenen zu machen und zu einer kritischen Reflexion anzuregen.« [25] Das kann innerhalb des Gesamtangebots des Fernsehens jedoch nur als Ausnahme angesehen werden. In der Mehrzahl der politischen Sendungen wird die Methode der Personalisierung gerade mit anderen, entgegengesetzten Intentionen eingesetzt. In den »Round-table-Gesprächen« zwischen Politikern und Journalisten, in den Zuschauerforen und im »Frühschoppen« wird dem Zuschauer die Identität der behandelten Probleme mit den debattierenden Partnern suggeriert, aufgrund ihrer Aura werden ihm »Expertengespräche, Kulisseninformationen, Insidestories« versprochen.[26]

2.2.2.3 Das Ritual der Nachrichtenvermittlung: Eine besonders intensiv durchgeplante Methode der Inszenierung wird in den Nachrichtensendungen angewendet. Die Nachrichten werden mit einer Aura des Offiziellen, Amtlichen umgeben, die Inszenierung verspricht die ›reine Information‹; nur Tatsachen werden, so scheints, vermittelt, ›Objektivität‹ zelebriert. Die Abstraktheit der Formulierungen, der Gebrauch unerläuterter Fremdwörter bzw. Fachbezeichnungen schränken die Verständlichkeit der Nachrichten weitgehend ein, so daß häufig nur noch Bruchstücke von Informationen beim Rezipienten ankommen.

Der geordnete Ablauf der »Tagesschau«, das »unabdingbar feste Schema« [27], vermittelt in der Flut des Vielfältigen der einzelnen Nachrichten die Überschaubarkeit, den Eindruck, hier werde das Wesentliche vermittelt, wenn auch teilweise unverständlich, aber nicht in beunruhigendem Sinne, sondern durch die dauernde Wiederkehr »altbekannter Personen in altbekannten Posen« [28] wird der generelle Eindruck verstärkt, es bleibe alles beim alten.

Der Zuschauer soll möglichst nicht hinterfragen, was eine Nachricht eigentlich bedeutet. Das Tempo, in dem der ganze Vorgang abläuft, läßt dem Zuschauer keine Zeit zur Besinnung. Das Bedürfnis der Mehrheit der Zuschauer nach politischer Information, das diese sowieso nur am Feierabend zeigen dürfen und nicht während ihrer Arbeitszeit tagsüber, soll so befriedigt werden. Fünfzehn Minuten Zeremonie sättigen so folgenlos das Interesse an den politischen Ereignissen; das Ritual führt Politik als etwas vor, was außerhalb des Bereichs der Zuschauer angesiedelt ist.

2.2.2.4 Das Klischee: Neben der Ritualisierung des Ablaufs der Sendungen ist auch die Klischierung der einzelnen Nachricht von wesentlicher Bedeutung für die Verhaltensdisposition der Zuschauer aufgrund solcher Informationen. Hierbei muß die »Tagesschau« im Zusammenhang mit den anderen politische Nachrichten verbreitenden Massenmedien gesehen werden. Es sind ganz bestimmte Klischees, die immer wieder verwendet und vom Zuschauer als solche gar nicht bewußt wahrgenommen werden. Sie wirken sich für sein Verhalten als emotionale Sperren aus, weil sie bestimmte Verhaltensweisen mit negativen Bedeutungen besetzen.

So wird im Zusammenhang mit Streiksituationen häufig von »Streikgefahr«, »ein Streik droht« usf. gesprochen; von Schülern ist beim Begriff »wilder Streik« ein Streik mit Prügelei assoziiert worden, die richtige Bedeutung war unbekannt. Für andere Begriffe wie ›Kommunismus‹, ›Sozialismus‹ wird sich Ähnliches feststellen lassen.

Hier kann eine Sprachkritik durchaus angebracht sein, wenn sie hinterfragt, in wessen Interesse denn die Verwendung solcher Klischees liegt. Das gilt auch für eine andere Form von Klischierung, die der Verschleierung von wahren Abhängigkeitsverhältnissen dient: »Jeder siebente Arbeitnehmer ist von der Automobilindustrie abhängig.« Aus den Ereignissen werden die handelnden Subjekte ausgetrieben. Konsequent formuliert müßte der Satz heißen: »Vier Millionen aller Erwerbstätigen sind von den Aufsichtsratsmitgliedern der Automobilfirmen abhängig.« [29] Doch eine derartige Formulierung wäre wohl schon eine zu große Provokation.

2.2.2.5 Der Stellenwert der Einzelnachricht in der Sendung: Der Schleier des Rituals verdeckt auch, daß ganz bestimmte gesellschaftliche Bereiche in der »Tagesschau« unterrepräsentiert sind; »der gesamte Themenbereich ›Innen- und Sozialpolitik‹ [umfaßt] nur etwas über 4 Prozent« [30] der ausgestrahlten Meldungen.

Neben der Frage, was auf diese Weise in der »Tagesschau« gar nicht gesagt und so dem Zuschauer vorenthalten wird, ist die Frage nach der Plazierung der Nachrichten innerhalb der Sendung wichtig. So können beispielsweise viele für die Mehrheit der Zuschauer relevante Nachrichten in die Rubrik: »und jetzt Meldungen in Schlagzeilen« versteckt oder so zwischen »Frühjahrskollektion« und »Banküberfall« plaziert werden, daß sie kaum noch wahrgenommen werden.

Die Analyse des Erscheinungsbildes der politischen Sendungen im Fernsehen ist zu verlängern in Richtung auf die Faktoren ›Kommunikator‹ einerseits, ›Rezipient‹ andererseits.

2.2.3 Die Seite der Kommunikatoren

Bei unserem Beispiel der Nachrichtensendung ist nach den Zusammenhängen zu fragen, in denen die Kommunikatoren stehen, den Zwängen, denen sie in den öffentlich-rechtlichen Anstalten ausgesetzt sind und die die Gestaltung der Sendung ganz entscheidend mit beeinflussen. Dabei können hier nur einige Punkte kurz angesprochen werden.

2.2.3.1 Die vorproduzierte Nachricht: Die Nachrichten, die innerhalb der einzelnen Sendungen gebracht werden, sind zum größten Teil nicht ›Exklusiv‹-Nachrichten, die nur für diese Sendung recherchiert wurden. Ein beträchtlicher Teil des für den Zuschauer bestimmten Materials wird bereits fertig oder halbfertig vorproduziert an den Kommunikator von außen herangetragen, sei es über die Presseagenturen wie dpa, UPI, AP, über die Pressestellen der einzelnen Bundes- und Landesministerien und -behörden, der Parteien sowie über die verschiedenen Pressestellen der Wirtschaftsverbände, wie BDI, BDA usw.

Die Lancierung von Nachrichten und Stellungnahmen wird dabei oft über gesellschaftliche Ereignisse geleistet, die nur für den Zweck gemacht werden, Nachrichten bzw. Informationen aus einer bestimmten Sicht und für einen bestimmten Zweck in das massenmediale Angebot zu bringen. Nachrichten werden so bewußt produziert und über die Medien verbreitet. Dabei werden im gesamtgesellschaftlichen Kontext natürlich die bevorzugt, die von ihrer gesellschaftlichen Situation her über die entpsrechenden Apparate, über die entsprechenden Mittel verfügen. Die Mehrheit der Rezipienten ist hier ausgeschlossen.

Besonders wird diese Art der Nachrichtenproduktion betrieben von den politischen Parteien, da die Bekanntheit eines Politikers, wie in einer Untersuchung festgestellt wurde[31], davon abhängt, mit welcher Häufigkeit er in den Massenmedien genannt wird. So wird auch die starke Personenfixierung in den Nachrichten erklärbar, sie ist schon im vorproduzierten Nachrichtenmaterial angelegt und erfüllt bestimmte Funktionen. Der Kommunikator innerhalb der Massenmedien hat so vielfach nur noch die Aufgabe der Selektion, Verarbeitung und Aufbereitung des vorproduzierten Materials. Die Produktion der Nachricht hat sich so zu einem großen Teil bereits in vorgelagerten Institutionen vollzogen, die der öffentlichen Einsicht zumeist verborgen bleiben [32]

Es reicht für die Analyse nicht aus, nur einzelne Sendungen isoliert zu untersuchen, sondern die Nachrichten sind im Zusammenhang mit thematisch ähnlichen Beiträgen der aktuellen Berichterstattung in anderen Medien zu vergleichen, um die vielfach langfristig geplanten Kampagnen zu erkennen, mit denen – offen oder versteckt – beim Rezipienten Meinungen durchgesetzt werden sollen, die nicht seinen Interessen entsprechen: so etwa die Kampagne zur Durchsetzung eines privatwirtschaftlich organisierten Fernsehens oder zur Abwehr der Mitbestimmung in Betrieben und anderen Institutionen; ähnlich sind Stellungnahmen zur Wirtschaftslage etc. danach zu überprüfen, ob sie eine Funktion haben sollen für Tarifverhandlungen, Wahlen etc. Die Nachrichten wären also auf ihre Bedeutung für die ganz konkreten gesellschaftlichen Situationen der Rezipienten zu überprüfen.

2.2.3.2 Die Zwänge innerhalb der Institution: Weiterhin muß die institutionelle Situation auf der Kommunikatorseite gesehen werden. Die öffentlich-rechtlichen Anstalten sollen unabhängig von einzelnen gesellschaftlichen Gruppierungen sein. »Ausgleich und Neutralisierung von Macht« sollen durch die Vertretung aller relevanten Gruppen der Gesellschaft in den Aufsichtsgremien ermöglicht werden. Beim ZDF-Fernsehrat sind jedoch unter den 66 Mitgliedern nur drei Gewerkschaftsvertreter (und damit ein Vertreter weniger als von den Freien Wohlfahrtsverbänden), im bayerischen Rundfunkrat ist die Gewerkschaft genauso stark vertreten wie die Bayerische Staatsoper (!). Nichtorganisierte Interessen der Rezipienten werden überhaupt nicht vertreten. Zu fragen ist, ob nicht ein direkter Zusammenhang gesehen werden muß zwischen dieser Unterrepräsentierung der Vertreter der Lohn- und Gehaltsabhängigen in den Aufsichtsgremien und der Unterrepräsentierung der für die Mehrheit der Rezipienten relevanten sozialen und ökonomischen Themen im Fernsehen.

Zugleich ist für ein mächtiges Übergewicht von Monopol und Besitz in den Aufsichtsgremien gesorgt, da »deren Vertreter nicht nur als direkte Sprecher von ›Industrie und Handel‹ figurieren, sondern auch die Eliten der meisten anderen ›gesellschaftlich relevanten Kräfte‹ stellen«.[33] »Diejenigen, die der Kontrolle am ehesten bedürfen, beeinflussen auch am intensivsten Programmschemata und Programmgestaltung.«[34]

Außerdem sind die jeweiligen Landtagsparteien proportional ihrer Landtagsbesetzung in den Gremien vertreten. Die Personalpolitik dieser Gremien ist dementsprechend. Der Aufteilung der parlamentarischen Vertreter nach dem Proporz folgt »bis in die unterste Stufe der festangestellten Redakteure« ein »Machtproporz«.[35]

Der »strukturell-organisatorischen Formierung« entspricht eine praktisch betriebene Zensur in den verschiedensten Formen, vom Abwürgen von Projekten und Ideen im ersten Stadium bis zur Entlassung von Mitarbeitern unter oft abstrusen Vorwänden. Die Fülle der bekannten Beispiele spricht Bände.[36] Je offener und spektakulärer derartiges abläuft, um so wirksamer produziert es eine andere Form: die Selbstzensur. Davon sind besonders die sogenannten ›freien‹ Mitarbeiter betroffen (welche die weitaus größere Gruppe der bei den Sendern Beschäftigten stellen), da sie »so gut wie keine arbeitsrechtliche und soziale Sicherheit« haben und so »leichter unter Druck gesetzt und gebeugt werden können«.[37] Schon in der Wahl der Themen wirkt sich diese innere Zensur aus, denn welcher freie Mitarbeiter setzt seine Arbeitskraft für Themen ein, die er dann doch nicht »durchkriegt« und die ihm dann auch nicht bezahlt werden, die ihn sogar seine Existenz kosten können. Eine derartige Personalpolitik muß sich also ganz zentral auf die Art und Weise der Selektion der Nachrichten, die gesendet werden, auswirken.

2.2.3.3 Der Verwertungsaspekt: Ein zusätzlicher Zwang besteht darin, daß sich auch auf die politische Berichterstattung die Verwertungsinteressen auswirken. Die kommerziellen Interessen greifen dabei bis in die Programmgestaltung ein. So heißt es in einem Papier zur anstehenden Programmänderung im Herbst 1973 im ZDF:

> »Jede Diskussion über den Programmaufbau in der Werbezeit muß unter dem Gesichtspunkt der Einschaltungen auf die Werbeblöcke geführt werden.«[38]

Das ZDF plant die Hauptnachrichtensendung auf 19.00 Uhr vorzuverlegen, um zwischen Nachrichtensendung und Hauptabendprogramm einen Werbeblock einschalten zu können.[39] Damit wäre dann der erste Schritt getan, um bald das gesamte Programm mit Werbeeinschaltungen zu durchsetzen und eine zunehmende Entpolitisierung einzuleiten, denn die Werbeeinschaltungen brauchen ein möglichst widerspruchsfreies Umfeld, um wirken zu können.

2.2.4 Die Seite der Rezipienten

Hier können nur allgemeine Aussagen über die Mehrheit der Rezipienten gemacht werden, da die jeweils konkrete Situation der Schüler erfaßt werden muß. Sie ist jedoch nicht absolut zu sehen, sondern in Bezug zum hier angesprochenen Verhältnis der Mehrheit der Rezipienten zum Medium.

2.2.4.1 Einstellungen zur Politik: Politisches und gesellschaftliches Bewußtsein wird ganz wesentlich von den Massenmedien mitbestimmt. Besonders für das Bewußtsein über die Bereiche, die den Rezipienten unmittelbar nicht zugänglich sind, werden durch die Medien vermittelte Anschauungen wirksam. Der weit verbreiteten resignativen Auffassung »In der Politik kann man doch nichts ändern; die da oben regieren und wir können nichts machen« wird durch das in den Medien vermittelte Erscheinungsbild von Politik noch verstärkt. Auch die Unterrepräsentanz der sozialen Themen, die den Rezipienten betreffen, verstärkt den Eindruck, die Nachrichtensendungen behandelten Probleme, die außerhalb des eigenen Handlungsraumes lägen.[40] Diese als politische Haltung erzeugte resignative Desinteressiertheit kommt dann dem Interesse an der Stabilisierung des Status quo entgegen.

Zugleich werden innerhalb des gesamten Fernsehprogramms Beiträge, die die Interessen der Rezipienten stärker artikulieren, vielfach in späte Abendzeiten gelegt. Nach 21.00 Uhr, so wurde in einer Infratestanalyse festgestellt, nimmt die Zuschauerzahl ganz rapide ab[41], und es ist zu vermuten, daß unter den geräteabschaltenden Gruppen ganz bestimmte überrepräsentiert sind, nämlich

> »beispielsweise die, die einen harten Arbeitstag hinter sich oder einen frühen Arbeitsbeginn vor sich haben und die schon aus diesem Grunde morgens sich lieber mit der BILD-Zeitung befassen, als abends mit einem politischen Programm. Bereits aus diesem Detail spricht eindeutig – wenn man so will – der Klassencharakter des Fernsehens: Die, die gesellschaftspolitische und lebenspraktische Information am nötigsten brauchen, werden – und das läßt sich spielend nachweisen – durch derartige sendetechnische Tricks ausgeschlossen und nicht zuletzt damit in die Fänge eben jenes Journals getrieben.«[42]
>
> »Die Absicht, die hinter einer derartigen Konzeption von politischer Information steht, ist klar: weder das Publikum noch irgendeine andere für die Medien relevante Gruppe soll durch Informationen provoziert werden, die die Herrschaftsverhältnisse und Privilegienhierarchie in der bundesrepublikanischen Gesellschaft tangieren. Man will zwar – als sich demokratisch gebende Institution – politische Probleme ansprechen, gleichzeitig aber niemandem ernstlich zu nahe treten – außer vielleicht denen, die einem sowieso nichts anhaben können.«[43]

Medienerziehung, die es ja in erster Linie mit den Rezipienten zu tun hat, muß besonders das Aufdecken derartiger Widersprüche und damit eine Veränderung der Einstellung der Rezipienten zum Medienangebot zum Ziel haben. Wie wichtig das ist, wird deutlich an der Einschätzung der Nachrichtensendung »Tagesschau«, wie sie sich aus Befragungen ablesen läßt.

2.2.4.2 Die Institution »Tagesschau« in der Sicht des Rezipienten: Die »Tagesschau« ist zur Institution innerhalb des Programms geworden. Zwischen 50 und 60% der Geräte sind eingeschaltet, wenn die »Tagesschau« gesendet wird, nur 10 – 15% bei ›heute‹.[44] Nach einer Infrateststudie aus dem Jahre 1966 sehen immerhin 34% die ›Tagesschau‹, 8% ›heute‹ täglich, insgesamt 73% sehen zumindest viermal wöchentlich die ›Tagesschau‹ (25% ›heute‹) und gehören so zu denen, die regelmäßig (oder häufig) diese Nachrichtensendungen sehen.[45]

Zugleich ist bei einem Bewertungsindex von + 5,1 die »Tagesschau« die Sendung, von der immerhin 91% der Zuschauer meinen, daß sie in ausreichendem Maße angeboten würde; offen ist dabei, ob die Befragten mit dem Angebot zufrieden waren, weil sie sich ausreichend informiert glaubten, oder weil sie in dieser Hinsicht nicht mehr erwarteten.[46] Für ihre eigene Situation können sie die vermittelten Informationen jedenfalls selten verwenden.

Was in »Tagesschau« und »heute« ausgestrahlt wird, wird von der Mehrzahl der Zuschauer für ›objektiv‹ und ›nicht wertend‹ gehalten, obwohl schon ein einfacher Vergleich der Nachrichtensendungen eines Tages in der Berichterstattung zu wichtigen innenpolitischen Themen gravierende Unterschiede zeigt, die durchaus mit verschiedenen parteipolitischen Meinungen in Zusammenhang gebracht werden können.

2.2.4.3 Die Einschätzung des Fernsehens: In der Glaubwürdigkeit, die die »Tagesschau« bei der Mehrheit der Zuschauer genießt, verkörpert sich die allgemeine Einschätzung des Mediums beim Zuschauer. So hielten 61,2% der Befragten das Fernsehen im Vergleich zu Presse und Rundfunk für das wichtigste Medium ihrer Information. Sie hielten das Fernsehen mit weitem Abstand vor den anderen Medien für das Medium,

- das am schnellsten informiert (obwohl der Rundfunk im Gegensatz zum Fernsehen ein den ganzen Tag umgreifendes Programm hat),
- das am besten über die Persönlichkeiten der Politik informiert (als Resultat der Personalisierung und des Anscheins der Unmittelbarkeit der berichteten Ereignisse),
- das am besten über die Programme der Parteien informiert,
- das am verständlichsten informiert (dieser Eindruck entsteht, weil das Unverständliche schnell vergessen und über die Brücke des anschaulichen Bildes und des ritualisierten Ablaufs nur das Verständliche in der Erinnerung behalten wird),
- das am vollständigsten informiert.[47]

Die deutliche Überschätzung des Fernsehens, die aus den meisten dieser Punkte spricht, bestimmt auch das Verhalten der Zuschauer zu den einzelnen Sendungen. Diese Stellung des Zuschauers dem Medium gegenüber ist auch mit in die Analyse der einzelnen Sendungen einzubeziehen. So muß die Behandlung von Kommunikaten des Fernsehens im Unterricht über die Erkenntnis von Zusammenhängen innerhalb des Kommunikats auch eine Veränderung der Haltung des Schülers gegenüber dem Medium selbst intendieren.

Die Glaubwürdigkeit und Unanfechtbarkeit der »Tagesschau«, der Anspruch, objektiv und überparteilich zu sein, ist auf solche Weise in Frage zu stellen, daß der Schüler erkennt, daß dort Meinungen vorgetragen werden, die in den gesellschaftlichen Auseinandersetzungen Partei ergreifen und die daraufhin zu befragen sind, welche Interessen sich in ihnen artikulieren und wie sich diese zu des Schülers eigener Situation und Interessenlage verhalten. Gegen die Interessen des Empfängers ist eine Information z. B. dann gerichtet, wenn sie ihn im Gegensatz zu seiner realen Lage in eine Position eines über den Dingen Schwebenden versetzt und so eine Parteinahme verhindert. Mit der Aufdeckung solcher Widersprüche ist auch eine Veränderung der Mediennutzung intendiert, damit der Schüler Zugang zu ihm sonst vorenthaltenen Informationen gewinnen kann.

3. Ausblick auf die Ableitung von Qualifikationen

Ausgehend von den Annahmen, daß

1. Qualifikationen (Verhaltensdispositionen) nur aus der Analyse vorhandener bzw. künftiger Lebenssituationen der zu Qualifizierenden abgeleitet werden sollten,
2. diese Lebenssituationen als Teile der gesellschaftlichen Situation ebenfalls durch deren Widersprüche gekennzeichnet sind,
3. Wissenschaft und Erziehung nicht von der Verpflichtung entbunden sind, ihre Beiträge zur Aufhebung sozialstruktureller Restriktionen zu leisten,

ergibt sich für den Unterricht über massenmediale Kommunikation der folgende Ausblick:

Dem Unterricht stellt sich vorrangig die Aufgabe, Widersprüche massenmedialer Kommunikation als didaktische Anknüpfungspunkte mit der objektiven Interessenlage der Schüler zu verbinden. Es wäre verfehlt, Qualifikationen situations- und bezugsgruppenunspezifisch zu formulieren. Neben den kommunikatbezogenen Fähigkeiten und Verhaltensweisen sollten besonders auch die bislang vernachlässigten, auf Selektions- und Verarbeitungsphasen bezogenen Qualifikationen Ziel medienerzieherischen Bemühens sein.

Dabei ist jeweils darauf zu achten, daß sich Teillernziele nicht verselbständigen und daß neben die gruppenspezifische und gesellschaftliche Reflexion auch die praktische Anwendung medienvermittelter Kommunikation zu treten hat.

In bezug auf die Qualifikationen ist zu postulieren, daß sie medienpolitisches Bewußtsein konstituieren und ein über Reflexionswissen hinausgehendes »handlungsstrategisches Kalkül«[48] enthalten sollen. Die Forderung nach der handlungsstrategischen Komponente der Qualifikationen kann als

Gegenentwurf zu den sozialstrukturellen Restriktionen gelten, denen die Bevölkerungsmehrheit unterliegt und die Handlungsarmut und Perspektivlosigkeit in bezug auf Arbeits- und Lebenswelt zur Folge haben. Wenn sich demokratische Beteiligung nicht auf die Teilnahme an Wahlen beschränken soll, ist zu fragen, wo, wann und mit welchen Mitteln demokratische Praxis erlernt und weiterentwickelt werden kann. Es ist nicht nur Aufgabe der Erziehung, die aktive Rolle des Subjekts im gesellschaftlichen Prozeß zu betonen, sondern darüber hinausgehend muß sie die Selbstorganisation von Schülerinteressen und Versuche zu ihrer Realisierung ermöglichen.

Hermann Rademaker sieht für die Schüler im Unterricht als Aufgabe, die »von eigenen Interessen her begründeten wünschenswerten Veränderungen der Umwelt zu definieren und gegebenenfalls Strategien für die Durchsetzung dieser Veränderungen zu entwerfen und anzuwenden«.[49] Vermittels interessen- und situationsspezifischer Unterrichtsprojekte, »deren Projektziele sich auf die Schaffung von Produkten oder auf die Veränderung von Verhältnissen beziehen«[50], würden die Schüler über einen operativen Einsatz der zur Verfügung stehenden Medien (Film, Plakat usw.) auch praktisch-politische Erfahrungen erwerben können. Der projektorientierte Einsatz der Medien ist dabei als »synthetische« Unterrichtsphase im Sinne einer notwendigen und dialektischen Ergänzung zur »analytischen« Beschäftigung mit den Massenmedien aufzufassen.

Medienpolitisches Bewußtsein und situations- wie interessenbezogene Deutungs- und Handlungsmuster sollten möglichst Ergebnis praktischer, nicht nur theoretischer oder simulativer Auseinandersetzungen sein. Die Beschäftigung mit massenmedialer Kommunikation in der Schule sollte dabei Überlegungen zu praktisch-politischen Veränderungen perspektivisch miteinbeziehen, z. B. Bemühungen um eine demokratische Publikumsmitbestimmung oder um die Institutionalisierung einer Anzeigengenossenschaft mit der Funktion, »eine wichtige Trennungslinie zwischen ökonomische und publizistische Macht [zu] legen«.[51]

Anmerkungen

1 Eine erste Fassung dieses Aufsatzes ist inzwischen unter dem Titel: Unterhaltung und Politik im Fernsehen als Unterrichtsgegenstand in *Jürgen Kolbe* (Hrsg.), Neue Ansichten einer künftigen Germanistik. München 1973 = Reihe Hanser 122, erschienen.

2 Vgl. dazu: *Joachim Paech/Hannelore Wolff,* Medienarbeit, in: Ästhetik und Kommunikation 4 (1973), Heft 11, S. 63 ff. In diesem Aufsatz wird über praktische Versuche im Umgang mit Film und Fernsehen berichtet, die von der Abteilung Massenmedien mit Schüler- und Lehrlingsgruppen in verschiedenen Schulstufen und in Freizeitheimen durchgeführt wurden.

3 Vgl. *Doris Knab,* Konsequenzen der Curriculum-Problematik im Hinblick auf Curriculumforschung und Lehrplanentscheidungen in der Bundesrepublik. In:

Frank Achtenhagen, Hilbert L. Meyer (Hrsg.): Curriculumrevision. Möglichkeiten und Grenzen. München 1971, S. 161.

4 *Horst Holzer,* Gescheiterte Aufklärung. München 1971, S. 17 ff.; *Franz Dröge,* Wissen ohne Bewußtsein, Frankfurt 1972.

5 *H. Holzer,* a.a.O., S. 130 f.

6 *H. J. Grünwaldt,* Didaktik des Deutschunterrichts in der Wandlung. In: *Heinz Ide* (Hrsg.), Bestandsaufnahme Deutschunterricht. Stuttgart, 1970, S. 182.

7 *Erika Dingeldey, Hubert Ivo,* Anmerkungen zu H. Dewald. In: Diskussion Deutsch, Heft 10, November 1972, S. 386.

8 *Heinz W. Giese,* Die Grenzen der Sprachkritik. Rezension von B. Weisgerber, Elemente eines emanzipatorischen Sprachunterrichts. In: betrifft: erziehung, Heft 11, 1972, S. 78.

9 *Ekkehart Mittelberg, Dieter Seiffert:* Ideologiekritisches Lesen von Zeitungen. In: Ideologiekritik im Deutschunterricht. Sonderband Diskussion Deutsch. Frankfurt 1972, S. 108 – 121.

10 *Rolf Eigenwald,* Überredungstechniken. In: *H. Ide* (Hrsg.), Projekt Deutschunterricht, Bd. 2: Sozialisation und Manipulation durch Sprache. Stuttgart 1972.

11 *Dingeldey/Ivo,* a.a.O., S. 387.

12 *Michael Pehlke,* High Chaparral. In: *Friedrich Knilli* (Hrsg.), Die Unterhaltung der deutschen Fernsehfamilie. München 1971 = Reihe Hanser 64.

13 Zit. nach *H. Holzer,* a.a.O., S. 172.

14 Vgl. Klassenmedium Fernsehen, Dokumentationsband zur Ausstellung der Arbeitsgruppe Massenmedien der Neuen Gesellschaft für Bildende Kunst Berlin, 1973.

15 *Jürgen Seifert,* Probleme der Parteien- und Verbandskontrolle von Rundfunk- und Fernsehanstalten. In: Kritik 4. Opladen 1971, S. 132.

16 Konkret Nr. 16, 27. Juli 1972, S. 11.

17 ZDF-Richtlinien, in: Rundfunk und Fernsehen, Zeitschrift des Hans-Bredow-Instituts. Hamburg 1963, S. 307.

18 Vgl. dazu beispielsweise die Darstellung des Verhältnisses von Nachricht und Kommentar in: *Keßler/Northemann,* Massenmedien, Arbeitshefte für den Unterricht (Reihe: Die Welt um uns). Stuttgart 1970, S. 16 ff.

19 *Günther Rager,* Politische Information im Fernsehen. In: kürbiskern 3/1971, S. 462.

20 ›heute‹ hat eine Zeitlang versucht, Kommentare in die Sendung hineinzunehmen. Das soll jedoch mit der Programmänderung im Herbst 1973 wieder rückgängig gemacht werden; ›heute‹ wird der ›Tagesschau‹ wieder stärker angenähert.

21 Der Kommentar im ARD-Programm wird zumeist erst in der Spätausgabe der ›Tagesschau‹ gesendet (22.30 Uhr), wenn nur noch ein geringer Teil der Geräte eingeschaltet ist.

22 *Manfred Jenke,* Aus Hamburg die Tagesschau, Hörbild Rias Berlin 25. Dezember 1972.

23 *H. Holzer,* a.a.O., S. 151.

24 Unveröffentlichte Inhaltsanalyse von *M. Schatz-Bergfeld,* zit. nach *Zoll/Hennig,* Massenmedien und Meinungsbildung. München 1970, S. 156.

25 H. Holzer verweist in diesem Zusammenhang auf Panorama und Report. (A.a.O., S. 161 ff.)

26 Ebd., S. 163.

27 *Wolf Donner,* Die öffentlich-rechtliche Huldigung. In: Die Zeit vom 18. Juni 1971.

28 *Günther Rager,* a.a.O., S. 470.

29 *E. A. Rauter,* Über Selbstzensur. In: kürbiskern 4/1972, S. 585.

30 *H. Schatz,* a.a.O., S. 113.

31 Ebd., S. 118.

32 *Franz Knipping,* Monopole und Massenmedien. Berlin 1969, S. 116.
33 *Horst Holzer, Conrad Schuhler,* Presse, Rundfunk und Fernsehen in der BRD. In: kürbiskern 3/1971, S. 408.
34 *Zoll/Hennig,* a.a.O., S. 162.
35 *Holzer/Schuhler,* a.a.O., S. 408.
36 *Holzer/Schuhler,* a.a.O., S. 408 ff; ebenso *H. Messow, E. Spoo,* Wie Journalisten gehandelt und gehandhabt werden, u. a. Beiträge in: kürbiskern 4/1972 (»Abhängigkeit in der Kulturindustrie«).
37 *Holzer/Schuhler,* a.a.O., S. 408.
38 Zit. nach *F. W. Hymmen,* a.a.O.
39 Vgl. *Wolf Donner,* Klimbim am Wochendende. Was alles 1973 auf den deutschen Fernsehzuschauer zukommt. In: Die Zeit vom 5. Januar 1973, S. 14.
40 Diese Meinungen äußerten bei einer repräsentativen Umfrage 67 % der Befragten. Vgl. Fernsehen im Leben der Erwachsenen, Untersuchung durchgeführt vom Hans-Bredow-Institut. Hamburg 1968, S. 133 f.
41 Zit. nach *H. Holzer,* a.a.O., S. 161.
42 *H. Holzer,* a.a.O., S. 162.
43 Ebd., S. 152.
44 Zit. nach *H. Schatz,* a.a.O., S. 121.
45 Zit nach *H. Holzer,* a.a.O., S. 161.
46 Fernsehen im Leben der Erwachsenen, Untersuchung durchgeführt vom Hans-Bredow-Institut. Hamburg 1968, S. 181.
47 Ebd., S. 147 ff.
48 *Jürgen Zimmer,* Bericht über die Entwicklung situationsanalytischer Verfahren zur Bestimmung von Zielen des Curriculum am Beispiel eines Bereichs der Wirtschaft, Workshop on Curriculum Research, Vierhoufen 1970, Paper, S. 17.
49 *Hermann Rademaker,* Der qualifikationsorientierte Einsatz von Medien. In: Kursbuch 24, 1971, S. 168.
50 Ebd., S. 176.
51 *H. Holzer, Joseph Schmid,* Alternativen. In: *Dieter Prokop,* Massenkommunikationsforschung, Bd. 1: Produktion. Frankfurt 1972, S. 134.

Bibliographie

Systematik der Bibliographie

1. Literaturwissenschaftliche Arbeiten zur Trivialliteratur

1.1 Berichte und Diskussionsbeiträge zur Forschungslage

H. Bausinger, Schwierigkeiten bei der Untersuchung von Trivialliteratur, in: Wirkendes Wort, 1963.

H. F. Foltin, Die minderwertige Prosaliteratur. Einteilung und Bezeichnungen, in: Deutsche Vierteljahrsschrift für Literaturwissenschaft und Geistesgeschichte, 1965.

H. Kreuzer, Trivialliteratur als Forschungsproblem, in: Deutsche Vierteljahrsschrift für Literaturwissenschaft und Geistesgeschichte, 1967.

H. Bausinger, Wege zur Erforschung der trivialen Literatur, in: *H. O. Burger* (Hg), Studien zur Trivialliteratur, Frankfurt, 1968.

J. Bark, Trivialliteratur – Überlegungen zur gegenwärtigen Diskussion, in: Sprache im technischen Zeitalter, 1972, H. 4.

G. Giesenfeld, Zum Stand der Trivialliteratur-Forschung, in: Das Argument 72, 1972, H. 3/4.

B. Rieger, Trivialliteraturen – datenverarbeitet? Überlegungen zur Situation der germanistischen Literaturwissenschaft, in: Zeitschrift für Literaturwissenschaft und Linguistik (LiLi), H. 6, 1972.

H. D. Zimmermann, Das Vorurteil über die Trivialliteratur, das ein Vorurteil über die Literatur ist, in: Akzente, 1972, H. 5.
G. Graf, Behandlung von Trivialliteratur in Wissenschaft und Didaktik – auch Mode und Ideologie?, in: Zeitnahe Schularbeit 1974, H. 3.
W. Schemme, Trivialliteratur als Gegenstand des Literaturunterrichts – Die gegenwärtige Forschungslage als Basis einer didaktischen Theorie, in: Wirkendes Wort 1974, H. 5 (hier abgedruckt S. 110 – 136).

1.2 Geschichte der Trivialliteratur

E. D. Becker, Der deutsche Roman um 1780, Stuttgart, 1964.
M. Beaujean, Der Trivialroman in der zweiten Hälfte des 18. Jahrhunderts, Bonn, 1964.
M. Greiner, Die Entstehung der modernen Unterhaltungsliteratur. Studien zum Trivialroman des 18. Jahrhunderts, Reinbek, 1964.
M. Zimmermann (Hg), Die Gartenlaube als Dokument ihrer Zeit, München, 1967.
H. O. Burger (Hg), Studien zur Trivialliteratur, Frankfurt, 1968.
H. Bausinger, Zur Kontinuität und Geschichtlichkeit trivialer Literatur, in: Festschrift für K. Ziegler, Tübingen, 1969.
A. Klein, Die Krise des Unterhaltungsromans im 19. Jahrhundert. Ein Beitrag zur Theorie und Geschichte der ästhetisch geringwertigen Literatur, Bonn, 1969.
G. Sichelschmidt, Liebe, Mord und Abenteuer. Eine Geschichte der deutschen Unterhaltungsliteratur, Berlin, 1969.
A. Adler, Möblierte Erziehung. Studien zur pädagogischen Trivialliteratur des 19. Jahrhunderts, München, 1970.
R. Schenda, Volk ohne Buch. Studien zur Sozialgeschichte der populären Lesestoffe 1770–1910, Frankfurt, 1970.
M. Thalmann, Die Romantik des Trivialen. Von Grosses ›Genius‹ bis Tiecks ›William Lovell‹, München, 1970.
H. J. Neuschäfer, Mit Rücksicht auf das Publikum . . . Probleme der Kommunikation und Herstellung von Konsens in der Unterhaltungsliteratur, dargestellt am Beispiel der ›Kameliendame‹, in: Poetica, 1971.
J. Schulte-Sasse, Literarischer Markt und ästhetische Denkform. Analysen und Thesen zur Geschichte ihres Zusammenhangs, in: LiLi H. 6, 1972.
J. Greven, Grundzüge einer Sozialgeschichte des Lesers und der Lesekultur, in: A. C. Baumgärtner (Hg), Lesen, Hamburg, 1973.
P. Zimmermann, Der Bauernroman. Antifeudalismus – Konservativismus – Faschismus, Stuttgart, 1975.
M. Kienzle, Der Erfolgsroman. Zur Kritik seiner poetischen Ökonomie bei Gustav Freytag und Eugenie Marlitt, Stuttgart, 1975.

1.3. Übergreifende Darstellungen gegenwärtiger Trivialliteratur/ Systematische Untersuchungen

W. Nutz, Der Trivialroman, seine Formen und seine Hersteller, Köln/Opladen, 1962 (2. Aufl. 1966).
F. Weyer (Hg), Kleine Kleckserei-Kritik. Groschenromane – wie sie wirklich sind, Hückeswagen 1964/65.
W. R. Langenbucher, Der aktuelle Unterhaltungsroman. Beiträge zu Geschichte und Theorie der massenhaft verbreiteten Literatur, Bonn, 1964.

G. Schmidt-Henkel, H. Enders, F. Knilli, W. Maier (Hg), Trivialliteratur, Aufsätze, Berlin, 1964.
K. Ziermann, Romane vom Fließband. Die imperialistische Massenliteratur in Westdeutschland, Berlin (Ost), 1969.
H. Thresen, Die Romanfabrik. Ein Groschenheftschreiber packt aus, in: konkret Nr. 7 vom 24. März 1969.
K. Schönbach u. a., Zur Funktion der Romanhefte. Eine Studie zur Charakterisierung von Romanheftlesern, in: Publizistik, 1971.
W. K. Köck, Manipulation durch Trivialisierung. Elementare sprachliche Möglichkeiten der Konsumprogrammierung, in: *A. Rucktäschel* (Hg), Sprache und Gesellschaft, München, 1972.
J. Einecke, Über die Tätigkeit der Bundesprüfstelle für jugendgefährdende Schriften, in: LiLi H. 6, 1972.
C. Bürger, Textanalyse als Ideologiekritik. Zur Rezeption zeitgenössischer Unterhaltungsliteratur, Frankfurt, 1973.
G. Meier, Bericht über ein Kolloquium zu Fragen der Unterhaltungsliteratur, in: Weimarer Beiträge, 1972, H. 7.
G. Waldmann, Theorie und Didaktik der Trivialliteratur, München, 1973.
P. Nusser, Romane für die Unterschicht. Groschenhefte und ihre Leser, Stuttgart, 1973 (3. Aufl. 1974).
A. Nikoljukin, Massenliteratur und Gegenkultur, in: Weimarer Beiträge, 1974, H. 12.
Institut für Demoskopie Allensbach, Romanhefte verloren Leser, 1975, Nr. 24.
W. Schemme, Trivialliteratur und literarische Wertung. Einführung in Methoden und Ergebnisse der Forschung aus didaktischer Sicht, Stuttgart, 1975.
W. Gast, Text und Leser im Feld der Massenkommunikation. Überlegungen zur Wirkungsanalyse von Unterhaltungsliteratur, in: Wirkendes Wort, 1975, H. 2.

1.4. Triviale Prosa der Gegenwart/Einzelne Heftromangenres

1.4.1 Frauenromane (Schicksals-, Fürsten-, Arzt-, Heimatromane u. a.)

D. Bayer, Der triviale Familien- und Liebesroman im 20. Jahrhundert, Tübingen, 1963 (2. Aufl. 1971).
D. Bayer, Falsche Innerlichkeit, in: *Schmidt-Henkel* u. a. (Hg), Trivialliteratur. Aufsätze, Berlin, 1964.
G. Willenborg, Adel und Autorität. Zu den Romanen der Courths-Mahler, in: *Schmidt-Henkel,* s. o. 1.3.
A. Holzinger, Das Thema vor allem ist wichtig. Zum Illustriertenroman, in: Schmidt-Henkel, s. o. 1.3.
W. Nutz, Konformliteratur für die Frau, in: Schmidt-Henkel, s. o. 1.2.
M. Wegener, Die Heimat und die Dichtkunst, in: Schmidt-Henkel, s. o. 1.3.
H. Schwerte, Ganghofers Gesundung, in: *H. O. Burger* (Hg), Studien zur Trivialliteratur, Frankfurt, 1968.
G. Streckel, Frauenträume, Frauentränen. Über den deutschen Frauenroman, Weilheim, 1969.
D. Wellershoff, Von der Moral erwischt. Analyse eines Trivialromans, in: *ders.,* Literatur und Veränderung, Köln/Berlin, 1969.
B. Weinmayer, Frauenromane in der BRD, in: kürbiskern, 1971, H. 1.
G. Waldmann, Der Trivialroman als literarisches Zeichensystem, in: Wirkendes Wort, 1972, H. 4.
W. Hollstein, Der deutsche Illustriertenroman der Gegenwart. Produktionsweise – Inhalte – Ideologie, München, 1973.

1.4.2 Abenteuerromane/ Wildwestromane

H. Plischke, Von Cooper bis Karl May. Eine Geschichte des völkerkundlichen Reise- und Abenteuerromans, Düsseldorf, 1951.
V. Klotz, Durch die Wüste und so weiter, in: *Schmidt-Henkel,* s. o. 1.3.
A. Schmidt, Sitara und der Weg dorthin. Eine Studie über Wesen, Werk und Wirkung Karl Mays, Karlsruhe, 1963 (und Frankfurt, 1969).
G. Willenborg. Von deutschen Helden. Eine Inhaltsanalyse der Karl-May-Romane, Diss. Köln, 1967.
W. Herrmann, Der allein ausziehende Held. Zur Problematik literarischer Wertung am Beispiel des Abenteuer- und Wildwestromans, in: Deutsche Vierteljahrsschrift für Literaturwissenschaft und Geistesgeschichte, 1972.

H. P. Piwitt, Atavismus und Utopie des »ganzen« Menschen. Zum Wildwestroman, in: *Schmidt-Henkel,* s. o. 1.3.
J. U. Davids, Das Wildwest-Romanheft in der Bundesrepublik. Ursprünge und Strukturen, Tübingen, 1969.
M. Markus, Interpretation eines Trivialromans (C. S. Hagen, Der Mustangjäger), in: Blätter für den Deutschlehrer, 1973.
K. H. Göller, Fiktion und Wirklichkeit im Wildwest-Roman, in: Literatur in Wissenschaft und Unterricht 6, 1973.

1.4.3. Landserromane

G. Brox, Kriegs- und Landserromane, in: Kleine Kleckserei-Kritik, hg. v. *F. Weyer,* Hückeswagen 1964/65.
J. Ritsert, Zur Gestalt der Ideologie in der Popularliteratur über den Zweiten Weltkrieg, in: Soziale Welt, 1964.

1.4.4. Zukunftsromane/Science Fiction

M. Schwonke, Vom Staatsroman zur Science Fiction. Eine Untersuchung über Geschichte und Funktion der naturwissenschaftlich-technischen Utopie, Stuttgart, 1957.
H.-J. Krysmanski, Die utopische Methode. Eine literatur- und wissenssoziologische Untersuchung deutscher utopischer Romane des 20. Jahrhunderts, Köln/Opladen, 1963.
U. Diederichs, Zeitgemäßes-Unzeitgemäßes, in: *Schmidt-Henkel,* s. o. 1.3.
J. Holtkamp, Die Eröffnung des rhodesischen Zeitalters oder Einübung in die Freie Welt, in: Kursbuch 14, 1968.
F. Leiner, Perry Rhodan. Eine Untersuchung über Wesen, Wirkung und Wert der Science-fiction-Literatur, in: Blätter für den Deutschlehrer, 1968, H. 3.
U. Otto, Totale Manipulation durch Massenmedien. Kommunikation und Meinungsbildung im utopischen Roman, in: Publizistik, 1970.
M. Pehlke/N. Lingfeld, Roboter und Gartenlaube. Ideologie und Unterhaltung in der Science-Fiction-Literatur, München, 1970.
J. Gutsch, Literarische Systeme für den Möglichkeitssinn. Einige Aspekte der Science-fiction-Literatur, in: Diskussion Deutsch, H. 6., 1971.
J. Hienger, Literarische Zukunftsphantastik. Eine Studie über Science fiction, Göttingen 1972.

M. Nagl, Science fiction in Deutschland. Untersuchungen zur Genese, Soziographie und Ideologie der phantastischen Massenliteratur, Tübingen, 1972.
C. Schuhler, Perry Rhodan – Auf Raketen zurück in die Geschichte, in: kürbiskern, 170, H. 4 (und in: *H. L. Arnold* [Hg] Geschichte der deutschen Literatur aus Methoden, Frankfurt, 1972).
E. Barmeyer, (Hg), Science fiction. Theorie und Geschichte, München, 1972.
R. Villgradter/F. Krey (Hg), Der utopische Roman, Darmstadt, 1973.
H. Vormweg, Science fiction als gegenwärtige Literatur. Eine aktuelle Übersicht, in: Universitas 1975, H. 4.

1.4.5 Horrorromane

K. Völker/D. Sturm, Historischer und literarischer Bericht, in: diess., Vom Erscheinen der Vampire. Dokumente und Berichte, München, 1973.
B. Kling/G. Seeßlen, Romantik und Gewalt. Ein Lexikon der Unterhaltungsindustrie, Bd. 1, Dillingen, 1973.
W. Freund, Horrorromane als didaktische Aufgabe, in: Der Deutschunterricht, 1975, H. 1 (hier abgedruckt S. 202 – 218).

1.4.6 Kriminalromane

F. Wölcken, Der literarische Mord. Eine Untersuchung über die englische und amerikanische Detektivliteratur, Nürnberg, 1953.
P. Boileau/T. Narcejac, Der Detektivroman, Neuwied/Berlin, 1967.
J. Vogt (Hg), Der Kriminalroman, 2 Bde., München, 1971 (daraus insbesondere: *R. Alewyn,* Anatomie des Detektivromans; *B. Brecht,* Über die Popularität des Kriminalromans; *E. Bloch,* Ansicht des Detektivromans; *S. Kracauer,* Detektiv; *K. G. Just,* Edgar A. Poe und die Folgen; *H. C. Buch,* James Bond oder Der Kleinbürger in Waffen; *U. Eco,* Die Erzählstrukturen bei Ian Fleming; *K. Kunkel,* Ein artiger James Bond. Jerry Cotton und der Bastei-Verlag).
P. Nusser, Aufklärung durch den Kriminalroman, in: Neue deutsche Hefte 131, 1971.
V. Zmegac (Hg), Der wohltemperierte Mord. Zur Theorie und Geschichte des Detektivromans, Frankfurt, 1971.
Arbeitsgruppe Massenliteratur, Verwertbare Unmündigkeit. Zur Romanheftserie Jerry Cotton, in: Ästhetik und Kommunikation, 1972, H. 5/6.
G. Bierwirth, Zum Beispiel Jerry Cotton. Trivialliteratur als Chance der Literaturwissenschaft, in: LiLi 6, 1972.
C. Reinert, Das Unheimliche und die Detektivliteratur. Entwurf einer poetologischen Theorie über Entstehung, Entfaltung und Problematik der Detektivliteratur, Bonn, 1973.
P. C. Buchloh/J. P. Becker, Der Detektivroman, Darmstadt, 1973.

1.5 Triviale Lyrik/Schlager

H. C. Worbs, Der Schlager. Bestandsaufnahme, Analyse, Dokumentation, Bremen, 1963.
W. Berghahn, In der Fremde. Sozialpsychologische Anmerkungen zum deutschen Schlager, in: *Schmidt-Henkel* u. a. (Hg), Trivialliteratur, Berlin, 1964.

H. Fischer, Volkslied – Schlager – Evergreen, Tübingen, 1965.
P. Czerny/H. P. Hofmann, Der Schlager, Berlin (Ost), 1968.
P. Rühmkorf, Über das Volksvermögen. Exkurse in den literarischen Untergrund, Reinbek, 1969.
H. N. Fügen, Triviallyrik-Küchenlieder, in: Kölner Zeitschrift für Soziologie und Sozialpsychologie, 1969.
R. Schenda, Noch einmal: Triviallyrik-Küchenlieder, in: Kölner Zeitschrift für Soziologie und Sozialpsychologie, 1970 (dazu: *Fügen*, ebd.).
W. Killy, Gedanken über neue deutsche Schlagertexte, in: Neue Rundschau, 1971.
S. Helms (Hg), Schlager in Deutschland. Beiträge zur Analyse der Popularmusik und des Musikmarktes, Wiesbaden, 1971.
J. Peters, Wer weiß, vielleicht erklärt mir eines Tages ein Lied, woran ich litt: Hits für Millionen, in: *H. Ide* (Hg), Projekt Deutschunterricht, Bd. 5, Stuttgart, 1973.
F. Stölting, Deutsche Schlager und englische Popmusik in Deutschland. Ideologiekritische Untersuchungen zweier Textstile während der Jahre 1960 bis 1970, Bonn, 1975.
D. Kayser, Schlager – Das Lied als Ware. Untersuchungen zu einer Kategorie der Illusionsindustrie, Stuttgart, 1975.

1.6. Triviales Drama/Fernsehserien

F. Knilli/E. Reiss, Einführung in die Film- und Fernsehanalyse, Steinbach, 1971.
C. Schmid, Poetik des Fernsehens, in: Der Deutschunterricht, 1971, H. 5.
F. Knilli (Hg), Die Unterhaltung der deutschen Fernsehfamilie. Ideologiekritische Kurzanalysen von Serien, München, 1971.
H. Schanze, Probleme der ›Trivialisierung‹ der dramatischen Produktion in der zweiten Hälfte des 19. Jahrhunderts, in: *H. de la Motte-Haber,* Das Triviale in Literatur, Musik und bildender Kunst, Frankfurt, 1972.
H. Schanze, Fernsehserien: Ein literaturwissenschaftlicher Gegenstand?, in: LiLi H. 6, 1972.
D. Hofmann, Literatur zum Thema Fernsehen und Fernsehsendungen als Unterrichtsgegenstand, in: Diskussion Deutsch, H. 9, 1972.
J. Grünwaldt, Analyse von Fernsehserien im Deutschunterricht, in: *H. Ide* (Hg), Projekt Deutschunterricht, Bd. 5, Stuttgart, 1973.
R. Wenzel, Fernsehen und Wirklichkeit, ebd.
W. Gast, Zum politischen Wirkungspotential der Fernsehunterhaltung. Probleme der Aussagenanalyse von Unterhaltungsserien am Beispiel der Serie ›Der Kommissar‹, in: Diskussion Deutsch, H. 14, 1973.
R. Geißler, Mannix – oder Freytag-Abend bürgerlich, in: Diskussion Deutsch, H. 13, 1973.
M. Curtius/P. F. Schütze, Gewaltideologie und filmischer Reiz. Das Beispiel der Honkong-›Eastern‹, in: Diskussion Deutsch, H. 15, 1974.
H. Kreuzer, Die dramatischen Fernsehserien in wissenschaftlicher Sicht, in: Universitas 3/1975.

2. Didaktische Arbeiten zur Trivialliteratur

2.1 Didaktische Grundsatzdiskussion

J. Grützmacher, Lesegewohnheiten Berliner Hauptschüler, in: Berliner Lehrerzeitung, 1967, H. 11.

G. Giesenfeld, Methodische Vorüberlegungen zum Umgang mit nicht anerkannter Literatur, in: Diskussion Deutsch, H. 6, 1971 (hier abgedruckt S. 67 – 88).

M. Dahrendorf, Trivialliteratur als Herausforderung für eine literaturdidaktische Konzeption, in: Diskussion Deutsch, H. 6, 1971. (hier abgedruckt S. 40 – 52).

M. Dahrendorf, Literaturdidaktik und Trivialliteratur, in: Sprache im technischen Zeitalter 44, 1972.

H. Fischer, Das außerschulische Leseverhalten von Hauptschülern, in: *J. Vogt* (Hg), Literaturdidaktik, Düsseldorf, 1972 (hier abgedruckt S. 13 – 39).

H. Helmers, »Trivialliteratur« im Literaturunterricht, in: Sprache im technischen Zeitalter 44, 1972.

U. Hain/J. Schilling Trivialliteratur als Forschungs- und Unterrichtsgegenstand, in: Die deutsche Schule, H. 1., 1972.

F. Hassenstein, »Minderwertige« Literatur im Deutschunterricht, in: *E. Wolfrum* (Hg), Taschenbuch des Deutschunterrichts, Esslingen, 1972.

C. Stumpf, Wozu Trivialität? Zur gesellschaftlichen Funktion nicht anerkannter Literatur im Deutschunterricht, in: Diskussion Deutsch, H. 14, 1973. (hier abgedruckt S. 53 – 66).

O. Hoppe, Triviale Lektüre. Publizistische und sozialpsychologische Überlegungen zu einer Didaktik der Trivialliteratur, in: Linguistik und Didaktik 13, 1973 (hier abgedruckt S. 89 – 109).

G. Waldmann, Theorie und Didaktik der Trivialliteratur, München 1973.

H. Amsch/L. Holzinger/J. Mende, Schmutz und Schund im Unterricht, Darmstadt, 1973.

U. Duske, Brecht ist keine Alternative zu Jerry Cotton-Normen des herkömmlichen und des emanzipatorischen Literaturunterrichts, in: betrifft: erziehung, 1973, H. 10.

W. Schemme, Trivialliteratur als Gegenstand des Literaturunterrichts, in: Lebendige Schule, 1974, H. 1.

W. Schemme, Trivialliteratur als Gegenstand des Literaturunterrichts – Die gegenwärtige Forschungslage als Basis einer didaktischen Theorie, in: Wirkendes Wort, 1974, H. 5 (hier abgedruckt S. 110 – 136).

W. Eßbach, Der schmutzige Kampf gegen Schmutz und Schund, in: *D. Richter/J. Vogt* (Hg), Die heimlichen Erzieher, Reinbek, 1974.

R. Wenzel, Massenliteratur, in: Bremer Kollektiv, Didaktik und Methodik des Deutschunterrichts in der Sekundarstufe I und II, Stuttgart, 1974.

2.2 Unterrichtsmodelle und Unterrichtshilfen

H. Brödl/H. Wulz, Der kluge Waffenfabrikant und die dummen Revolutionäre. Dokumentation eines Verfahrens mit Trivialliteratur, Frankfurt, 1972.

G. Wolff, Modell einer Unterrichtsreihe zur Trivialliteratur, in: Der Deutschunterricht, 1972, H. 6 (hier abgedruckt S. 139 – 168).

P. Nusser, Massenpresse, Anzeigenwerbung, Heftromane [Lehrerband und Schülerband], Stuttgart, 1976 (= Deutsch in der Sekundarstufe 1).

Zum Roman:

G. Giesenfeld, Ein Kurs in Trivialliteratur, in: *H. Ide* (Hg), Projekt Deutschunterricht, Bd. 5, Stuttgart, 1973.

J. Grützmacher, Der triviale Arztroman im Deutschunterricht der Sekundarstufe I (Planung einer Unterrichtseinheit), 1976 (hier zuerst abgedruckt S. 169 – 186).

H. Melzer, Lektüre und Analyse eines Wildwestromans, in: Praxis Deutsch H. 13, 1975.

G. Graf, Zur Behandlung trivialer Jugendliteratur auf der Sekundarstufe I. Beschreibung eines Unterrichtsmodells über das Wildwestromanheft in der 10. Klasse, in: Der Deutschunterricht, 1975, H. 5.

L. Dietz, Der Zukunftsroman als Jugendlektüre, in: Der Deutschunterricht, 1961, H. 6.

B. Klein, Aldous Huxley, »Schöne neue Welt« – Unterrichtsreihe zur Situation des Menschen im Zeitalter der »sekundären Systeme«, in: Der Deutschunterricht, 1965, H. 6.

F. Leiner, Jules Verne als Klassenlektüre für die Unterstufe, in: Blätter für den Deutschlehrer, 1970, H. 1.

F. Leiner/J. Gutsch, Science-fiction. Eine Textsammlung, Frankfurt, 1971. Materialien und Hinweise, ebd.

W. Reuße, Science-fiction in Gruppenarbeit in Klasse 10, in: Der Deutschunterricht, 1973, H. 5 (hier abgedruckt S. 187 – 201).

W. Freund, Horrorliteratur als didaktische Aufgabe, in: Der Deutschunterricht, 1975, H. 1 (hier abgedruckt S. 202 – 218).

G. Bien, Detektivromane im Unterricht, in: Der Deutschunterricht 1968, H. 1.

M. Dahrendorf, Der Kriminalroman als didaktisches Problem, in: Sprache im technischen Zeitalter 44, 1972.

E. Dingeldey, Drei »klassische« Kriminalromane – didaktische Beispiele für den Unterricht über Trivialliteratur, in: Sprache im technischen Zeitalter 44, 1972.

E. Dingeldey, Erkenntnis über Vergnügen? Vorwiegend didaktische Überlegungen zum Kriminalroman im Unterricht, in: Diskussion Deutsch 9, 1972.

E. Dingeldey, Der Kriminalroman im Deutschunterricht, in: *H. Ide* (Hg), Projekt Deutschunterricht, Bd. 5, Stuttgart, 1973.

P. Hasubek, Die Detektivgeschichte für junge Leser, Bad Heilbrunn, 1974.

E. Finckh (Hg), Theorie des Kriminalromans. Arbeitstexte für den Unterricht, Stuttgart, 1974.

P. Nusser, Kriminalromane zur Überwindung von Literaturbarrieren, in: Der Deutschunterricht, 1975, H. 1. (hier abgedruckt S. 219 – 238).

Zum Schlager:

H. Fischer, Triviale Liedtexte im Deutschunterricht – didaktische und methodische Überlegungen zu vier Liedern von Udo Jürgens, in: Zeitnahe Schularbeit, 1973, H. 8.

F. Dreimann, Der Schlager im Unterricht – Vorschlag zur Durchführung einer Unterrichtseinheit, in: *H. Ide* (Hg), Projekt Deutschunterricht, Bd. 5, Stuttgart, 1973.

Zu Fernsehserien:

J. Funke, Fernsehen im Unterricht. Zur Didaktik und Methodik der visuellen Erziehung, Stuttgart, 1970.

H. Müller-Michaels, Das Fernsehspiel im Unterricht, in: *H. Helmers* (Hg), Moderne Dichtung im Unterricht, Braunschweig, ^{2}1972.

W. Dietrich, Das Fernsehspiel als Aufgabe des Deutschunterrichts, in: *E. Wolfrum* (Hg), Taschenbuch des Deutschunterrichts, Esslingen, 1972.

J. Paech/H. Wolff, Medienarbeit. Erfahrungsberichte aus Hauptschule und Jugendfreizeitbereich, in: Ästhetik und Kommunikation, 1973, H. 11.

K. Hickethier/W. D. Lützen/R. Schwarz, Unterrichtsgegenstand Fernsehen, in: Diskussion Deutsch 14, 1973 (hier abgedruckt S. 239 – 262).

R. Schwarz (Hg), Didaktik der Massenkommunikation, Bd. 2, Materialien zum Fernsehunterricht, Unterrichtspraxis, Programmanalysen und Medientheorie, Stuttgart, 1976.